Grèce continentale

Avertissement

Depuis janvier 2002, la Grèce a changé de numérotation téléphonique. Chaque numéro comporte désormais **10 chiffres** : l'ancien **indicatif régional** (intégré au numéro), après lequel il faut ajouter **un zéro intermédiaire**, puis l'**ancien numéro** du correspondant. Il n'y a donc plus de différence entre les appels inter-urbains et les appels nationaux.

Attention, à partir d'**octobre 2002**, le zéro intermédiaire sera remplacé par le chiffre 2. Les numéros de téléphone donnés dans cette édition ne prennent pas en compte cette modification à venir.

Malgré le soin apporté à la mise à jour de cette édition, quelques erreurs peuvent subsister. Dans ce cas, contacter les **renseignements** *(voir p. 40)*. ❖

GUIDES BLEUS ÉVASION

Sommaire

E M B A R Q U E R

D É C O U V R I R

S U R   P L A C E

EN SAVOIR PLUS

CARTES ET PLANS

EMBARQUER

Toutes les informations nécessaires à la préparation et à l'organisation de votre séjour.

L'austère région du Magne, à la pointe méridionale du Péloponnèse, fourmille de petites chapelles byzantines en balcon sur l'horizon bleuté de la Méditerranée.

Ci-dessus : Mosaïque de la villa de Dionysos (200 apr. J.-C.) Dion

QUE VOIR ?

Région par région

Il est des pays où l'on se sent bien, presque chez soi, avant même de les connaître vraiment. Et il y a ceux où l'on découvre un monde différent, une culture étrangère, et dont l'approche demande du temps. La Grèce, pays ô combien dépaysant où s'écrivit un pan entier de l'histoire de l'Europe, réalise le paradoxal miracle de prodiguer ces deux impressions à la fois.

Athènes et l'Attique

➤ **Athènes***** *(p. 89)*. La visite du berceau de la démocratie ne se réduit pas seulement à la découverte de l'**Acropole*****, du **Musée byzantin**** et du **Musée national archéologique***** *(attention, ce musée est* ***intégralement fermé pour rénovation****; réouverture prévue en avril 2004)*. Quant à l'animation, elle s'étend largement au-delà du « village » de ♥ **Pláka**** et de la **ville néoclassique****. Touffue et complexe, la capitale grecque mérite une approche en profondeur.

La Grèce en bref

➤ **Situation** : extrémité sud de la péninsule balkanique.

➤ **Climat** : méditerranéen, sauf dans le Nord balkanique (Macédoine de l'Ouest et Épire du Nord) où il devient continental.

➤ **Meilleures saisons** : été et printemps.

➤ **Capitale** : Athènes.

➤ **Régime politique** : démocratie parlementaire.

➤ **Président de la République** : Costis Stéphanopoulos, élu en 1995, réélu en 2000.

➤ **Premier ministre** : Costas Simitis (socialiste), depuis 1996.

➤ **Religions** : 98,5 % d'orthodoxes ; 1,2 % de musulmans.

➤ **Langue** : grec moderne (démotique).

➤ **Monnaie** : l'euro.

➤ **Passeport** : non.

➤ **Visa** : non.

➤ **Décalage horaire** : + 1 h été comme hiver. ❖

➤ **L'Attique** *(p. 121)*. Aux environs d'Athènes, le **monastère de Daphni****, joyau de l'art byzantin malheureusement mis à mal par le tremblement de terre de 1999, mérite une visite. Plus loin, autour de la plaine de Marathon, se cachent les sites bucoliques de ♥ **Brauron*** et de ♥ l'**Amphiaréion d'Oropos***. Enfin, les Athéniens ont de la chance ! La mer est aux portes de la ville. Le littoral de l'ancienne patrie de Thésée se montre sous son jour le plus flatteur au ♥ **cap Sounion*****, dominé par son temple de Poséidon qui se détache sur le bleu de l'Égée.

Le Péloponnèse et Delphes

➤ **La Corinthie*** *(p. 141)*. Des sites archéologiques comme s'il en pleuvait, avec l'**ancienne Corinthe*** dominée par la forteresse de l'**Acrocorinthe***, mais aussi avec les vestiges moins courus de ♥ **Sicyone**, de ♥ **Némée** et, de l'autre côté du **canal de Corinthe***, de ♥ l'**Héraion de Perachora**.

➤ **L'Argolide***** *(p. 150)*. ♥ **Nauplie****, charmante petite ville coiffée par deux forteresses, est la meilleure base pour découvrir les merveilles de l'Argolide, l'une des plus belles régions du Péloponnèse. Après l'homérique **Mycènes*****, cité d'Agamemnon et des Atrides, **Épidaure**** et son fabuleux théâtre permettront d'évoquer une Antiquité plus humaine et plus immédiate. Changement de ton dans la **péninsule argolique*** et sur la **côte arcadienne**** où s'égrènent, sur fond de paysages marins d'anthologie, plages et petits ports de pêche.

➤ **La Laconie***** *(p. 161)*. C'est ici, dans la région méridionale de la Morée – ancien nom du Péloponnèse – que le Moyen Âge a laissé ses plus beaux témoignages. Francs et Byzantins hantent encore les ruines de la cité de ♥ **Mystra***** poétiquement éparpillées sur une colline. Leur souvenir est aussi présent dans la **péninsule laconienne****, à ♥ **Geráki*** et surtout à ♥ **Monemvassía****, qui s'accroche sur un rocher en balcon sur la mer. À l'extrême sud, le **Magne laconien**** est une région âpre, saupoudrée de sublimes paysages côtiers et ponctuée de villages aux maisons fortifiées, dont ♥ **Váthia**** est le meilleur exemple.

➤ **La Messénie**** *(p. 171)*. D'un visage encore austère dans le **Magne messénien***, la « porteuse de beaux fruits », comme l'appelait Euripide, peut aussi offrir sans compter : le site archéologique de ♥ l'**ancienne Messène***, le joli port de pêche de ♥ **Koróni***, le château vénitien de **Methóni***, la forteresse turque en sentinelle sur la baie de Navarin à **Pylos***, et les plages accueillantes sur la **côte messénienne***.

➤ **L'Arcadie et l'Élide***** *(p. 176)*. Karytaina*, Dimitsána*, Langádia* et Andrítsena*, près du temple de **Bassæ**** : autant de ♥ **villages arcadiens** aux ruelles tortueuses et aux vieilles maisons dominant des gorges sauvages. Le ton s'adoucit en aval de l'Alphée, à ♥ **Olympie*****, en Élide, où les Anciens oubliaient leurs querelles le temps de la trêve des Jeux panhelléniques.

➤ **La Phocide et la Béotie**** *(p. 185)*. De l'autre côté du golfe de Corinthe, le célèbre sanctuaire de la pythie de ♥ **Delphes***** s'adosse au Parnasse et regarde la mer sans la voir, loin au bout d'une immense oliveraie sacrée*. Tout proche, le monastère byzantin ♥ d'**Hosios Loukas**** entraîne dans un vertige très différent, celui des ors de ses mosaïques qui comptent parmi les plus belles de Grèce.

La Thessalie

➤ **Les Météores*****. *(p. 208)*. Quel est le plus beau monastère dans le ciel : le **Grand Météore****, **Varlaám****, ou les plus modestes **Haghios Nicolaos***, **Roussánou***, **Haghia Triáda*** ou **Haghios Stéphanos*** ? Bien malin qui le dira… Partout, c'est le même festival de fresques, d'iconostases et d'églises aux plans compliqués.

➤ **La presqu'île du Pélion**** *(p. 213)*. Le ♥ **mont Pélion****, ancien pays des Centaures, au-delà de Vólos, devrait réconcilier les amoureux de nature exubérante, de petites criques – **Milopótamos** – et d'architecture traditionnelle. Les petits villages de charme fourmillent sur le ♥ **versant égéen*****, où les à-pics sur la mer sont particulièrement nombreux.

L'Épire

➤ **Ioannina et les montagnes du nord**** *(p. 222)*. Un lac, une petite ♥ **île*** qui émerge du brouillard, une ♥ **vieille ville*** que dominent deux mosquées et un ***kastro***** qui abrite un **Musée byzantin**** flambant neuf, voici Ioannina, jolie cité balkanique dont le passé turc affleure partout. Aux environs de la capitale épirote, les versants du Pinde sont ponctués de villages au charme prenant. Si **Monodéndri*** et les bourgs de la région des **Zagoris***

Du grec au latin

Tourisme oblige, les caractères latins sont omniprésents au bord des routes.

Les **déclinaisons** de la langue grecque affectent les noms propres, ce qui peut entraîner des difficultés de compréhension. De plus, la **retranscription latine** des noms des villes, sur le bord des routes, n'est pas toujours de la plus grande rigueur.

Dans ce guide, les noms des villes ont été retranscrits en alphabet latin suivant la récente norme officielle, l'accent indiquant la tonique (exemple : Árgos, Kastoriá, Kalamáta, etc.). La traduction française a été retenue quand il s'agit de noms propres connus (Athènes, Delphes, Épidaure, etc.) et quand elle s'éloigne de la forme officielle (Nauplie/Náfplio ; Brauron/Vravróna, etc.). Dans ces deux cas, la transcription officielle apparaît entre parenthèses en tête de chapitre ou au sein du texte. ❖

paraissent rudes et comme isolés du monde, les chalets en bois donnent à **Métsovo*** un visage plus souriant.

➤ **LES RIVAGES IONIENS*** *(p. 230)*. L'Épire balnéaire et ensoleillée étend ses grandes plages le long de la mer Ionienne et s'arrondit en criques de rêve à ♥ **Párga. Árta***, avec son impressionnante ♥ Panaghia Parigorítissa**, est la seule ville d'art que l'on rencontrera dans une région où les sites antiques abondent : ♥ **Dodone***, dont le théâtre antique n'a rien à envier à celui d'Épidaure ; **Nikopolis***, ville bâtie par Octave au lendemain de la bataille d'Actium ; et le sanctuaire des morts de ♥ **Nekromanteion d'Efíra***,

La Macédoine

➤ **THESSALONIQUE**** *(p. 240)*. Cité jeune et dynamique, la grande métropole de la Grèce du Nord fut la capitale de la province romaine de Macédoine et la deuxième ville de l'Empire byzantin. Sous des dehors modernes, elle possède nombre de témoignages de ces époques fastes tant dans le **cœur historique**** que dans la ♥ **ville haute*** au parfum oriental. Le **Musée archéologique**** de Thessalonique est à ne surtout pas manquer, tout comme le jeune **musée de la Culture byzantine****, qui s'enrichit d'année en année.

➤ **LA CHALCIDIQUE*** *(p. 250)*. La Chalcidique se présente comme trois « doigts » pointés vers la mer Égée. Au centre, la ♥ **presqu'île de Sithonía*** est un monde enchanteur de caps, de petites plages et de garrigues odorantes. À l'est, les monastères du **mont Áthos***** préservent jalousement leurs secrets : sans autorisation et si l'on a le « visage lisse », il faudra se contenter de les voir de loin, depuis un bateau.

➤ **LA MACÉDOINE ORIENTALE*** *(p. 254)*. Le site de **Philippes****, où prêcha saint Paul, et la ville de ♥ **Kavála***, la plus turque des cités grecques, justifient amplement un prolongement de la promenade jusqu'aux lointaines limites de la Thrace.

➤ **LES BALKANS GRECS**** *(p. 259)*. La Macédoine occidentale est profondément dépaysante. Aux confins de l'Albanie et de la République de Macédoine, les **lacs Préspa**** s'étendent au milieu d'un cirque de montagnes. Plus au sud, **Kastoriá*** évoque encore l'Europe centrale avec ses grandes demeures de fourreurs et son site en balcon sur les eaux stagnantes. Les Anciens ont laissé des vestiges autour de **Véria***, dans les terres plus hospitalières proches de la plaine de Thessalonique. Les tombes de **Lefkádia***, les sites de **Pella*** et surtout de **Vergína**** – les deux capitales de la Macédoine antique – comptent parmi les grandes curiosités de la Grèce du Nord.

➤ **LE MONT OLYMPE**** *(p. 266)*. Les crêtes et l'univers de ravins du **mont Olympe**** attirent les marcheurs, les alpinistes et les skieurs. La silhouette du domaine des dieux de l'Antiquité rehausse encore la beauté du site de **Dion****, où plane le fantôme d'Alexandre le Grand. ■

Si vous aimez...

LES SITES ARCHÉOLOGIQUES...

Voici les grands classiques : à Athènes, l'**Acropole***** *(p. 113)* ; à l'extrémité sud de l'Attique, le ♥ **cap Sounion***** *(p. 126)* ; dans le Péloponnèse, **Mycènes***** *(p. 150)*, ♥ **Olympie***** *(p. 178)*, ♥ **Delphes***** *(p. 186)*, **Épidaure**** *(p. 156)* et l'**ancienne Corinthe*** *(p. 143)* ; en Macédoine, **Philippes**** *(p. 256)* et **Vergína**** *(p. 264)*.

... MAIS PAS LES FOULES

Mais si, à vos yeux, les groupes de touristes et les haies de caméscopes cassent le rêve, pas de problème. Voici pour vous quelques sites archéologiques empreints d'une poésie toute « arcadienne ».

En Attique, visitez ♥ **Brauron*** *(p. 127)* et ♥ l'**Amphiaréion d'Oropos*** *(p. 129)* ; dans le Péloponnèse, **Tirynthe*** *(p. 154)*, ♥ l'**ancienne Messène*** *(p. 174)*, le **palais de Nestor*** *(p. 174)*, ♥ l'**Héraion de Perachora** *(p. 142)*, ♥ **Némée** *(p. 147)* et ♥ **Sicyone** *(p. 147)* ; en Épire, le site de ♥ **Dodone*** *(p. 230)*, **Nikopolis*** *(p. 232)* et ♥ **Nekromanteion d'Efíra*** *(p. 233)* ; en Macédoine, **Dion**** *(p. 266)*, **Pella*** *(p. 259)* et **Lefkádia*** *(p. 263)*.

Les temples grecs

Aux amoncellements de pierres et aux monuments réduits à leurs fondations vous préférez les temples quand ils dressent fièrement au moins quelques colonnes dans le ciel bleu ? Alors ne manquez pas, à Athènes, le ♥ **temple d'Athéna Niké***** *(p. 117)*, le **Parthénon***** *(p. 117)*, l'**Érechthéion***** *(p. 119)*, le **Théseion**** *(p. 112)* et l'**Olympieion*** *(p. 110)*; et les **temples** d'Apollon** de l'ancienne Corinthe *(p. 144)*, de Bassæ *(p. 177)* et de Delphes *(p. 189)*, dans le Péloponnèse.

Les grands musées archéologiques

Leur visite est un complément indispensable à la découverte des sites archéologiques. En dépit des pillages français et anglais au XIXe s., ils abritent une incroyable quantité de chefs-d'œuvre. Les incontournables sont le **Musée national archéologique***** *(p. 107 ; **intégralement fermé pour rénovation** ; réouverture prévue en avril 2004)*, le **musée de l'Acropole***** *(p. 119)* et le ♥ **musée d'Art cycladique**** *(p. 105)*, tous trois à Athènes ; le **musée***** d'Olympie *(p. 179)* et le **Musée archéologique***** *(p. 189)* de Delphes, dans le Péloponnèse ; et le **Musée archéologique**** *(p. 246)* de Thessalonique, en Macédoine.

Les musées d'art byzantin

Tout l'or de Byzance ! Les amateurs d'ambons, de chapiteaux corinthiens, de bijoux, d'ivoires et bien sûr d'icônes ne seront pas déçus par les musées byzantins de Grèce, qui comptent parmi les plus riches au monde : le **Musée byzantin**** d'Athènes *(p. 106)* ; le **Musée byzantin**** d'Ioannina, en Épire *(p. 225)* ; le **musée de la Culture byzantine**** de Thessalonique, en Macédoine *(p. 248)*.

Les raretés muséologiques

Vous aimez les musées qui ont su garder une taille humaine ? Et vous raffolez aussi des pièces rares ? Découvrez à Athènes les collections du **musée Benáki**** *(p. 104)*, les objets du **Musée juif*** *(p. 111)* et les instruments traditionnels du **musée des Instruments de musique populaire*** *(p. 112)* ; dans le Péloponnèse, l'ensemble de **larnax***** et de **stèles*** du ♥ Musée archéologique de Thèbes* *(p. 193)*, les **mosaïques antiques*** du musée d'Isthmia sur le site de l'ancienne Corinthe *(p. 142)*, le **pavement*** du musée de Sicyone *(p. 147)*, le **casque homérique*** du musée d'Árgos *(p. 153)*, ou la **cuirasse homérique*** du Musée archéologique de Nauplie *(p. 155)* ; en Thessalie, les **stèles hellénistiques*** du musée de Vólos *(p. 213)* ; en Épire, les souvenirs turcs du **Musée municipal*** d'Ioannina *(p. 225)* et l'intérieur épirote du **musée d'Art populaire*** de Métsovo *(p. 227)* ; en Macédoine, les **mosaïques**** du musée de Pella* *(p. 259)*, l'**orgue hydraulique**** du musée de Dion *(p. 267)* et, à Kastoriá, l'intérieur d'une maison de fourreur, la maison ♥ Nérándzis*, qui abrite le **musée d'Art populaire** *(p. 263)*.

Les églises et les monastères byzantins

Sous leurs dehors humbles, les sanctuaires byzantins cachent des trésors de mosaïques et de fresques : en Attique, le monastère de **Daphni**** *(p. 121)*, dont on espère pouvoir très vite revoir les divines mosaïques, mais aussi le monastère de ♥ **Kaissariani*** *(p. 121)* et l'église de la **Métamorphosis***, à Athènes *(p. 110)* ; dans le Péloponnèse, les monastères** de **Mystra** *(p. 163)* et ♥ **d'Hosios Loukas**** *(p. 192)* bien sûr, mais aussi ♥ **Haghia Sophia***, accrochée à la falaise de Monemvassía** *(p. 167)* ; en Thessalie, **Varlaam**** *(p. 210)* et **Météoron****

(*p. 211*), les deux principaux monastères des Météores*** ; en Épire, la ♥ **Panaghia Parigorítissa**** d'Árta*, avec sa coupole d'une rare complexité (*p. 231*) ; en Macédoine, les monastères du **mont Áthos***** (*p. 251*) sont les garants de l'orthodoxie la plus pure, tandis que Thessalonique** – d'**Haghios Géorgios*** à **Haghia Sophia*** en passant par **Haghios Dimítrios*** – propose un panorama complet de l'art byzantin (*p. 245*).

Les forteresses

Élevées par les Anciens, les Byzantins, les Francs, les Vénitiens et les Turcs, elles surveillent les défilés ou l'horizon bleuté de la mer : dans le Péloponnèse, la **forteresse Palamède**** et le petit **fort de Bourtzi*** à Nauplie (*p. 156*), l'**Acrocorinthe*** (*p. 146*), **Tirynthe*** (*p. 154*), le ***kastro**** de Monemvassía (*p. 166*), le **château franc*** de Geráki (*p. 166*), la **forteresse vénitienne*** de Methóni (*p. 173*), le **Niókastro*** turc de Pylos (*p. 173*) ; en Épire, le ***kastro***** ottoman d'Ioannina (*p. 225*) et le **fort vénitien** de Préveza (*p. 232*) ; en Macédoine, la **Tour blanche*** (*p. 246*) et les **remparts*** de Thessalonique (*p. 249*), la **forteresse franque** de Platamónas* (*p. 270*) et la **citadelle turque** de Kavála* (*p. 255*).

Les villes et les villages de charme

Les villes moyennes et les villages ont préservé leurs vieilles maisons et leur charme. Dans le Péloponnèse, ♥ **Nauplie**** (*p. 154*), ♥ **Váthia**** (*p. 170*) et ♥ **Monemvassía**** (*p. 166*) sont les plus belles localités. On aime beaucoup aussi ♥ **Geráki*** (*p. 166*) en Laconie, les bourgs de la **côte messénienne** (*p. 172*) et les ♥ **villages arcadiens** (*p. 176*). ♥ **Kastaniá** (*p. 147*), ♥ **Ermióni** (*p. 160*), ♥ **Leonídio** (*p. 160*), ♥ **Kosmás** (*p. 160*) et ♥ **Gythion** (*p. 167*) ont beaucoup de charme aussi, tout comme les villages du **Magne laconien** (*p. 168*). En Thessalie, les petits villages du ♥ **mont Pélion**** (*p. 213*) abritent de jolies maisons peintes. En Épire, visitez **Ioannina**** (*p. 222*), **Monodéndri*** (*p. 226*), **Métsovo*** (*p. 227*), mais aussi ♥ **Vítsa** (*p. 226*), ♥ **Amfilochia**, ♥ **Préveza** (*p. 232*) et ♥ **Párga** (*p. 233*). La Macédoine offre le choix entre les cités de ♥ **Kavála*** (*p. 255*) et de **Kastoriá*** (*p. 261*), l'une orientale, l'autre balkanique, ainsi que les bourgs ♥ d'**Arnéa** (*p. 250*), de ♥ **Psarádes** (*p. 260*) et de ♥ **Siátista** (*p. 263*).

La plage et le soleil

La Grèce étant « le pays des trois mers » (Égée, Méditerranée et Ionienne), il faudrait être de mauvaise foi pour ne pas y trouver la plage et la station balnéaire de ses rêves ! Voici quelques lieux propices à cette douce oisiveté. Dans le Péloponnèse : **Karathona** et **Toló** (*p. 202*) près de Nauplie ; les petites criques souvent désertes de la **péninsule argolique*** (*p. 159*), Paralía Ástros, ♥ Haghios Andréas et ♥ Sampatikí sur la **côte arcadienne**** (*p. 160*), **Xiphias** près de Monemvassía (*p. 201*), **Mavrovoúni** près de Gythion (*p. 199*), **Stoupa** dans le Magne messénien (*p. 172*), les cordons de sable fin de la **côte messénienne*** (*p. 172*) entre Koróni et Methóni, **Giálova** près de Pylos (*p. 205*), **Zaháro** non loin d'Olympie (*p. 204*) et l'interminable **Golden Beach** en Élide (*p. 184*). En Thessalie, **Agriá**, **Kalá Nerá** et surtout ♥ **Milopótamos**, dans la presqu'île du

Pélion *(p. 220)*. En Épire, les criques de la station de ♥ **Párga** *(p. 233)*, les superbes plages de la **côte ionienne**, au nord de Nikopolis* *(p. 232)*, mais aussi **Drepano Beach** et **Plataría** près d'Igoumenítsa *(p. 235)*. En Macédoine, **Ormos** *(p. 278)* au sud de Thessalonique, **Sárti** et la **baie de Toróni** *(p. 250)* en Chalcidique, **Néa Péramos** et **Loutrá Eleftherón** *(p. 254)* près de Kavála.

Les curiosités naturelles

La Grèce offre une multitude de spectacles et d'émotions rares. Dans le Péloponnèse, le vertigineux **canal de Corinthe*** *(p. 141)*, les **grottes de Diroú*** *(p. 168)*, le ♥ **lac Stymphale** *(p. 147)*, la ♥ **presqu'île de Methánon** *(p. 159)*, les ♥ **gorges de l'Alphée** en Arcadie *(p. 177)* et la **grotte corycienne** dans le massif du Parnasse *(p. 191)*. Enfin, il faudra imaginer le **gouffre d'Inoussès**, la fosse marine la plus profonde de Méditerranée *(p. 170)*. En Thessalie, le paysage fantasmagorique des **Météores***** *(p. 208)* et le ô combien « chlorophyllé » ♥ **mont Pélion**** *(p. 213)*. En Épire, ♥ l'**île*** au milieu du lac d'**Ioannina** *(p. 225)*, les abyssales ♥ **gorges du Víkos*** *(p. 226)* et l'impressionnante **grotte de Pérama*** *(p. 227)*. En Macédoine, la nature vierge du **mont Áthos***** *(p. 250)*, les lacs **Préspa**** et le **site de Kastoriá**** *(p. 261)*, le **mont Olympe**** *(p. 267)*, la ♥ **presqu'île de Sithonía*** *(p. 250)* et l'étroite **vallée de Tempé*** *(p. 270)*.

Les montagnes

Elles couvrent 80 % du territoire. Randonneurs et simples promeneurs auront donc l'embarras du choix... : le **Taygète**, planté au cœur du Péloponnèse *(p. 161)*, mais aussi les montagnes de l'**Arcadie** *(p. 176)* et le **mont Parnasse** *(p. 191)*, près de Delphes ; en Thessalie, le verdoyant ♥ **mont Pélion****, ancien repaire des Centaures *(p. 213)* ; en Épire, les horizons chaotiques de la chaîne du **Pinde** rehaussent le charme des villages de la région des **Zagoris*** *(p. 225)*, tandis que la **route de la Thessalie*** *(p. 226)* surfe sur les cimes du grand massif épirote ; en Macédoine, la masse inquiétante du **mont Olympe**** est le paradis des randonneurs et des skieurs *(p. 267)*.

Les paysages maritimes

La Grèce possède plus de kilomètres de côtes que la France, alors qu'elle est cinq fois moins étendue. Et les promoteurs ont laissé intacts une multitude de panoramas fabuleux et de sites paradisiaques... : dans le Péloponnèse, la **côte arcadienne**** *(p. 160)*, le **Magne laconien**** *(p. 168)* – tout particulièrement les paysages côtiers*** du Sud –, la vue** sur la baie de Navarin, à **Pylos*** *(p. 173)*, la **péninsule argolique*** *(p. 159)* et le **Magne messénien*** *(p. 172)* ; en Thessalie, le littoral égéen du ♥ **mont Pélion****, dont les falaises plongent dans une mer bleu turquoise *(p. 213)* ; en Épire, le **golfe d'Árta***, surtout quand on se rapproche du site où se joua la bataille d'Actium *(p. 232)* ; en Macédoine, les rivages de la ♥ **presqu'île de Sithonía*** *(p. 250)* et du **mont Áthos***** *(p. 250)*.

Programme

Visiter toute la Grèce en une, deux, voire trois semaines serait pure folie. Compte tenu de la difficulté qu'il y a à parcourir plus de 200 km en une journée, surtout dans le Péloponnèse, le mieux est de se limiter à une ou deux régions au plus. Voici plusieurs propositions de circuits.

La Grèce le temps d'un week-end

Les JOURS 1 et 2 seront consacrés à la visite d'**Athènes**. Le JOUR 3, on ira s'oxygéner en suivant la **côte d'Apollon** jusqu'au **cap Sounion** avant de piquer une tête dans la mer au retour.

Un marathon d'une semaine

Les vieilles pierres sont légion, réparties dans les grands **sites archéologiques** du **Péloponnèse** et de **Delphes** : en une semaine, il n'est pas question de lambiner et d'aller trop souvent à la plage...

JOUR 1 : les « grands » d'**Athènes** (Acropole et Musée national archéologique). Le soir, repos mérité dans une taverne de Pláka. JOUR 2 : cap sur le **Péloponnèse** pour arriver le plus tôt possible à **Mycènes**. Visite de Nauplie l'après-midi (prévoir d'y passer deux nuits). JOUR 3 : excursion tôt à **Épidaure**, après-midi réservé à la baignade et à la flânerie dans la jolie ville de **Nauplie**. JOURS 4 et 5 : départ pour **Olympie** en s'arrêtant dans les petits villages de l'Arcadie. Le lendemain, visite du musée et du site des jeux. JOUR 6 : arrivée à **Delphes** en prenant, au-delà de Patras, le bac Rhion-Andirrhion. Déjeuner à **Galaxídi**, de l'autre côté du golfe ; après-midi consacré au lieu que les Anciens considéraient comme le centre du monde. JOUR 7 : retour vers Athènes avec halte au monastère d'**Hosios Loukas**.

La Grèce continentale en une semaine

Ce circuit s'adresse aux visiteurs qui viennent d'Italie et débarquent à Igouménítsa. Il leur donne un aperçu de l'Épire et de la Thessalie tout en leur permettant de voir Athènes et Delphes. Il peut s'articuler avec le précédent et le suivant au-delà d'Athènes et jusqu'à Delphes (compter alors respectivement deux et trois semaines). Dans ce cas, on longe deux fois la rive nord du golfe de Corinthe, ce qui n'a rien de désagréable.

La Grèce autrement

➤ **Assister à un match de foot ou de basket**. Les sports favoris des Grecs. L'idéal, pour les amateurs de vraie pugnacité, serait de voir une rencontre européenne de football entre une équipe grecque et une équipe turque. L'ambiance y est délirante.

➤ **Courir à Olympie**. Rêver aux athlètes qui devenaient des dieux vivants après avoir parcouru les 177,60 m du stade *(p. 179)*.

➤ **Aller au marché**. Découvrir l'abondance des grands marchés d'Athènes *(p. 102)*, de Thessalonique *(p. 244)*, de Kalamáta *(p. 199)* et d'ailleurs.

➤ **Aller au cinéma en plein air**. En été, rien de plus facile et c'est tellement agréable ! Tous les films sont projetés en version originale.

➤ **Prendre le taxi athénien**. Admirer la virtuosité des chauffeurs et leur utilisation quasi obsessionnelle du klaxon. Et l'on fera peut-être une rencontre, puisque ici un taxi se partage *(p. 131)* !

➤ **Assister à la messe du dimanche**. S'enivrer d'encens, de chants aux ornements orientaux et empreints de ce sens orthodoxe du sacré qui n'a pas changé depuis les temps byzantins.

➤ **Vivre les cérémonies de Pâques**. Préférer la messe du samedi, entièrement chantée *(p. 29)*, ou celle, grave et solennelle, du Vendredi saint.

➤ **Parcourir en train la vallée de Tempé**. Entre Macédoine et Thessalie *(p. 270)*, au milieu de la verdure et au bas d'une falaise vertigineuse. De vieilles forteresses veillent entre ciel et terre...

➤ **Conduire à la grecque**. En roulant dans la bande d'arrêt d'urgence pour laisser passer le véhicule en face qui est en train de doubler. De toute façon, on y est contraint par force appels de phares.

➤ **Déjeuner dans une taverne, les pieds dans l'eau**. Des sardines grillées, une salade grecque, un verre de retsína, le soleil et la mer...

➤ **Aller au kafeneío**. De préférence dans un petit village et en début de soirée, quand tous les vieux sont là, accueillants *(encadré p. 39)*.

➤ **Dîner dans les Balkans grecs**. Dans l'île d'Ioannina *(p. 225)* ou au bout de l'isthme de Kastoriá *(p. 261)*, avec des grenouilles qui coassent en guise de bande-son.

➤ **Monter aux séjours des dieux et des muses**. Sur l'Olympe *(p. 267)* ou le Parnasse *(p. 191)*, avec de bonnes chaussures et un peu d'entraînement.

➤ **Découvrir le mont Áthos**. Aller d'un monastère à l'autre, à pied ou en caïque. Un monde inchangé depuis des siècles et figé dans son sexisme intransigeant : Madame attendra à la plage *(p. 250)*. ❖

Jours 1 et 2 : arrivée à **Igoumenítsa**, départ pour **Ioannina**. Le lendemain, achever la visite de la ville et excursion au pays des **Zagoris**. **Jour 3** : se lever très tôt pour arriver en milieu de matinée aux **Météores**. **Jours 4 et 5** : rallier **Athènes** et explorer la capitale. **Jour 6** : cap sur **Delphes** avec, en chemin, une visite rapide d'**Hosios Loukas**. **Jour 7** : retour à Igoumenítsa, en faisant une halte déjeuner à **Préveza** ou à **Amfilochia**, au bord de la baie d'Árta.

La Macédoine, entre Balkans et Méditerranée, en une semaine

Si la présence de la mer est vitale pour vous, allez en Chalcidique. Les Balkans grecs plairont à ceux qui aiment autant les lacs et les montagnes que les sites archéologiques.

Vers la Chalcidique

Jours 1 et 2 : **Thessalonique**, lèche-vitrines dans le centre. **Jours 3 et 4** : cap sur **Sithonía**, puis Ouranopolis, au pied du **mont Áthos**. Le lendemain, croisière autour de la Montagne sacrée et baignade en attendant le départ du bateau. **Jours 5 et 6** : rejoindre **Kavála** en longeant le golfe Strimonikós. Le lendemain, flâner dans la ville et visiter le site de **Philippes**. **Jour 7** : retour à Thessalonique *via* **Dráma** et **Serrès**.

Vers la Macédoine occidentale

Jours 1 et 2 : découverte des trésors de **Thessalonique** et lèche-vitrines dans le centre animé de la capitale macédonienne. **Jour 3** : **Édessa** en visitant en chemin le site de **Pella**. **Jour 4** : seconde nuit à Édessa pour rayonner dans les environs (tombes macédoniennes de **Lefkádia** et de **Vergína**). **Jours 5 et 6** : *via* Flórina, suivre la frontière albanaise et déjeuner à **Psarádes**, au bord du lac **Megáli Préspa**. Arrivée en fin d'après-midi à **Kastoriá**. Le lendemain, visite des innombrables églises byzantines et jogging autour du lac. **Jour 7** : retour vers **Thessalonique**. Deux pauses en route : **Siátista** et **Véria**.

La Grèce buissonnière en 15 jours

Seul un séjour d'au moins deux semaines permet de se baigner, de prendre un verre dans un petit port et de découvrir sereinement les lieux. C'est aussi la durée minimale pour parcourir la Laconie et la Messénie.

Jours 1, 2 et 3 : **Athènes** et une journée d'excursion sur la **côte d'Apollon**. **Jours 4, 5 et 6** : **Mycènes** (jour 4), arrivée à Nauplie pour rayonner en **Corinthie** et en **Argolide**. Le jour 5 peut être consacré à **Épidaure** et à une promenade dans la péninsule argolique ; le jour 6, à l'**ancienne Corinthe** et à ses environs (Acrocorinthe, Sicyone, Némée, etc.). **Jour 7** : **Sparte** et la journée à Mystra. **Jours 8 et 9** : détente à **Monemvassía** (jour 8). Le jour 9, départ tôt dans le **Magne**, siroter un verre d'ouzo au port de **Gythion**. **Jour 10** : suivre la route du Magne messénien, traverser **Kalamáta** et visiter l'**ancienne Messène**. Retour sur le littoral, continuer de longer la côte messénienne jusqu'à **Methóni**. **Jour 11** : repos à Methóni et excursion jusqu'à **Pylos** (baie de Navarin). **Jour 12** : incursion dans le cœur du Péloponnèse *via* **Kiparissía** et **Mégalopolis** pour découvrir les beaux villages de l'Arcadie. Nuit à **Olympie**. **Jour 13** : site et musée d'Olympie. Soirée au bord de la mer, à Katakólo. **Jour 14** : **Patras** et bac à Rhion, direction **Delphes**. **Jour 15** : retour sur **Athènes**. En chemin, admirer **Hosios Loukas**.

PARTIR

Quand partir ?

Tout dépend un peu du type de vacances recherché et des provinces que l'on souhaite visiter.

➤ **LE PRINTEMPS.** Il est idéal pour ceux qui raffolent des vieilles pierres : les **grands sites archéologiques** du Péloponnèse (Mycènes, Épidaure et Olympie) sont encore **peu fréquentés**. Quant à ceux d'Épire ou de Macédoine, ils s'ouvriront presque uniquement pour vous : un plaisir rare… De fin avril à juin, on parcourt les campagnes parsemées de **fleurs** et parfumées de senteurs délicieuses, le tout sous un soleil très agréable. Dans le Nord, l'air est plus vif et des **averses** peuvent survenir jusqu'au mois de mai, surtout à l'intérieur des terres. La **mer est encore un peu fraîche** jusqu'en juin, sauf dans le Péloponnèse où elle atteint sa température optimale (de 18 à 20 °C) dès le début du printemps. Enfin, si l'on visite la Grèce lors des **fêtes de Pâques** (une à deux semaines après celles du monde catholique), on saura tout sur les fastes de la liturgie orthodoxe.

➤ **L'ÉTÉ.** Les adeptes du farniente opteront pour les mois d'été, au plus fort de la saison touristique et des grands **festivals culturels** (à Épidaure et à Athènes, en particulier). De juillet à mi-septembre, le **soleil est garanti**, mais la campagne est brûlée par une chaleur qui peut devenir suffocante en Thessalie, en Macédoine et à Athènes. Heureusement, la mer invite partout à des baignades salvatrices.

➤ **L'AUTOMNE.** Cette saison cumule certains des **avantages du printemps** (températures douces, plages moins fréquentées et tarif réduit dans les hôtels) **et de l'été** (excellente température de la mer). Un flux touristique moins important rend les habitants plus accueillants et les **files d'attente moins longues** aux guichets des musées ou devant l'Acro

Températures moyennes en °C

Mois	J	F	M	A	M	J	J	A	S	O	N	D
Athènes	10	11	12	17	21	26	29	29	25	20	15	12
Ioannina	5	6	9	13	17	22	25	25	21	15	10	7
Kalamáta	11	11	13	16	20	24	27	27	24	20	16	13
Kavála	5	6	9	14	18	23	26	25	21	16	11	7
Thessalonique	5	6	10	14	19	24	26	26	22	17	12	9

pole d'Athènes. Enfin, c'est le moment où Thessalonique fait la fête. Dès la fin septembre, de violents **orages** peuvent frapper le Sud tandis que des **brouillards** enveloppent fréquemment le Nord continental.

➤ **L'HIVER**. Il n'est pas à dédaigner, ne serait-ce que par les amateurs de **ski**, qui pourront descendre les pentes enneigées de l'Olympe ou du massif du Pinde, dans une **Grèce du Nord souvent glaciale**. Les températures sont plus douces sur la côte.

Pour en savoir plus : http://fr.weather.yahoo.com.

Comment partir ?

En avion

VOLS RÉGULIERS

C'est le moyen le plus simple et le plus rapide. La Grèce étant l'une des destinations où la concurrence est rude, le billet ne devrait pas être ruineux.

➤ **DEPUIS LA FRANCE**. Vol Paris-Athènes à partir de 325 € A/R à tarif promotionnel sur ligne régulière. **Air France**, 119, av. des Champs-Élysées, 75008 Paris ☎ 0.820.820.820. www.airfrance.fr. 3 vols directs/j. pour Athènes au départ de Roissy-Charles-de-Gaulle 2F. Depuis les villes de province, vols avec escale à Paris. **Olympic Airways**, 3, rue Auber, 75009 Paris ☎ 01.44.94.58.58. www.olympic-airways.gr. La compagnie nationale grecque assure 2 vols directs/j. Paris-Athènes, et des vols quotidiens Paris-Thessalonique *via* Athènes (fréquence selon la saison) ; départ de Roissy-Charles-de-Gaulle 1.

➤ **DEPUIS LA BELGIQUE**. Vol Bruxelles-Athènes à partir de 300 € A/R. **Olympic Airways**, 138, av. Louise, 1050 Bruxelles ☎ (02) 649.81.58. www.olympic-airways.gr. 1 vol direct/j. Bruxelles-Athènes (2 vols/j. le w.-e.). Vols Bruxelles-Thessalonique (fréquence selon la saison).

➤ **DEPUIS LA SUISSE**. Vol à partir de 500 € A/R. **Olympic Airways**, 4, Tour-de-l'Île, 1204 Genève ☎ (022) 319.64.70. www.olympic-airways.gr. 1 vol direct/j. Genève-Athènes (sf le jeu.).

VOLS À TARIFS NÉGOCIÉS

Les tarifs des vols charters (sur une compagnie de charter ou une ligne régulière) sont intéressants sur une destination phare comme la Grèce. Il est possible de trouver un A/R Paris-Athènes pour 290 €.

Anyway, 128, quai de Jemmapes, 75010 Paris ☎ 0.892.893.892. www.anyway.com. **Bourse des vols** ☎ 0.836.698.969. www.bdv.fr. **Ebookers France**, 28, rue Pierre-Lescot, 75001 Paris ☎ 0.820.000.011. www.ebookers.fr. **Last Minute** (ex-**Dégriftour**) ☎ 0.825.825.500. www.degriftour.com ou www.lastminute.com. **Look Voyages**, siège : 2, rue des Bourets, 92150 Suresnes ☎ 0.825.313.613. www.look-voyages.fr. **Nouvelles Frontières**, 87, bd de Grenelle, 75015 Paris ☎ 0.825.000.825. www.nouvelles-frontieres.fr. **Plus Voyages**, 22, rue d'Astorg, 75008 Paris ☎ 0.825.803.747. www.plusvoyages.com. **Travelprice** ☎ 0.892.350.500. www.travelprice.com. **Vacances Héliades**, 63, rue Sainte-Anne, 75002 Paris. Numéro Indigo ☎ 0.825.803.113. Siège : 1, parc Club-du-Golf, BP 422 000, 13591 Aix-en-Provence Cedex 3. www.heliades.fr.

En voiture

Depuis la France, le trajet le plus rapide (env. 2050 km et 28h de trajet entre Paris et Athènes) et le moins onéreux (env. 120 € de péage) passe par l'**Italie** *via* Annemasse, le tunnel du Mont-Blanc, Milan, Bari et **Brindisi**, d'où partent les ferries pour **Patras** (au nord du Péloponnèse). Compter ensuite 200 km pour arriver à Athènes. Les ferries de Brindisi desservent aussi **Igoumenítsa** (en Épire). Pour toute traversée en ferry, réservez au moins deux mois à l'avance. *Voir aussi la rubrique « En ferry » pour les autres ports d'embarquement italiens.*

Pour plus de détails sur les itinéraires, le prix des péages, les distances: www.viamichelin.fr ou www.mappy.com.

En train

Le trajet Paris-Athènes, avec changement à Bologne ou à Milan en Italie, représente plus de 2 jours de trajet: prendre le train de Paris jusqu'à **Brindisi** ou **Bari** et, de là, le ferry du soir pour Igoumenítsa (10h de traversée) ou Patras (16 h), d'où partent des trains pour Athènes. Ce trajet est long et pas nécessairement plus économique que l'avion.

Renseignements SNCF. Ligne directe ☎ 08.36.35.35.35 *(informations et vente t.l.j. de 7 h à 22 h)*. Serveur vocal ☎ 08.36.67.68.69 *(24 heures/24)*. www.sncf.fr ou www.voyages-sncf.com.

En car

Liaison **Paris-Athènes** *via* Igoumenítsa (45 h 30 de trajet) : départ ven. à 17 h, arrivée dim. à 14 h 30 ; pour le retour: départ mer. à 13 h, arrivée ven. à 8 h 30. Compter 293 € A/R (264 € pour les moins de 26 ans). Rés. conseillée 5 j. avant.

Eurolines, gare routière internationale Paris-Gallieni, 28, av. du Général-de-Gaulle, 93541 Bagnolet Cedex ☎ 08.36.69.52.52. Également: **Eurolines Travel SA**, 55, rue Saint-Jacques, 75005 Paris ☎ 01.43.54.11.99 et **Eurolines Marseille** ☎ 04.91.50.57.55. www.eurolines.fr.

En ferry

Les ports italiens d'embarquement pour la Grèce sont: **Venise**, **Trieste**, **Ancône**, **Brindisi** et **Bari**. Les ferries rejoignent les ports d'Igoumenítsa et de Patras. Si vous partez en voiture, réservez le passage au moins deux mois à l'avance, surtout pendant la période des vacances.

Acropolis, 36 *bis*, av. de l'Opéra, 75002 Paris ☎ 01.44.51.03.03. www.paris-athenes.com. **Euromer**, 5, quai de Sauvages, 34070 Montpellier ☎ 04.67.65.67.30. www.euromer.net. **Navifrance**, 20, rue de la Michodière, 75002 Paris ☎ 01.42.66.65.40. www.navifrance.net. **Vacances Héliades**, *voir p. 20.*

En voyage organisé

La Grèce étant une destination très fréquentée, les voyagistes ont mis au point de nombreuses formules qui laissent une marge de manœuvre plus ou moins grande. Du bronzage clefs en main au voyage culturel encadré par des conférenciers de haut vol, la gamme de produits est l'une des plus étendues.

Très pratique, la formule « avion + auto + hôtel » est à conseiller. Elle permet de se décharger de tous les soucis matériels, les agences ayant fait toutes les réservations selon le plan de voyage que l'on a choisi.

Les généralistes

Pour être guidé dans le dédale des séjours organisés. Tous ces tour-opérateurs possèdent des succursales en province, dont les coordonnées figurent sur leurs sites internet respectifs.

Fram, 4, rue Perrault, 75001 Paris ☎ 01.42.86.55.55. www.fram.fr. **Jet Tours**, 38, av. de l'Opéra, 75002 Paris ☎ 01.47.42.06.92. www.jettours.fr. **Look Voyages**, *voir p. 20.* **Nouvelles Frontières**, *voir p. 20.* **Républic Tours**, 1 *bis*, av. de la République, 75011 Paris ☎ 01.53.36.55.50. www. republictours.com. **Rev'Vacances**, 25, rue Godot-de-Mauroy, 75009 Paris ☎ 01.40.06.88.00. www.rev-vacances.com.

Les spécialistes de la Grèce

Ils proposent un choix de séjours plus varié, un éventail d'hôtels généralement plus large, des séjours à la carte, circuits, croisières, autotours, de la location d'appartements et de villas, de la location de voitures ainsi que des vols secs avantageux (charters et réguliers).

Acropolis, *voir p. 21.* **Air Sud Découvertes**, 25, bd de Sébastopol, 75001 Paris ☎ 01.40.41.66.66. www.airsud.com. **Atsaro**, 9, rue de l'Échelle, 75001 Paris ☎ 01.42.60.98.98. www.atsaro.com. **Détours Voyages**, 80, bd Raspail, 75006 Paris ☎ 01.45.44.48.49. www.detours.fr. **Vacances Héliades**, *voir p. 20.*

Les voyages culturels

Arts et Vie, 251, rue de Vaugirard, 75015 Paris ☎ 01.40.43.20.21. www.artsvie.asso.fr. Circuits accompagnés. **Athéna**, BP 100, 74650 Chavanod-Annecy Cedex ☎ 04.50.10.93.10. www.athenavoyages.com. Voyages culturels accompagnés d'avr. à oct. **Clio**, 34, rue du Hameau, 75015 Paris ☎ 01.53.68.82.82. www.clio.fr. Le *must* du voyage culturel avec des conférenciers toujours très compétents.

Les voyages sports et aventure

Club-Aventure, 18, rue Séguier, 75006 Paris ☎ 01.44.32.09.30. www.clubaventure.fr. Randonnées pédestres de 10 j. avec guide dans les régions montagneuses pour 1335 € (voyage compris). **UCPA**, 62, rue de la Glacière, 75013 Paris ☎ 0.825.820.830. www.ucpa.com. Raids équestres (995 € la semaine), randonnées pédestres ou cyclistes. C'est l'organisme le moins cher (tous séjours à moins de 1000 € la semaine) mais il n'accepte que les 18-40 ans et l'on dort... à la belle étoile!

Les croisières

Les croisières dans le bassin méditerranéen incluent au moins une étape en Grèce. Ici aussi, les tour-opérateurs organisant des croisières sont si nombreux et les formules si différentes qu'il est préférable de s'adresser à une agence de voyages.

Formalités

➤ **Animaux.** Dans la mesure du possible, ne pas emmener son animal domestique. Les Grecs, sans mépriser les animaux, ne leur vouent pas un culte immodéré. Ils comprendront mal par exemple qu'on puisse s'attacher à tel point à un chat, espèce qui pullule sous ces latitudes. Si l'on ne peut faire autrement, un certificat de bonne santé et de vaccination antirabique est exigé à la douane.

➤ **Assurance-assistance.** Avant de souscrire une quelconque assurance, vérifiez les garanties offertes par vos contrats (multirisque habitation, automobile, carte bancaire) : vous éviterez de payer deux fois pour un même risque. Veillez aux points suivants: responsabilité civile pour les dommages causés à des tiers par vos enfants ou vos animaux; assistance et rapatriement en cas d'accident ou de panne; assistance médicale en cas de maladie; assurance d'annulation de voyage, perte ou vol de bagages.

Des sociétés d'assurance proposent des contrats complémentaires. Il s'agit soit d'un abonnement temporaire ou annuel par zone géographique, soit d'un contrat proposant une ou plusieurs garanties: annulation de voyage, perte ou vol de bagages, responsabilité civile à l'étranger, assistance rapatriement, assistance juridique. Deux compagnies d'assurance: **Europ Assistance**, 1, promenade de la Bonnette, 92230 Gennevilliers ☎ 01.41.85.85.85 ou 01.41.85.85.41. www.europ-assistance.fr. **Mondial Assistance**, 2, rue Fragonard, 75017 Paris ☎ 01.40.25.52.04. www.mondial-assistance.fr.

➤ **Douane.** Il n'y a plus de franchise douanière entre les pays membres de l'Union européenne depuis 1993. Valeurs ou marchandises, vous êtes libre d'importer ou d'exporter ce que bon vous semble. En attendant que les taux de TVA soient uniformisés entre tous les pays, la douane sur certains biens est encore réglementée. **Centre de renseignements des douanes**, 84, rue d'Hauteville, 75498 Paris

Votre budget

La Grèce reste le pays le moins cher de l'Union européenne.

➤ **Communiquer. Timbre,** 0,49 €. **Cartes de téléphone,** 3 € et 6 €.

➤ **Se loger. Chambre pour 2 pers.** avec petit déjeuner dans un hôtel de **catégorie C** (confort moyen), 45-90 €. **Chambre chez l'habitant pour 2 pers.** sans petit déjeuner, 19 €. **Emplacement de camping pour 2 pers.** avec tente : 11 €.

➤ **Manger et boire. Café grec** en terrasse, env. 1 €. **Espresso** en terrasse, 1,2-1,9 €. **Sandwich pita,** 2,5 €. **Repas dans une taverne simple,** 9-15 €; **dans un restaurant de luxe,** 23-62 €.

➤ **Visiter.** Entrée dans un **petit site archéologique** ou un **petit musée,** 1,5 €; dans un **grand site archéologique** ou un **grand musée,** 3 à 6 €.

➤ **Voyager. 1 km en autocar,** 0,05 €. **Péage autoroutier** (liaison Athènes-Péloponnèse), 1,5 €. **Essence sans plomb 95 ou 98** (au litre), 0,9 €. **Super,** 0,9 €. **Gazole,** 0,9 €. **Ticket de bus ou de métro,** 0,8 €; **formule journalière** valable pour tous les moyens de transport, 3 €. **Location de scooter,** 18 € la journée. ❖

Cedex 10 ☎ 0.825.30.82.63. www.finances.gouv.fr/douane. *Ouv. du lun. au ven. de 9h à 17h30.*

➤ **Papiers.** Membre de l'Union européenne depuis 1981, la Grèce n'exige qu'une simple carte d'identité en cours de validité (ou un passeport périmé depuis moins de 5 ans) aux ressortissants des États membres. Rens. : www.diplomatie.gouv.fr/voyageurs.

➤ **Vaccins.** Aucune vaccination particulière n'est exigée pour un séjour en Grèce. Emportez un formulaire E111 de Sécurité sociale; il permet le remboursement des soins au retour en France.

➤ **Voiture.** Le permis de conduire national, la carte grise et la carte verte d'assurance internationale suffisent.

Monnaie

Depuis 2002, la drachme (dr), l'unité de monnaie grecque, a disparu pour laisser sa place à l'**euro.**

Les **cartes bancaires** (Visa, American Express et MasterCard) sont le plus souvent acceptées par les commerçants. Elles servent à régler les notes d'hôtels ou de restaurants, les pleins d'essence ou les achats dans les magasins, ainsi qu'à retirer de l'argent liquide dans les nombreux distributeurs de billets (TELEBANK).

Les **chèques de voyages** ou les **postchèques** offrent une grande sécurité, mais les commissions des banques sont assez élevées (environ 1 % de l'argent échangé, avec un minimum d'environ 5,34 €).

Que faut-il emporter ?

➤ **Cartes et plans.** Les cartes de la Grèce ne sont pas toujours très précises. La carte Michelin (n° 980, au 1/700000) est de bonne qualité et peu onéreuse. Plus chère, la carte suisse Kümerly + Frey (au 1/500000) indique un plus grand nombre de curiosités touristiques que sa rivale, mais elle oublie la Thrace. Pour sortir des sentiers battus, le fin du fin reste d'acheter sur place les cartes Road Editions (1/250000). Il en existe cinq couvrant la Grèce continentale (Grèce centrale, Péloponnèse, Épire et Thessalie, Macédoine, Thrace). Les randonneurs achèteront chez le même éditeur les cartes du Parnasse, du Taygète, de l'Olympe ou du mont Athos (1/50000).

➤ **Photo.** Achetez des pellicules avant le départ. En Grèce, le prix est plus élevé ; les diapositives sont difficiles à trouver hors des grandes concentrations urbaines et touristiques.

➤ **Santé.** Certains médicaments, en prévision d'éventuels ennuis gastriques dus à l'alimentation, surtout conjugués à l'insolation, peuvent s'avérer utiles. Prévoyez aussi quelque chose contre les moustiques pour dormir tranquille la nuit.

➤ **Vêtements.** L'été, partez avec une gamme large de vêtements légers. Oubliez imperméables et pull-overs, mais prévoyez lunettes de soleil et chapeau, très utiles lorsque le soleil tape fort. Jusqu'en mai, emportez quelques vêtements chauds en prévision de soirées encore fraîches. Si vous visitez le Nord, un coupe-vent léger et un parapluie ne sont pas à dédaigner. Gardez aussi de la place dans vos valises pour des chaussures solides.

Les Grecs s'habillent de manière décontractée, mais ils attachent une certaine importance à la tenue. Vous vous en rendrez compte lors de vos promenades en début de soirée. Pour dîner en ville et pendant la *volta*, sorte de déambulation nonchalante le long des grandes artères ou des fronts de mer, il est de bon ton de s'habiller.

Adresses utiles

Office national hellénique du tourisme (ONHT)

Il propose toutes les brochures sur les différentes régions, des listes d'hôtels, et tout ce qui peut faciliter votre séjour en Grèce.

➤ **En France.** **ONHT**, 3, av. de l'Opéra, 75001 Paris ☎ 01.42.60.65.75, fax 01.42.60.10.28. www.grece.infotourisme.com.

➤ **En Belgique.** **ONHT**, 172, av. Louise, 1050 Bruxelles ☎ (02) 647.57.70, fax (02) 647.51.42.

➤ **En Suisse.** **ONHT**, 25 Löwenstr., Zurich 8001 ☎ (01) 221.01.05, fax (01) 212.05.16.

Lieux culturels grecs

➤ **À Paris.** **Association des Amis de la Grèce et de Chypre**, 19, rue Érard, 75012 ☎ 01.43.41.39.84. Rencontres et conférences. **Association culturelle franco-hellénique**, 31, pl. Jeanne-d'Arc, 75013 ☎ 01.53.79.03.88. **Bibliothèque des langues orientales**, 4, rue de Lille, 75006 ☎ 01.44.77.87.20. Consultation de livres en grec et sur la Grèce. **Centre culturel hellénique**, 23, rue Galilée, 75116 ☎ 01.47.23.39.06. Activités culturelles (concerts, conférences, expositions...). **Institut d'études néo-helléniques de Paris**, 19 *bis*, rue Fontaine, 75009 ☎ 01.48.74.09.56. Cours de grec moderne. **Maison de la Grèce et de Chypre**, 9, rue Mesnil, 75116 ☎ 01.47.27.31.19. Antenne culturelle de l'ambassade de Grèce. **Phonie-Graphie**, 51, av. Parmentier, 75011 ☎ 01.49.29.05.32. www.phonie-graphie.org. Association pour la promotion du grec moderne en France (cours de grec, manifestations culturelles...).

➤ **En province.** Les associations grecques de France proposent diverses activités, comme des cours de danse ou de grec, des concerts, des expositions. **Union hellénique de Marseille**, 27, rue Roussel-Doria, 13004 Marseille ☎ 04.91.34.90.34. **Association hellénique de Bretagne**, 1, pl. du Maréchal-Juin, Le Colombier, 35000 Rennes ☎ 02.99.30.60.29.

Librairies

Librairies spécialisées

Librairie Epsilon, 33, rue de Vaugirard, 75006 Paris ☎ 01.45.44.53.00. **Librairie hellénique Desmos**, 14, rue Vandamme, 75014 Paris ☎ 01.43.20.84.04.

Librairies de voyage

➤ **À Paris.** **L'Astrolabe**, 46, rue de Provence, 75009 ☎ 01.42.85.42.95. **Centre de consultation des cartes anciennes archivées**, 2, av. Pasteur, 94165 Saint-Mandé ☎ 01.43.98.80.00. **L'Harmattan**, 16, rue des Écoles, 75005 ☎ 01.40.46.79.11. www.editions-harmattan.fr. **Institut géographique national (IGN)**, 107, rue La Boétie,

La Grèce en ligne

www.gogreece.com (en anglais) : moteur de recherche spécifique à la Grèce.

www.grece.infotourisme.com (en français) : le site officiel de l'office du tourisme grec.

www.travel.org/greece.html (en anglais) : indispensable pour préparer votre séjour. Ce site propose, entre autres, un répertoire d'hôtels, des infos pratiques, ainsi qu'une bibliographie à consulter avant de partir.

www.all-hotels.gr (en anglais) : pour réserver une chambre d'hôtel en Grèce.

www.chez.com/clio/grece (en français) : histoire, civilisation et mythologie.

www.culture.gr (en anglais) : le site du ministère grec de la Culture. ❖

75008 ☎ 01.43.98.85.13. www.ign.fr. **Itinéraires**, 60, rue Saint-Honoré, 75001 ☎ 01.42.36.12.63. www.itineraires.com. **Ulysse**, 26, rue Saint-Louis-en-l'Île, 75004 ☎ 01.43.25.17.35. www.ulysse.fr. **Voyageurs du Monde**, 55, rue Sainte-Anne, 75002 ☎ 01.42.86.16.00. www.vdm.com.

➤ **En Belgique. Peuples et Continents**, 11, rue Ravenstein, 1050 Bruxelles ☎ (02) 511.27.75. **La Route de Jade**, 116, rue de Stassart, 1050 Bruxelles ☎ (02) 512.96.54. www.laroutedejade.com.

➤ **En Suisse. Librairie du Voyageur Artou**, 8, rue de Rive, 1204 Genève ☎ (02) 810.23.33. **Travel Bookshop**, 20, Rindermarkte, 8001 Zurich ☎ (01) 252.38.83. www.travelbookshop.com.

Musée

Grand Louvre, pl. du Carrousel, 75001 Paris ☎ 01.40.20.51.51 (serveur vocal). www.louvre.fr. *Ouv. t.l.j. sf mar. de 9h à 18h, jusqu'à 21h45 les lun. (circuit court) et mer. (en totalité). Payant (demi-tarif après 15h et dim.; gratuit 1er dim. du mois et moins de 18 ans).* Collection d'art byzantin et département des Antiquités grecques, étrusques et romaines.

Restaurants grecs à Paris

Innombrables sur l'ensemble du territoire français, beaucoup donnent une bien piètre idée de la cuisine du pays d'Homère. Voici deux adresses vraiment exceptionnelles. **Les Délices d'Aphrodite**, 4, rue Candolle, 75005 ☎ 01.43.31.40.39. *F. dim.* Tout près de l'église Saint-Médard, pour se familiariser avec une cuisine grecque authentique. À la carte uniquement. **Mavrommatis**, 5, rue des Patriarches (angle rue Daubenton), 75005 ☎ 01.43.31.17.17. www.mavrommatis.fr. *F. lun.* Le meilleur restaurant grec de Paris, *ex aequo* avec le précédent… la maison mère. Menus abordables, même le soir. ■

QUOTIDIEN

DÎNER DANS UNE PSAROTAVÉRNA ? DÉGUSTER UN OUZO OU DU VIN GREC ? ALLER AU KAFENEÍO ? FAIRE DES ACHATS DANS UN PERÍPTERO ? ACHETER UN TAPIS FLOKÁTI ? DE A À Z, VIVRE LA GRÈCE AU QUOTIDIEN.

Arrivée

Vous trouverez dans les pages pratiques, aux rubriques « Arrivée », toutes les informations utiles à votre arrivée dans les principales villes de Grèce : aéroports, gares…

En avion

➤ **À ATHÈNES**. L'**aéroport Elefthérios Vénizélos** *(p. 130)*, inauguré en 2001 en vue des Jeux olympiques de 2004, se trouve à Spáta *(à 15 km à l'E)*.

➤ **À THESSALONIQUE**. Vous atterrirez à l'**aéroport Makedonía** *(p. 275)*, situé à Mikra *(à 16 km au S)*.

En bateau

Si vous venez d'Italie ou des îles, vous accosterez aux ports d'**Igoumenítsa** *(p. 235)*, de **Patras** *(p. 204)* ou du **Pirée** *(p. 130)*. L'arrivée ne pose pas de problème particulier en dehors d'embouteillages parfois épiques liés au débarquement simultané de centaines de véhicules.

Cartes bancaires

Les distributeurs de la **Ionian Bank**, de la **Credit Bank** ou de la **Commercial Bank of Greece** acceptent la carte VISA ; ceux de la **National Bank of Greece**, la carte MasterCard. Dans les petites villes, il est possible de retirer des liquidités avec une carte aux guichets de ces banques.

Courrier

À la poste, vous pourrez acheter des **timbres** (également en vente dans certains kiosques mais plus chers), recevoir du courrier en poste restante et

Carte perdue ou volée

Notez toujours le numéro de votre carte bancaire (jamais votre code confidentiel) afin de pouvoir le communiquer aux services compétents en cas de perte ou de vol.

- **Service de mise en opposition** ☎ 0.892.705.705.
- **Cartes bleues Visa** ☎ 0.800.901.179 ou www.visa.com.
- **Eurocard MasterCard** ☎ 0.800.902.390.
- **American Express** ☎ 01.47.77.72.00.
- **Diners Club** ☎ 0.810.314.159.

changer des **chèques de voyage**. Les **boîtes à lettres** sont jaunes, parfois rouges. Elles se signalent par une corne de postillon (cocher des anciennes diligences des postes) et par la mention ELTA. Une lettre met entre quatre jours et une semaine pour parvenir en France.

Cuisine

Voir aussi « Saveurs hellènes », p. 30.

Les établissements

➤ **Les tavernes (tavérna).** C'est l'endroit le plus décontracté. On y trouve au mieux une **carte succincte**, rarement des prix affichés à l'extérieur et l'on choisit, comme c'est la coutume, en allant en cuisine accompagné du patron ou du serveur. Les plats sont simples : ils s'apparentent à ceux que les Grecs ont dans leur assiette. Certaines tavernes sont spécialisées comme la ***psarotavérna*** pour les poissons, et la ***psistariá*** pour les viandes grillées. Si le choix est parfois restreint, c'est pourtant là que l'on vit les meilleures expériences culinaires. Le dîner se passe parfois en musique (des musiciens ou bien plus souvent des bandes enregistrées) ou en compagnie de la télévision qui trône au fond de la salle : lors d'un match de football ou à l'occasion d'un événement politique, l'ambiance est formidable !

➤ **Les restaurants (estiatórion).** Surtout présents dans les grandes villes, les restaurants proposent des plats grecs et des **spécialités régionales**, mais aussi des menus internationaux. Plus **sophistiqués** que les tavernes, ils attirent une clientèle en général aisée. Leur cadre se distingue par des efforts d'embellissement plus ou moins réussis. Les tarifs sont plus élevés que ceux des tavernes pour une différence de qualité qui, il faut bien l'avouer, ne saute pas toujours aux

Nul souci de séduction à la poste grecque : sa vocation est d'être utile, à défaut d'être toujours très rapide…

yeux (sauf dans certains restaurants réputés d'Athènes ou de Thessalonique).

➤ **Les autres établissements.** En dehors des tavernes et des restaurants classiques, il existe une infinité d'établissements en Grèce. L'un des plus fréquents est l'***ouzerí*** (ou *mezedopoleío*) où l'on déguste des hors-d'œuvre ou *mezzés* avec un verre d'ouzo. Parmi les enseignes à retenir figurent aussi les ***oinopoleío*** (bars à vins) et les ***zacharosplasteió*** (pâtisseries), où les Grecs savourent toutes sortes de douceurs dégoulinantes de miel.

➤ **Comment choisir ?** En très peu de temps, il est possible de choisir un restaurant ou une taverne selon des critères subjectifs mais infaillibles : la grande règle est d'éviter les établissements trop proches des sites touristiques, dont les serveurs zélés alpaguent les visiteurs au passage. Si l'on dispose de temps et de courage, il faut aller directement dîner dans une localité proche, l'effort sera souvent récompensé. On y rencontrera au moins des Grecs, ce qui est un gage de qualité en général. Dans beaucoup de petites villes et de villages, la différence entre les établissements est bien mince ; c'est le cas près de la mer où s'alignent des tavernes toutes identiques. Comme la carte est aussi un peu la même partout, les critères de sélection sont différents, comme la beauté de la vue ou de la treille... Enfin, les grandes villes possèdent des restaurants d'excellente qualité, le plus souvent éloignés des quartiers touristiques, ce qui les rend difficiles à trouver ; ils sont cités dans les pages pratiques de ce guide.

Les usages

➤ **Service.** Surtout dans les tavernes, l'ensemble du repas est servi en même temps, pour piocher d'un plat à l'autre, « à la grecque ».

Pour ceux qui seraient réfractaires à cette coutume méditerranéenne, l'unique moyen est de passer commande au fur et à mesure. Bien sûr, la durée du repas s'en ressentira... Il ne faut pas s'étonner non plus de la fréquente tiédeur des plats : ils sont préparés une fois pour toutes en début de matinée et de soirée. On s'habitue. D'ailleurs, manger tiède n'est pas désagréable par grosse chaleur.

➤ **Horaires.** En Grèce, on peut manger presque à toute heure. Mais le déjeuner est servi de 13 h à 15 h et le dîner de 20 h à 23 h (de 21 h à minuit en été). Cependant, on ne met pas le client à la porte en dehors de ces tranches horaires (sauf dans les restaurants chic). Le vendredi ou le samedi soir, il est conseillé de réserver dans les tavernes et les établissements réputés des grandes villes.

La recette des keftédes

Ces boulettes de viande peuvent soit accompagner agréablement l'apéritif, soit être servies comme plat de résistance.

Ingrédients (pour 4 à 6 pers. ; préparation 15 mn) : 4 biscottes, 500 g de steak haché, sel et poivre, 1 œuf, 1 gousse d'ail, persil, thym, 50 g de farine, 1 dl d'huile.

Concasser les biscottes puis les humecter avec un peu d'eau. Laisser reposer environ 30 mn. Ajouter la viande. Saler et poivrer. Mélanger avec l'œuf entier, l'ail, le persil et le thym jusqu'à obtention d'une pâte homogène. Former avec cette pâte des petites boulettes que l'on farine puis que l'on aplatit à la main. Dans l'huile, faire cuire les galettes obtenues 5 mn de chaque côté. Servir chaud ou froid, à sa convenance. ❖

Aller dans une taverne, c'est l'assurance de déguster une cuisine simple dans une ambiance conviviale.

Fêtes et jours fériés

Les grandes dates du calendrier orthodoxe

Le calendrier orthodoxe est particulièrement riche en fêtes. Il offre de nombreuses occasions d'assister à des **processions** et à des célébrations parfois fastueuses. Attention, les dates de Pâques, de l'Ascension et de la Pentecôte se calculent d'après le **calendrier julien**. Elles sont décalées la plupart du temps d'une à deux semaines par rapport aux dates catholiques.

➤ **Saint-Georges.** Le 23 avril, jour du saint patron des **bergers**.

➤ **Fêtes de Pâques.** Les fêtes pascales orthodoxes ont lieu de une à plusieurs semaines après la Pâque catholique. Célébrant d'abord la Déploration du Christ mort (**Vendredi saint**), elles se poursuivent par d'envoûtantes **messes de minuit** entièrement chantées (**Samedi saint**) et culminent le **dimanche de Pâques**, jour le plus important de la liturgie orthodoxe.

➤ **Ascension.** Quarante jours après Pâques.

➤ **Pentecôte.** Le 7e dimanche après Pâques, ainsi que le lundi suivant, jour du Saint-Esprit.

➤ **Saint-Jean.** Le 24 juin.

➤ **Saints-Apôtres.** Le 29 juin, fête des **saints Pierre et Paul**.

➤ **Transfiguration.** Le 6 août, fête de la Transfiguration du Christ ***(Métamorphosis)***.

➤ **Dormition.** Le 15 août, fête de la **Vierge**, équivalent de l'Assomption catholique.

➤ **Et aussi. Saint-Élie** (18-20 juil.), fête de la **naissance de la Vierge** (8 sept.), fête de la **Vraie Croix** (14 sept.), fête de la **Présentation de la Vierge au Temple** (21 nov.), **Saints-Archanges** (8 nov.), **Saint-André** (30 nov.), **Saint-Nicolas** (6 déc.).

Les jours fériés

➤ **1er janvier.** Jour de l'An.

➤ **6 janvier.** Épiphanie.

➤ **25 mars.** Fête de l'Indépendance (commémoration de la révolution de 1821, *p. 64*), mais aussi fête de l'Annonciation.

➤ **Avril-mai.** Week-end de Pâques.

➤ **1er mai.** Fête du Travail et des Fleurs ; dans les campagnes, on décore les maisons et les voitures de couronnes de fleurs.

➤ *Suite du texte p. 32.*

Saveurs hellènes

Moussaká, dolmádes, *souvláki et* baklavá, *le tout arrosé de retsína, la cuisine grecque est heureusement bien plus variée que celle que l'on connaît à l'étranger.*

Les entrées

La fameuse **moussaká** (émincé d'aubergines avec viande hachée et fromage, passé au four), la ***taramosaláta*** (œufs de poisson et mie de pain, le tout arrosé d'huile d'olive et de jus de citron), la ***melitzano-saláta*** (salade d'aubergines), le ***tzatzíki*** (yaourt avec ail pilé) et la ***dolmadákia*** (feuille de vigne). Le choix de salades est très vaste, depuis la ***choriátiki*** (la célèbre « salade grecque ») jusqu'aux rafraîchissants concombres à la crème en passant par la simple salade de tomates. Les amateurs de soupes seront aussi à la fête : celles aux poissons sont délicieuses.

L'incontournable salade grecque.
À consommer sans modération en tête à tête avec la mer.

Les plats

Le plat principal consiste en l'un des **poissons frits** (rouget – ***barboúnia***, merlan – ***sfirída***, steak d'espadon – ***ksifías***, grosses crevettes – ***garíde***, calamars – ***kalamarákia***), ou en un large choix de **viandes**. Celles-ci sont proposées en ragoût (***stifádo***) ou grillées (***stiskara***). Dans ce dernier cas, elles prennent la forme de côtelettes ***(brizóla)*** ou de brochettes *(***souvláki***)* d'agneau, de bœuf, de poulet ou de porc et sont agrémentées de tomates, d'aubergines et d'oignons. Les boulettes de viande ***(keftédes)*** sont accommodées de diverses manières (aromates et tomates le plus souvent). En accompagnement, les Grecs optent pour des **légumes** (frites, pâtes plus que cuites, riz ou courgettes), ou complètent leur repas par une salade.

Les desserts

Le choix en ce domaine est lui-même très mince. Les fruits ont le mérite d'être frais et tous délicieux (le raisin et les pommes, en particulier). Les Grecs n'ont pas l'habitude de terminer leur repas par une pâtisserie. Si celles qui trônent en vitrine semblent peu engageantes, on se rabattra sur le classique yaourt au miel ***(giaoúrti kai méli)*** qui n'est jamais décevant.

Les boissons

La boisson nationale, l'**ouzo**, est un apéritif à base d'**anis**, titrant environ 40°. Il existe différents « crus » régionaux. Les Grecs le boivent pur, mais on peut le diluer dans un peu d'eau. Il est toujours servi avec un verre d'eau et des ***mezzés***, petite collation de **féta**, d'olives, et, selon les régions, de poisson (calmars et poulpes) ou de charcuterie. Avec le **vin** *(voir ci-contre)*, la boisson la plus courante lors du repas est la **bière**. Elle est servie en demi-litre de marques Heineken ou Amstel (fabriquée en Grèce sous licence).

Les tavernes
mitonnent une cuisine grecque authentique à base de produits du cru.

L'ouzo offre une palette subtile de saveurs anisées. C'est une boisson rafraîchissante, mais gare aux excès !

Pour les alcools, le choix va du rugueux **cognac** grec (Cambas, Metaxa ou le Votris de cinq ans d'âge) aux **liqueurs** doucereuses de banane, de rose, de citron ou de menthe.

Les vins grecs

L'Hellade est la patrie de la **retsína**. Généralement blanc, ce vin a un goût assez particulier qui résulte de l'addition de résine. Il existe aussi de nombreux vins non résinés. Leur goût est plus sophistiqué, mais ils sont nettement plus chers et se trouvent difficilement hors de leur région de production. À tester dans le Péloponnèse, le **neméa** (rouge ou blanc), un vin sec fruité de la région de Corinthe ; le **rosé de Methóni** ou de la région d'Olympie ; le **muscat blanc de Patras**. En Grèce centrale : l'**atticá** et le **viotía**, généralement rouges. En Macédoine et en Thrace : deux importantes régions viticoles connues pour leurs vins rouges généreux, le **náoussa**, l'**halkidikí** et l'**áthos**, produit dans la sainte montagne. En Épire : deux vins à ne pas manquer près d'Ioannina, le **métsovo** (un cabernet-sauvignon rouge) et le **zítsa** (un vin blanc sec). Les vins des îles figurent aussi parfois sur les cartes des bons restaurants. Les meilleurs viennent de Rhodes, Samos, Crète et Corfou.

Le café grec

Le café grec *(**hellinikó**)* est bouilli et servi avec le marc, exactement comme le café turc. Il ne doit pas être remué, car il est sucré à l'avance. Il est ***glikó*** (très sucré), ***métrio*** (sucré) ou ***skéto*** (sans sucre). Attention, si l'on demande un café sans autre précision, on obtient un Nescafé ; servi frappé, il est la boisson préférée des jeunes.

Pâques est la plus grande fête du calendrier orthodoxe. S'accompagnant d'une débauche de chants et d'encens, les festivités s'achèvent bien souvent par des danses en costumes traditionnels.

➤ **MAI-JUIN.** Lundi de Pentecôte (pas de fermeture des magasins dans les grandes villes).

➤ **15 AOÛT.** Dormition (Assomption).

➤ **28 OCTOBRE.** Jour du « Non », qui commémore le refus de capituler devant Mussolini en 1940 *(p. 67)*.

➤ **25 DÉCEMBRE.** Noël.

➤ **26 DÉCEMBRE.** Saint-Étienne, premier martyr chrétien.

Hébergement

Hôtels

➤ **CLASSEMENT.** Il existe **six catégories** d'hôtels en Grèce: L (luxe), A, B, C, D et E. L'ONHT édite, pour chaque région, la liste des établissements des quatre premières catégories. Les hôtels de catégories **D** et **E**, pas nécessairement pourvus de salle d'eau individuelle, n'y figurent pas toujours. Les établissements de catégories **A**, **B** et **C** proposent un confort on ne peut plus suffisant. Ils se distinguent entre eux par leur **situation**, la présence d'une **piscine**, d'une **plage privée** ou d'un **restaurant** (hôtels **A** et **B**) et par un petit déjeuner plus ou moins copieux. Les chambres disposent au moins d'une **douche** (baignoire pour la catégorie **A**) et de W.-C. individuels. Enfin, toutes les chambres sont climatisées; en catégorie **C**, la **climatisation** ne fonctionne parfois qu'à certains moments de la journée. *Nous avons indiqué la classification grecque des hôtels, à laquelle nous avons ajouté une transcription en symboles (de ▲ à ▲▲▲▲, voir encadré p. 1).*

➤ **TARIFS.** Les fourchettes de tarifs qui suivent (pour 2 pers., petit déjeuner inclus) sont données à titre purement indicatif car le prix d'une chambre est très variable en Grèce. Il n'y a rien d'étonnant ici à débourser plus cher pour une nuit dans un hôtel de catégorie B que dans un hôtel classé A (avec un confort pourtant équivalent). Les prix sont libres, d'où de fortes disparités selon les lieux et les moments de l'année (les notions de « basse » et « haute » saisons sont elles-mêmes un peu floues). Enfin, des réductions sont souvent consenties pour des motifs plus ou moins obscurs. Généralement, parce que l'hôtelier préfère louer au rabais que pas du tout… Il ne faut pas hésiter à marchander! **Catégorie L** = plus de 150 €. **Catégorie A** =

de 70 à 150 €. **Catégorie B** = de 55 à 100 €. **Catégorie C** = de 45 à 90 €. **Catégorie D** = autour de 30 €. **Catégorie E** = de 9 à 30 €.

➤ **RÉSERVATION.** Si le séjour coïncide avec la pleine saison (de juin à mi-septembre sur le littoral), le mieux est de réserver à l'avance, particulièrement dans les grandes villes et les stations balnéaires. Sinon, on peut s'adresser à l'antenne touristique locale qui permet de trouver un gîte. Les internautes trouveront sur www.all-hotels.gr une sélection d'environ 7500 hôtels en Grèce. Certains disposent d'un e-mail ou d'un site sur le net pour réserver. Vous pouvez aussi vous adresser directement à l'**Hellenic Chamber of Hotels** : Banque nationale de Grèce, 2, Karagéorgi Servias ☎ 010.323.71.93.

Logement chez l'habitant

Cette formule permet de découvrir le pays un peu plus en profondeur et de mieux connaître ses habitants, le tout à **moindres frais** : à partir de 23 €, mais comptez plus de 30 € pour obtenir un confort équivalent à celui d'un hôtel de catégorie C. Ce logement est surtout répandu dans les localités balnéaires de **Laconie** ou de **Messénie**, dans les villages de montagne et les petites villes touristiques. Les chambres sont en général de bon confort (douche et W.-C. individuels). Les démarches se font soit directement auprès du particulier (il est possible de marchander), soit en passant par l'antenne touristique ou par la mairie de la localité.

Maisons traditionnelles

L'ONHT a transformé plusieurs maisons traditionnelles en hôtels de charme au **mont Pélion** (Makrinítsa et Miliés) et dans le **Péloponnèse** (à Monemvassía, Dimitsána et dans le Magne). Meublés dans le style local et situés dans des endroits exceptionnels, ils laissent un souvenir ému. Comme ils disposent de très peu de chambres, une **réservation** à l'avance est impérative. Rens. **ONHT**, Central Office, 2, Amerikis, Athènes ☎ 010.33.10.565 ou 010.33.10.692, fax 010.33.10.562. ❖

Camping

Il existe une centaine de terrains agréés, généralement autour des stations balnéaires, et un grand nombre de campings privés. Un couple voyageant en camping-car avec ses deux enfants (de 4 à 12 ans) paiera de 15 à 23 € par nuit. L'ONHT édite une liste détaillée où sont répertoriés les éléments de confort. On peut en faire la demande avant le départ auprès de l'ONHT de son pays d'origine (Paris, Bruxelles, Zurich, *p. 24*). Le camping sauvage est interdit sur tout le territoire.

Auberges de jeunesse

Il en existe une trentaine. Il faut être titulaire de la carte de la **Fédération unie des auberges de jeunesse** (FUAJ), 27, rue Pajol, 75018 Paris ☎ 01.44.89.87.27 ; 9, rue Brantôme, 75003 Paris ☎ 01.48.04.70.40. www.fuaj.org. La FUAJ peut aussi réserver un lit dans une auberge grecque depuis son pays d'origine.

Heure locale

Il y a **une heure de décalage** avec la France, été comme hiver. Lorsqu'il est midi en Grèce, il est 11 h en France, en Belgique et en Suisse. L'horaire d'été dure la même période qu'en France.

Horaires

➤ **BANQUES.** Elles ouvrent du lundi au vendredi de 8 h 30 à 13 h, parfois 14 h. Quelques agences de grandes villes ferment vers 15 h et ouvrent le samedi matin.

En Grèce, les horaires d'ouverture des magasins sont un peu déroutants de prime abord. Sauf dans les grandes villes, il est inutile d'espérer faire son shopping le samedi après-midi !

➤ **Magasins.** Ils sont ouverts sans interruption de 8h30 à 15h les lundi, mercredi et samedi. Ils ferment les autres jours au moment de la sieste (14h-16h) et rouvrent de 17h à 19h ou 20 h. Tout cela n'est donné qu'à titre indicatif, car les horaires varient selon les saisons et les types de commerce. Dans les petites localités touristiques, les boutiques ne baissent leur rideau que tard dans la soirée.

➤ **Musées et sites archéologiques.** Ils sont généralement ouverts tous les jours sauf le lundi de 8h ou 8h30 à 15 h. Les **grands musées** d'Athènes et de Thessalonique ouvrent aussi le lundi après-midi et ferment à 19 h. Tous sont clos les jours fériés. Les horaires des **grands sites archéologiques** varient considérablement selon les saisons. En règle générale, ils sont ouverts tous les jours de 8h30 à 19h en juillet et août; ils ferment vers 18h au printemps et en automne, et à partir de 17h ou de 15h en hiver. Les samedi, dimanche et jours fériés, de nombreux sites ouvrent de 8h30 à 15 h. Encore une fois, ces données sont indicatives. Le mieux est de **vérifier** les horaires auprès de l'Office du tourisme. Attention, les guichets ne délivrent plus de billet **une demi-heure avant la fermeture**. Les horaires d'été et d'hiver s'appliquent au moment du changement d'heure, qui intervient en même temps qu'en France. Une bonne nouvelle enfin, certains musées publics et plusieurs sites archéologiques sont **gratuits le dimanche**.

➤ **Poste.** Les bureaux principaux des villes importantes sont ouverts tous les jours de 7 h 30 à 19 h 30 sauf le samedi après-midi et le dimanche (en été, les bureaux des localités touristiques restent ouverts le week-end). Les bureaux de quartier et les postes des petites villes ferment à 14 h.

Informations touristiques

L'**Office national hellénique du tourisme** (ONHT) a installé des antennes locales dans toutes les grandes villes et dans les chefs-lieux régionaux (Athènes, Thessalonique, Patras, Le Pirée, Lárissa, Vólos, Ioannina et Kavála). Ailleurs, il faut s'adresser à la **police touristique**, une institution très pratique pour trouver un hôtel ou un logement chez l'habitant (indications – au moins en anglais – des horaires des musées et des autocars).

Internet

Les **cybercafés** se sont multipliés dans les villes grecques. Les jeunes viennent y jouer en réseau et, accessoirement, y surfer sur le net. En général, il faut compter entre 1,50 et 2 € (dans les grandes villes comme Athènes et Thessalonique) pour 1 h de connexion. Certains établissements proposent une tarification par tranches de 20 mn.

Langue

Si certains ont quelques souvenirs de grec ancien, ceux-ci seront seulement utiles pour lire… l'alphabet et les pancartes.

Le **grec moderne**, ou démotique, n'a pas grand-chose à voir avec celui que l'on entendait dans l'Antiquité. Il résulte d'une longue évolution – les nationalistes parlent de décadence – du grec ancien. Il utilise le même alphabet mais une grammaire plus simple et un vocabulaire plus riche. Avec le temps, il a emprunté des mots aux langues des envahisseurs qui se sont succédé sur la péninsule ou dans les îles (Latins, Slaves, Vénitiens, Turcs). Plus récemment, il a beaucoup pioché dans l'anglais.

En dehors des formes grammaticales complexes, c'est sans doute la **prononciation** même du grec qui pose le plus de problèmes. Chaque mot est **accentué** sur une syllabe variable de terminaison. En cas d'erreur, la compréhension peut être bouleversée… Mais si l'on essaie de bredouiller quelques mots, les Grecs apprécient l'effort *(voir lexique p. 282)*. Avant de partir, enfin, il convient de se familiariser avec l'alphabet.

Si l'on ne comprend pas les gens, eux sauront communiquer dans une autre langue. Tourisme oblige, presque tout le monde connaît quelques mots d'anglais, d'allemand (dans le Nord surtout, du fait des Grecs partis travailler en Allemagne), plus rarement d'italien (en Épire). Le français est beaucoup moins usité, sauf dans le Péloponnèse et dans la très francophile Athènes.

Oui ou non ?

En grec, oui se dit ***nè*** et non ***ochi***. À cette consonance, somme toute déjà paradoxale pour un Français, s'ajoutent des mouvements de tête qui achèvent de rendre plus d'un étranger perplexe. Le oui peut ainsi s'accompagner d'une légère inclinaison de la tête sur le côté (proche du mouvement utilisé chez nous pour dire non) et beaucoup de Grecs disent non en levant la tête en arrière (un peu comme nous disons oui)… ❖

Médias

➤ **PRESSE GRECQUE.** Malgré des tirages faibles, elle se porte bien. La place manque même en kiosque pour afficher toutes les publications nationales et étrangères. Le pays compte plus d'une **centaine de quotidiens**, parmi lesquels ***To Vima*** et ***Kathimerini***, dont l'audience est nationale. Quantité ne rime pas toujours avec qualité : couleurs tapageuses, exclamations scandalisées sur quatre colonnes (le fréquent ***eschos***, qui signifie « honteux »), querelles de partis et faits divers règnent sans partage. Il existe aussi une multitude d'hebdomadaires spécialisés qui n'ont rien à envier à leurs homologues français. Mais, là encore, il faut lire le grec…

Les quotidiens ***Athen News*** et ***Herald Tribune***, ce dernier avec son supplément traduit tiré du journal ***Kathimerini***, proposent, en anglais, un condensé de la vie économique, politique et culturelle du pays. Ils fournissent également les programmes des cinémas d'Athènes ainsi qu'un bulletin météo. Moins chanceux, les Français se rabattront sur ***La Tribune hellénique***, une feuille de chou bimensuelle qui donne des informations sur la Grèce, des adresses utiles et les programmes de TV5.

Le períptero

Le períptero, c'est un peu l'inventaire de Prévert sous les cieux grecs ! On trouve tout dans cette institution urbaine bien pratique, même tard en soirée !

Le **kiosque**, inséparable du paysage urbain, est une institution en Grèce comme dans l'ensemble des Balkans. Il vend de tout, des journaux et des cigarettes bien sûr, mais aussi toutes sortes de confiseries, des gâteaux secs et des chips, ainsi qu'un choix ahurissant de glaces. Certains ont l'allure de véritables supérettes. En plus des articles déjà énumérés, ils proposent des mouchoirs en papier, des livres, des lunettes de soleil, des timbres, des préservatifs, des pellicules photographiques, des cierges ou du shampoing. La plupart, du fait de la concurrence, se spécialisent dans un domaine. Tenus à tour de rôle par toute la famille, les kiosques ferment tard dans la soirée et restent ouverts le dimanche.

➤ **Presse étrangère.** Les **journaux français** sont en vente presque partout en saison, même dans les villes et les centres touristiques de moyenne importance. À **Athènes**, l'ensemble de la presse hexagonale, belge et suisse est disponible le lendemain de sa sortie dans le pays d'origine.

➤ **Radio.** Un excellent moyen pour découvrir les différentes musiques grecques (du chant orthodoxe à la *dance made in Greece…*) est de se balader sur la bande FM. Mais l'écoute des stations nationales ou locales sur autoradio est assez éprouvante à cause du relief tourmenté. Pour la même raison, les radios françaises sont difficilement audibles sur grandes et moyennes ondes.

➤ **Télévision.** Il faut regarder, ne serait-ce qu'une fois, la télévision grecque. Le pire et le meilleur s'y côtoient (des informations concises et des films étrangers, toujours en version originale). Deux **chaînes nationales** (ET 1 et ET 3), plusieurs **chaînes privées** (les plus importantes sont Net, Mega, Skai, Star et Antenna 1) et une multitude de **télévisions locales** composent le paysage hertzien. Dans les hôtels de luxe, il est possible de capter les chaînes diffusées par **satellite**, à commencer par TV5.

Plages

Elles constituent l'une des attractions majeures du pays et un gîte de fortune si tous les hôtels sont complets. Malheureusement, les Grecs ont la manie de tout jeter par terre... Beaucoup de plages ne sont donc pas d'une **propreté** irréprochable, surtout en fin de saison. Le **nudisme** sera uniquement réservé à quelques plages précises. Il est préférable de se renseigner auprès de l'office du tourisme local afin de ne pas commettre d'impair.

Politesse et usages

Conversation. Les Grecs attachent de l'importance aux formes de politesse conventionnelles. On se serre la main au début et à la fin de chaque rencontre et les questions relatives à la santé ne sont pas de simples formules. En entrant dans les magasins et les cafés, il est de coutume de saluer d'un sonore « ***Kaliméra!*** » ou d'un « ***Kalispéra!*** », selon qu'on est le matin ou l'après-midi. Il ne faut jamais refuser l'hospitalité ni le verre qu'on vous offre.

Églises et monastères. Éviter de visiter les églises pendant la messe, et surtout de pénétrer dans le chœur, *a fortiori* si l'on est de sexe féminin (la femme y est interdite de séjour). La quasi-totalité des moines – et certains popes – sont intraitables sur les shorts, les jupes courtes, les femmes aux bras nus ou en pantalon.

Silence. Comme la **sieste** est presque une institution, les petites villes et les villages s'endorment totalement pendant les heures chaudes. Respectez leur quiétude entre 14 h et 16 h.

Pourboire

L'usage du pourboire s'est répandu au contact du tourisme. Il demeure rare dans les endroits moins fréquentés, et peut passer pour offensant dans les campagnes. Il est de coutume de laisser **10 à 15 %** de la note au serveur de restaurant et 1 ou 2 € (ou du moins de les proposer, on les refusera souvent) à l'âme charitable qui aura ouvert l'église byzantine de nos rêves. Le pourboire n'est pas de mise dans les taxis.

Santé

Aucun problème, on trouve partout des pharmacies (***farmakeío***) reconnaissables à leur enseigne rouge ou verte en forme de croix de Malte. Les horaires de garde sont affichés en grec et en anglais. Les villes importantes possèdent au moins un **hôpital** offrant une qualité de soins correcte.

Sécurité

La Grèce est un pays très sûr où la confiance règne. Comme partout, quelques précautions s'imposent : il faut notamment éviter de laisser des objets de valeur en évidence dans une voiture ou sur une plage.

Attention aux chiens !

Généralement apathique et accablé par la chaleur, le chien grec peut se révéler dangereux quand il erre seul ou en **meutes**, plus ou moins retourné à l'état **sauvage**. Sans raison, l'animal court après les voitures en montrant les crocs, poursuit avec ténacité les mollets des motards et des cyclistes. Les simples promeneurs sont des proies encore plus tentantes : plusieurs touristes en ont fait la mordante expérience en se baladant récemment du côté des Météores. Attention aussi aux chiens de berger laissés seuls par leur maître, qui protègent le troupeau toutes canines dehors : il n'hésitent pas à attaquer. ❖

Shopping

On imagine des tentations nombreuses du fait d'un artisanat resté vivant. En fait, une fois écarté les amphores antiques aux couleurs criardes, les idoles cycladiques en plastique et autres icônes sur vinyle, la Grèce n'est pas le paradis du shopping qu'on se représente parfois.

➤ **Alimentation.** Le souvenir type, c'est bien sûr l'**ouzo**. Un conseil, préférer les marques peu connues – en général meilleures – au Sans Rival et autres Ouzo 12. Il est préférable de l'acheter dans la boutique pleine d'énormes tonneaux d'un marchand de vin. Sur le bord de la route, en montagne, des gens du cru vendent leur **miel**. Le meilleur est celui d'Arcadie et du mont Pélion, en Thessalie (souvent accompagné de noix ou de fruits confits). Enfin, le simple marché de village et la moindre épicerie du coin regorgent de tentations: **vins** grecs introuvables en France, **huile d'olive** du terroir et une variété infinie de ces **fruits secs** dont la population raffole.

➤ **Artisanat.** Le produit artisanal le plus alléchant est sans doute le tapis dit ***flokáti***, en laine multicolore. C'est la grande spécialité d'Arachova, près de Delphes, mais aussi d'autres villages de montagne. Viennent ensuite les moins onéreux **objets en bois ou en cuir** de Métsovo et les **cuivres** d'Ioannina. Un peu partout, on peut acheter de l'**osier**, de la **broderie**, sans parler de tous les objets des *seventies*: **sandales** en cuir, ***komboloï*** (sorte de chapelet), **sacs tissés** avec ou sans franges…

➤ **Bijoux.** Il en existe de somptueux (prix en rapport) à Athènes et à Thessalonique, où sont installés les grands noms de la joaillerie. Les bijoux des boutiques d'Olympie, de Delphes ou de Pláka, à Athènes, sont nettement plus abordables, mais l'**or titre moins qu'en France**. Les bagues et bracelets en **argent**, particulièrement à Ioannina, font preuve de beaucoup plus d'inventivité. Ils grèveront encore moins votre budget. Enfin, pour jouer au Grec pur jus, une idée de bijou souvenir pas cher: ***to mati***, l'œil bleu qui protège du mauvais sort.

➤ **Objets d'art.** Inutile de chercher une antiquité du temps d'Alexandre le Grand, elle est introuvable et… interdite d'exportation. On se consolera avec des **reproductions** plus ou moins réussies selon le budget. Les meilleurs endroits pour s'offrir une copie parfaite d'un vase ou d'une statuette antiques sont les boutiques des musées nationaux d'Athènes et de Thessalonique. Quant aux **icônes**, même si l'on vous jure sur la Vierge qu'elles sont authentiques, elles n'ont jamais plus d'un siècle. De belles œuvres réalisées selon les techniques ancestrales sont en vente dans les magasins de la rue Ermou, à Athènes.

➤ **Vêtements.** Les griffes connues du **prêt-à-porter** ont pignon sur rue dans les grandes villes. L'achat d'un **jean** représente 20 % d'économie. Les marques grecques sont bien moins chères, mais il est inutile d'en espérer des miracles, à moins de cibler dans le très haut de gamme. La **chaussure** s'avère l'achat le plus intéressant: les modèles homme ou femme sont à la fois réussis, variés et de bon rapport qualité/prix. Vous trouverez aussi des vêtements en **cuir** et la très inabordable **fourrure** de Kastoriá.

Spectacles et vie nocturne

➤ **Cafés.** Le café classique a remplacé le *kafeneío (encadré ci-contre)* dans les grandes villes et les villes moyennes. Les Grecs des deux sexes viennent y papoter et s'asseoir un moment, au cours de leur **promenade apéritive** d'avant le dîner. Les jeunes y restent jusqu'à des heures indues, surtout s'il s'agit de l'un de ces cafés à la décoration ultra-sophistiquée qui pullulent un peu partout.

➤ **Cinémas.** Sur la côte surtout, on peut faire une expérience, rare sous d'autres latitudes, mais fort banale ici: aller au cinéma en **plein air**. Tous les films étrangers sont en **version originale**.

Le kafeneío

Guère de femmes au kafeneío*, un lieu où le machisme grec s'exprime sans complexe. Osez au moins une fois pénétrer dans ce lieu enfumé qui résonne des exclamations de buveurs d'ouzo et du bruit des dés lancés à toute volée.*

Centre de la vie sociale des villages et des quartiers, le *kafeneío* – équivalent de nos **cafés d'autrefois**, dépourvu de jeux électroniques de toutes sortes – est un monde avec ses secrets et ses rites. S'il disparaît du centre des villes, il a gardé dans les faubourgs et les villages son décor fait de photos ou d'affiches jaunies recouvrant des murs défraîchis. À l'intérieur, les chaises cannées et les tables bancales sont invariablement orientées vers l'extérieur ou en direction du comptoir selon que l'on est l'après-midi ou le soir.

Le *kafeneío*, lieu de parole, est un endroit habité à toute heure du jour. Les actifs du matin, venus y boire un café avant le travail, sont bien vite remplacés par les retraités et les chômeurs qui entament d'interminables **parties de cartes** ou de ***távli***, le trictrac local. Quelques exclamations fusent de temps à autre. Parfois, le patron somnole au cours du trop long après-midi. La fin du labeur sonne l'heure des retrouvailles entre habitués... et le début des joutes verbales au sujet des exploits sportifs de telle vedette, de la vénalité de quelque politicien ou de problèmes du village. Perpétuellement relancées, ces conversations peuvent se terminer fort tard dans la soirée. Car on revient parfois au *kafeneío* après dîner.

L'étranger hésite souvent à pénétrer dans cette micro-société conviviale et virile (l'endroit est, par tradition, réservé aux hommes). C'est dommage, car il y est l'objet de toutes les curiosités – au bon sens du terme – et il se trouve toujours quelqu'un parlant un peu d'anglais pour l'intégrer au groupe. En quelques heures, il en sait alors plus long sur la Grèce qu'après plusieurs semaines de séjour. ❖

➤ **Discothèques.** Les boîtes branchées sont à **Athènes** *(p. 137)* et sur la **côte d'Apollon**. Celles de **Thessalonique** *(p. 278)* ont aussi bonne réputation auprès des noctambules. L'été, on danse évidemment dans les stations balnéaires, particulièrement autour de **Nauplie** et de **Kalamáta** *(p. 203 et 200).*

➤ **Théâtres. Athènes** et **Thessalonique** sont les deux grands centres de l'art dramatique hellène. En été, on assiste à des spectacles dans les **théâtres antiques** d'**Athènes**, d'**Épidaure**, de **Patras** et de **Dodone**. *(Voir les pages pratiques correspondantes.)*

Sports et loisirs

➤ **Les sports nationaux.** Les exploits européens du ***Panathinaïkos***, le grand club de **football** d'Athènes, déchaînent les foules, à égalité avec les prouesses et les déceptions des équipes de **basket** de Thessalonique, du Pirée et d'Athènes.

➤ **Les sports nautiques.** Outre la baignade, le **pédalo**, le **ski nautique**, la **voile** et la **planche à voile** (sur la côte d'Apollon, près d'Athènes) ou la **plongée** sont proposés. Il faut savoir que la pêche sous-marine avec bouteilles est interdite hors de quelques zones *(voir* ❶ *à Athènes p. 130).*

➤ **Les sports terrestres.** La Grèce compte un nombre important de courts de **tennis** concentrés autour des plages, particulièrement sur la côte d'Apollon. Les terrains de **golf** sont beaucoup plus rares. Les **randonneurs** souffriront du manque d'ombre et de la rareté des sentiers balisés. De belles balades sont réalisables en Arcadie (près de Dimitsána), en Épire (région des Zagoris), sur le mont Olympe et sur le mont Áthos (à condition d'avoir le laissez-passer). L'hiver, il est possible de **skier** sur les pentes du Parnasse, du Pinde et de l'Olympe.

Téléphone

Pour éviter des soucis, il est recommandé d'acheter une **carte téléphonique** à 3 ou 6 € dans un kiosque. Il est possible aussi de téléphoner et d'envoyer des télégrammes aux **bureaux de l'OTE** *(ouverts dans les grandes villes jusqu'à 22 h).*

➤ **Réforme téléphonique. Depuis janvier 2002**, la Grèce a changé de numérotation téléphonique. Désormais chaque numéro comporte **10 chiffres** : l'ancien **indicatif régional** (intégré au numéro), après lequel il faut ajouter **un zéro intermédiaire**, puis l'**ancien numéro** du correspondant. Il n'y a donc plus de différence entre les appels inter-urbains et les appels nationaux. Attention, à partir d'**octobre 2002**, le zéro intermédiaire sera remplacé par le chiffre 2. Les numéros de téléphone donnés dans cette édition ne prennent pas en compte cette modification à venir. Malgré le soin apporté à la mise à jour de cette édition, quelques erreurs peuvent subsister. Dans ce cas, contacter les renseignements.

➤ **Téléphoner à l'intérieur du pays.** Numéro à 10 chiffres du correspondant.

➤ **Téléphoner depuis la Grèce vers l'étranger** ☎ 00 + indicatif du pays (France, 33 ; Belgique, 32 ; Suisse, 41) + numéro du correspondant (sans le 0 initial).

➤ **Téléphoner en Grèce depuis la France, la Belgique et la Suisse** ☎ 00 + 30 + numéro du correspondant (sans le 0 initial).

➤ **Envoyer un télégramme depuis la Grèce** ☎ 155 (national) ou ☎ 165 (international).

➤ **Renseignements téléphoniques.** Depuis la France ☎ 32.12. Depuis la Grèce ☎ 161 ou 162.

Toilettes

À moins de tomber par malchance sur un serveur acariâtre, personne ne proteste lorsqu'on utilise les toilettes d'un café sans consommer. La propreté est à peu près correcte. Enfin, sachez que l'usage de jeter le papier usagé dans un récipient, et non dans la cuvette, est désormais quasiment abandonné.

Les avantages de la carte France Télécom Voyage

La carte **France Télécom Voyage** vous permet d'appeler de n'importe quel téléphone (d'une cabine téléphonique, chez des amis, d'un restaurant, d'un hôtel...) depuis la France et plus de 100 pays. Elle est permanente et sans abonnement. Son coût à l'adhésion est de 15 €. Les communications sont directement portées sur votre facture France Télécom et vous recevez un relevé détaillé et gratuit. Vous profitez de tarifs économiques et, en plus, vous gagnez des minutes gratuites : 15 à 25 % du montant de vos appels internationaux (étranger/France, étranger/étranger, France métropolitaine/étranger) vous sont ainsi reversés sous forme de crédits de communications gratuites.

Cette carte est facile à utiliser. Composez le numéro d'accès au service (☎ **3010** depuis la France, ☎ **00.800.33.11** depuis la Grèce), ensuite le numéro de votre carte et votre code confidentiel, puis le numéro de votre correspondant.

Pour en savoir plus, appelez le ☎ 0800.202.202 (numéro vert) ou consultez le www.cartefrancetelecom.com. ❖

Transports intérieurs

Les moyens d'accès aux villes principales sont détaillés dans les pages pratiques, sous la rubrique « Arrivée ».

Car

C'est le moyen de transport préféré des Grecs : il est rapide, confortable et **peu onéreux** (billet à peine plus élevé qu'un ticket de 1re classe en train), et permet d'aller partout ou presque. Le billet s'achète dans les gares routières KTEL, ou directement auprès du chauffeur. **Rens.** : www.ktel.org (en anglais) ou auprès des antennes touristiques.

Avion

De nombreux **vols intérieurs** d'Olympic Airways relient Athènes ou Thessalonique aux principales villes (Patras, Kalamáta, Ioannina, etc.) et aux îles. Les tarifs sont intéressants. En été, réservez avant votre départ en Grèce.

Ferry

Les ferries assurent non seulement les liaisons **interîles**, mais aussi les liaisons **transcontinentales** (Igoumenítsa-Patras, Le Pirée-Monemvassía en Laconie, etc.). **Rens.** : www.gtpnet.gr ou www.ferries.gr (anglais). Les **horaires** étant sujets à d'importantes variations saisonnières, le mieux est de se renseigner directement auprès des ports concernés, dans les grands offices du tourisme ou les agences spécialisées.

Train

C'est le **moyen de transport le moins onéreux** en Grèce (env. 40 % moins cher qu'en France). Bien qu'ils soient lents (env. 50 km/h de moyenne), les trains traversent souvent des paysages superbes (la vallée de Tempé sur la ligne Athènes-Thessalonique). Un **forfait** valable 10, 20 ou 30 jours prévoit un kilométrage illimité (réduction de 30 % pour les moins de 26 ans).

Le réseau de l'OSE, le chemin de fer grec, est constitué de **trois lignes principales** : Athènes-Corinthe-Patras-Pírgos-Kiparissía-Kalamáta ; Athènes-Corinthe-Árgos-Nauplie-Trípoli-Kalamáta ; Athènes-Thèbes-Lamía-Lárissa-Thessalonique. Des lignes secondaires permettent de rejoindre les Météores

Athènes, ou le gigantisme à l'état pur. Le tiers de la population grecque vit là, dans la capitale de l'Attique et ses environs, à deux pas du plus important complexe industriel du pays.

(*via* Tríkala) et Vólos en Thessalie, ainsi que Véria, Édessa et Flórina en Macédoine. **Rens.**: www.osenet.gr (anglais) et dans les grandes gares de Grèce.

Voitures

➤ **Réseau.** L'**autoroute à péage** PATHE (Patras-Athènes-Thessalonique-Évzoni, à la frontière avec la République de Macédoine) est désormais achevée. À l'horizon 2002, elle devrait être raccordée à une bretelle contournant Athènes qui la reliera à l'autoroute du Péloponnèse à la hauteur d'Éleusis. En dehors de quelques **voies express**, le réseau est constitué de routes en bon état mais extrêmement sinueuses (sauf en Macédoine centrale). L'état des **routes secondaires** laisse souvent à désirer. Mauvais revêtements – ou pas de revêtement du tout –, superbes nids-de-poule et rochers tombés d'une falaise après une averse sont monnaie courante. Évitez aussi de rouler la nuit: les tracteurs sont mal éclairés et les moutons pas du tout…

➤ **Essence.** L'essence n'est pas chère en Grèce et trouver une pompe n'est jamais source de grande angoisse, même tard en soirée. Un porte-monnaie vide n'est pas non plus prétexte à panne sèche, puisque certaines stations-service (BP surtout) acceptent les cartes de paiement.

➤ **Conduite.** La difficulté ne vient pas des panneaux comme on pourrait s'y attendre. Écrits en caractères grecs et latins, au moins sur les grandes routes, ils ne posent pas de problème particulier. Le plus difficile est de s'adapter à la conduite grecque, d'oublier ce respect tatillon de la réglementation sur la vitesse (50 km/h en agglomération, 80 km/h sur route et 100 à 120 km/h sur voie express) et cette obsession nordique de considérer une ligne continue comme un obstacle insurmontable… On s'y habitue vite: circulation dans la bande d'arrêt d'urgence, non-respect du stop, priorité absolue des voitures sur les piétons et stationnement en arrêt interdit (au risque de se voir dévisser ou arracher sa plaque, à récupérer au commissariat le plus proche).

➤ **Location de voitures.** Les prix sont sensiblement équivalents, quelle que soit l'agence choisie. En règle générale, on s'adresse aux grandes compagnies qui disposent d'un parc automobile varié et de véhicules plus récents *(adresses dans les pages pratiques)*.

➤ **Location de deux-roues.** Dans la plupart des villes et des localités balnéaires, il est possible de louer des motos, des scooters ou des petites cylindrées de 50 cm^3. Il vaut mieux prendre soin de vérifier leur état avant de conclure le marché.

Urgences

➤ **Ambulance** ☎ 166.

➤ **Assistance routière ELPA** ☎ 104.

➤ **Police secours** ☎ 100.

➤ **Police touristique** ☎ 171.

➤ **Pompiers** ☎ 199.

Voltage

Le courant électrique est de 220 volts. Les prises sont standard.

DÉCOUVRIR

Avec son cortège de dieux et de héros, la décoration du trésor de Siphnos (v. 525 av. J.-C.) raconte l'histoire d'une Grèce en pleine expansion. (Musée archéologique de Delphes.)

HÉRITAGE

Après avoir vu naître et décliner les brillantes civilisations antiques décrites par Homère et Platon, l'Hellade est devenue une province romaine, byzantine et, enfin, ottomane. Elle a conquis son indépendance tardivement, dans la lutte et dans le sang, au nom d'un hellénisme dont l'ensemble de l'Europe s'est nourri.

Le Buveur *(ci-dessus). L'art des Cyclades (IIIe -IIe millénaires av. J.-C.), avec ses lignes épurées et stylisées, a influencé quelques grands sculpteurs du XXe s., tel Henry Moore.*

L'aube de l'histoire

L'histoire de la Grèce débute au **IIIe millénaire av. J.-C.**, lorsque des populations venues d'Anatolie déferlent sur son sol en apportant un embryon de civilisation. À l'âge du bronze (2600-2000), les **premières villes** apparaissent en Thessalie et dans le Péloponnèse. Si l'on en croit les vestiges de la cité de Lerne, en Argolide, elles ont acquis des structures politiques et une organisation sociale relativement élaborées. Vers 2000, une vague d'envahisseurs **barbares indo-européens** originaires du Nord réduit ces progrès à néant. Ceux qu'il est convenu d'appeler les premiers Grecs ou **Ioniens** apportent une brutale **régression**, longue d'environ cinq siècles.

Les Cyclades et la Crète, foyers de civilisation

Seules les îles, protégées par leur insularité, continuent à se développer. En mer Égée, l'archipel des Cyclades, riche en carrières de marbre, produit des **idoles féminines** aux formes géométriques stylisées et aux courbes harmonieuses. Lorsque cette civilisation décline (v. 2000 av. J.-C.), la **Crète** reprend le flambeau. Les **palais** bâtis au IIe millénaire, dont le réseau complexe de corridors les a souvent fait assimiler à des labyrinthes (accréditant le mythe du **Minotaure** et de **Minos**), sont recouverts de **fresques** délicates et pleines de vie. Ce goût du mouvement se retrouve dans les entrelacs de pieuvres et d'autres monstres marins qui recouvrent les **céramiques** de l'âge minoen.

La gloire de Mycènes (1600-1200 av. J.-C.)

Vers 1600 av. J.-C., la Grèce continentale retrouve le niveau de civilisation qu'elle avait atteint avant l'invasion de 2000 av. J.-C. La société comprend des **esclaves**, des **paysans** et des **artisans** dirigés par une classe moyenne d'officiers et de fonctionnaires. Au sommet de la hiérarchie se trouve un **roi** assisté d'un chef d'armée. Cette organisation stimule une économie florissante, axée sur l'**agriculture** et l'**élevage**. Perpétuellement en **guerre** les uns contre les autres, les royaumes construisent leur capitale dans des sites élevés – les acropoles – et les entourent de fortifications cyclopéennes, comme à Tirynthe (*p. 151*).

Mycènes, au cœur du Péloponnèse, est le centre le plus brillant au IIe millénaire av. J.-C. Les Mycéniens nouent des relations maritimes avec les régions les plus avancées de Méditerranée : l'**Asie Mineure**, l'**Égypte** et surtout la **Crète**. Grâce à ces contacts, ils acquièrent également une **écriture** (le linéaire B, ou grec primitif). Ils attaquent leurs voisins du Péloponnèse à partir de 1400, s'emparent de la Crète et se lancent vers 1230 à la **conquête de Troie** qu'Homère immortalisera dans l'***Iliade***.

L'ART MYCÉNIEN

Les puissants rois de Mycènes aménagent luxueusement leur palais et leur forteresse. Les **fresques** qui nous sont parvenues montrent des processions de femmes élégantes rappelant l'art crétois. La *Mycénienne* (Musée national archéologique d'Athènes, *p. 107*) est le meilleur exemple de cette peinture au subtil graphisme et aux couleurs

La porte des Lions (XIVe s. av. J.-C.) donne accès à la cité de Mycènes.

chatoyantes. Le talent des artistes s'illustre aussi dans la **céramique**. L'influence de la Crète est évidente: les spirales et les méandres des poteries mycéniennes rappellent les motifs des potiers minoens. La **peinture**, la **sculpture** et l'**architecture** – on pense à la porte des Lions de Mycènes *(p. 151)* – ne font pourtant pas partie des créations majeures de l'art mycénien. Son domaine de prédilection est l'**orfèvrerie** : les **tombes à coupole**, issues des modèles égyptiens, renfermaient une multitude d'objets funéraires (masques, bijoux, armes ou vaisselle). Ces œuvres en or, par leur finesse d'exécution, sont les réussites incontestées de la civilisation mycénienne.

Les « Siècles obscurs » (1200-800 av. J.-C.)

Avec les **Doriens** survient vers 1200 la dernière grande vague d'**invasion**. Très arriéré, ce peuple du Nord détruit tout sur son passage, civilisation mycénienne comprise. Les progrès du IIe millénaire sont ruinés; même l'écriture est perdue. La Grèce sombre dans ce qu'il est convenu d'appeler les « Siècles obscurs ». Seule l'**Arcadie** semble épargnée, d'où le mythe d'une région qui connaît l'éternel bonheur.

De nouvelles sociétés organisées, appelées **royaumes homériques**, apparaissent seulement vers le Xe s. L'**écriture** renaît un siècle plus tard. D'origine phénicienne, elle utilise non plus le syllabaire mal adapté du linéaire B, mais un alphabet emprunté aux Phéniciens.

L'art géométrique (IXe s.-750 av. J.-C.)

Les invasions doriennes ont annihilé tous les domaines de la création artistique. La production de **céramiques** reprend vers la fin du IXe s. Abandonnant les courbes et les motifs sinueux de leurs aînés mycéniens, les potiers représentent des figures et des scènes de **rites funéraires** qu'ils exécutent sur de minces bandes, sur des vases de taille impressionnante. Les personnages en procession sont des êtres filiformes sans consistance et aux gestes codifiés. Par horreur du vide, la surface restante est recouverte de **motifs géométriques abstraits** qui ont donné leur nom à cette période artistique. Ce style affecte aussi la **petite statuaire** dans les régions qui sortent le plus rapidement des « Siècles obscurs » : l'Attique, la Béotie, la Corinthie et l'Argolide.

Le renouveau (750-500 av. J.-C.)

Ces deux siècles et demi coïncident avec l'**essor des cités**, au premier rang desquelles figurent **Athènes**, **Éleusis**, **Mégare**, **Sparte** et **Corinthe**. Toutes suivent globalement la même évolution politique. D'abord sous la royauté, l'administration des villes est peu à peu accaparée par l'**aristocratie** qui tend à cumuler les pouvoirs législatif et exécutif. Les **paysans** sont de plus en plus asservis. Le **morcellement des terres**, intervenant au VIIe s., rend la crise inévitable. Des **tyrans** s'appuieront sur le mécontentement croissant pour prendre le pouvoir et fixer les premières lois par écrit. Leur action, loin d'être négative, permettra un **rééquilibrage des richesses** grâce à la redistribution des terres.

L'exportation du modèle grec

En raison du manque de terres et des problèmes que traverse l'Hellade au VIIe s., les Grecs partent en **Méditerranée** fonder des **comp-**

Marins expérimentés mais pilotant des navires inadaptés au grand large, les colons grecs du VIIIe au VIe s. av. J.-C. pratiquaient le cabotage par crainte d'être pris dans une tempête ou attaqués par des pirates.

toirs et des **cités**. Une première vague (v. 750) avait abordé l'ouest du bassin méditerranéen (îles Ioniennes, Sicile et Italie du Sud). Elle était entrée en contact avec les Étrusques et engageait des échanges commerciaux fructueux. Le deuxième flux de migration, au VIIe s., concerne le **nord de la mer Égée** (Thrace et Samothrace), les rives de la **mer Noire** (le Pont-Euxin ou « mer hospitalière » par antiphrase) et **Chypre**. Plus tard, les rives du sud de la **France** (Phocée) et les côtes ibériques sont colonisées. L'ensemble de ce mouvement transforme la Méditerranée en une mer grecque.

Conflits d'intérêts

Les progrès du VIIe s. accentuent la rivalité entre les cités. **Athènes** cherche à étendre son hégémonie sur l'**Attique** en organisant l'unification des villes de Salamine, de Marathon et d'Éleusis. Le pouvoir est assuré ici par des législateurs, comme Solon (v. 594-v. 558) qui libère la terre et développe le commerce, puis par le tyran Pisistrate (v. 560-527), dont l'œuvre réformatrice aboutit à la **démocratie** à la fin du VIe s. **Sparte** suit une évolution diamétralement opposée. Issue des conquérants doriens, l'aristocratie spartiate met au point un **État totalitaire** reposant sur la toute-puissance de l'armée, et qui ne connaîtra aucun changement structurel jusqu'au IVe s. Sa haine de la démocratie, son refus d'intégrer le système monétaire et son organisation en camp retranché ne vont pas tarder à opposer Lacédémone (l'autre nom de Sparte) à Athènes, cité à la fois tolérante et conquérante.

Dieux et fêtes

Cette période coïncide avec un enrichissement des croyances. Grâce aux contacts des colons avec l'Orient, des **divinités étrangères** intègrent le panthéon grec constitué vers 1500. Le culte de **Dionysos** connaît un succès foudroyant qui s'explique par l'importance qu'a prise la culture de la vigne à cette

Mosaïque de la villa de Dionysos (200 apr. J.-C.) à Dion. Le culte du dieu du vin, importé de Thrace ou peut-être d'Asie Mineure, connaît une grande audience en Grèce.

époque. « Deux fois né » car « sorti de la cuisse de Jupiter », il introduit le sens du mystère dans la religion grecque. Un peu partout, des fêtes sont organisées en l'honneur des dieux et de nouvelles célébrations se créent, comme les Grandes Dionysies d'Athènes qui soudent le peuple de l'Attique *(p. 121)*. Certaines, panhelléniques, stimulent l'idée d'une culture grecque commune, par-delà l'appartenance à la cité. C'est le cas des Jeux olympiques, inaugurés en 776.

L'art entre Orient et archaïsme

Compétition entre cités, renaissance de la vie spirituelle et découverte d'horizons nouveaux : tous les ingrédients sont là pour une **métamorphose des arts**. L'ensemble des domaines esthétiques est concerné. En littérature, le genre **lyrique** adopte les formes les plus variées : religieuse, philosophique, lyrique ou satirique. Le genre **épique** est dominé par l'œuvre d'**Homère** (VIIIe s.), qui consigne pour la première fois les légendes orales et les mythes du monde grec. Un peu plus tard, **Hésiode** (fin du VIIIe s.) achève de fixer les bases de la culture antique avec sa *Théogonie*. Les dieux, dont les rôles sont désormais bien attribués, ressemblent un peu plus aux hommes : comme pacifiés avec eux-mêmes, ceux-ci ont chassé les monstres de leur panthéon.

Les **potiers** abandonnent les motifs géométriques au VIIe s. Ils privilégient les courbes et les **représentations d'animaux orientaux** (lions, sphinx ou griffons, etc.), un début de période que les spécialistes qualifient d'« orientalisant ». Bientôt, les artistes décriront des **scènes mythologiques** où l'homme occupera une place de choix. L'invention du procédé dit à « **figures noires** » leur permet d'abandonner le fragile dessin au trait au profit de la **silhouette**. C'est à Corinthe, vers 650, qu'il faut situer cette invention. La découverte est vite reprise par l'ensemble des artisans, notamment à Athènes. Certains commencent à signer leurs œuvres. D'autres délaissent l'archaïque position frontale des personnages pour une représentation de trois quarts, nettement plus moderne. La technique dite à « **figures rouges** » bouleverse à nouveau la poterie grecque à partir de 530 : dès lors, les images se détachent sur un fond uniformément vernissé et les détails, au lieu d'être incisés, sont dessinés à l'aide d'un pinceau. Les potiers de l'Attique surpassent alors tous leurs confrères.

La **sculpture** évolue parallèlement. Vers 650 apparaissent les premières statues monumentales : les fameux *kouros* (jeune homme debout, nu) et *korê* (jeune femme ou fille debout, vêtue). Encore figée comme ses modèles égyptiens, la statuaire archaïque ne tarde pas à gagner en réalisme et en liberté du mouvement.

L'Aurige de Delphes *(première moitié du Ve s. av. J.-C.)* frappe par la noblesse de son allure. Il présente la fixité caractéristique de l'art dit sévère.

Temps d'union et de désunions

La richesse de l'Hellade a tôt fait de susciter la convoitise des **Perses**. Devant le danger, les différentes cités grecques rompent avec leur isolement et se solidarisent. Même Athènes se ligue avec Sparte, son ennemie héréditaire. Les Grecs coalisés emportent ainsi les trois succès décisifs des guerres médiques : **Marathon** en 490 *(p. 128)*, **Salamine** en 480 et **Platées** en 479.

Pendant les guerres médiques, un vent d'**austérité** souffle sur tous les domaines artistiques. En sculpture, le sourire « archaïque » des *kouroï* et des *korês* disparaît pour laisser place à des visages empreints de gravité. L'un des meilleurs exemples de cet **art sévère** est le fameux *Aurige de Delphes* vers 475.

Des lendemains qui chantent (478-431 av. J.-C.)

L'issue inespérée des **guerres médiques** engendre d'importants bouleversements sociaux. Il convient de tenir compte des artisans de la victoire grecque : les combattants, recrutés dans les **couches moyennes** des petits propriétaires fonciers. Il devient indispensable de les associer plus étroitement au pouvoir, de développer la **démocratie**. Au cours du Ve s. av. J.-C., le **citoyen** athénien acquiert un droit de regard sur les affaires de la cité. Il contrôle ses dirigeants élus et peut les révoquer à tout moment par la procédure de l'ostracisme, qui écarte les risques d'éventuelle dérive tyrannique de l'un de ses chefs.

De 461 à 430, sous le stratège (général d'armée) **Périclès** *(voir p. 92)*, **Athènes** éclipse les autres cités et règne sans partage sur le commerce maritime. Une **trêve** de trente ans, conclue avec Sparte en 446, lui permet d'envisager l'avenir sereinement et d'assurer son hégémonie sur l'Attique, tant politique qu'économique et culturelle. Elle reconstruit son Acropole et vit son **âge d'or**.

La fin des illusions : la guerre du Péloponnèse (431-404 av. J.-C.)

Sparte s'inquiète de la puissance croissante d'Athènes, cité qu'elle sait dangereuse et qui commence à s'étendre sur le Péloponnèse. L'historien Thucydide (v. 460-395 av. J.-C.), qui décrivit la trentaine d'années de guerres qui s'ensuivit entre Sparte et Athènes, vit dans cette lutte un mal plus profond : une haine irréductible que se vouaient les descendants des **Ioniens** (les habitants de l'Atti- que) et des **Doriens** (les Spartiates). Les différences d'état d'esprit s'avéraient telles que l'entente était impossible. L'un des deux camps devait plier. C'est Athènes en 404. Sparte n'a guère le temps d'en profiter : la bataille de Leuctres, perdue contre Thèbes en 371, marque déjà le début de son déclin.

L'ART AU SERVICE DE L'INDIVIDU

Après des années de guerre, les Grecs aspirent à la paix. Ils recherchent confusément une autorité nouvelle qui leur assurerait une protection contre d'éventuelles menaces extérieures, tout en leur permettant de mieux vivre et de s'enrichir. L'art du temps reflète la **fin du mythe de l'idéal collectif.** Il s'intéresse à l'individu et s'interroge sur la destinée humaine. Le suicide de **Socrate** (470-399), condamné à boire la ciguë pour impiété et corruption de la jeunesse, prend, à cet égard, valeur de symbole. Sous son refus de la tyrannie se cache une angoisse plus profonde devant un monde qui s'achève.

L'**architecture** n'a plus lieu d'être grandiose. À Athènes, on abandonne le chantier des Propylées *(p. 117)* pour se consacrer à la construction d'œuvres plus gracieuses de style ionique, comme l'**Érechthéion** *(p. 119)* et le temple d'**Athéna Niké** *(p. 117)*. Ailleurs, la crise contraint les cités, sinon à interrompre, du moins à réduire l'ambition des grands projets commencés au Ve s. av. J.-C. Le bien-être étant privilégié, on tra-

Platon

Élève de Cratyle (un disciple d'Héraclite), puis de Socrate (de 408 à 399), ce jeune **aristocrate athénien** voulait faire carrière dans les affaires publiques, mais la crise que traversait alors Athènes et le suicide forcé de son dernier maître en décidèrent autrement.

Avec Platon (v. 427-v. 348 av. J.-C.), la philosophie atteint l'âge de raison, celui du **dialogue**, d'inspiration socratique, dont la méthode dialectique définit l'enjeu du savoir : fonder le discours humain. La philosophie est non plus hymne à la nature, mais **discours critique et logique**. Si l'opposition du monde sensible et de l'immuable – les Idées ou essences – demeure au cœur de son système idéaliste, Platon élabore aussi des théories sur l'éthique, la politique ou encore le langage.

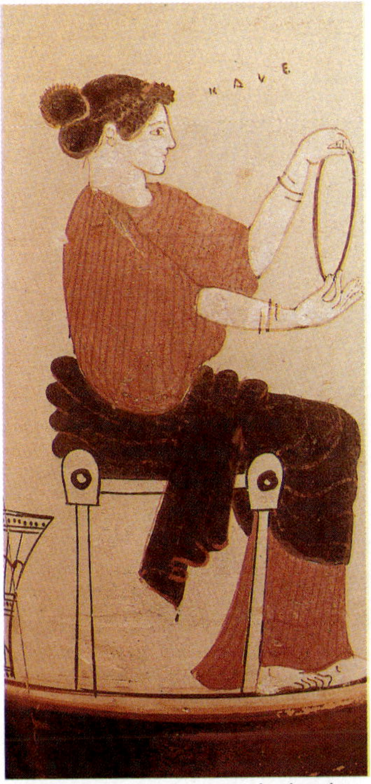

Apparus au Ve s. av. J.-C., les lécythes à fond blanc, réservés à un usage funéraire, illustrent peu à peu toutes sortes de thèmes et gagnent en raffinement.

vaille plus volontiers à l'érection de **bâtiments publics** (palestres et gymnases). Les **premiers théâtres** en dur, comme celui d'Épidaure *(p. 158)*, apparaissent aussi à cette époque. On y joue non plus des tragédies, mais des comédies d'Aristophane (v. 445-v. 386) ou de Ménandre (v. 342- v. 292) qui tournent l'autorité en dérision…

La **sculpture** cherche ouvertement à toucher la sensibilité plutôt que l'esprit. **Scopas** (actif v. 350) joue la carte du pathétique et les déesses féminines de **Praxitèle** (actif entre 360 et 340) deviennent autant de prétextes à des évocations sensuelles. **Lysippe** (v. 390-v. 310), avec ses nus héroïques dans la tradition du Ve s., ne peut s'empêcher d'allonger ses figures par souci d'élégance. Il en est de même en **céramique**. Les fragiles lécythes à fond blanc *(p. 110)*, chants du cygne de la poterie grecque, reçoivent une décoration montrant des défunts qui s'interrogent sur leur destinée (mythe de Déméter et de Coré).

D'Alexandre le Grand à l'âge romain

La **Macédoine**, autour de sa capitale Pella, est restée à l'écart des conflits qui ont agité l'Attique et le Péloponnèse à la fin du Ve s. av. J.-C. Constatant que la Grèce est divisée depuis la défaite de Sparte à Leuctres, **Philippe II** (359-336), roi de Macédoine, se lance à sa **conquête**. Il s'empare de la Thessalie, contrôle le sanctuaire de Delphes et menace les comptoirs commerciaux d'Athènes sur les rives de l'Égée. Touchée au plus fort de ses intérêts, la capitale de l'Attique s'oppose aux « barbares monarchistes et impérialistes du Nord ». Alliée à Thèbes, elle perd la bataille de Chéronée en 338, face à des Macédoniens invincibles.

L'ère macédonienne (IVe s. av. J.-C.)

Philippe II laisse une certaine autonomie aux cités conquises. Son fils **Alexandre le Grand** (336-323), souhaitant avoir les mains libres pour attaquer la Perse, fait de même. Quatre ans après l'assassinat de son père, il fonde Alexandrie en **Égypte**. L'année suivante, il entre à **Babylone** et se proclame roi d'Asie. En 325, on le voit au **Pendjab**, en Inde. Mais il meurt jeune et laisse un monde hellène en plein désarroi.

Aristote

La pensée d'Aristote a profondément influencé son illustre élève. En se lançant à la conquête de l'Orient, Alexandre le Grand allait tenter de réaliser le rêve de son maître, celui d'un monde organisé et unitaire.

Natif de Macédoine, élève de Platon, Aristote (v. 384-v. 322 av. J.-C.) devint le **maître d'Alexandre le Grand** puis son ami. À Athènes, il enseigna au Lycée qu'il avait fondé en 335 av. J.-C.

La pensée du « **Prince des Philosophes** » est une pensée logique, aux antipodes de l'idéal platonicien. La diversité de l'Univers constitue, selon Aristote, une unité. Le rôle du philosophe est d'utiliser ses vastes connaissances pour dégager, à partir d'observations et d'expériences, une classification ordonnée (par exemple, l'ordre hiérarchique des espèces animales au sommet desquelles se situe l'homme). Affirmant l'existence d'un principe immobile (Dieu), l'œuvre d'Aristote a profondément marqué la pensée médiévale, tant parmi les théologiens d'Occident que chez ceux de l'Islam. ❖

La Grèce romanisée (IIIe-Ier s. av. J.-C.)

L'empire d'Alexandre se désagrège rapidement en raison des guerres continuelles que se livrent ses héritiers. L'**Épire**, restée longtemps arriérée, tente de tirer son épingle du jeu : Pyrrhos (295-272) cherche à rééditer les exploits d'Alexandre en direction de l'ouest et de Rome, mais sans obtenir de grands résultats. La tentative du roi d'Épire marque profondément les **Romains**. Par crainte des Grecs, ils vont éviter l'attaque frontale et miser sur la rivalité entre cités. Leur politique réussit à merveille. L'**Asie Mineure** – Pergame en tête – se met sous la **tutelle de Rome** pour jouir de sa protection. L'opération achève de diviser le monde grec. Bien qu'unie, la Grèce est écrasée à deux reprises, en 146 et en 86, et se retrouve sous domination romaine.

Le chant du cygne : l'art hellénistique

Après la mort d'Alexandre le Grand, les centres artistiques déclinent peu à peu en Grèce. Les Grecs de l'âge hellénistique (IIIe-Ier s. av. J.-C.) sont en quête de confort. Ils désirent des cités claires et aérées, qui s'articulent selon des **plans géométriques** de type hippodaméen, suivant la formule adoptée au Pirée au Ve s. C'est le cas de **Pella**, capitale de la Macédoine. L'**habitat privé** fait l'objet de tous les soins et le sol des maisons se recouvre de fines **mosaïques**.

Selon **Aristote**, l'art est imitation de la nature. La fidélité au modèle devient donc essentielle en sculpture, d'où l'essor du **portrait** et la vogue des **copies d'œuvres** de l'âge classique, une mode que les Romains ne feront que perpétuer. L'époque hellénistique raffole aussi de **statues sensuelles** de femmes dénudées – on pense à la fameuse *Aphrodite* de Milo. Elle se pâme devant l'image d'enfants attendrissants et de vieillards marqués par le temps. Le mouvement est omniprésent, virevoltant et déjà baroque.

La **littérature** perd son ton héroïque. La poésie se déclare bucolique et le théâtre s'intéresse aux intrigues passionnées de la vie humaine. Seule la **philosophie** innove vraiment. Des écoles fleurissent un peu partout. Les plus célèbres sont celles des **cyniques**, des **stoïciens** et des **épicuriens**. Elles sont représentées respectivement par Ménippe (IIIe s.), Zénon (v. 335-v. 264) et Épicure (341-270).

La Pax romana (Ier-IIe s. apr. J.-C.)

Quand les guerres civiles agitent Rome, l'Hellade devient le théâtre des grandes batailles de la fin de la République. Celle de Philippes (42) d'abord, lorsque les héritiers de César s'opposent aux républicains ; et celle d'Actium *(p. 232)* qui voit le triomphe d'Octave sur Antoine (31). Les troubles cessent avec l'établissement de l'**Empire romain.** Auguste (27 av. J.-C.-14 apr. J.-C.) et ses successeurs des Ier et IIe s. apr. J.-C. se montrent plutôt philhellènes, même s'il est de bonne guerre de s'emparer de quelques œuvres d'art. Les villes – Athènes en premier lieu – profitent du soutien financier des empereurs pour restaurer leurs monuments et s'embellir. Corinthe et Philippes deviennent des **centres intellectuels** importants. L'**apôtre Paul** les visite à plusieurs reprises et les choisit comme bases de propagation du **christianisme**.

L'âge byzantin

Les **Hérules** (267), puis les **Goths** (396) et les **Huns** (447) emportent tout sur leur passage. La fondation de Constantinople en 330, et la division de l'Empire romain qui s'ensuit, est un coup dur pour la **Grèce** : perdant son rôle de trait d'union entre Rome et l'Asie Mineure, elle devient une simple **province byzantine**.

Le siècle de Justinien (VIe s.)

Justinien, le bâtisseur de Sainte-Sophie de Constantinople, qui passait pour l'esprit le plus cultivé de son temps, parvint à restaurer l'Empire romain. Son règne exceptionnellement long (527-565) ouvrit une nouvelle période de **prospérité** connue sous le nom de premier âge d'or byzantin et marqua la première apogée de la civilisation byzantine. Fervent **chrétien**, l'empereur décrète la fermeture des

Justinien et un dignitaire *(1371, Bibliothèque nationale).*

écoles de philosophie d'Athènes, dernier refuge du paganisme après l'**interdiction des cultes païens** par Théodose Ier, à la fin du IVe s. La Grèce tourne alors définitivement le dos à l'Antiquité pour entrer dans l'ère byzantine. Les **premières églises** étaient apparues vers le Ve s. Elles adoptaient le plan basilical, à l'image des salles de réunion romaines. Rapidement, au simple rectangle divisé en trois nefs, les architectes chrétiens du temps de Justinien ajoutent un transept comme à Philippes *(p. 256)* et à Nikopolis *(p. 232)*, puis des absides à l'est.

Le temps des troubles (VIIe-Xe s.)

Les successeurs de Justinien, trop occupés par leurs querelles dogmatiques et par la montée du péril arabe, laissent les **Slaves** razzier le sol grec à la fin du VIe s. et au VIIe s. Quelques-uns s'installent durablement, comblant le grave déficit de peuplement dont souffre le pays. Aux VIIIe et IXe s., les empereurs Constantin V (741-775) et Nicéphore Ier (802-811) tentent périodiquement des expéditions pour contenir la poussée des peuples slaves, mais sans véritable résultat. Assagis par un traité, les Slaves redeviennent menaçants aux IXe et Xe s. Se joue alors une partie de bras de fer entre Bulgares et Byzantins, dont l'empereur **Basile II** (963-1025) sort vainqueur : à l'issue d'une bataille victorieuse, il aveugle les 15 000 prisonniers bulgares et les renvoie à leur roi… laissant un borgne par centaine pour guider la troupe. Le tsar Samuel en serait mort d'apoplexie !

Le second âge d'or (XIe-XIIe s.)

Le péril slave écarté, la Grèce connaît **deux siècles de prospérité** pendant lesquels elle participe au second âge d'or de la civilisation byzantine. À la même époque, la séparation entre l'Église d'Orient et l'Église romaine est scellée lors du **grand schisme** de 1054 *(voir p. 58)*. Les invasions slaves et la querelle iconoclaste *(encadré ci-contre)* ont marqué un temps d'arrêt et de

La crise iconoclaste (726-843)

En 726, l'empereur **Léon III l'Isaurien** (717-741) fait détruire l'image du Christ située au-dessus de la porte du palais impérial de Constantinople. C'est le signal de la crise iconoclaste. Les **images** qui décorent les églises sont supprimées et remplacées par de **simples croix**, tandis qu'on massacre leurs partisans, les « iconodoules ».

Plusieurs raisons, d'ordre religieux, politique et économique, expliquent cette radicale observance du Décalogue : « Tu ne te feras aucune image sculptée, rien qui ressemble à ce qui est dans les cieux, là-haut, ou sur la terre, ici-bas, ou dans les eaux, au-dessous de la terre » (Ex, 20, 4) – une dévotion excessive proche de l'idolâtrie (certaines images sont considérées comme d'essence divine) ; l'influence de l'islam, alors en pleine progression, qui favorise l'audience de l'iconoclasme auprès des populations en contact direct avec les musulmans ; la volonté politique des empereurs de reprendre l'ascendant sur une Église trop puissante ; enfin, les difficultés financières de l'État, qui s'empare des revenus et des terres des moines majoritairement favorables aux images.

Le culte des images, rétabli en 787, de nouveau interdit en 815, est soumis au bon vouloir des souverains. Les luttes entre partisans et détracteurs des icônes s'achèvent en 843 : l'impératrice **Théodora** convoque un concile qui redonne définitivement aux images l'importance qu'elles conservent aujourd'hui dans la religion orthodoxe.

destruction de la production artistique en Grèce et dans le monde byzantin. À l'issue de ces crises, les dynasties impériales macédonienne (IXe-XIe s.) puis comnène (XIe-XIIe s.) favorisent le remembrement des monastères qui insufflent un **renouveau artistique**. De cette période datent les petites **églises** de Kastoriá – Haghios Nicolaos, Anárgiri Varlaám et Haghios Stéphanos *(p. 262)* –, d'Athènes – Haghios Nicolaos et monastère de Daphni *(p. 121)* – et du Magne. Les édifices abandonnent peu à peu la forme basilicale. Ils prennent l'allure d'un cube surmonté d'une coupole : c'est le plan à croix inscrite, en vigueur à Constantinople, que prolongent des absides à l'est et parfois un narthex à l'ouest. Le **décor** des églises du second âge d'or byzantin est particulièrement soigné. L'extérieur, s'il refuse toute sculpture figurative, fait preuve d'une variété étonnante. Sur les parties les plus nobles (embrasures de portes ou de fenêtres, absides), les maçons font alterner les lits de brique et de **pierre de taille**, diversement agencés. L'intérieur crée en comparaison un véritable choc visuel. Le **marbre** est omniprésent : sur les **colonnes corinthiennes**, sur les parties inférieures des murs et sur le sol. Voûtes, absides et coupoles reçoivent des **mosaïques** où les personnages semblent flotter sur un fond d'or.

L'essor de l'**enluminure** et des **arts somptuaires** (émaillerie, orfèvrerie, broderie) illustre également cette renaissance des arts. La **littérature** suit le mouvement. Influencée par l'Antiquité, elle touche des disciplines aussi variées que la rhétorique, la philosophie aristotélicienne, l'histoire et la poésie.

➤ *Suite du texte p. 60.*

L'Église orthodoxe

L'orthodoxie se revendique par définition comme la forme « la plus pure » du christianisme. Religion officielle, elle fait partie intégrante de l'identité grecque.

Le grand schisme

L'année 1054 marque la séparation des **Églises d'Occident** et **d'Orient**. En réalité, les ponts entre les deux Églises étaient coupés depuis bien longtemps. L'origine de la brouille remonte à 451, quand le concile de Chalcédoine affirma l'égalité des évêques de l'**Ancienne** et de la **Nouvelle Rome** (Constantinople) et ne concéda au pape qu'une primauté d'honneur. L'Église d'Orient exprimait ainsi sa volonté de se libérer de la **tutelle de Rome**. À la différence de cette dernière, elle avait suivi sa propre évolution, sans à-coup et sans se compromettre avec les Barbares. Sa liturgie fastueuse dérivée du Bas-Empire, l'importance du culte marial et le refus du dogme de l'Immaculée Conception, tout la séparait de Rome.

En 1054, alors qu'il était au faîte de sa puissance, le **patriarche de Constantinople** réclama l'égalité avec le pontife. Le pape refusa et, après maints échanges épistolaires, envoya une bulle d'**excommunication**. La riposte immédiate prit la forme d'un **anathème** lancé contre les Latins, dans lequel le chef orthodoxe critiquait les traces de judaïsme dans les rites romains (jeûne le samedi, eucharistie célébrée au pain azyme, etc.) et, pis, le célibat imposé aux prêtres. Touché au point sensible, le Vatican coupa les ponts : la rupture était consommée.

La détente entre les deux sœurs ennemies intervint seulement en 1965, lorsque Paul VI et Athénagoras Ier, patriarche de Constantinople, levèrent réciproquement les excommunications de 1054. Il fallut attendre 1979 pour que les relations diplomatiques fussent rétablies avec le Vatican... En mai 2001, après des années de tension, bravant l'hostilité des popes ultras et des moines de l'Áthos, Jean-Paul II acceptait l'invitation du chef de l'État, Costis Stéphanopoulos. À l'étonnement général, le premier pape à toucher la terre grecque demanda pardon pour les torts du catholicisme romain à l'égard des orthodoxes... La glace était rompue.

Un patriarche de Constantinople du début XVIIe s. Aujourd'hui, l'Église orthodoxe grecque est dite « autocéphale », c'est-à-dire qu'elle entretient des liens particuliers avec le patriarcat de Constantinople. Chaque évêque est souverain dans son diocèse.

La messe orthodoxe

Même si la liturgie orthodoxe multiplie les usages rituels de bougies, de signes de croix... et de décibels (les chants *a capella* sont amplifiés), même si elle cache la sainteté des mystères derrière l'**iconostase** (paroi séparant la nef du chœur), la messe orthodoxe semble plus à portée des hommes que son *alter ego* catholique. Ainsi, les fidèles sont moins passifs ou captifs : ils partent parfois avant d'avoir communié sous les deux espèces (l'**eucharistie**, simple célébration chez les orthodoxes et non pas reproduction du miracle comme chez les catholiques, est permise aux enfants en bas âge). Les plus fervents se tiennent tout près des célébrants, avant de se précipiter dès la fin de l'office vers les icônes pour être les premiers à les embrasser.

L'iconostase sépare la nef du chœur, le « saint des saints ». On y accroche les icônes. Seuls les popes ont le droit de franchir cette paroi.

Le pope, le métropolite et Sa Béatitude

Le pope peut être **marié** avant son ordination (son épouse prend le nom de *papadia*), mais il doit dans ce cas définitivement renoncer à un évêché. Les évêques de diocèse prennent le nom de métropolites. Ils dépendent de l'Église autocéphale de Grèce, indépendante du patriarche de Constantinople, et de son primat, Sa Béatitude Christodoulos, archevêque d'Athènes et de l'Hellade.

Le dogme

L'Église orthodoxe compte **214 millions** d'ouailles, répartis essentiellement en Grèce, en Russie, dans les Balkans et aux États-Unis. En dehors du refus de l'autorité pontificale, son dogme diffère assez peu de celui de l'Église catholique romaine. L'orthodoxie met l'accent sur le rôle central du Fils en tant que « Dieu fait homme pour que l'homme puisse devenir Dieu », selon les mots d'**Athanase d'Alexandrie** (v. 295-373). La victoire sur la mort et sur l'enfer demeure la principale leçon du Christ, d'où l'absence de purgatoire et l'importance des **fêtes de Pâques** dans les rites. La contemplation de la nature, le silence devant le monde, le sens de l'ubiquité du divin constituent autant de points essentiels. Cette attitude humble et profondément mystique explique l'importance précoce du monachisme dans la religion orthodoxe. ■

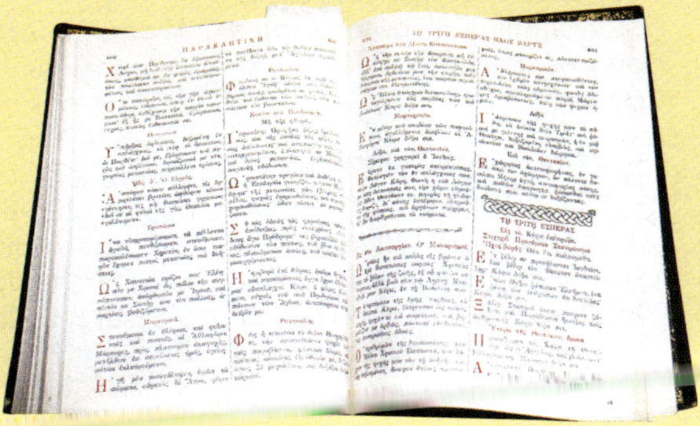

La religion orthodoxe se targue de respecter à la lettre la parole du Christ.

La domination latine (1204-1261) et la reconquête

Un nouveau danger se profile, en direction de l'ouest cette fois: non pas les incursions normandes, restées ponctuelles au XIe s., mais la menace des **Francs**. La IVe croisade, détournée de son objectif par les Vénitiens, conduit à la **prise de Constantinople** en 1204. La Grèce est occupée dans la foulée. Ceux que l'on appelle ici les **Latins**, par opposition à l'Église orthodoxe, pillent les monastères. Ils convertissent de force les habitants au catholicisme romain, entendant ainsi se venger de l'Église d'Orient qui refuse l'autorité pontificale. Cette répression brutale, très mal vécue, laisse un profond sentiment d'hostilité à l'égard de l'Occident.

Partis de leurs réduits d'Épire et de Nicée, près de la mer Noire, les **Byzantins** ne baissent pas les armes. **Thessalonique**, occupée dès 1224, est reprise en 1246 et l'ensemble de la **Macédoine** dans la foulée. L'empereur **Michel VIII Paléologue** (1258-1282) attaque ensuite le Péloponnèse.

Il parvient à capturer son chef franc, Guillaume II de Villehardouin, qu'il libère en échange des places fortes de Mystra *(p.162)* et de Monemvassía *(p.166)*. En 1261, date à laquelle Michel VIII reprend Constantinople, seule une poignée de Vénitiens et de Génois occupe encore quelques places sur la côte grecque.

Le temps des Paléologues (1261-1453)

À sa mort, Michel VIII lègue à son successeur Andronic II (1282-1328) un état ruiné par l'effort de reconquête territoriale et troublé par des discussions religieuses. L'empereur Jean VI Cantacuzène (1347-1355) sait le **Péloponnèse** exposé aux convoitises vénitiennes. Il lui octroie une indépendance de fait et délègue ses pouvoirs à des membres de sa famille. **Mystra** est élevée au rang de capitale de la principauté qu'on appelle Morée (l'ancien nom du Péloponnèse).

Malgré les efforts des Paléologues, l'État byzantin ne parvient pas à se relever totalement. Les **Serbes** attaquent le nord de la Grèce et s'emparent de Thessalonique *(p. 240)* en 1348. Quant aux **Ottomans**, ils sont partout: en Thrace, en Macédoine et sur les côtes du Péloponnèse. À la fin du XIVe s., plus rien ne semble devoir les arrêter, sauf un miracle. Celui-ci a lieu en 1402, quand le sultan ottoman Bajazet (Beyazit Ier) est vaincu à Ankara par le Mongol Tamerlan. Le péril turc est écarté pour une trentaine d'années.

Ultimes lumières byzantines

La dynastie des Paléologues encourage les arts sous toutes leurs formes. Le travail est immense: il faut effacer les traces de l'occupant latin honni et redonner un peu de lustre à une région mise à feu et à sang. L'architecture religieuse ne connaît guère de changement. Le bouleversement le plus frappant concerne le décor intérieur des églises, où la **fresque** prend le pas sur la mosaïque.

Mystra *(p. 162)*, capitale et centre économique important, est le foyer le plus brillant de Grèce à l'époque des Paléologues. Les meilleurs artistes de l'Empire sont appelés pour décorer les monastères, tandis que des philosophes comme Gémiste Pléthon (v. 1355-v. 1450) et quelques scientifiques y diffusent les idées nouvelles de l'humanisme.

La Grèce ottomane

Après avoir réglé leurs querelles de succession, les **Ottomans** se lancent de nouveau à la **conquête** de la Grèce. Thessalonique est soumise en 1430, l'Épire et la Grèce centrale l'année suivante. Constantinople, prise en étau, tombe en 1453 et le Péloponnèse en 1461. La Grèce est devenue ottomane en l'espace de trente ans. Seules subsistent quelques **poches vénitiennes** (Árgos, plusieurs ports du sud du Péloponnèse et les îles), places qui seront perdues au cours du XVIe s. Devant le danger, les Grecs fuient les plaines trop exposées aux pillages et se réfugient dans les montagnes. Dès l'annonce de la prise de Thessalonique, de nombreux **intellectuels émigrent** à l'étranger. Ils s'installent à Venise, Milan ou Florence, en emportant leurs manuscrits. En Italie, ils iront enseigner la philosophie de Platon et la langue des Anciens. La Renaissance s'en trouvera stimulée dans l'Occident tout entier.

Mehmet II collectionne les exploits. Après avoir pris Constantinople en 1453, il s'empare du Péloponnèse et achève d'anéantir l'Empire byzantin.

Les débuts de la présence ottomane (XVe s.)

La domination ottomane est une période controversée de l'histoire du pays. Longtemps considérée comme une époque d'oppression, elle est analysée maintenant avec plus de distance.

Les Ottomans ne veulent en aucun cas de ruptures brutales : ils se revendiquent même comme les héritiers des grands empereurs byzantins. Au moins jusqu'au début du XVIe s., les sultans appliquent une politique de **tolérance religieuse** en accord avec les principes de l'islam. Plusieurs d'entre eux ont d'ailleurs épousé ou eu pour parente des princesses orthodoxes. En outre, les Ottomans savent que ce territoire est en majorité peuplé de chrétiens et qu'il a été conquis grâce à une armée composée pour une large part d'orthodoxes.

L'une des premières mesures du sultan Mehmet II (1451-1481), après la prise de Constantinople, est de **restaurer le pouvoir de l'Église**. En échange d'une taxe de protection, le patriarche de Constantinople, nommé par le sultan, a l'entière souveraineté sur la population orthodoxe. Autour du patriarche se greffe une sorte de cour, la classe des **Phanariotes**, où l'on découvre les noms des anciennes familles byzantines. Cette aristocratie exerce des fonctions éminentes dans l'administration. La bourgeoisie commerçante trouve également son compte dans la domination ottomane, puisque les sultans suppriment les exemptions fiscales octroyées aux Vénitiens et aux Génois à la fin de l'ère des Paléologues. La politique protectionniste des Turcs, à laquelle s'ajoutent des routes plus sûres, favorise le commerce, domaine réservé des couches moyennes non musulmanes. Seuls les **paysans** ou *rayas* sont exploités et de plus en plus lourdement imposés par les gouverneurs de province.

Durcissement et premiers signes de faiblesse (XVIe-XVIIIe s.)

L'année 1517, date de la conquête des Lieux saints de l'islam par Sélim Ier, voit la tolérance religieuse des Ottomans s'infléchir. Le temps est désormais à la **montée de l'intégrisme** et les populations chrétiennes en subissent les répercussions. Pour financer leurs conquêtes, les sultans taxent de plus en plus lourdement les paysans, par l'intermédiaire de leurs pachas régionaux. De nombreux *rayas* abandonnent leurs terres pour se réfugier dans les montagnes. Devenus des *klephtes*, c'est-à-dire des hors-la-loi, ils sont le ferment de la future **résistance**.

La **bataille de Lépante** (1571), perdue contre une flotte d'États catholiques coalisés, est une seconde date charnière *(encadré p. 186)*. L'empire de Sélim II (1566-1574), fils de Soliman le Magnifique (1520-1566), montre ses premiers signes de faiblesse. L'idée d'un possible soulèvement, stimulé par des événements comme la conquête vénitienne de la Morée (1684-1715), va faire son chemin aux XVIIe et XVIIIe s. ; la **bourgeoisie grecque** commerçante acquiert alors un poids économique croissant et cherche à se passer du contrôle turc, tandis que l'Église encourage le renouveau de l'hellénisme. Les Phanariotes multiplient les contacts avec la grande puissance orthodoxe qu'est devenue la Russie de **Catherine II** (1762-1796), seule capable de libérer la Grèce du joug étranger. L'ensemble de ce mouvement d'émancipation trouve un appui auprès des puissances occidentales comme l'Angleterre et la France, contentes de nuire à un Empire ottoman qu'elles savent malade.

L'ART SOUS LA DOMINATION OTTOMANE

Bien que beaucoup d'artistes partent en Occident, la culture byzantine survit à la domination musulmane. Elle se réfugie dans les monastères du **mont Áthos** *(p. 250)*, avant de se figer dans ses formes après le XVIIe s. Les **églises** construites au XVIIe s. sont soit de type cruciforme, soit à simple nef. Ce dernier type, prolongé par une abside polygonale, prédomine au XVIIIe s. Les édifices sont revêtus de fresques souvent maladroites, réalisées par des peintres venus de Macédoine et de Crète.

Les sultans ont beaucoup construit en Grèce, mais il reste peu de traces de leur politique de bâtisseurs. Quelques monuments à Thessalonique *(p. 240)*, à Kavála *(p. 255)* ou à Athènes *(p. 89)* ; quelques **mosquées** à Pylos *(p. 173)* et surtout à Nauplie *(p. 154)* et à Ioannina *(p. 222)*, voilà à peu près tout ce qui subsiste de la domination ottomane. L'architecture militaire a mieux survécu, mais il est difficile d'y déceler le génie turc, tant les **forteresses** ont subi de remaniements.

Le réveil littéraire intervient à la fin du XVIIIe s. en Grèce centrale, avec l'apparition d'écrits philosophiques et religieux, mais aussi d'œuvres lyriques comme celle du poète **Constantin Dapontès** (1713-1784). L'écrit devient un outil idéologique au service de l'hellénisme : **Adamantios Coraïs** (1743-1833), ami des romantiques français, traduit les œuvres de l'Antiquité classique pour les rendre plus accessibles.

L'essor de la littérature grecque est pourtant contrarié par la coexistence de deux langues. Le ***katharévoussa***, dont se servent surtout les prosateurs, est parlé par l'élite. Il n'est pas compris du peuple qui utilise le **démotique**, très éloigné du grec ancien et adopté par les poètes. Il faudra attendre la fin du XIXe s. pour que cette question soit réglée, du moins en partie *(p. 81)*.

L'accession au rang d'État

Les premières tentatives de soulèvement, à la fin du XVIIIe s. lors des guerres russo-turques, se soldent par des échecs. Pour qu'elles réussissent, il aurait fallu qu'elles soient mieux préparées et soutenues par l'Europe, alors en pleine tourmente napoléonienne… La **révolte** s'organise au début du XIXe s. La rébellion se propage par le biais de **sociétés secrètes** (la « Société amicale », à l'image des *carbonari* italiens), qui revivifient le sentiment hellénique. Des dirigeants turcs – en premier lieu le pacha **Ali d'Épire** (v. 1741-1822) – s'opposent même au sultan, allant jusqu'à se déclarer ouvertement en faveur de l'autodétermination.

Les révolutionnaires grecs

➤ **Botzaris Marcos (1789-1823)**. Principal chef révolutionnaire pendant la guerre d'indépendance ; il s'illustra en défendant Missolonghi (1822-1823), en Grèce centrale, contre les Ottomans.

➤ **Kapodistrias Ioannis (1776-1831)**. Ancien ministre des Affaires étrangères de Russie ; il fut le premier gouverneur de Grèce (élu en 1827) avant d'être assassiné par un clan puissant du Péloponnèse.

➤ **Karaiskakis Géorgios (1780-1827)**. Héros de l'indépendance et défenseur de la Grèce centrale contre les Turcs à Missolonghi ; il fut tué devant Athènes.

➤ **Kolokotronis Théodore (1770-1843)**. Chef militaire *klephte* du Péloponnèse pendant la guerre d'indépendance et partisan du « parti russe ».

➤ **Rhigas Constantinos (1757-1798)**. Chantre et précurseur de la Révolution ; il fut mis à mort par les Turcs alors qu'il allait demander l'aide de Bonaparte.

➤ **Skoufas Nicolaos (1779-1819)**. Bourgeois d'Épire ; cofondateur de la « Société amicale » à Odessa (1814).

➤ **Tsakalof Athanasios (1788-1851)**. Bourgeois d'Épire ; cofondateur de la « Société amicale ».

➤ **Xanthos Emmanuel (1772-1852)**. Bourgeois de Patmos ; cofondateur de la « Société amicale ».

➤ **Ypsilanti Alexandre (1792-1828)**. Membre d'une grande famille phanariote et aide de camp du tsar Alexandre Ier ; il prit la tête d'une insurrection dans les provinces danubiennes en 1821. ❖

La liberté dans le sang (1821-1830)

L'Église donne le signal du **soulèvement** en 1821 par la voix de Germanos, patriarche de Patras. Les *klephtes* menés par Théodore Kolokotronis (1770-1843) libèrent le **Péloponnèse** et proclament l'**indépendance**, ce qui provoque une terrible répression ottomane. Les **massacres** perpétrés dans le Nord et sur l'île de Chio, immortalisés par Delacroix dans *Scènes de massacres à Scio* (1824, musée du Louvre), indignent l'opinion internationale. Les intellectuels français, anglais et allemands deviennent les champions de la cause grecque : lord Byron, venu combattre avec les révolutionnaires, meurt à la bataille de Missolonghi (1824).

Après avoir « pacifié » le Nord, le sultan Mahmut II (1808-1839) fait appel au vice-roi d'Égypte Mehmet Ali (1805-1849) afin de mater la rébellion dans le Péloponnèse. Les troupes turco-égyptiennes débarquent en Grèce en 1825. Elles soumettent les principales villes et déportent massivement la population. C'en est trop. Sous la pression de son opinion, l'Occident exige que l'Empire ottoman reconnaisse l'autonomie de la Grèce. Devant le refus de la Sublime Porte, l'**Europe** envoie une flotte dans la baie de **Navarin** (1827) qui taille en pièces la marine du sultan. Pendant ce temps, l'Assemblée nationale grecque élit son président, **Ioannis Kapodistrias** (1776-1831), diplomate d'origine grecque et ancien ministre du tsar Alexandre Ier (1816-1822). Mahmut II, humilié par une défaite devant la Russie quelques mois plus tard (avril 1828), concède l'**indépendance de la Grèce** en **1830**. Depuis Nauplie *(p. 154)*, capitale du nouvel État, Kapodistrias tente de réorganiser un pays dévasté. Mais sa politique se heurte à l'opposition des notables et de l'intelligentsia, qui lui reprochent son absence de démocratie.

En 1827, la bataille de Navarin se solde par un désastre côté ottoman : 6 000 Turcs tués, une flotte réduite à néant et un sultan contraint d'accepter l'indépendance de la Grèce. (Gravure d'Épinal.)

Othon (1832-1862), un Bavarois sur le trône

L'assassinat de Kapodistrias (1831) donne aux puissances européennes l'occasion de contrôler le jeune État et d'y instaurer une monarchie. Leur choix se porte sur Othon, second fils de Louis Ier de Wittelsbach, roi de Bavière. Âgé de 17 ans au moment de sa nomination (1832), Othon va régner pendant trente ans sur un État de 700 000 habitants qui s'étend de la Grèce centrale au Péloponnèse.

Le gouvernement déménage alors à **Athènes** *(p. 94)*, nouvelle capitale aux allures de village. Il se heurte aux mêmes problèmes que ceux de Kapodistrias : nécessité de **redistribuer les terres** accaparées par une poignée de riches familles, **retard industriel**, désorganisation générale, etc. L'ingérence étrangère envenime régulièrement la vie politique : les partis s'appellent alors « parti français », « parti anglais » ou « parti russe ».

Les ministres se succèdent, bavarois d'abord, mal vus par la population, puis grecs, sans qu'aucun d'eux parvienne à réformer les finances publiques et l'économie. Ils ne réussissent qu'à mettre en place un système de clientélisme où l'État, devenu le principal employeur du pays, instaure des rapports de dépendance à tous les niveaux de la société.

Othon, dont l'apport essentiel aura été de renouer quelques relations avec le pouvoir ottoman, se discrédite à force d'hésitations et de maladresses. En 1843, l'opposition décide de recourir au **coup d'État**. Une **monarchie** constitutionnelle qui retire les pleins pouvoirs à Othon est créée. De nouveau, les gouvernements se succèdent sans véritable politique à long terme, si ce n'est la reconquête des territoires de la Grèce du Nord, censée être la solution à tous les maux.

BÂTIR UN PAYS NEUF

Après l'indépendance, le temps est à la reconstruction d'un pays ruiné. On efface les traces de l'occupant et on stimule un hellénisme étouffé par près de quatre siècles de domination musulmane. Dès son accession au trône, Othon transforme le visage d'Athènes *(p. 94)*. Les architectes danois **Th.** et **C. Hansen** élèvent l'ensemble de l'Académie et de l'Université, caractéristique du néoclassicisme grec inspiré de l'Antiquité. D'autres, comme le Grec **Kléanthis** ou le Français **Boulanger**, édifient des palais ou des demeures dans le même style avec fronton, pilastres et colonnades. La nouvelle esthétique est adoptée par les autres villes grecques qui se métamorphosent radicalement. Du fait des destructions et des reconstructions ultérieures, peu de témoignages subsistent de cette époque créatrice.

La longue marche vers la démocratie

Cette période de l'histoire grecque est complexe et souvent douloureuse. De conquêtes territoriales en défaites cinglantes, d'exils en rappels d'hommes politiques, le pays entre dans un tourbillon de **luttes de pouvoirs** dont il ne sortira qu'en 1974, avec l'établissement d'une démocratie moderne.

L'ère Tricoupis

Après l'éviction d'Othon en 1862, l'Angleterre favorise un autre de ses « poulains », **Georges Ier** (1863-1913), prince du Danemark, candidat idéal car peu inféodé à la Russie, à l'Autriche ou à la **France**.

Vénizélos est un personnage clef de la Grèce de l'entre-deux-guerres. Après deux coups d'État manqués, il termine sa vie à Paris, condamné par contumace dans son propre pays.

Charilaos Tricoupis, Premier ministre de 1875 à 1895, stimule la lente mutation qui doit transformer la Grèce en un État moderne. Le pays réalise d'importants progrès économiques. Il développe son **commerce maritime** et pratique une politique de **grands travaux** (canal de Corinthe, réseaux routier et ferroviaire). La Grèce recouvre aussi des **territoires**, comme les îles Ioniennes (concédées par l'Angleterre à l'avènement de Georges Ier), la Thessalie et une partie de l'Épire en 1881. Au cours du XIXe s., la **population** triple, passant de 700 000 habitants au moment de la guerre d'indépendance à 2,2 millions à la fin de la décennie 1880.

Et Vénizélos vint...

Une guerre hasardeuse contre les Ottomans, déclenchée en 1897 pour reconquérir la Crète et la Macédoine, replonge la Grèce dans le chaos. Pis, le pays doit verser une indemnité au vainqueur et subir un humiliant contrôle financier international.

En 1909, un **coup d'État** contraint Georges Ier à nommer **Elefthérios Vénizélos** (1864-1936) au poste de Premier ministre. Au pouvoir jusqu'en 1916, Vénizélos mène une politique réformatrice et connaît de grands **succès diplomatiques**: la Crète, l'Épire et la Macédoine redeviennent grecques à l'issue des guerres balkaniques (1912-1913). La population, au moment de l'assassinat de Georges Ier (1913), atteint plus de 4 millions d'habitants. La Grèce fait désormais figure de puissance non négligeable dans le Sud-Est européen.

La tentation hégémonique (1914-1922)

Deux tendances se heurtent au début du premier conflit mondial: celle de **Vénizélos**, favorable à l'Entente (ce qui l'oblige à démissionner en 1916), et celle du roi **Constantin** (1913-1917), fils de Georges Ier, qui prône une ligne de neutralité bienveillante à l'égard de l'Allemagne et de son alliée turque. Les troubles se règlent par le retour de Vénizélos au pouvoir et l'**abdication du roi** en 1917. La Grèce choisit son camp, offrant aux forces anglo-françaises le port de Thessalonique comme tête de pont *(p. 240)*. À l'issue de la guerre, le triomphe de Vénizélos est total: la Thrace est reconquise et la région d'Izmir occupée par les Grecs.

La Grèce n'est pourtant pas satisfaite des avantages territoriaux concédés par le **traité de Versailles**. Après avoir évincé Vénizélos en 1920 et plébiscité le **rappel de Constantin Ier** (1920-1922), le pays renoue avec ses vieux démons d'une Égée devenue mer hellé-

Septembre 1922, la Grèce doit évacuer l'Asie Mineure : des millions de personnes quittent le village de leurs ancêtres pour le chemin de l'exil. (Illustration du Petit Journal*, 1922.)*

nique : c'est la « **Grande Idée** ». Mustapha Kemal Atatürk, le « père des Turcs », va rabaisser les ambitions grecques. Enlisée dans le conflit, l'armée hellène doit quitter l'Asie Mineure en 1922. Un douloureux **échange de population** s'ensuit. Environ 1,5 million de Grecs d'Asie Mineure prennent le chemin de l'exil et s'installent à la place des Turcs qui évacuent la Macédoine et la Thrace. Cette plaie, jamais refermée, ravive la haine contre l'ennemi héréditaire turc.

L'Occupation et la guerre civile (1922-1949)

La Grèce ruinée par des années de guerre voit se succéder troubles et **coups d'État militaires** jusqu'à la Seconde Guerre mondiale. On essaye tout : proclamation de la République (1924), rappel de Vénizélos au pouvoir (1928-1932), rétablissement de la royauté avec Georges II (1935). Rien n'y fait. Entre 1936 et 1941, la Grèce « expérimente » le **fascisme** en la personne du général Ioannis Métaxas. **Mussolini**, après avoir envahi l'Albanie, attaque la Grèce (1940). À la surprise générale, les Hellènes parviennent à chasser les Italiens de leur territoire : c'est l'épisode du « Ochi » (le « Non » à l'invasion italienne). La Grèce ne peut rien en revanche contre l'**agression allemande** (1941). Pendant que les nazis déportent et exterminent les juifs de Thrace et de Macédoine, leurs alliés bulgares persécutent les populations du Nord. Au cours du seul premier hiver de l'Occupation, la famine fait 300 000 victimes.

Les résistants s'activent, mais, dès la libération en 1944, leur union sacrée explose. La Grèce est le théâtre d'une **guerre civile** qui oppose partisans de gauche et forces gouvernementales de Georges II, revenu à Athènes, à l'issue du conflit. Ces luttes meurtrières s'achèvent en 1949 avec l'arrestation et le départ en exil de dizaines de milliers d'opposants. Près de 150 000 personnes trouveront la mort lors des guerres civiles.

Une démocratie « tempérée » (1949-1967)

L'histoire de l'après-guerre est faite d'une **succession de rois** (Paul Ier de 1947 à 1964 ; Constantin II de 1964 à 1973), qui nomment différents gouvernements **conservateurs** à une allure un peu moins soutenue qu'autrefois. Celui de **Constantin Karamanlis**, de 1953 à 1963, stimule l'essor du **tourisme** et relance l'**économie** : c'est la grande époque du développement du **commerce maritime**, le temps béni des armateurs. Politiquement, on ne peut guère parler de liberté : le **Parti communiste** est interdit et ses membres vivent en exil. **Georges Papandréou** (1963-1965) se montre plus libéral, mais le roi Constantin II, à la faveur d'un pseudo-complot, le pousse à la démission.

La dictature des colonels (1967-1974)

L'armée, inquiète d'une victoire du centre et de la gauche aux élections, intervient en 1967. Constantin II tente un « contrecoup d'État », mais il échoue et part en exil.

La dictature du colonel **Papadopoulos** reçoit l'aval des États-Unis. Malgré les condamnations émanant de l'étranger, le régime des colonels fait régner la terreur. Il multiplie les **tortures** et les **déportations** d'opposants. Après le choc pétrolier, la **crise économique** atteint une gravité sans précédent. Papadopoulos, autoproclamé président de la République en 1973, est incapable de réguler une économie en déroute et se retrouve renversé par le général Ghizitis. Le discrédit du régime des colonels est à son comble au lendemain des **manifestations étudiantes** d'Athènes et surtout de l'**affaire de Chypre** (1974), lorsqu'un coup d'État soutenu par la junte a pour résultat de donner une moitié de l'île à la Turquie.

La Grèce démocratique

Aux termes de la Constitution de 1975, approuvée au lendemain de la dictature, la Chambre des **députés** élit pour **cinq ans** à la majorité des deux tiers un **président de la République** à fonction purement honorifique (Constantin Tsatsos en 1975 ; Constantin Karamanlis en 1980 et 1990 ; Christos Sartzetakis en 1985 ; Costis Stéphanopoulos, difficilement élu en 1995, réélu en 2000). Le peuple désigne au suffrage direct les députés de l'**Assemblée**, qui nomment le **Premier ministre**. Rappelé d'exil, **Karamanlis** forme un **gouvernement provisoire** d'union nationale. Les élections de 1974 lui offrent une victoire qui lui permet de développer la démocratie (légalisation du KKE, le Parti communiste) et d'arrimer la Grèce à la **CEE** (1981). En 1981, le PASOK (Parti socialiste) d'**Andréas Papandréou** (fils de Georges Papandréou) gagne les élections. Réélu en 1985, le chef socialiste adopte une ligne proche de ses homologues français et mène une politique de lutte contre l'inflation.

Affaires et corruptions

Des mesures impopulaires conjuguées à des **scandales financiers** expliquent la défaite des socialistes aux élections de 1989. La coalition de « catharsis », qui voit la **Nouvelle Démocratie** (droite libérale) s'allier au Parti communiste, ne tient pas un an. Aux législatives d'avril 1990, les conservateurs menés par **Constantin Mitsotakis** obtiennent la majorité des sièges.

Scandales politico-financiers et affaires de corruption ont longtemps fait les choux gras d'une certaine presse, aux manchettes volontiers tapageuses.

Ils conduisent une **politique de rigueur** (baisse de l'inflation, réforme de l'échelle des salaires, réduction du financement d'un secteur public pléthorique, etc.) censée transformer la Grèce « qui consomme et emprunte » en une nation « qui travaille et produit ». Bien vite, la population se lasse de voir son pouvoir d'achat régresser sans espoir d'embellie, tandis que des affaires d'écoutes téléphoniques et de pots-de-vin, versés lors des privatisations, ruinent la crédibilité des conservateurs. En dépit de déclarations virulentes et de manipulations de l'opinion, comme celle orchestrée au sujet du nom de la République de Macédoine *(encadré p. 70)*, la Nouvelle Démocratie perd les législatives de 1993. Mitsotakis doit laisser son fauteuil à son éternel rival, le socialiste **Andréas Papandréou**.

La fin des caciques ?

Fin 1995, deux ans après leur retour au pouvoir, les socialistes grecs paraissent d'autant plus affaiblis que leur vieux leader gouverne le pays depuis son lit d'hôpital. Le 15 janvier 1996, Papandréou accepte de laisser sa place de Premier ministre à un homme qu'il n'aime guère, **Costas Simitis**, le « Michel Rocard » grec, avant de s'éteindre le 23 juin après une longue agonie. Contre toute attente, les élections anticipées de septembre donnent une franche victoire aux socialistes conduits par Simitis, l'« homme du parler vrai ». Le discours nationaliste et anti-européen de l'ancien maire d'Athènes, **Miltiade Evert**, chef de file de l'opposition (Nouvelle Démocratie), ne trouve pas l'écho escompté en ces temps de crises dans les Balkans. Les Grecs, en votant pour le PASOK, manifestent leur attachement à l'Union européenne, un lien que la future crise du Kosovo en 1999 ne démentira pas.

Cet environnement permet à Costas Simitis de remettre la Grèce en selle pour la course à l'euro, compétition dont elle avait

Querelle sémantique au pays du logos

La Grèce n'a pas ménagé son énergie pour nuire à la reconnaissance de la petite République de Macédoine (1,9 million d'habitants, slaves orthodoxes majoritaires), sa voisine de l'ex-Yougoslavie. En 1992, plus de 1,3 million de personnes (selon les autorités) sont descendues dans les rues d'Athènes pour empêcher qu'elle n'entre à l'ONU en « usurpant » un nom grec. Le gouvernement et l'ensemble des partis politiques, sauf le KKE, avaient opportunément mis des trains et des bus gratuits à la disposition des manifestants.

En 1994, en décidant un **embargo** unilatéral sur Skopje, la Grèce déclenchait ouvertement les hostilités. La raison ? Officiellement un drapeau, où figurait l'étoile à seize rayons, le « soleil de Vergína », emblème de la Macédoine antique considéré comme un « patrimoine hellénique ». L'année suivante, sous l'égide des États-Unis, Skopje acceptait de remplacer ce symbole par un soleil stylisé sur fond rouge. Elle rayait en outre les articles de sa Constitution qu'Athènes jugeait « expansionnistes ». L'embargo était levé... ❖

été d'abord exclue en raison de ses mauvais résultats. Aujourd'hui, le pays donne des gages de bonne conduite à ses partenaires. Les **capitaux étrangers** affluent et les subventions ne sont plus gaspillées. En témoignent les infrastructures nouvelles dont se dote la Grèce : l'autoroute Patras-Athènes-Thessalonique et, pour la seule ville d'Athènes, le stade où s'est tenu le Championnat du monde d'athlétisme de 1997, les nouvelles lignes de métro inaugurées en 1999 et le futur village olympique des Jeux de 2004.

Socialiste, mais de justesse

Le socialiste **Costas Simitis** gouverne le pays depuis 1996. Malgré un bilan plus qu'honorable, son parti, le PASOK, était défait aux élections européennes de 1999. Il était mené de trois points par la Nouvelle Démocratie conduite par Costas Karamanlis, neveu de l'ancien chef de l'État. Pour les socialistes, ces résultats auguraient mal des élections législatives anticipées d'avril 2000, d'autant que le PASOK devait désormais compter avec une dissidence sur son aile gauche, le parti populiste DIKKI. Finalement, après un suspense qui dura toute la nuit des élections, les socialistes se maintenaient de justesse au pouvoir avec une avance de moins de 1 % sur les conservateurs. Le système électoral grec, une proportionnelle renforcée, donnait à Costas Simitis une majorité absolue de 158 sièges contre 125 à la Nouvelle Démocratie, les communistes et la Coalition de gauche et du progrès obtenant respectivement 11 et 6 élus. ■

ACTUALITÉ

La Grèce est un cas à part dans l'Union européenne. Physiquement coupée de ses alliés et unique pays orthodoxe siégeant à Bruxelles, elle clame haut et fort sa spécificité hellène, mélange de nationalisme et d'identité religieuse.

Une économie convalescente

Un cliché tenace fait de la Grèce un pays pauvre, dépourvu d'industrie, qui tire l'essentiel de ses ressources d'un sol aride et de sa marine marchande. Certes, le revenu moyen par habitant la place en position de lanterne rouge dans l'Union européenne, mais ce revenu est largement supérieur à ceux de ses voisins bulgares ou turcs.

Redresser la barre

La cure d'**austérité** entamée dans les années 1990 donne des signes encourageants. Non sans mal, la Grèce semble contredire Jacques Delors qui déclarait en 1992 : « L'économie grecque n'a pas participé au mouvement général, ni pour la convergence économique ni pour le rattrapage structurel. »

Pour soigner son économie malade, la Grèce a dû domestiquer de vieux démons : **surendettement**, déficit chronique de la balance commerciale et inflation. De 22 % environ dans les années 1980, celle-ci a été ramenée à 2 % en 2000 ! Les sacrifices consentis par la population n'ont pas été inutiles. La Grèce a intégré le **SME** en 1998, certes au prix d'une importante dévaluation (13,8 % de la drachme). Aujourd'hui, les investisseurs étrangers s'engagent au pays de Socrate.

En 2000, la **croissance** s'est élevée à 4 %, ce qui place la Grèce parmi les pays les plus dynamiques de l'Union européenne. L'intégration à la zone euro, impensable jusqu'à ces dernières années, est devenue une réalité depuis mars 2002, date de l'abandon de la drachme.

La fraude, sport national

Économie parallèle, économie souterraine, ressources dissimulées, les termes ne manquent pas pour qualifier ce mal dont l'ampleur reste difficile à estimer. Le montant des affaires réalisées par ce **marché « occulte »** représenterait 30 à 35 % du PIB ! Livraisons sans factures, surévaluation des exportations, garages automobiles sauvages, chambres d'hôtel non déclarées, taxis sans patente, doubles emplois ne sont qu'arbres qui cachent la forêt. La Grèce a connu pis : détournements dans la banque, entrepreneurs et politiciens véreux qui recevaient des « pots d'huile » et, depuis toujours, une injustice flagrante dans la perception de l'impôt. Longtemps, les recettes fiscales provenaient pour les deux tiers des employés, médecins, avocats, agriculteurs et chefs d'entreprise étant peu ou faiblement imposés. En partie financé par Bruxelles et récemment mis en place, le système informatique **TAXIS** (Tax Information System) devrait débusquer les fraudeurs et réduire l'évasion fiscale. Il est connecté à une base de données intéressant chaque contribuable, une véritable révolution en Grèce !

Moderniser l'agriculture

L'agriculture occupe le quart de la population active, soit une proportion très forte pour un pays européen. Près de la moitié des terres sont incultes. La forêt couvre 20 % du territoire. Familiales et donc de petite taille (4 ha en moyenne), les exploitations s'orientent vers la culture de **céréales**, de **tabac** et de

Les producteurs hellènes d'huile d'olive doivent compter avec les concurrences italienne, espagnole et portugaise au sein de l'Union européenne.

Carte d'identité

➤ **Situation** : la Grèce occupe l'extrémité sud de la péninsule balkanique.

➤ **Frontières** : avec l'Albanie, la Fyrom (République de Macédoine), la Bulgarie et la Turquie.

➤ **Superficie** : 107 161 km^2 (Grèce continentale, dont 15 021 km de côtes) et 24 796 km^2 (env. 2 000 îles).

➤ **Décalage horaire** : + 1 h été comme hiver.

➤ **Population** : 11 millions d'habitants ; plus de 500 000 « réfugiés économiques », principalement albanais (300 000), polonais (80 000), bulgares (50 000), philippins (40 000) et égyptiens (35 000). Densité : 83,3 hab./km^2.

➤ **Découpage administratif** : la Grèce est divisée en 52 départements ou nomes. Le pays compte 13 régions : Macédoine de l'Est et Thrace, Macédoine centrale, Macédoine de l'Ouest, Épire, Thessalie, Grèce de l'Ouest, Grèce centrale, Attique, Péloponnèse, Égée du Sud, Égée du Nord, Crète, îles Ioniennes.

➤ **Capitale** : Athènes, 772 000 hab. ; 3,1 millions d'hab. dans l'agglomération, soit près d'un Grec sur trois.

➤ **Villes principales** : Thessalonique (750 000 hab., env. 1 million dans l'agglomération), Le Pirée (190 000 hab.), Patras (170 000 hab.), Lárissa (133 000 hab.), Héraklion en Crète (127 000 hab.), Vólos (77 000 hab.), Kavála (58 000 hab.).

➤ **Religions** : 98,5 % d'orthodoxes ; 1,2 % de musulmans.

➤ **Langue** : grec moderne (démotique).

➤ **Drapeau** : cinq bandes bleues et quatre bandes blanches. Une croix blanche sur fond bleu orne le coin supérieur gauche. Le bleu (symbole de justice et de loyauté) et le blanc (symbole de pureté et de décence) sont les couleurs nationales.

➤ **Monnaie** : l'euro.

➤ **Union européenne** : intégrée depuis 1981. Seule nation dépourvue de frontière commune avec un État membre.

➤ **Régime politique** : démocratie parlementaire avec vote obligatoire. L'Assemblée (Vouli) est élue au suffrage universel pour quatre ans.

➤ **Président de la République** : Costis Stéphanopoulos, élu en 1995, réélu en 2000.

➤ **Premier ministre** : Costas Simitis (socialiste) depuis 1996, réélu en 2000.

➤ **Ressources principales** : agroalimentaire, industries textiles, construction (ciment), marine (3e rang mondial), huile d'olive (3e producteur mondial), vin et bauxite (11e rang mondial), nickel (14e rang mondial), tabac (1er rang européen) et tourisme (13 millions de visiteurs en 1999). L'UE est le principal partenaire économique de la Grèce.

➤ **Quelques chiffres** : taux d'inflation (2001) : 3,3 %. Taux de chômage (2001) : 10 %. Taux de croissance (2002) : 4 % (prévision 2003 : 3,7 %). Salaire minimum : 453 €. ❖

fruits. Le **coton** domine dans les plaines de Thessalonique et de Thessalie. Aujourd'hui plus rentable grâce à des techniques modernes d'irrigation, l'ensemble de ces cultures méditerranéennes, auquel il faut ajouter la **vigne** (en Macédoine et dans le Péloponnèse) et l'**huile d'olive**, assure au pays l'autosuffisance alimentaire. Seul l'**élevage** bovin manque, car le relief s'adapte mieux aux caprins ou aux ovins. La **pêche**, du fait d'une mer peu poissonneuse, ne couvre pas les besoins. La Grèce doit importer pour satisfaire sa consommation. Comme celle de nombreux pays d'Europe du Sud, l'agriculture grecque a dû s'adapter aux exigences de l'Union européenne. Environ 100 milliards de francs (15 milliards d'euros) ont été débloqués par Bruxelles pour la seule période 1994-1998. Ces fonds ont permis le développement spectaculaire de la très rentable culture des **agrumes**.

Du textile et du ciment

L'**industrie** grecque est née avec le XXe s. Elle emploie environ 28 % de la population active et repose essentiellement sur l'**agroalimentaire**, la **construction** (ciment) et le **textile**, les trois grands secteurs d'exportation. Faibles, les ressources minières se limitent à quelques gisements de **nickel**, de cuivre, de fer ou d'uranium. L'extraction de **lignite** à Mégalopolis (*p. 176*) et à Ptolémaïda (Macédoine), ainsi que la **bauxite** du Parnasse, exploitée par la société Péchiney, constituent des débouchés autrement plus importants.

La Grèce manque de **ressources énergétiques**. Malgré des centrales thermiques, les puits de pétrole off-shore au large de l'île de Thássos (10 % de la consommation) et les raffineries du triangle Athènes-Éleusis-Le Pirée ou de la région de Thessalonique, la facture pétrolière creuse le déficit de la balance commerciale. Les énergies alternatives comme le solaire n'en sont qu'à leurs balbutiements.

Fonctionnaires pléthoriques, tourisme florissant

Le secteur tertiaire occupe près d'un Grec sur deux, chiffre important qui s'explique par une longue tradition commerciale et par le nombre impressionnant de fonctionnaires. L'**État** grec emploie directement ou indirectement **700 000 personnes**, parfois embauchées par pur clientélisme politique. Les gouvernements successifs des dix dernières années se sont attachés à réduire ce nombre.

La marine grecque

La marine marchande grecque a connu son heure de gloire durant les décennies 1950 et 1960, quand elle occupait le premier rang mondial. Bien qu'elle ait dû fermer plusieurs chantiers navals en raison de la concurrence asiatique, la Grèce possède la **première flotte de l'Union européenne** et la troisième du monde. Toutefois, pour éviter les taxes et respecter la législation du travail, de nombreux armateurs préfèrent se placer sous pavillon de complaisance libérien, panaméen ou chypriote. Ils représenteraient un « poids » de 34 millions de tonneaux, contre 30,5 sous pavillon grec. ❖

À chaque fois, leurs tentatives ont déclenché de grands mouvements de protestation.

Le **tourisme** est la principale ressource de devises du pays. Chaque année affluent environ 13 millions d'étrangers, en majorité anglais, allemands, américains et français. Dans ce secteur florissant, le pays favorise des régions comme l'Épire *(p. 221)* et la Macédoine *(p. 239)*, restées longtemps à l'écart du développement touristique. Devant la concurrence de plus en plus rude de la Turquie, beaucoup moins chère et dotée d'aussi belles plages, un effort de diversification a été entrepris, notamment en faveur du tourisme d'hiver.

Le peuple grec

La Grèce est peuplée à 98,5 % de Grecs **orthodoxes**. L'indépendance tardive *(p. 64)* explique ce trait étonnant du paysage humain. Fuyant l'occupation turque, beaucoup de Grecs étaient partis vivre dans les Balkans, en Russie ou en Égypte. Ils revinrent dans leur patrie libérée, au cours du XIXe s. À l'issue des guerres balkaniques de 1912-1913, l'exode des Grecs quittant la Turquie d'Atatürk accéléra l'« hellénisation » de la Grèce.

Des terres promises

En raison du manque de débouchés économiques et des soubresauts politiques du début du XXe s., de nombreux Grecs ont émigré à l'étranger. Les **États-Unis** ont accueilli le plus gros contingent, avec l'**Australie** et le **Canada**. À partir de 1960, c'est vers l'**Allemagne** qu'ont afflué les immigrés, essentiellement originaires du Nord. La tendance s'est inversée depuis 1973 et les retours sont plus importants que les départs. Ainsi, en Macédoine et en Épire, la première langue étrangère parlée est l'allemand et la plupart des anciens immigrés enrichis roulent dans de grosses voitures achetées outre-Rhin. On estime tout de même à près de **6 millions** le nombre de Grecs résidant aujourd'hui à l'étranger, dont plus de la moitié aux États-Unis (concentrés surtout à Chicago, New York et San Francisco) et 1,3 million dans les pays de l'Union européenne.

Des citadins

La Grèce compte 11 millions d'habitants, soit une **densité** d'environ 80 hab./km^2 (contre environ 100 hab./km^2 en France). Ces chiffres ne signifient pas grand-chose en eux-mêmes. Plus révélateurs sont les 58 % de citadins

L'oncle d'Amérique

Chaque famille grecque a au moins un **parent à l'étranger**. Il s'agit soit d'un jeune, parti étudier, qui a trouvé sur place un emploi en rapport avec ses compétences – ce n'est pas toujours facile en Grèce –, soit d'un actif voulant se constituer un petit pécule pour acheter une parcelle de terre, un commerce, ou une patente d'artisan à son retour.

Beaucoup de villages du Péloponnèse ou d'Épire vivent ainsi grâce à l'argent que « l'oncle d'Amérique » envoie à sa famille. Cette masse monétaire est loin d'être négligeable puisqu'elle est la troisième **source d'entrées financières**, après le tourisme et la marine marchande. ❖

et surtout ce tiers de la population qui réside à **Athènes** et dans son agglomération. Cette étonnante concentration, amorcée pendant l'entre-deux-guerres et unique en Europe, s'est accompagnée d'une lente mais inexorable **désertification des campagnes**. Les régions les plus gravement touchées, l'**Épire** et le **Péloponnèse**, ont vu leurs villages perdre peu à peu leurs habitants jusqu'au début des années 1980, lorsqu'elles ont retrouvé un semblant de pouvoir d'attraction. Malgré les résidences secondaires que les riches Athéniens bâtissent ou restaurent dans le Péloponnèse ou en bord de mer, les provinces ressemblent à des no man's land que ponctuent de grosses bourgades. La croissance démographique ne risque pas non plus de combler les déserts du Nord ou du Sud : elle est celle d'une nation riche et la population grecque vieillit (1,5 enfant par femme).

Athènes, Thessalonique et les autres

Pour les jeunes, les forêts d'oliviers n'apparaissent guère porteuses d'avenir. La plupart affluent toujours dans les villes, de préférence dans les deux métropoles, Athènes *(p. 89)* et Thessalonique *(p. 240)*, et depuis quelque temps dans des villes moyennes comme Lárissa *(p. 207)*. Les périphéries des deux grandes cités sont devenues d'immenses banlieues. **Athènes** n'a pas la chance de Thessalonique, régulièrement « nettoyée » par le vent du large. La capitale connaît une **pollution** extrêmement préoccupante *(encadré p. 94)*. Les mesures pour limiter la circulation des automobiles, les avantages fiscaux donnés aux acheteurs de véhicules neufs (la durée de vie d'une voiture est ici de quinze ans) ou l'utilisation de l'essence sans plomb n'empêchent pas de rendre l'air irrespirable en été.

Villes et villages

Si les modes de vie urbains n'ont pas de réelles traditions, les villages conservent les leurs. Cette fameuse **hospitalité** grecque et cet intérêt de l'autre se manifestent lorsque l'étranger de passage se voit proposer une invitation ou offrir un simple café. Refuser passe pour la pire des offenses. La vie sociale se déroule sous les platanes de la place principale. On y trouve le ***pandopoleío*** – littéralement « là où on vend de tout » – et le ***kafeneío***. Mais le vent de la modernité n'épargne pas le *kafeneío*, car beaucoup d'entre eux se transforment en cafés classiques… ou en cybercafés ! Et la télévision, avec sa pléthore de chaînes publiques, privées ou locales, fait une concurrence assidue à la conversation.

Les petites et grandes villes sont depuis bien longtemps dépourvues de ce charme un peu désuet. Hormis dans le Nord, elles se ressemblent toutes un peu : bâties à la va-vite, elles présentent les mêmes avenues bordées d'identiques cubes de béton, peu élevés en raison des risques de séismes. Heureusement, le visage parfois ingrat des grandes cités est amplement racheté par l'animation qui y règne à toute heure, sauf au moment de la sieste. Si l'image un peu réductrice des hommes passant leur temps à marchander, à discuter politique et football n'est pas dénuée de fondement, elle révèle un besoin viscéral de communiquer et aussi de se contredire. La parole elle-même n'est pas toujours suffisante pour exprimer des

C'est à Athènes que vit un Grec sur trois. L'agglomération compte plus de trois millions d'âmes.

idées. Elle s'accompagne de gestes, régis par un véritable code, dont la connaissance est indispensable pour ne pas commettre de regrettables impairs. Cette pratique se rencontre dans toutes les classes sociales et à tous les âges.

La femme grecque

Les Grecs ont la réputation d'être misogynes. En réalité, ils ne le sont ni plus ni moins que dans n'importe quel autre pays méditerranéen. Les Grecques votent depuis **1952** et elles en sont longtemps restées là…

Aujourd'hui, le Parlement (Vouli) compte une poignée de femmes députés, l'écrasante majorité des 300 élus étant des hommes. Les choses changent doucement : la tête de liste de la Nouvelle Démocratie aux élections européennes de 1999 était une femme et les grands partis présentent environ un tiers de candidats aux scrutins nationaux. Dans la vie de tous les jours, l'avis féminin reste purement informatif. L'homme décide et la femme s'incline. Elle est d'ailleurs mal vue là où l'on discute des vrais problèmes du pays, au *kafeneío*. Un signe qui ne trompe pas. Des archaïsmes subsistent, comme la coutume de la dot, officiellement disparue par décret en 1982. Seulement 30 % de la population active est féminine, majoritairement dans les grandes villes, Athènes et Thessalonique. La parité des salaires, à travail égal, est loin d'être atteinte, mais la Grèce ne détient pas d'exclusivité dans ce domaine (la France connaît des marges de 30 %).

Aucun espoir enfin de voir s'adoucir l'intransigeance des moines du mont Áthos *(p. 251)*. Périodiquement, les femmes grecques tentent de mettre fin à la chrysobulle *(voir p. 252)* sexiste de Constantin Monomaque (1060) qui leur en interdit l'accès. Pour l'instant, leurs plaintes sont restées lettre morte

Les popes ont le pouvoir de faire descendre des milliers de manifestants dans les rues… L'État doit compter avec eux notamment dans le Nord où un certain intégrisme prévaut depuis l'émiettement de l'ex-Yougoslavie.

L'Église orthodoxe

Une écrasante majorité de la population déclare son appartenance à l'orthodoxie, la religion officielle *(voir p. 58)*. Ciment de l'esprit nationaliste et principal **vecteur de l'indépendance** en 1830, l'Église résiste bien à la désaffection religieuse qui affecte les pays occidentaux. Le **pope** est une figure locale. Il ne dédaigne pas hanter les terrasses des cafés ni s'entourer d'une foule de paroissiens pour engager avec eux de grandes discussions. Garant de la vérité évangélique, son pouvoir moral sur les ouailles est immense, mais il se montre moins coercitif qu'un prêtre catholique sur des sujets tels que la contraception ou le divorce.

L'État grec n'est pas un État laïc. La séparation de l'Église et de l'État, ardemment souhaitée par les milieux intellectuels et par quelques députés, fait seulement l'objet de pétitions… Le **catéchisme est obligatoire** dans les écoles publiques et même les communistes font baptiser leurs enfants. Le président de la République, le Premier ministre et les députés doivent prêter serment à la Sainte Trinité. Une église d'un « culte étranger » ne s'élèvera pas sans l'aval du métropolite local, l'évêque du diocèse…

L'Église est présente dans toutes les sphères de la vie sociale. Elle possède une immense **fortune** en biens fonciers et immobiliers. Son rôle dans la vie politique est considérable. Lors du conflit serbo-croate, ses dirigeants les plus ultras ont pris parti pour les Serbes contre ce qu'ils appelaient les « papistes appuyés par le Vatican et l'Occident ». Ils ont également opté pour une ligne dure à l'égard du conflit bosniaque et du siège de Sarajevo, allant jusqu'à parler d'une sorte de *remake* de la prise de Constantinople… Idem pendant la guerre du Kosovo, où les popes les plus intégristes évoquaient le « peuple serbe crucifié ».

Cette Église ne semble guère devoir évoluer à court terme. Son primat, monseigneur Christodoulos, est un ultranationaliste qui, comparant la Grèce au *Titanic*, appelle à faire « marche arrière toute pour éviter la catastrophe qui menace la société ». Fustigé par une grande partie de la classe politique pour ses ingérences dans les affaires publiques, il appelle au réveil de la « **Grande Idée** » et à la reconquête d'Istanbul, sans oublier de déplorer « la dérive européiste et laïque du pays ».

Le pays du logos

Depuis le retour de la démocratie en 1974, la Grèce goûte les délices de l'**alternance**. La vie politique fait l'objet de discussions enflammées. Elle est l'affaire de tous. Périodiquement, le pays est paralysé par de grands mouvements de **grève**, notamment en 1998, quand le gouvernement socialiste entama la très délicate restructuration du pouvoir public.

Les Grecs ne s'intéressent pas seulement aux événements intérieurs, mais aussi à la politique extérieure. Les journaux se comptent par centaines et leur achat est un rite essentiel de la vie quotidienne. Le journaliste à scandales exerce dans un pays idéal. Les heurts entre les différents partis ne manquent pas ni les affaires de corruption qui ont d'ailleurs frappé les plus hautes sphères de l'appareil d'État (*p. 68*).

La rue Sophocle

Les Grecs discutaient avec passion de politique, des incendies de forêt et de la sécheresse, de foot et de femmes… Ils ont maintenant un nouveau sujet de conversation : la **Bourse**. Les cotations de celle que l'on appelle ici la « rue Sophocle » font l'objet de débats houleux dans les cafés. Environ 1 million de personnes, toutes classes sociales confondues, boursicotent et observent avec passion les fluctuations de l'indice FTSE/ASE-20, le CAC 40 de la Bourse d'Athènes. Ils étaient seulement 50 000 au début des années 1990 ! ❖

Un morceau d'Europe différent

Seul pays des Balkans membre de l'**OTAN**, la Grèce occupe une position délicate depuis la chute du bloc communiste. Le pays doit compter avec l'infiltration des mafias bulgares et surtout albanaises qui font transiter de la drogue sur son territoire.

Les sans-papiers

Chaque année, 300 000 **Albanais** (près de 10 % de la population du pays !) traversent la frontière pour cueillir des agrumes dans le Nord ou travailler sur les chantiers à Athènes. Parmi eux, des enfants qui traversent la frontière à pied comme celui de *L'Éternité et un jour* de Théo Angelopoulos (1998). La plupart sont ramassés au bord des routes et immédiatement reconduits à la frontière. D'autres

Une histoire passionnelle

Pour les Grecs, la **Turquie** est le pays de tous les dangers et l'**ennemi héréditaire**. Longtemps, la Grèce a opté pour une ligne dure à l'égard de son voisin. Elle a opposé un veto systématique à un rapprochement de la Turquie avec l'Union européenne : Ankara devait au préalable régler le différend portant sur les limites des **eaux territoriales en mer Égée** (casse-tête insoluble) et libérer **Chypre** occupée depuis 1974.

Les tremblements de terre de l'été 1999, qui ont frappé les deux pays, ont amorcé un dégel spectaculaire des relations. Le drame d'Izmit déclencha un énorme **élan de solidarité** en Grèce, laquelle dépêcha des pompiers et des équipes de sauveteurs. Chose impensable auparavant, un match amical entre le Galatasaray d'Istanbul et le club de Thessalonique fut organisé au profit des sinistrés ! Quelques jours après Izmit, Athènes fut touchée à son tour. La Turquie s'empressa de rendre la politesse et d'adresser ses condoléances solennelles à l'État grec... Au même moment, le ministre des Affaires étrangères, Georges Papandréou, vota une aide européenne destinée à soutenir la Turquie meurtrie par le séisme. Mieux, il déclara que « la Grèce peut être la plus grande alliée de la Turquie dans son intégration à l'Union européenne »... Malheureusement, la tension entre les deux pays, alimentée par les régulières violations de l'espace aérien grec, peut se raviver à l'occasion de l'entrée prochaine de Chypre dans l'Union européenne, adhésion qu'Ankara regarde d'un mauvais œil. ❖

parviennent aux faubourgs d'Athènes ou du Pirée. Là, les moins mal lotis lavent les pare-brise des voitures aux feux tricolores. Les autres vivent d'expédients ou se livrent à la prostitution. Traditionnel pays d'émigration, la Grèce s'est brutalement transformée ces dernières années en **terre d'accueil**. En 1998, plus de 500 000 sans-papiers travaillaient clandestinement dans le pays : Polonais, Bulgares, Philippins, Égyptiens et immigrés économiques, originaires d'Afrique de l'Est. D'après certaines associations, plusieurs centaines de milliers de clandestins n'ont pu bénéficier de la régularisation massive de 1998.

Au bout de l'Europe

L'embrasement de l'**ex-Yougoslavie** dans les années 1990 a mis plus d'une fois les gouvernants en position difficile, voire acrobatique. Caressant d'abord dans le sens du poil une opinion entièrement acquise aux « frères » serbes orthodoxes, ils se montrèrent plus pragmatiques en 1999 au moment du conflit au **Kosovo**, quand 96 à 99 % des Grecs se déclaraient hostiles aux frappes. Le Premier ministre, Costas Simitis, réussit alors le prodige de soutenir l'OTAN tout en contestant l'intervention militaire américano-européenne. Par ces signes de coopération, il espérait que ses alliés européens prendraient en considération la note de guerre particulièrement élevée du pays (baisse du tourisme et des exportations). Et que l'Union européenne se fonderait sur des considérations plus politiques qu'économiques quand elle aurait à discuter des fameux critères de convergence, en 2000-2001. Hormis chez les extrémistes de tous bords, le rejet de la guerre au Kosovo ne s'est pas accompagné d'un « euroscepticisme », mais d'une résurgence de l'antiaméricanisme. Le conflit a fait au contraire naître un grand espoir, celui d'une Grèce qui jouerait un rôle d'ambassadeur de l'Union européenne dans les Balkans et participerait à la stabilisation de cette partie du monde.

Théo Angelopoulos

Révélé avec *Le Voyage des comédiens* (1975), le cinéaste collectionne les prix dans les grands festivals internationaux : **Lion d'or à Venise** avec *Alexandre le Grand* (1980), Lion d'argent avec *Paysage dans le brouillard* (1988) et **Palme d'or à Cannes** avec *L'Éternité et un jour* (1998). Depuis 1991, le grand cinéaste se penche sur le problème des **Balkans** et des frontières de l'ancien Empire ottoman. *Le Pas suspendu de la cigogne* (1991) et le non moins fascinant *Regard d'Ulysse* (Prix du jury au festival de Cannes 1995) abordent ces questions fondamentales depuis la chute du communisme.

Créations et créateurs hellènes

Écrivains, musiciens ou cinéastes, les artistes grecs restent à découvrir et s'exportent difficilement. Les plus connus à l'étranger ont quitté le pays au moment de la dictature des colonels, souvent pour n'en plus revenir.

La vogue romanesque

C'est à la la fin du XIXe s. que la littérature grecque règle le hiatus entre la **langue parlée** et la **langue littéraire**. Jean Psichari (1854-1929), auteur de *Mon voyage* (1888), montre que le démotique est non seulement la langue du peuple et des poètes, mais également celle des romanciers. Le mieux connu des écrivains grecs de cette période, Alexandre Papadiamantis (1851-1911), auteur de *La Meurtrière,* se distingue en mêlant un langage érudit et des passages « vulgaristes » écrits en démotique.

La poésie a longtemps été un genre culturellement dominant en Grèce, mais elle a cédé ici aussi. À l'époque contemporaine, les genres littéraires dominants sont la nouvelle et le roman, où se reflètent l'inquiétude des guerres et un profond pessimisme (**Karyotakis** ou **Myrivilis**). À cette génération succède celle des écrivains engagés pendant la guerre civile comme **Kazantzakis** (1883-1957), père du fameux *Alexis Zorba* dont a été tiré le film *Zorba le Grec* (Kakoyannis, 1964), ou **Stratis Tsirkas** (1911-1980), auteur de *Cités à la dérive.* Aujourd'hui, les romanciers se démarquent de la génération des auteurs engagés de l'après-guerre. Après s'être intéressés à la Grèce sous la dictature des colonels, ils décrivent désormais les mœurs de la société contemporaine. Un tout petit nombre d'entre eux est traduit. Le plus connu en France, qui vit d'ailleurs entre Paris et Athènes depuis 1968, est **Vassilis Alexakis**, prix Médicis 1995 pour *La Langue maternelle.*

À l'étranger, on connaît surtout les poètes grecs, dont la beauté de la langue survit même après traduction. Le symboliste **Georges Seféris** (1900-1971) et le surréaliste **Odysseus Élytis** (1911-1996) ont été couronnés par le prix Nobel, respectivement en 1963 et 1979.

Un cinéma méconnu

Les meilleurs réalisateurs hellènes ont préféré l'exil et le prestige d'une carrière à l'étranger. C'est le cas de **Costa-Gavras** (né en 1933), auteur de *Z* et de *Missing* (Palme d'or à Cannes en 1982) et de **Mickaël Kakoyannis** (né en 1922), adulé dans les années 1960-1970 (*Électre* en 1961 et *Zorba le Grec* en 1964). Les œuvres de réalisateurs comme **Alexis Damianos**, **Pandelis Voulgaris**, **Periklis Hoursoglou** ne sont visibles qu'en Grèce. Les **jeunes talents** (Sotiris Goritssas, Andonnis Kokkinos, Nikos Nikolaidis ou Stavros Tornès) connaissent le même sort. En fait, un seul nom émerge, celui de **Théo Angelopoulos** (né en 1935).

Traditions musicales

Les meilleurs talents du monde musical ont également émigré. De **Maria Callas** (1923-1977) à **Georges Aperghis** (né en 1945) en passant par le chef d'orchestre **Dimitri Mitropoulos** (1896-1960) ou **Iannis Xenakis** (1922-2001), tous ont fait carrière en dehors de leur terre natale. Il est vrai que la musique classique n'appartient pas à la culture grecque et jouit d'une audience limitée. La liaison viendra peut-être des **musicologues**, notamment de Christodoulos Halaris et Lycourgos Angelopoulos qui, en relation avec leurs homologues occidentaux, redécouvrent l'immense et passionnant répertoire de musique byzantine (sacrée ou profane), longtemps tenue secrète par les moines de l'Áthos.

La Grèce cultive surtout son genre musical traditionnel, le ***rebétika***, le « blues grec », qui demeure florissant. Les vieux enregistrements de Vassilis Tsitsanis, Vamvarakis ou Sotiria Bellou ont de beaux jours devant eux. Ils ont influencé les groupes, les **chanteurs populaires** et les artistes compositeurs. On peut citer les noms de Manos Chatzidakis, ou des très célèbres Mikis Theodorakis, Mélina Mercouri et autres Angélique Ionatos, sans oublier Nana Mouskouri. ■

Faune et flore

L'Hellade des Anciens était couverte de forêts où vivaient des bêtes fantastiques et des fauves féroces. Aujourd'hui, le maquis aux odeurs exquises est peuplé d'animaux bien inoffensifs…

Forêts et lauriers-roses

La végétation, caractéristique des pays méditerranéens, présente évidemment des variations selon l'altitude. Dans le Sud, le **maquis** domine. Il s'associe à l'olivier et aux arbustes colorés (myrtes blancs, lentisques à fruits rouges, origans et lauriers-roses) pour créer au printemps un tableau inoubliable. Le Nord balkanique est fondamentalement différent. Les versants de la chaîne du Pinde *(p. 226)* sont encore couverts de **forêts de chênes** ou de **sapins.** Il est difficile d'imaginer que toutes les autres montagnes grecques ressemblaient autrefois à l'Épire. Les ravages des chèvres et des constructions navales, dès l'Antiquité, ont largement contribué à la **déforestation**. Les incendies ont fait le reste. Malgré une surveillance de tous les instants, ils détruisent presque chaque été des hectares de pinèdes.

Des castors et des tortues

Phoques ou caméléons méditerranéens, ours bruns, loups ou castors du Pinde ont quasiment disparu. Ils font l'objet de mesures de protection très sévères. En revanche, il n'est pas rare de voir des **rapaces** (aigles, faucons et vautours) survolant des crêtes ou, surtout dans le Nord, des nids de **cigognes** au sommet des pylônes et des minarets tronqués. Le maquis abrite une multitude d'**oiseaux nicheurs** (fauvettes, serins et huppes), mais aussi des **lapins**, des **sangliers** et des **chèvres.** Les espèces de lézards sont infiniment nombreuses, mais le reptile le plus typiquement grec est sans doute… la **tortue** (du grec *Tartaroukos*, le Tartare) ! L'animal venu du monde infernal peut atteindre ici le respectable diamètre de 30 cm, d'où les embardées des automobilistes quand une tortue traverse la route sans crier gare. ■

La chèvre, qui s'accommode du relief et d'une maigre végétation, et le mouton sont les animaux que l'on rencontre le plus souvent en Grèce. Il n'est pas rare de voir des troupeaux paître au bas des Météores, en Thessalie.

Les cigognes (*Ciconia ciconia*) nichant à l'est de la Weser, en Allemagne centrale, transitent par la Grèce avant de traverser le Proche-Orient et d'achever leur migration en Afrique orientale ou australe.

Les repères de l'histoire

En Grèce	Dates	Dans le monde
	AVANT J.-C.	
Arrivée des premiers Grecs.	2000	Moyen Empire égyptien.
Guerre de Troie et apogée de Mycènes.	v. 1230	Apogée de la puissance assyrienne.
Invasions doriennes et début des « Siècles obscurs » (1200-800).	v. 1200	Les Hittites d'Asie Mineure sont anéantis par les « Peuples de la mer », des Indo-Européens.
Colonisation de la Méditerranée par les Grecs.	750-600	Essor des Perses et des Assyriens.
500-479 : guerres médiques.	VIe s.	**v. 522-465** : Darius Ier et Xerxès, rois des Perses.
461-430 : « Siècle de Périclès ».	Ve s.	Les Étrusques, grande puissance en Italie.
431-404 : guerre du Péloponnèse.		**fin Ve s.** : expansion des Latins, les futurs Romains.
338 : les Macédoniens vainqueurs d'Athènes et de Thèbes à Chéronée.	IVe s.	**334** : Rome conquiert la Campanie.
336-323 : règne d'Alexandre le Grand.		**326-304** : Rome devient maîtresse de toute l'Italie.
280-277 : expéditions de Pyrrhos en Italie.	IIIe-IIe s.	**264** : première guerre punique entre Rome et Carthage.
146 : la ligue achéenne est écrasée par les Romains.		**146** : Rome détruit sa rivale Carthage.
	Après J.-C.	
v. 50 : saint Paul évangélise la Grèce.	Ier s.	La Gaule, province romaine.
392 : interdiction des cultes païens.	IVe-VIIe s.	**379-395** : Théodose Ier, empereur de Byzance.
VIe-VIIe s. : invasions slaves.		**527-565** : règne de Justinien à Byzance.
726-843 : crise iconoclaste.	VIIIe-XIe s.	**800-814** : Charlemagne, empereur d'Occident.
963-1025 : règne de Basile II. Apogée de l'Empire byzantin.		**X^e-XIe s.** : abbatiat d'Hugues le Grand, qui étend l'ordre de Cluny.
1054 : le grand schisme.		**1066** : conquête de l'Angleterre par les Normands.
1204-1261 : la Grèce sous domination latine.	XIIIe-XVe s.	**1226-1270** : règne de Saint Louis.
1430 : conquête de Thessalonique par les Ottomans.		**1453** : fin de la guerre de Cent Ans et chute de Constantinople.
1461 : la Grèce sous domination ottomane.		**1461-1483** : règne de Louis XI.
1571 : défaite de la flotte ottomane à Lépante.	XVIe-XVIIIe s.	**1562-1593** : les guerres de Religion en France.

1789-1794 : tentative de regroupement de la classe des Phanariotes contre le joug ottoman.		**1794** : la Terreur en France.
1821-1830 : guerre d'indépendance.	XIXe s.	**1815-1830** : la Restauration.
1832-1862 : Othon, roi de Grèce.		**1852-1870** : le Second Empire.
1881 : reconquête de la Thessalie.		**1876-1878** : effondrement de la puissance ottomane dans les Balkans.
1912-1913 : guerres balkaniques. La Crète, la Macédoine et l'Épire deviennent grecques.	XXe s.	**1917** : révolution d'Octobre en Russie.
1919-1922 : expédition grecque en Asie Mineure.		**1919** : traité de Versailles.
1945-1949 : guerre civile.		**1949** : union économique des pays de l'Est dans le COMECON et création de l'OTAN par les pays de l'Ouest.
1967-1974 : dictature des colonels.		**1973** : création de l'Europe des Neuf.
1974 : Constantin Karamanlis (centre droit) gagne les premières élections libres.		**1974** : révolution des Œillets et rétablissement de la démocratie au Portugal.
1981 : entrée de la Grèce dans la CEE. Les socialistes gagnent les élections et portent Andréas Papandréou au pouvoir.		**1981** : assassinat du président égyptien Anouar el-Sadate.
		1989 : chute du mur de Berlin.
1990 : fin de l'ère socialiste avec la victoire de Constantin Mitsotakis (centre droit) aux législatives.		**1990** : réunification de l'Allemagne.
1993 : retour au pouvoir d'Andréas Papandréou, Premier ministre.		**1993** : affrontements en Bosnie.
1994 : embargo contre la Fyrom (République de Macédoine) et incidents frontaliers avec l'Albanie.		**1994** : massacres au Rwanda.
1995 : Costis Stéphanopoulos, président de la République.		**1995** : assassinat d'Itzhak Rabin.
1996 : Costas Simitis, Premier ministre.		
1999 : le nord d'Athènes secoué par un tremblement de terre.		**1999** : fin de la guerre du Kosovo. Fort séisme en Turquie.
2000 : élections législatives remportées par Costas Simitis (PASOK).	XXIe s.	
2001 : le pape Jean-Paul II en visite en Grèce demande pardon pour les torts des catholiques envers les orthodoxes.		**2001** : George W. Bush élu président des États-Unis. Attentats aux États-Unis.
2002 : entrée dans l'euro.		**2002** : conflit israélo-palestinien.
2004 : Jeux olympiques à Athènes.		**2004** : projet d'élargissement de l'Union européenne à 10 nouveaux pays, dont Chypre.

SUR PLACE

Olympie, dans le Péloponnèse, compte parmi les sites archéologiques les plus visités de Grèce. Le décor végétal de la vallée de l'Alphée lui donne une note de sérénité intemporelle.

Ci-dessus : Lécythe à fond blanc

ATHÈNES ET L'ATTIQUE

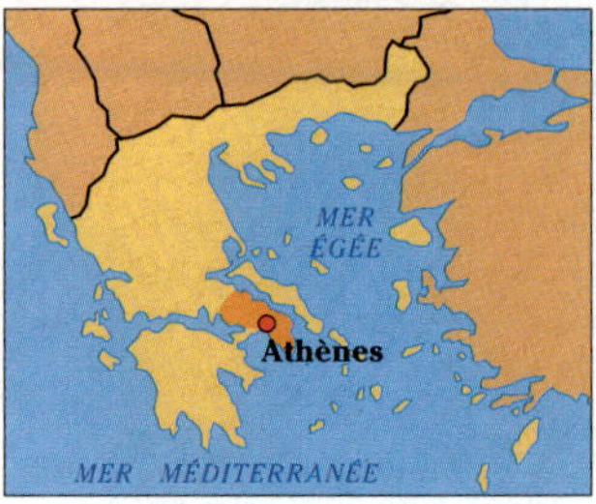

L'Attique (Atikí), ancien territoire de la cité d'Athènes (Athína), premier pôle économique et culturel du pays, abrite le **tiers de la population** grecque.

Cette immense zone industrielle et urbaine forme un **triangle** (Athènes-Le Pirée-Éleusis) où se concentrent activités portuaires, chantiers navals, complexes sidérurgiques et pétrochimiques. La croissance urbaine, aussi récente qu'anarchique, a surtout affecté les environs de la capitale, sans compromettre le charme du centre de la ville. Ailleurs, elle a épargné quelques îlots de paysages et des plages. Mais aussi les **sites archéologiques**, tous exceptionnels.

Programme

Trois jours suffisent pour avoir un aperçu d'Athènes. Attention, certains musées ferment tôt et leurs horaires sont soumis à variations saisonnières. Sachez aussi que le **lundi** de nombreux monuments sont fermés. Organisez votre séjour en conséquence. En **soirée**, arpentez les différents quartiers. Si vous disposez d'un jour supplémentaire, faites un tour en **Attique**, pour découvrir le **cap Sounion**, l'un des plus beaux sites grecs. *Le Musée national archéologique est fermé pour rénovation (réouverture en avril 2004).*

Athènes***

Vue d'avion, la capitale (772 000 habitants) révèle immédiatement ses défauts... On imagine facilement les maux dont souffre l'immense agglomération peuplée de plus de 3,1 millions de personnes: la **pollution** liée à des industries trop proches, les difficultés de **circulation** qu'engendrent des artères trop étroites et éventrées par d'interminables chantiers. Pressé d'aller à l'essentiel – l'Acropole, le Musée national et le quartier de Pláka –, on en repart vaguement soulagé. Avec le sentiment du devoir accompli.

Afin d'éviter cette approche, il convient de prendre son temps et de flâner hors des sentiers trop balisés, dans les secteurs authentiquement athéniens. Le visiteur découvre ainsi l'animation orientale des abords de la place Omónia, l'ambiance estudiantine d'Exarhia aux alentours du Musée national, le luxe un peu tapageur des environs de la place Syndagma, la fraîcheur du Jardin national, Pláka, le faubourg populaire de Monastiráki ou le poétique cimetière du Céramique. Athènes n'apparaît alors plus comme le berceau pétrifié d'une civilisation, mais bien comme une mosaïque vivante et animée.

Sous le signe d'Athéna

Fondée au IIe millénaire par **Cécrops**, le dieu serpent légendaire, Athènes connaît un essor comparable à Mycènes, avec laquelle elle rivalise très tôt. Au XVIe s. av. J.-C., la dynastie de Cécrops est renversée par Érechthée, dont le culte est rapidement associé à ceux de **Poséidon** et

Simple village blotti au bas de l'Acropole au moment de l'indépendance retrouvée, en 1830, Athènes n'a cessé de s'étendre au XXe s. Dans son agglomération vit désormais près d'un Grec sur trois.

d'**Athéna**, symbolisés respectivement par le cheval et l'olivier. La ville se dote alors d'une muraille cyclopéenne (le Pélasgicon) qui n'arrête pourtant pas la vague destructrice des Doriens, au XIIe s. av. J.-C.

Athènes redevient un important foyer de civilisation au VIIIe s. av. J.-C. et préside à l'unification de l'Attique, que la légende attribue faussement à Thésée, quatre siècles plus tôt. De grandes fêtes, les **Synœkia** et les **Panathénées** (en l'honneur d'Athéna), perpétuent les faits d'armes de Thésée. Le culte commun d'Athéna, protectrice de la cité et de l'Attique, achève de souder les peuples de la région.

En route vers la gloire

Solon, archonte *(p. 289)* en 594 av. J.-C., cherche à limiter la puissance de l'aristocratie qui n'a cessé de s'affirmer au VIIe s. Il redistribue les terres de l'Attique, encourage le **commerce** et les **échanges** en favorisant l'utilisation de la **monnaie**. Cette prospérité se poursuit sous la tyrannie qui touche Athènes au VIe s. av. J.-C., comme les autres cités grecques *(p. 49)*. Sous **Pisistrate** et ses fils (560-510 av. J.-C.), la ville étend son influence sur les colonies de l'Égée. Elle devient la première **puissance** du monde grec. Les fêtes des Grandes Dionysies sont l'occasion d'en montrer le faste. Athènes ne cesse d'affirmer son hégémonie, tant en Grèce qu'à l'extérieur. Avant l'ère chrétienne, les **batailles** de **Marathon** en 490 *(p. 128)*, de **Salamine** en 480, puis de **Platées** en 479 marquent à cet égard trois dates significatives : Athènes parvient à éliminer définitivement le péril perse qui pèse sur les destinées des Hellènes. Forte de ses victoires, la ville se place à la tête d'une **fédération des cités de l'Égée** (la ligue de Délos) et dicte rapidement sa loi sur les mers.

L'Athènes de Périclès

L'apogée de la puissance athénienne coïncide avec la seconde moitié du Ve s. et avec le « règne » du stratège (général d'armée) **Périclès** *(voir p. 92)*. Elle est favorisée par une **trêve** conclue avec **Sparte** *(p. 161)* et par une grande stabilité politique ; Périclès monopolisera la scène politique pendant trente ans, jusqu'à sa mort en 429. Athènes devient alors le principal foyer de civilisation grecque : Phidias, choisi pour superviser les travaux de l'Acropole *(voir p. 148)*, fait construire le **Parthénon** ; **Sophocle** écrit ses tragédies, d'*Œdipe roi* à *Antigone* en passant par *Électre* ; **Socrate**, le père de la philosophie, forme son disciple **Platon**.

L'agonie d'un mythe

La **guerre du Péloponnèse**, immortalisée par Thucydide, sonne le glas des ambitions impérialistes de la cité. Déclenchée en 431 av. J.-C. dans le but d'anéantir Sparte, elle se solde par le fiasco de 405 av. J.-C., qui voit la fameuse flotte athénienne capturée par l'amiral lacédémonien Lysandre. Vaincue, la ville doit raser ses fortifications et mettre quelques bémols à son système démocratique : elle instaure une **oligarchie** (les Quatre Cents, en 411) puis une **tyrannie** (les Trente, en 404) avant de rétablir la **démocratie** en 403. La vie culturelle demeure toutefois aussi intense : **Platon** écrit ses dialogues et **Aristophane** invente la comédie…

Au IVe s. av. J.-C., Athènes cherche à sauver son empire. En vain : malgré l'**alliance avec Thèbes**, elle est battue par l'armée de **Philippe II**

Athéna, la déesse vierge

Athéna est née non pas d'une mère, mais du crâne de Zeus dont elle est sortie entièrement armée. Cette déesse personnifie sans doute le vieux rêve de l'homme d'enfanter sans recourir aux femmes... Athéna est généralement représentée avec un **serpent** et des éléments qui agissent contre le mauvais sort (une **tête de Gorgone** et une **égide**, ou peau de bouc purificatrice). On l'affuble aussi de son animal consacré, la **chouette**, peut-être en souvenir des grottes de l'Acropole qui en étaient remplies, et pour renforcer son caractère terrifiant. Cette accumulation d'objets repoussants ou pris à l'ennemi (les armes) a pour but d'effrayer l'adversaire. La lutte qui l'oppose à son principal rival, **Poséidon**, pour la suprématie de l'Attique est également truffée de symboles. L'épouvantail Athéna (image de la Terre et d'Athènes) se heurte à Poséidon (image de la mer et d'Éleusis, la compétitrice d'Athènes dans la région). Pourtant, après la victoire d'Athéna, les deux divinités trouvent un accord. L'**olivier** et la **source d'eau de mer** scellent l'alliance des deux principes, terrestre et marin, en même temps que celle des deux cités.

Athéna, la déesse guerrière née sans mère, est la protectrice de la cité d'Athènes.

de Macédoine, à la bataille décisive de Chéronée (338). Choyée par **Alexandre le Grand**, indépendante après la conquête romaine, dévastée par Sylla en 86 av. J.-C., Athènes brille de nouveau sous **Hadrien** (117-138 apr. J.-C.). Ce fervent admirateur de l'hellénisme la comble de faveurs et édifie de nombreux monuments.

Athènes chrétienne et musulmane

Délaissée, ravagée par les **Barbares** à plusieurs reprises, Athènes a définitivement perdu son rôle de capitale intellectuelle à la fin du Bas-Empire (IIIe-IVe s.). Le coup de grâce vient de **Théodose II**, qui ferme les écoles de philosophie au Ve s. La ville se transforme alors en petite bourgade de province et s'endort. Elle sort de sa léthargie vers l'an 1000. Le grand empereur byzantin **Basile II** y fête sa victoire sur les Bulgares, signe de l'importance retrouvée de cette ville qui se couvre de monastères byzantins. Cette prospérité relative est de courte durée. La **IVe croisade**, détournée de son but par les Vénitiens en 1204, touche non seulement Constantinople, mais aussi

➤ *Suite du texte p. 94.*

Le siècle de Périclès

Sous le stratège Périclès (461-430 av. J.-C.), Athènes éclipse toutes les autres cités grecques. La capitale de l'Attique, qui règne sans partage sur le commerce maritime, connaît un rayonnement artistique sans précédent.

Un âge d'or

Grâce à une **trêve** de trente ans conclue avec Sparte en 446 av. J.-C., Athènes peut utiliser ses richesses pour s'embellir et développer les arts. Elle devient le **centre intellectuel le plus brillant** que la Grèce ait connu. En témoignent les noms de Sophocle (v. 495-406), de Phidias (490-330), d'Hérodote (v. 484- v. 420), de Socrate (470-399) ou de Thucydide (v. 460-395), qui transforment la ville en haut lieu de la pensée, des arts et des sciences.

L'architecture au service de la cité

Pour donner à la capitale de l'Attique un visage à la mesure de sa puissance, Périclès entreprend le gigantesque chantier de rénovation de l'**Acropole**. Supervisés par Phidias, les architectes Ictinos et Mnésiclès réalisent les monuments phares de l'apogée d'Athènes: le **Parthénon** et les **Propylées** *(p. 117)*. Le souci de perfection, tant dans l'harmonie des proportions que dans le soin apporté au choix des matériaux, conduit le style **dorique** à sa plénitude. Le traditionnel cloisonnement entre deux ordres n'est plus systématiquement respecté. Le Parthénon est décoré d'une **frise** continue figurant la procession des Panathénées, tandis que des **colonnes ioniques** apparaissent dans les Propylées.

La sculpture: un hymne à l'homme

Qu'elle soit monumentale ou isolée, la sculpture connaît alors son heure de gloire. Phidias réalise des statues de divinités, comme celle de **Zeus** à Olympie *(p. 178)* – l'une des Sept Merveilles du monde –, et la somptueuse décoration du Parthénon *(p. 117)*.

Les sujets en rapport avec la **gloire de la cité** exaltent l'homme qui vit dorénavant en harmonie avec les dieux. L'« **héroïsation** » **du corps humain**, présente chez Phidias, se retrouve aussi chez son contemporain Myron – auteur du fameux *Discobole* – et chez Polyclète l'Ancien *(encadré p. 154)*, l'inventeur du canon.

Les qualités d'orateur de Périclès lui valurent le surnom d'« Olympien ». Accusé par ses ennemis d'avoir provoqué la guerre du Péloponnèse, il fut déposé puis rappelé la même année avant de mourir peu de temps après, en 429 av. J.-C., victime de l'épidémie de peste qui sévissait à Athènes.

Cratère illustrant un sacrifice à Apollon (v. 550 av. J.-C.). En adoptant la technique des figures rouges, les potiers du temps de Périclès réalisèrent des merveilles de précision et de concision. (Musée du Louvre.)

Frise ionique du Parthénon
Phidias, qui supervisa la construction du Parthénon, dirigea l'exécution du décor sculpté. Le programme illustre différents thèmes en rapport avec l'histoire mythique de la cité.

Sublimer le réel

La **céramique à figures rouges**, domaine dans lequel Athènes excelle, subit l'influence de Phidias. La sobriété, la gravité des scènes et l'extrême concision narrative rappellent le style de la décoration du Parthénon. Désormais parfaitement rendu, l'espace dissocie les plans et donne une impression de profondeur. Paradoxalement, peu de noms de potiers sont parvenus jusqu'à nous. Leur art achevé fait regretter la complète disparition de la peinture monumentale grecque dont il dérive, notamment celle de Polygnote de Thassos (v. 500-v. 440 av. J.-C.), l'un des artistes les plus en vue si l'on en croit les textes.

Le temps des philosophes

Cette époque lumineuse a laissé une abondante littérature. Le lyrisme épique cède la place au grand débat religieux sur le destin et la liberté de l'homme devant les dieux. Ce thème imprègne les odes lyriques de **Pindare** (518-438 av. J.-C.), qui immortalisent les athlètes vainqueurs aux jeux, et bien sûr les tragédies d'**Eschyle** (v. 525-456 av. J.-C.). La prose est le domaine des philosophes, d'abord des présocratiques (**Parménide**), puis des sophistes comme **Protagoras** ou **Gorgias**, dont la pensée apparaît dans les dialogues de Platon. Elle est aussi adoptée par **Hérodote**, puis par **Thucydide**, dont les œuvres attestent la conscience historique des Grecs.

À la fin du Vᵉ s., la littérature reflète une fissure dans les valeurs traditionnelles. Les grands dramaturges de cette époque, **Sophocle** et surtout **Euripide** (480-406 av. J.-C.), mettent maintenant l'accent sur la responsabilité de l'individu et sur l'absurdité de l'existence humaine.

Le néphos

Le cocktail chaleur et embouteillages est à l'origine de la fameuse **pollution** athénienne qui défraie régulièrement la chronique. Il faut dire que l'Attique compte plus de véhicules que d'habitants... Les autorités ont tout tenté contre le *néphos*, ce nuage ocre responsable de nombreuses hospitalisations et même de décès. D'abord en favorisant l'adoption du pot catalytique, ensuite en instaurant la **circulation alternée** (accès au centre interdit aux immatriculations paires un jour et impaires le lendemain). Rien n'y a fait. Au contraire, cette dernière mesure (qui ne concerne ni les véhicules étrangers ni les voitures de location) a poussé nombre d'Athéniens à acquérir une **seconde voiture**, souvent vétuste et donc encore plus polluante... La création d'un vaste **plateau piétonnier** reliant le Jardin national à l'Acropole et à l'Agora grecque, prévue pour 2004, devrait contraindre les Athéniens à prendre les nouvelles lignes de **métro** inaugurées entre 1999 et 2006 et le **futur tramway**. En attendant, ce grand chantier rend la circulation encore plus difficile... ❖

Athènes qui subit le joug successif des Francs, des Florentins et des Vénitiens. **Mehmet II**, vainqueur de Constantinople, accorde une certaine autonomie à la ville qu'il conquiert avec l'Attique, en 1456. Le Parthénon devient une mosquée et l'Érechthéion un harem. Athènes est alors de taille modeste, avec à peine 10 000 habitants. Elle vivote ainsi jusqu'au début du XIXe s. Seuls quelques artistes et écrivains voyageurs s'intéressent au sort de cette grande oubliée de l'histoire.

Athènes capitale

Athènes retrouve son **indépendance** au lendemain de la révolution de 1821 *(p. 64)*. Mais, dès 1823, des **troupes ottomanes** l'occupent à nouveau. Un général français, aux ordres du roi Othon *(p. 65)*, la reprend définitivement dix ans plus tard. Elle est promue au rang de capitale de la Grèce en 1834.

Othon de Bavière (1832-1862) fait construire des édifices de **style néoclassique** autour de la place Syndagma et confère à la cité un caractère germanique étonnant sous ces latitudes. Durant son règne, la population atteint 400 000 personnes. L'échec de l'expédition en Asie Mineure en 1921-1922 *(p. 67)* et l'arrivée des Grecs de l'Égée provoquent l'éclatement de la ville peuplée de près d'un demi-million d'habitants.

Occupée en 1941 par les **Allemands** et libérée en octobre 1944, Athènes est ensuite le théâtre d'affrontements entre partisans de la gauche et de la droite monarchiste. Afin de loger une population toujours plus nombreuse, des cubes de béton remplacent les vieilles maisons ou les demeures néoclassiques. Aujourd'hui, la tendance est au sauvetage du patrimoine, notamment la restauration des hôtels particuliers et le ravalement des façades du centre ancien. La ville profite aussi de la tenue des **Jeux olympiques de 2004** pour se moderniser, notamment grâce à la création d'un nouvel aéroport inauguré en 2001 et d'un vaste espace piétonnier qui s'étendra autour de l'Acropole.

➤ ***Plan du métro*** *p. 96.* ***Plan I*** *(plan d'ensemble) p. 98.* ***Plan II*** *(Agora-Syndagma) p. 100.* ***Plan III*** *(Omónia) p. 102.* ***Informations pratiques*** *p. 130.*

La ville néoclassique**

Le centre de l'activité économique, politique et sociale s'inscrit dans le triangle que forment les places **Syndagma I-C3**, **Omónia I-B2** et **Monastiráki I-B3**, avec des extensions vers le Musée national **I-C1**, le quartier de Kolonáki **I-D2** et les environs de l'hôtel Hilton **I-E3**.

C'est ici que les architectes du roi Othon ont donné libre cours à cette esthétique néoclassique d'inspiration bavaroise qui fait partie intégrante du paysage athénien.

La place Syndagma*

➤ **II-EF2 M°** *Syndagma.*

Le centre animé d'Athènes (place Syndagma, ou place de la Constitution) doit son nom à la première Constitution grecque, promulguée ici en 1843.

➤ **L'ancien palais royal II-F2.** Actuel siège du **Parlement**, il domine la place. Érigé entre 1836 et 1842, ce bâtiment est l'un des meilleurs exemples de ce style sévère et grandiose qui bouleversa le visage de la ville, au lendemain de l'indépendance. La **tombe du Soldat inconnu**, au pied du monument – copie d'un bas-relief provenant d'Égine –, est gardée en permanence par des *evzones* (« les soldats à la belle ceinture »), dont la relève *(vers 15 h et à 3 h du matin)* est un spectacle attendu par des centaines de touristes. En contrebas s'étend la place proprement dite, bordée par l'hôtel Grande-Bretagne (1843).

➤ **Le Jardin national* II-F2-3.** *À dr. du Parlement.* Les Athéniens viennent se promener en famille dans cet îlot de verdure. Par ses allées capricieuses, on rejoint le **Zappéion II-F3**, bâtiment néoclassique intéressant (1878), utilisé comme **palais des Expositions**.

➤ **Le stade I-D4.** *Après le Zappéion.* Construit à l'emplacement de celui de Lycurgue en 330 av. J.-C. Rebâti selon les indications de Pausanias, il a servi de cadre aux premiers **Jeux olympiques de 1896**. Aujourd'hui, l'endroit paraît un peu morne et abandonné.

De Syndagma à Omónia

➤ **I-BC2-3 M°** *Syndagma et Panépistimio.*

Deux grands boulevards chic, Stadiou et Panépistimiou, relient ces deux places.

➤ **Le Musée historique national II-E1.** *Par Stadiou. 13, place Kolokotroni ☎ 010.323.76.17.* **M°** *Syndagma. Ouv. t.l.j. sf lun. de 9 h à 14 h. Payant sf le dim.* Ce bâtiment de l'ancien Parlement est l'œuvre de l'architecte français **Boulanger** (1871). Le musée retrace l'**histoire de la Grèce**, de la domination ottomane à la Seconde Guerre mondiale, à travers des tableaux, des costumes et une collection d'armes anciennes.

➤ **Le musée de la ville d'Athènes III-D4.** *En continuant Stadiou. 7, Paparigopoulou (ou Pl. Klathmonos) ☎ 010.324.61.64.* **M°** *Panépistimio. Ouv. de 9h30 à 15 h. F. mar. et jeu. (dim. en juil.-août). Payant.* Installé dans l'**ancien palais d'Othon**, ce musée est consacré à la **vie quotidienne** à Athènes, au lendemain de l'indépendance. La rue Koraï conduit ensuite sur Panépistimiou et jusqu'à l'**ensemble architectural** que

➤ *Suite du texte p. 100.*

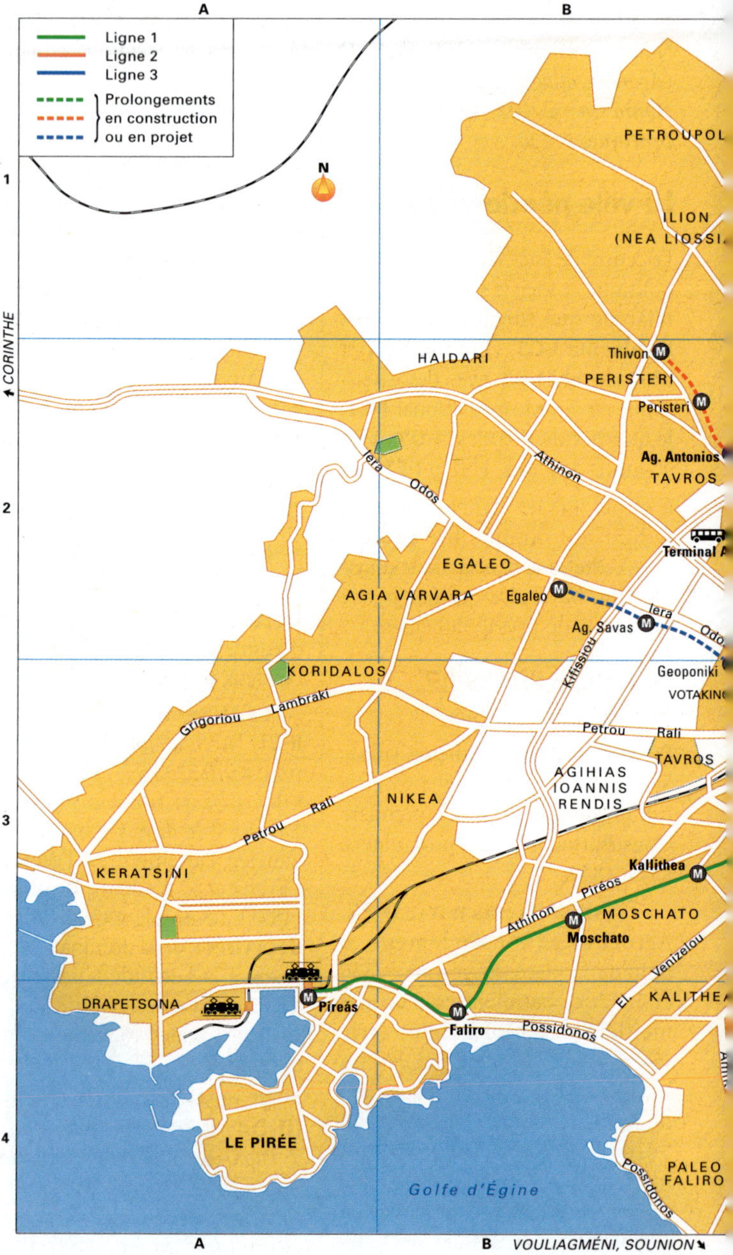

ATHÈNES, PLAN DU MÉTRO

La ligne la plus ancienne du métro athénien est la ligne N/S **Kifissia-Pireás**. Les deux autres lignes ont été mises en service fin 1999. La ligne N-O/S-E a pour terminus actuels **Ag. Antonios** et **Dafní**. Des extensions sont prévues, notamment vers Glifáda au S-E en 2004. Sur la ligne O/N-E

(**Syndagma-Ethniki Amyna**), l'achèvement de la jonction entre les stations **Syndagma** et **Monastiráki** est prévue pour la fin 2002. Cette ligne devrait être prolongée en 2004-2006 jusqu'à l'aéroport **Elefthérios Venizélos** (de Spáta) à 15 km à l'E d'Athènes). Voir aussi p. 131.

ATHÈNES I, PLAN D'ENSEMBLE

Avec ses larges artères se coupant à angle droit, Athènes est une ville où l'on se perd difficilement. Partout, le nom des rues est indiqué en caractères grecs et latins.

La **place Syndagma I-C3**, carrefour obligé vers les principaux points d'intérêt (le Musée national **I-C1**, le quartier de Kolonáki **I-D2** et les

autres musées à l'est **I-DE3**, les sites antiques et Pláka **I-ABC3-4**), est le point de repère essentiel où l'on revient souvent.

Enfin les deux « montagnes » qui surgissent de la ville sont d'excellents moyens de s'orienter : le **mont Lycabette I-DE2** à l'est, l'**Acropole I-B3** au sud-ouest.

ATHÈNES II, AGORA-SYNDAGMA

forment l'**Académie** (1885), l'**Université** (1842) et la **Bibliothèque nationale** (1891). Ces trois bâtiments en marbre pentélique *(p. 289)* ont été dessinés par Th. et C. Hansen, maîtres du **néoclassicisme** grec.

La place Omónia

➤ **III-C2 M°** *Omónia.*

Plusieurs bâtiments bordant ce carrefour bruyant ont fait l'objet d'une rénovation très réussie. L'ambiance s'est désormais bien

assagie dans ce qui constituait autrefois le cœur de l'Athènes populaire, sauf au moment de la sortie du bureau, quand les foules se mélangent aux vendeurs de billets de loterie et de *koulourias* (sorte de croissants annulaires empilés sur des chariots). Le quartier a gardé toute sa saveur dans la proche **Athinas III-C3** et dans les ruelles piétonnières du nord de la place, où fourmillent les petits restaurants et les snacks bon marché.

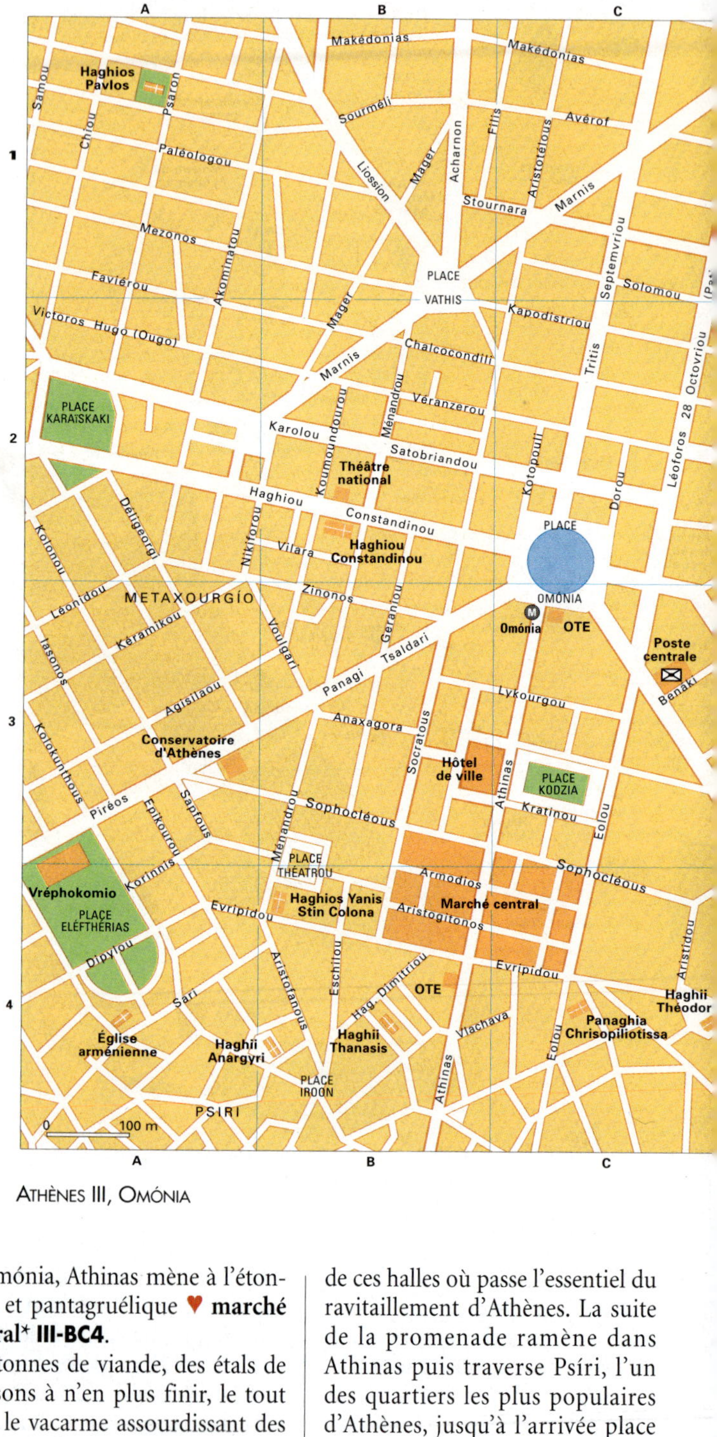

ATHÈNES III, OMÓNIA

D'Omónia, Athinas mène à l'étonnant et pantagruélique ♥ **marché central* III-BC4**.

Des tonnes de viande, des étals de poissons à n'en plus finir, le tout dans le vacarme assourdissant des vendeurs à la criée, voilà l'ambiance de ces halles où passe l'essentiel du ravitaillement d'Athènes. La suite de la promenade ramène dans Athinas puis traverse Psíri, l'un des quartiers les plus populaires d'Athènes, jusqu'à l'arrivée place Monastiráki.

♥ La place Monastiráki

➤ II-C2 M° *Monastiráki.*

Porte ouverte sur l'Acropole, Monastiráki ressemble à un faubourg oriental : petites échoppes qui proposent de tout, ferrailleurs, vendeurs de meubles d'occasion, etc. Le **marché aux puces** *(le dim. de 6h à 14h30)* attire des touristes, mais la véritable atmosphère du quartier se trouve ♥ **place Avissinias II-B1**, où les brocanteurs déballent toute une vie sur le trottoir.

Pláka, vieux quartier d'Athènes célèbre pour ses nombreuses tavernes, est à deux pas de Monastiráki. On pourra y faire un tour pour déjeuner.

De Monastiráki à Syndagma

➤ **II-CDE2 M°** *Monastiráki ou Syndagma.*

En revenant vers Syndagma par les rues Ermou ou Ploutonos/Mitropoléos, vous remarquerez qu'Athènes redevient progressivement une ville européenne et luxueuse.

➤ **KAPNIKAREA II-D2**. *À mi-chemin. Rue Kapnikareas.* L'**Université** d'Athènes célèbre ses cérémonies officielles dans cette église byzantine du XIIe s.

➤ **LA PETITE MÉTROPOLE* II-D2**. *Par la dr., jusqu'à la rue Ploutonos et la pl. Mitropoléos.* Là s'élèvent la **cathédrale** (1855) et cette **église byzantine** (XIIe s.) qui présente, sur la frise de sa façade, un calendrier antique du IVe s. av. J.-C., illustré de scènes en rapport avec les mois de l'année. La rue Mitropoléos, bordée de nombreuses boutiques d'artisanat, conduit ensuite à Syndagma. Si vous préférez l'animation, prenez plutôt la rue Ermou, où pullulent les enseignes franchisées.

L'avenue Vasilisis Sophias et le mont Lycabette

➤ **I-DE2-3** *Au départ de Syndagma* **I-C3**, *prendre Vasilisis Sophias que bordent d'anciens hôtels particuliers (ambassades).* **M°** *Syndagma, Evangelismos et Panépistimio.*

Cette promenade débute avec la visite de trois intéressants musées de Vasilisis Sophias. Elle se poursuit dans l'univers « nouveau riche » de Kolonáki puis dans le monde jeune et branché d'Exarhia. Inutile de chercher du pittoresque : ici, Athènes se montre résolument européenne. Attention, la balade est à réaliser le matin, de préférence du mercredi au samedi lorsque les musées sont ouverts.

Le musée Benáki**

➤ **I-D3** *1, Koumbari (angle Vasilisis Sophias)* ☎ *010.367.10.00.* **M°** *Syndagma. Ouv. t.l.j. sf mar. de 9h à 17h (jusqu'à 0h le jeu. et 15h le dim.). Payant sf le jeu.*

Acquis par la riche famille Benáki au début du XXe s., cet hôtel particulier **néoclassique** fut transformé en musée dans les années 1930. Les collections, présentées de manière moderne et attractive, reflètent les goûts éclectiques d'Antoine Benáki (1873-1954), aristocrate et infatigable collectionneur d'objets d'art. Au rez-de-chaussée sont présentés des poteries antiques de toutes les époques, des bijoux byzantins et un magnifique ensemble d'**icônes byzantines****, où dominent les œuvres de Yannis Ritzos (1421-1492) et une *Adoration des Mages* du Greco (1541-1614). Le 1er étage, consacré à la période de la domination ottomane, est aussi enthousiasmant : salle d'**icônes postbyzantines***, reconstitutions d'**intérieurs traditionnels****, etc. Les 2e et 3e étages évoquent l'Hellade à la veille de l'indépendance et la formation de l'État grec moderne.

♥ Le musée d'Art cycladique**

➤ **I-D3** *4, Néofitou Douka ☎ 010. 722.83.21.* **M°** *Evangelismos ou Syndagma. Ouv. de 10h à 16h (15h le sam.). F. dim. et mar. Payant.*

Ce musée moderne (1987), ou fondation Goulandris, se consacre essentiellement à l'art des IVe et IIIe millénaires av. J.-C., c'est-à-dire aux créations des **Cyclades** *(p. 47)*. Ces idoles aux formes épurées sont plus nombreuses qu'au Musée national, et présentées de manière plus attrayante et instructive. Tous les styles (plus ou moins incisés et stylisés) et toutes les dimensions (jusqu'à 140 cm) y figurent. Le 2e étage abrite des **céramiques** et des **bronzes** allant de l'époque minoenne à l'âge classique. Le 3e étage accueille des expositions temporaires.

Près de la cafétéria, un couloir donne accès au bâtiment néoclassique récemment restauré donnant sur le boulevard Vasilisis Sophias. À l'étage sont présentées les passionnantes trouvailles faites à l'occasion du chantier des nouvelles lignes de métro. On y verra une fascinante **tête en bronze*** datant de la fin de la période archaïque (vers 480 av. J.-C.). Avant de partir, jetez un coup d'œil à la boutique qui propose de bonnes reproductions d'idoles et de bijoux.

Les statuettes cycladiques, toujours en marbre, appartiennent à l'art funéraire. Substituts à des sacrifices humains, représentations de « concubines », images du défunt ou idoles divines, personne ne s'accorde sur leur fonction.

Le Musée byzantin**

➤ **I-D3** *22, Vasilisis Sophias ☎ 010.723.15.70.* **M°** *Evangelismos. Ouv. t.l.j. sf lun. de 8h30 à 15h. Payant.*

Les collections de ce musée, installé dans une jolie villa du XIXe s., offrent un aperçu complet de l'art byzantin: architecture, orfèvrerie, tissus, fresques et surtout icônes. Une extension est prévue mais les travaux n'avancent pas vite…

Dans les trois salles du **rez-de-chaussée** ont été reconstitués **trois grands types d'églises**: une basilique paléochrétienne (Ve-VIe s.); un édifice à coupole sur croix grecque (XIe s.); un sanctuaire postbyzantin (XVIIe-XVIIIe s.). Chaque intérieur fait appel à des éléments de décoration provenant d'édifices détruits ou de champs de fouilles.

L'**étage supérieur**, accessible par l'escalier situé sous le portique, présente une extraordinaire série de **fresques***, d'ivoires, de bronzes, de vêtements liturgiques et surtout d'**icônes****. Parmi celles-ci, citons les œuvres du XIVe s. comme la *Panaghia Glicofiloussa* (la *Vierge au doux baiser*), une touchante composition en mosaïque, l'*Archange Michel* tenant la sphère céleste dans sa main, ainsi que la pathétique *Crucifixion* où la perspective est déjà présente; remarquez le visage, au traitement très anguleux.

Dans la **cour**, une aile présente d'intéressantes expositions temporaires.

Le musée de la Guerre

➤ **I-D3** *Près du Musée byzantin. ☎ 010.725.29.75.* **M°** *Evangelismos. Ouv. t.l.j. sf lun. de 9h à 14 h. Entrée libre.*

Pour les passionnés d'histoire grecque. Il évoque l'histoire de la Grèce, de l'Antiquité à la Seconde Guerre mondiale, à travers des moulages de frontons de temples, des armes anciennes, des maquettes de bateaux; riche ensemble de gravures sur la guerre d'indépendance.

La Pinacothèque nationale

➤ **I-E3** *50, Vasiléos Constandinou. Près de l'hôtel Hilton. ☎ 010.723.58.57.* **M°** *Evangelismos. Ouv. t.l.j. sf mar. de 9h à 15h, dim. de 10h à 14 h. Payant.*

Ce lieu présente des expositions temporaires. En dehors de quelques œuvres d'artistes étrangers (Delacroix, Rosalba Carriera, Luca Giordano, Jordaens, Fantin-Latour, etc.) et de toiles du Greco (***Le Concert des Anges****), les collections permanentes permettront de se familiariser avec la sculpture et la peinture en Grèce aux XIXe-XXe s.

De là, revenir en arrière jusqu'au musée Benáki et prendre à droite jusqu'à la **place Filikis Eterias I-D3**, au cœur de Kolonáki.

Le quartier de Kolonáki

I-D2-3 Boutiques de prêt-à-porter, créateurs, galeries d'art, magasins de décoration, hommes en costume impeccable et filles habillées à la dernière mode, tout cela s'est donné rendez-vous au bas du Lycabette (Likavitós), dans le quartier de Kolonáki. L'idéal, pour profiter au mieux du spectacle qu'offrent la bourgeoisie athénienne et sa frénésie consumériste, est de boire un verre à l'une des terrasses de café de la **place Eterias** (cher!). Ceux que rebute cet univers superficiel se replieront sur la plus tranquille **place Dexameni**, en allant vers le Lycabette.

Le mont Lycabette

➤ **I-E2 M°** *Evangelismos ou Panépistimio. ☎ 010.72.27.065. Accès par le funiculaire, t.l.j. de 10h à 2h du matin.*

Le mont Lycabette est un gros rocher qu'Athéna aurait laissé choir en allant à l'Acropole. Le **panorama**** est assez grandiose : il s'étend sur l'ensemble de la ville et sa banlieue, Le Pirée et la mer. Le soir, la vue de la cité illuminée est fabuleuse.

La descente vers la place Syndagma **I-C3** peut s'effectuer à pied sans problème. Elle permet de faire un peu de lèche-vitrines.

En se dirigeant vers le nord, on traverse les quartiers de **Neápoli** et d'**Exarhia I-CD2** pour relier le Musée national **I-C1**. La balade, assez longue *(prendre un taxi)*, dévoile des visages peu connus d'Athènes, ville jeune, universitaire et très animée en soirée (place Exarhia).

Le Musée national archéologique***

➤ **I-C1** *44, Patission ☎ 010.821. 77.17.* **M°** *Omónia ou Victoria.*

➤ ***Plan du musée** p. 108.*

> Le musée est ***intégralement fermé pour rénovation complète*** (réouverture prévue en avril 2004). Le descriptif qui suit est donc donné sous toutes réserves.

Cette visite constitue, avec celle de l'Acropole, l'un des grands moments du séjour à Athènes. Étant donné l'importance des collections et la multitude des chefs-d'œuvre, il est difficile de tout voir en une seule fois. Si possible, il faut revenir à plusieurs reprises.

La description qui suit n'est bien sûr pas exhaustive, mais son but est d'indiquer les plus belles pièces.

Le rez-de-chaussée

➤ **LA SALLE MYCÉNIENNE** (XVIe-XIe s. av. J.-C.). **La salle 4** *(en face du hall)* regroupe les plus beaux chefs-d'œuvre trouvés à Mycènes par l'archéologue Schliemann *(encadré p. 151)* et ses successeurs : le **masque d'Agamemnon*****, les **rhytons***** (vases en forme de têtes de taureau) et les **gobelets de Vaphio*****. Les fresques de Mycènes présentent un graphisme d'une rare délicatesse, dont la ***Mycénienne******, pensive depuis le XIIIe s. av. J.-C.

➤ **LES SALLES 5 ET 6**. De part et d'autre de la salle mycénienne, les deux salles parallèles sont consacrées à la **préhistoire**. Elles présentent respectivement des poteries du néolithique, ainsi que des idoles et des céramiques des Cyclades *(**Joueur de harpe****, **Idole d'Amorgos****, **Joueur de flûte****)*.

➤ **LES SALLES 7 À 13 : LA SCULPTURE ARCHAÏQUE** (VIIe-Ve s. av. J.-C.). Elles présentent les origines et l'évolution de la plastique monumentale grecque, depuis la raideur de l'*Artémis de Nicandra* (v. 650 ; salle 7), jusqu'aux ***Kouros de Kroisos ou d'Aristodikos***** (v. 530 ; salle 13) qui appartiennent presque à l'art classique par leur liberté de mouvement. Il faut s'attarder devant la *Tête du Dipylon* (v. 610 ; salle 8), le *Kouros de Sounion* (v. 600 ; salle 8) encore très géométrique, les *kouroï* et *korês* des salles 9 et 10, tous admirables *(accès depuis la salle 8)*.

➤ **LA SALLE 14**. Elle contient des stèles de l'**époque sévère** (début Ve s. av. J.-C., *p. 51*), temps marqué par le retour à l'austérité correspondant à la fin des guerres médiques

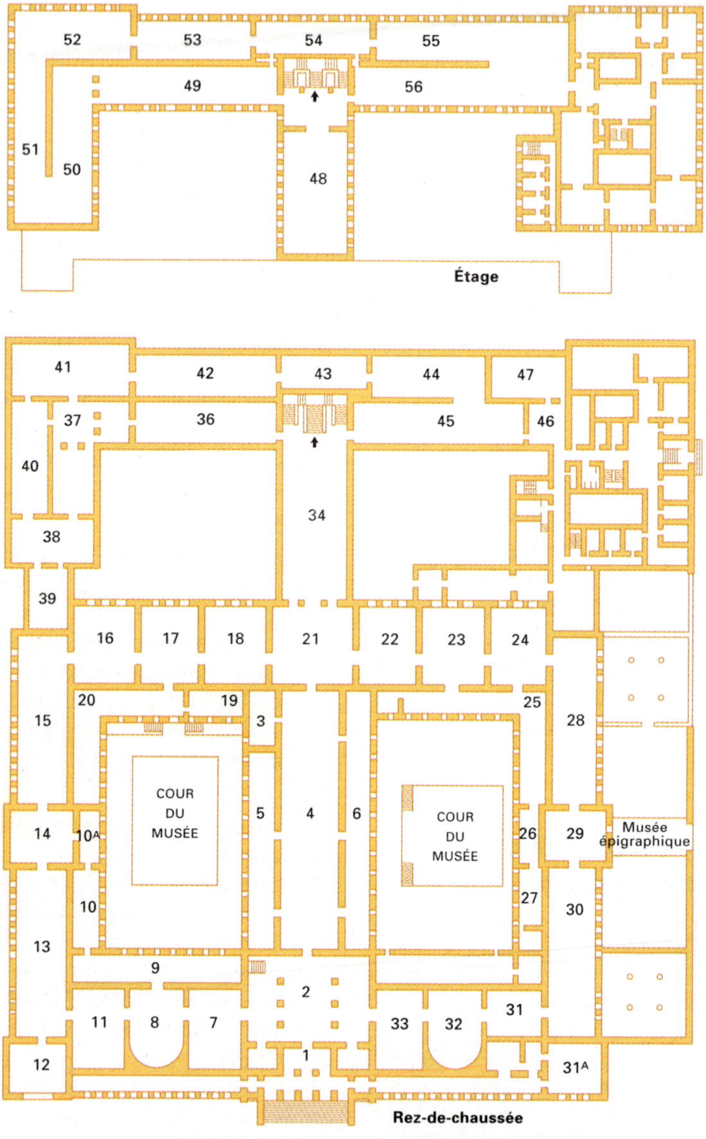

ATHÈNES, MUSÉE NATIONAL ARCHÉOLOGIQUE

➤ **LES SALLES 15 À 28 : LA SCULPTURE CLASSIQUE.** Il est difficile d'effectuer une sélection tant les collections sont riches (Ve-IVe s. av. J.-C.). **Salle 15** : statue en bronze de **Poséidon***** (v. 460), retrouvée en mer au large du cap d'Artémision, sans doute l'une des œuvres les plus achevées dans le rendu du mouvement ; le bas-relief de l'***Initiation d'Éleusis***** (v. 440) montre Déméter remettant les épis au jeune Triptolème qu'accompagne Perséphone. **Salle 16** : fragment de **stèle funéraire**** (n° 715) figurant un jeune homme et un petit esclave (v. 430), où le naturalisme prend le dessus. **Salle 18** : **stèle d'Hégéso*****

Poséidon est représenté comme un athlète. Il ne lui manque que son trident (attribut traditionnel du dieu de la mer) et l'ivoire incrusté à l'origine dans ses orbites. (Musée national archéologique d'Athènes, bronze, v. 460 av. J.-C.)

(v. 410-400), dont l'expression douloureuse est peut-être à mettre en rapport avec une société meurtrie par la guerre du Péloponnèse. **Salle 21** : salle dite du Diadumène en raison de la présence d'une belle copie de l'œuvre de Polyclète l'Ancien. À voir : **le cheval et le jockey de l'Artémision*****, original en bronze hellénistique (IIe s. av. J.-C.), ainsi que l'***Hermès d'Andros*****, copie d'un original attribué à Praxitèle. **Salle 28** : salle de l'***Éphèbe d'Ancythère*****; si on ne sait pas qui le bronzier a voulu représenter, le rythme, la légèreté, le modelé de cette belle statue en font un exemple parfait de l'art plus souple du milieu du IVe s. Ne pas oublier la ***Tête de la déesse Hygie***** (v. 340 av. J.-C.).

➤ **Les salles 29 et 30 : la sculpture hellénistique.** Elle couvre les IIIe et IIe s. av. J.-C. La ***Tête d'homme***** et le stupéfiant ***Philosophe d'Ancytère***** sont significatifs de l'art hellénistique qui cherche à décrire des individus et à en fouiller la psychologie (salle 30). Revenir à la salle 21 puis se diriger vers les escaliers.

➤ **Les salles 36 et 37**. *À g. des escaliers.* Ces salles sont consacrées aux **statuettes en bronze**** de diverses époques, dont la visite demande beaucoup de temps en raison du nombre des œuvres.

➤ **Les salles 40 à 42.** Elles présentent d'intéressantes antiquités égyptiennes : **portraits funéraires coptes*** (IVe s. av. J.-C.), **statue de la princesse Takushit**** (715 av. J.-C.), ***Homme agenouillé**** (2465-2325 av. J.-C.), **barque funéraire*** (1994-1782 av. J.-C.). Au centre de la salle 42, est exposé l'étincelant **trésor de Carpenisi*** (IIIe-IIe av. J.-C.).

Le premier étage

➤ **La salle 48**. Les **fresques de Théra*****, exhumées à Théra (Santorin), suscitent l'admiration et étonnent par leur fraîcheur et leur spontanéité. Pourtant, elles datent du XVIe s. av. J.-C. ! Il faut s'attarder devant la ***Fresque du pêcheur******, l'***Expédition navale******, le ***Printemps***** , les ***Antilopes***** et la ***Maison des Dames******, où la délicatesse de l'art minoen s'exprime pleinement. Ces fresques ont été miraculeusement épargnées par le séisme de 1999.

➤ **Les salles 49 à 55**. L'extraordinaire collection de **céramiques**** (VIIIe-IVe s. av. J.-C.) était autrefois entassée dans des vitrines poussiéreuses. Le tremblement de terre de 1999 ayant occasionné beaucoup de dégâts, on espère que ce triste événement aura une issue heureuse, à savoir une présentation plus attractive… Les collections sont d'une richesse inépuisable. Remarquez surtout les **cratères géométriques***, l'**amphore de Nessos**** et le somptueux ensemble de **lécythes***** à fond blanc.

Après la visite

Avant de quitter le musée, on peut se restaurer dans l'agréable (et assez onéreuse) **cafétéria**, située au sous-sol du musée, près de la cour intérieure plantée d'oliviers et d'orangers. La visite de la **boutique de reproductions** s'impose. Pour revenir vers le centre et Syndagma, passez par **Omónia I-B2** ou, ce qui est plus agréable, empruntez les rues Tossitsa et Arachovis qui conduisent dans le quartier étudiant d'Exarhia **I-C2**.

♥ La ville ancienne

Plan II Ici, le temps a laissé les marques d'époques à la fois glorieuses et douloureuses. Les vestiges de l'**Antiquité** classique ou romaine se conjuguent pêle-mêle avec les souvenirs de l'époque **byzantine** ou de l'occupant turc. La promenade commence dans l'**Athènes romaine** et l'**Olympieion**, à deux pas de Syndagma, pour s'achever dans le **cimetière du Céramique**. Elle traverse l'incontournable quartier de **Pláka**.

L'Olympieion*

➤ **II-E4** ☎ *010.922.63.30.* **M°** *Akropoli. Ouv. t.l.j. de 8 h à 19 h. Payant.*

Le plus grand **temple** dédié au **Zeus** olympien dresse fièrement quinze de ses impressionnantes colonnes corinthiennes. Sa construction débuta en 515 av. J.-C., mais ne s'acheva que sous Hadrien (en 132 apr. J.-C.)… Les proportions **colossales** de l'ensemble, toujours visibles, justifient le délai !

La porte d'Hadrien*

➤ **II-E4 M°** *Akropoli.*

Elle séparait la ville grecque de la **ville romaine**. Élevé par Hadrien, ce monument évoque les arcs de triomphe romains, mais en plus modeste.

♥ Pláka**

➤ **II-CDE2-3 M°** *Akropoli, Syndagma ou Monastiráki.*

Ce quartier s'étend de l'autre côté de l'avenue Amalias. Il est préférable de le visiter le matin, lorsqu'il est encore embrumé des festivités de la veille et qu'il retrouve son charme villageois. Donner un itinéraire précis est difficile, Pláka étant par essence un lieu de **flânerie**.

Des édifices méritent une mention particulière : **Haghia Ekatérini** (XIIIe s.), le **monument de Lysicrate***, édifice en forme de rotonde élevé par le chorège Lysicrate pour fêter sa victoire aux concours théâtraux de 335 av. J.-C., **Haghios Nicolaos*** (XIe s.) et, au bas de l'Acropole, la ravissante **église de la Métamorphosis*** (Métamorphossi) du XIVe s.

La rue Klepsidras descend vers la rue Eolou et atteint le vaste champ de ruines de l'**Agora romaine* II-C2** (**M°** *Monastiráki* ☎ *010.324.52.20. Ouv. t.l.j. sf lun. de 8 h à 19 h. Payant*). Ce site est dominé par la mosquée de Fethiye, où loge un petit **musée de la Céramique populaire** (*1, Areos* ☎ *010.324.20.66. Ouv. irrégulière. Payant.*) et par la **tour des Vents*** (Ier s. av. J.-C.), horloge à eau dont le nom provient de sa décoration.

Pláka doit son charme à ses ruelles pentues bordées de maisons fleuries qui épousent les irrégularités du terrain.

Au-delà, en direction de Monastiráki, se dressent la **bibliothèque d'Hadrien**, qui ne se visite pas, avec ses propylées *(p. 117)* corinthiens édifiés en 132, et la **mosquée Tisdarakis**.

Les musées de Pláka

Pláka fourmille de musées intéressants. Voici les indispensables.

➤ **Le Musée juif*** **II-E3** *39, Nikis ☎ 010.322.55.82.* **M°** *Syndagma. Ouv. du lun. au ven. de 9 h à 14h30, dim. de 10 h à 14 h. Payant.* Il retrace l'histoire des juifs de Grèce, celle des **romaniotes** (installés à l'époque de l'Empire byzantin) et celle des **séfarades** (venus d'Espagne et du Portugal après leur expulsion par les Rois catholiques). Belle collection d'objets liturgiques.

➤ **Le musée d'Art populaire grec*** **II-E3** *17, Kidathinéon ☎ 010.321.30.18.* **M°** *Syndagma. Ouv. t.l.j. sf lun. de 10h à 14 h. Payant.* Costumes traditionnels, objets domestiques, figurines en cuir et surtout très riche collection de **broderies**.

➤ **Le centre d'Art et Traditions populaires** **II-D3** *6, Hatzimihali ☎ 010.324.39.87.* **M°** *Syndagma. Ouv. du mar. au ven. de 9h à 13h et de 17h à 21h, sam. et dim. de 9h à 13 h. Entrée libre.* Installé dans

Le berceau de la démocratie

Dans l'antiquité et au temps de Périclès en particulier, le centre politique et économique d'Athènes était l'**Agora** (« assemblée » en grec).

Chaque jour, les citoyens légiféraient au **Bouleutérion** *(p. 289)*. Les textes et les lois, consignés par écrit, étaient conservés dans les **Archives**. On y venait de partout discuter des problèmes de la cité, à l'ombre des portiques, faire son marché ou célébrer les fêtes religieuses : c'était le point de départ de la procession des Grandes Panathénées vers l'Acropole. ❖

une maison ancienne, il présente des **broderies**, des **costumes** régionaux et quelques **instruments de musique**.

➤ **LE MUSÉE KANELLOPOULOS II-C3** *Angle Théorias et Panos* ☎ *010. 321.23.13.* **M°** *Monastiráki. Ouv. t.l.j. sf lun. de 8 h à 17 h. Payant.* **Céramiques** et bustes antiques, bijoux et **icônes byzantines** dans une vieille demeure du XIXe s.

➤ **LE MUSÉE DES INSTRUMENTS DE MUSIQUE POPULAIRE* II-D2** *1-3, Diogenous* **M°** *Monastiráki.* ☎ *010. 325.01.98. Ouv. t.l.j. sf lun. de 10 h à 14 h, mer. de 12 h à 18h. Entrée libre.* Vieille demeure du XIXe s. proche de la tour des Vents. Collection d'instruments traditionnels (possibilité d'écoute).

➤ **LE MUSÉE FRISSIRAS** (musée d'Art contemporain européen) **II-E3** *3-7, Monis Asteriou* ☎ *010. 323.46.78.* **M°** *Syndagma. Ouv. du mer. au ven. de 11 h à 19h, sam. et dim. de 10 h à 15 h. Payant.* La collection Frissiras, qui occupe deux demeures néoclassiques du XIXe s., comprend plus de 3 000 œuvres ayant comme thème principal le corps humain dans toutes ses expressions.

♥ L'Agora grecque*

➤ **II-B2** *Accès rue Adrianou* ☎ *010. 321.01.85.* **M°** *Thissio. Ouv. t.l.j. de 8 h à 19 h (lun. de 11 h à 19 h). Payant (avec musée).*

La **démocratie** naquit sur ces ruines, qui gisent éparses au pied de l'Acropole. Les édifices, hormis le Théseion et le portique d'Attale, sont réduits à leurs fondations. Des pins, des oliviers et des cyprès ajoutent un peu de poésie à cet endroit émouvant.

Après l'entrée, un sentier à droite longe le temple d'Arès et monte vers le **Théseion****, ou plutôt l'**Héphaïstéion** si l'on considère sa dédicace au dieu du Feu (Héphaïstos). Le monument dorique (449-444 av. J.-C., *voir p. 148*) impressionne par son état de conservation. Presque intact, il ne manque que ses sculptures sur le fronton. La **frise** représente les exploits d'Héraclès et de Thésée.

En continuant le sentier, on accède à un **belvédère** qui offre une belle **vue*** d'ensemble de l'Agora : au centre, l'**odéon d'Agrippa** (15 av. J.-C.), orné de statues de tritons et d'un homme serpent ; à droite, le **Bouleutérion** *(encadré ci-dessus)*, le **Prytanée** (ou tholos, le foyer de la cité) ; en arrière-plan, le **gymnase** puis les portiques ; en toile de fond, la colline de l'Aréopage (conseil jugeant les criminels). En face se dessine la silhouette blanche du **portique d'Attale II** (musée de l'Agora), roi de Pergame de 159 à 138 av. J.-C., reconstruit

L'Acropole, un lieu magique à voir et à revoir. Le Rocher sacré prend des couleurs fantastiques au coucher du soleil.

par l'École américaine d'archéologie dans les années 1950. Il abrite les objets trouvés lors des fouilles du site (surtout des céramiques) et quelques mosaïques.

En sortant de l'Agora, on traverse le **marché aux puces** avant de retrouver la rue Ermou, qui conduit au cimetière du Céramique.

♥ Le cimetière du Céramique*

➤ **II-A1** *148, Ermou ☎ 010.346.35.52.* **M°** *Thissio. Ouv. t.l.j. de 7h30 à 19 h. Payant.*

C'est là, hors les murs comme le voulait la tradition de l'Antiquité, qu'étaient inhumés les riches citoyens et les hommes illustres que la cité voulait honorer. L'endroit, parsemé de **stèles** (copies et originaux) envahies par la végétation, est infiniment romantique. Les pierres tombales sont souvent splendides: elles reflètent les rivalités des familles athéniennes qui souhaitaient donner à leurs morts la plus belle sépulture. Un petit musée attenant présente le résultat des fouilles. Pour revenir vers le centre, le plus rapide est de prendre le métro qui conduit en quelques minutes à Syndagma.

L'Acropole***

➤ **I-B3** ☎ *010.321.02.19 (site) ou 01.323.66.65 (musée).* **M°** *Akropoli (très loin) ou Thissio (prendre la voie piétonnière qui longe l'Agora). Billetterie en contrebas (fléchage). Billet jumelé site et musée. En haute saison, ouv. t.l.j. de 7h à 20 h (attention, horaires soumis à variations saisonnières, voir* ℹ *p. 130).*

➤ ***Plan** p. 114.*

On ne présente plus l'Acropole, l'un des hauts lieux de l'humanité et le plus bel ensemble architectural que nous ait légué une brillante civilisation à son apogée. On espère que les conditions de sa visite seront optimales (ce n'est pas toujours le cas en raison de l'affluence). Pour forcer le destin, visitez le Rocher sacré dès l'ouverture, avant l'arrivée

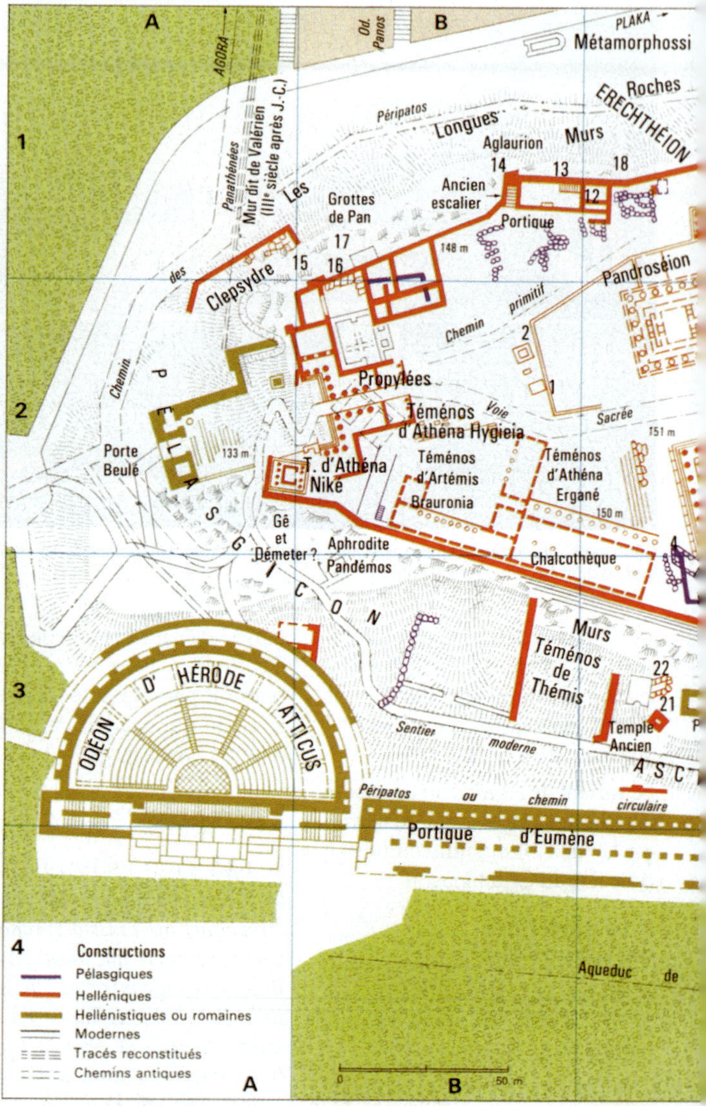

ATHÈNES, L'ACROPOLE

des touristes, ou en fin de journée: les groupes sont repartis et le soleil couchant prête des teintes de rêve au Parthénon. L'entrée principale se trouve porte Beulé **A2**.

LE TOIT DE LA VILLE

À l'origine, le rôle de l'Acropole était défensif et non religieux. Chaque ville mycénienne possédait ce type de nid d'aigle, utile pour se replier en cas d'attaque. Athènes ne dérogea pas à la règle et éleva une **forteresse** sur ce rocher naturellement fortifié, endroit le plus haut de la ville qu'il surplombe d'une centaine de mètres. Le changement de vocation intervint à l'époque archaïque, lorsque l'Acropole devint un lieu de culte.

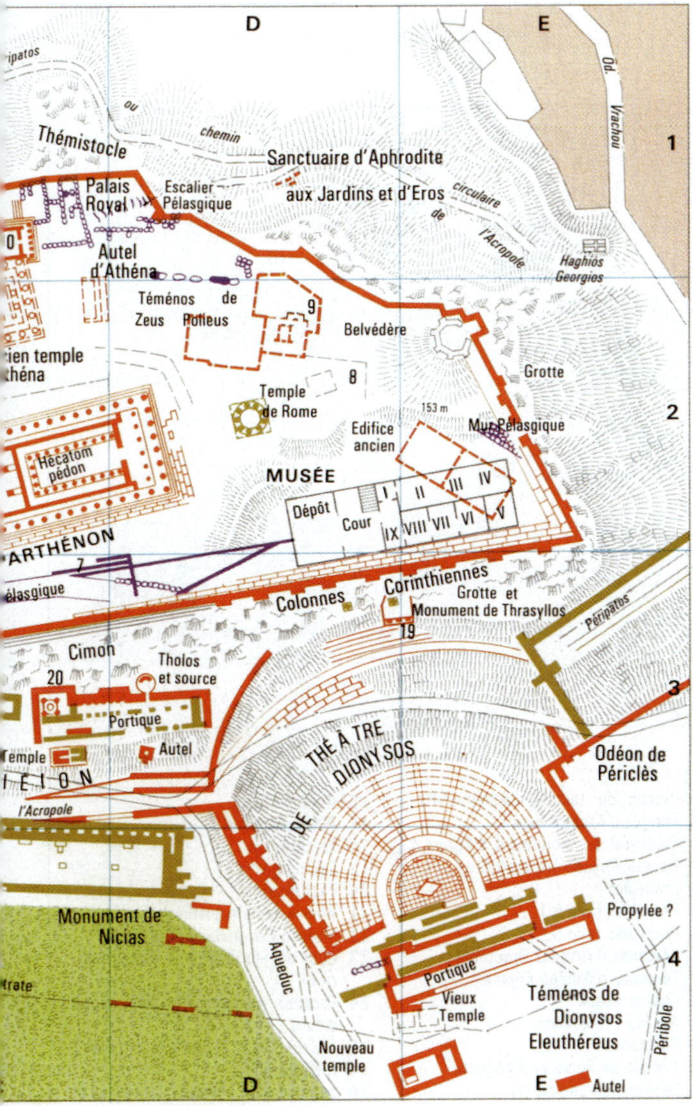

L'Acropole dans l'histoire

La décision de rebâtir l'Acropole, incendiée par les Perses en 480 av. J.-C., fut prise par **Périclès** au lendemain de la signature du traité de paix avec la Perse (448). On édifia d'abord le Parthénon (447-432), puis les Propylées (438-432, *p. 51*). La guerre du Péloponnèse ralentit l'activité des centaines de maçons et d'ouvriers mais n'empêcha pas l'achèvement du temple d'Athéna Niké (415) et de l'Érechthéion (421-406).

L'aspect général de l'Acropole demeura inchangé jusqu'au début du XIXe s. Certes, le Parthénon avait été transformé en église, puis en

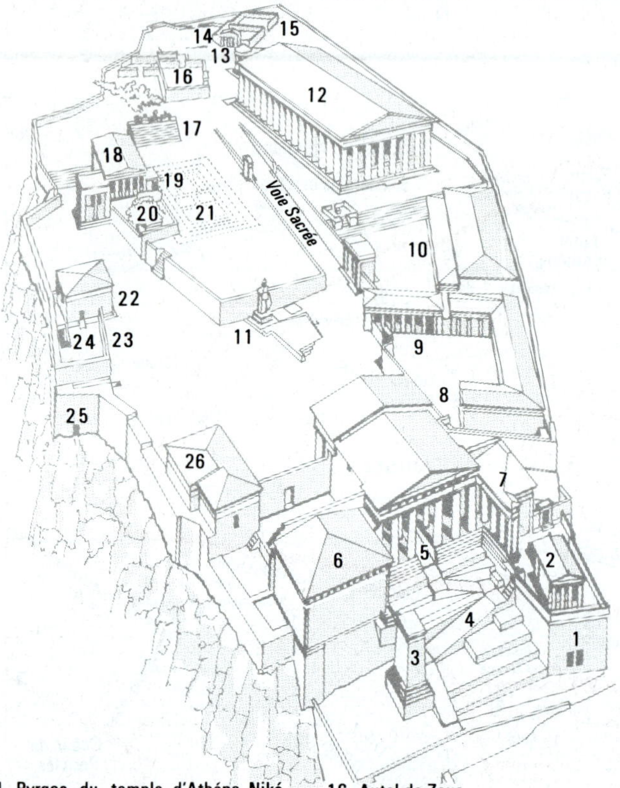

1 Pyrgos du temple d'Athéna Niké
2 Temple d'Athéna Niké
3 Piédestal du monument d'Agrippa
4 Rampe d'accès aux propylées
5 Propylées
6 Propylées (aile N.)
7 Propylées (aile S.)
8 Téménos d'Artémis Brauronia
9 Téménos d'Athéna Erganè
10 Chalcothèque
11 Athéna Promachos
12 Parthénon
13 Temple de Rome et d'Auguste
14 Hérôon de Pandion (?)
15 Remise (?)
16 Autel de Zeus
17 Autel d'Athéna
18 Erechthéion
19 Cécropion
20 Pandroseion
21 Ancien temple d'Athéna
22 Maison des Arrhéphores
23 Cour du jeu de paume (Sphairistérion)
24 Escalier mycénien (v. une nappe d'eau)
25 Escalier vers le chemin circulaire (péripatos)
26 Logements, locaux administratifs, etc.

RECONSTITUTION DE L'ACROPOLE, D'APRÈS GORHAM P. STEVENS.

mosquée, avant d'être endommagé lors du siège vénitien de 1687. Bien sûr, l'Érechthéion était devenu un harem, mais tout cela n'avait pas affecté la physionomie de l'ensemble. En revanche, le pillage de lord Elgin, en 1801, élimina quasiment l'ensemble des décorations, que l'État grec réclame toujours au British Museum. Aujourd'hui, un autre péril menace le site : la pollution.

Le Parthénon, édifice emblématique d'Athènes, a dignement traversé les siècles. Plutarque lui attribuait « une âme inaccessible à la vieillesse ».

Les Propylées***

B2 Les Anciens estimaient que l'**entrée monumentale** du sanctuaire, œuvre grandiose entièrement en marbre, était plus esthétique que le Parthénon. Mnésiclès, son architecte, ne lésina pas sur les moyens. Les sommes dépensées suscitèrent un tel tollé qu'il dut réviser à la hâte ses plans et le bâtiment ne fut jamais achevé.

La visite se réduit à une promenade parmi les colonnes tronquées. Elle permet d'apprécier la complexité du plan, due aux différences de niveaux, ainsi que la liberté apportée dans le mélange des ordres **dorique** et **ionique** *(voir p. 148)*.

♥ Le temple d'Athéna Niké***

AB2 Égée attendit son fils **Thésée** sur la plate-forme où s'élève ce merveilleux petit temple ionique. Mais le héros victorieux du Minotaure, de retour de Crète, hissa ses voiles noires au lieu des blanches comme il l'avait promis. Égée le crut mort et se jeta dans le vide. Le temple est consacré à Athéna victorieuse (Niké). Il est aussi appelé temple de la Victoire aptère (« sans ailes »), rappelant la tradition selon laquelle les Athéniens auraient coupé les ailes de la Victoire de peur qu'elle n'aille s'envoler dans le camp adverse…

Le Parthénon***

D2 La voie Sacrée conduit à ce temple d'**Athéna Parthénos**, dédié à la grande déesse toujours vierge. Ce sommet de l'art dorique *(voir p. 148)* fut construit par l'architecte Ictinos et décoré par Phidias *(voir p. 92)*. Bâti afin d'abriter la statue chryséléphantine d'Athéna *(p. 289)*, il n'eut jamais de rôle culturel à proprement parler. Il servait essentiellement à garder le trésor de la cité.

UNE PYRAMIDE ANTISISMIQUE

L'impression d'équilibre qui émane du temple a été obtenue en portant à huit le nombre des colonnes de façade (au lieu des six

On reconstruit le Parthénon !

N'espérez pas trop voir le Parthénon sans les échafaudages qui le recouvrent partiellement depuis des années. Patronné par l'Union européenne, le but de la **restauration** est ambitieux : redonner au monument l'allure qu'il avait avant d'être partiellement détruit par les Vénitiens en 1687. Elle touche surtout la **cella**, dont 50 % des murs latéraux doivent être relevés à partir des centaines de blocs anciens qui gisent au sol et de pierres contemporaines. Celles-ci, tenues par des crampons en titane, seront patinées afin de ne pas jurer, mais elles seront identifiables pour que la restauration soit réversible. Enfin, les rares **sculptures** originales seront remplacées par des moulages. La reconstruction d'une partie importante du **pronaos**, le portique précédant le sanctuaire, est également en cours. ❖

courantes dans l'ordre dorique), et à dix-sept (2 x 8 + 1) celui des colonnes des côtés latéraux (au lieu de 2 x 6 + 1 = 13), soit une dimension de 71 m de long sur 31 m de large environ.

L'originalité du Parthénon ne s'arrête pas là. En effet, des illusions d'optique auraient pu nuire à l'harmonie du plan, par exemple un affaissement des longues lignes droites horizontales en leur milieu et un déversement des verticales vers l'extérieur. Pour y remédier, Ictinos conféra à l'édifice une forme légèrement pyramidale et rendit convexes les degrés d'accès. De plus, le diamètre des colonnes des angles est supérieur à celui des colonnes centrales et toutes affectent une forme galbée. Ces corrections n'avaient pas seulement une fonction esthétique. Elles permirent au Parthénon de résister à tous les séismes.

Un monument à l'image de la cité

Il est difficile d'imaginer l'allure du Parthénon à l'époque de Périclès, c'est-à-dire avec ses peintures. Les couleurs vives étaient réservées aux parties situées dans l'ombre, tandis qu'une légère teinte ocre agrémentait les colonnes et l'architrave *(p. 289)*. Les moulures de la frise, les métopes et les triglyphes *(p. 289)* chatoyaient de brun, de rouge, de bleu clair, de bleu foncé et d'or…

Les sculptures des frontons et des frises, œuvres de Phidias et de ses élèves, étaient l'une des gloires de l'Acropole. Très peu sont restées *in situ*. Elles se trouvent disséminées au musée de l'Acropole, au Louvre et au British Museum. Il ne reste plus rien des chefs-d'œuvre qui ornaient les deux frontons ; à l'ouest, la scène agitée du combat d'Athéna et de Poséidon pour la possession de l'Attique ; à l'est, le calme de la naissance d'Athéna. La frise ionique, courant en haut des murs de la cella *(encadré ci-contre)* – autre particularité du Parthénon –, montrait la procession des Panathénées ; une partie est restée en place, côté ouest. Quant à la frise dorique, elle présentait des mythes fondateurs : Gigantomachie, victoires de Thésée, épisodes de la guerre de Troie, dans lesquels les Anciens voyaient la préfiguration du combat contre les Perses. L'ensemble de la décoration offrait ainsi une vision synthétique du monde et de l'histoire, où hommes et dieux étaient parvenus à vivre en harmonie.

Les korês, expression d'un temps béni

La collection de korês du musée de l'Acropole est la plus riche de Grèce. Certaines statues possèdent encore des traces des couleurs qui rehaussaient leur beauté.

Les *korês* apparurent au VIIe s. av. J.-C. et devinrent l'expression majeure des **sculpteurs** au siècle suivant *(p. 51)*. Déesses ou prêtresses, on ne saura jamais quelle était la qualité de ces statues au sourire énigmatique.

Les *korês* du **musée de l'Acropole** appartiennent aux deux grands courants en vigueur au VIe s. L'un, **péloponnésien**, reste strict et comme retenu. Le second, **ionien**, joue plus volontiers des matières. Le lourd *péplos*, ce manteau en laine épaisse, est abandonné au profit de l'*himation*, une sorte d'écharpe plus élégante qu'une savante polychromie vient rehausser. Avec le temps, le raffinement oriental triomphe (*korês* 675 et 682) : les étoffes, les parures et les coiffures sont décrites avec toujours plus de précision. Le fameux **sourire « archaïque »** s'efface quand surviennent les troubles de la fin du siècle (*korês* 669, 671 et 681). Les statues prennent alors une expression plus méditative, presque intériorisée.

Le musée de l'Acropole***

DE2 Installé en contrebas du Parthénon, mais appelé à déménager au pied du Rocher, il abrite les chefs-d'œuvre trouvés lors des fouilles : le ***Moscophore**** ou *Porteur de veau* (v. 570 ; salle II), la somptueuse collection de ***korês**** (salle IV), qui montre bien les différences de style qu'affectent ces délicates sculptures *(encadré ci-dessus)*, sans oublier le relief de l'***Athéna pensive**** (v. 460 av. J.-C. ; salle VI).

Le musée doit surtout sa célébrité aux fragments du **fronton de l'ancien temple d'Athéna***** (v. 525 ; salle V) et de la **frise ionique du Parthénon***** (v. 440 ; salle VIII), œuvre de Phidias montrant la procession des Panathénées. Dans les deux cas, une présentation soignée permet de reconstituer le puzzle et d'en retrouver le souffle épique. Dans la salle VIII se trouvent également les **plaques du parapet du temple d'Athéna Niké****, réalisées par cinq ou six sculpteurs différents. La visite se termine en apothéose devant les fameuses **caryatides***** de l'Érechthéion (salle IX). Avant de se diriger vers l'Érechthéion, rendez-vous au belvédère **E2**, pour la **vue**** sur Athènes.

L'Érechthéion***

C1 L'exemple le plus parfait de l'architecture grecque, légèrement postérieur au Parthénon, est dédié à Athéna et à Poséidon-Érechthée. L'Érechthéion occupe l'emplacement le plus sacré du Rocher, celui où se déroula le **combat** opposant

Poséidon et **Athéna** pour la possession d'Athènes. Le dieu de la Mer fit jaillir une source d'eau salée avec son trident et Athéna lui répliqua en plantant un olivier. Son geste étant plus utile pour la cité, la déesse fut déclarée victorieuse par l'arbitre, le roi Cécrops. Mais le mythe continue. La croyance localisait à cet endroit les tombeaux de Cécrops et d'Érechthée, les deux souverains légendaires d'Athènes. On comprend dès lors l'importance du lieu et de ce monument.

En faisant le tour du temple, on mesure la complexité de son plan, dont l'originalité provient de cette double affectation et de la déclivité du terrain. La partie est abrite la **chapelle d'Athéna Polias** *(n° 10 sur le plan p. 114-115)*, dans laquelle se trouvait la statue en bois d'olivier de la divinité que les Arrhéphores, les jeunes filles nobles de la ville, venaient vêtir lors des Panathénées. À l'ouest s'élève le **sanctuaire de Poséidon** *(n° 11)*. Deux portiques équilibrent l'ensemble. Celui des **caryatides***** résume à lui seul la grâce et la liberté de cet édifice, que les architectes voulurent sans doute opposer à la rigueur du Parthénon; il s'agit de reproductions, les originaux étant au musée.

Le flanc sud de l'Acropole

Après être descendu de l'Acropole, complétez la visite par l'**odéon d'Hérode Atticus AB3** (IIe s. av. J.-C.), où se déroule le festival d'Athènes *(encadré p. 137)*, et par le **théâtre de Dionysos DE3-4** du IVe s. *(☎ 010.322.46.25. Ouv. t.l.j. de 8 h à 19 h. Payant)*.

Dans ce théâtre naquit la tragédie. Eschyle (525-456), Sophocle (495-406) et Euripide (480-406) y exécutèrent leurs œuvres dédiées à la gloire de Dionysos.

En suivant vers l'est le boulevard qui longe le bas de l'Acropole jusqu'à la rue Kariatidon, à droite, changement de registre en allant au **musée Ilias Lalaounis II-C4** *(4a, Kariatidon ☎ 010.922.10.44. Ouv. t.l.j. sf mar. de 9 h à 16 h, mer. de 9 h à 21 h, dim. de 11 h à 16 h. Payant)*. Consacré au prestigieux joaillier grec *(p. 136)*, il renferme environ 3 000 pièces inspirées tantôt de l'Antiquité, tantôt de l'époque byzantine. ■

L'odéon d'Hérode Atticus (IIe s. av. J.-C.) a repris du service. L'été, on peut y voir des représentations théâtrales ainsi que des spectacles de danses folkloriques.

L'Attique*

La région grecque la plus densément peuplée affiche un visage tantôt industriel, tantôt balnéaire. Elle recèle une curiosité à ne pas manquer, le cap Sounion, ainsi que des sites archéologiques d'une grande poésie comme Brauron et l'Amphiaréion d'Oropos.

➤ *Carte p. 122.*

Les environs d'Athènes

La période byzantine a laissé ses plus beaux témoignages dans la banlieue d'Athènes, où se cachent deux grands monastères : Kaissariani, dans le cadre enchanteur du mont Hymette, et Daphni, pure merveille d'architecture et de décor intérieur. Si l'on choisit ce dernier, il convient de pousser jusqu'au sanctuaire d'Éleusis pour tenter de percer ses fameux mystères.

♥ Kaissariani* et le mont Hymette

➤ *À 7 km à l'E d'Athènes (sortir par Ymittou* **I-D4***).* ***Bus*** *224 depuis Vasilisis Sophias (près du Jardin national* **I-C3***). Monastère ☎ 010. 723.66.19. Ouv. t.l.j. sf lun. de 8h30 à 14h45. Payant.*

Cette promenade attirera les amateurs d'**art byzantin** et ceux qui veulent fuir une capitale surchauffée. Le **monastère** désaffecté de Kaissariani (Kessarianí) est un havre de fraîcheur où l'on peut goûter l'eau de la source que célébra **Ovide** – une bouche en forme de bélier en signale l'emplacement –, visiter les bâtiments conventuels parfaitement conservés, ou voir les peintures murales (XVIIe s.) de la petite église (XIe s.). Ensuite, une belle balade parmi les cyprès mène dans la **forêt** du mont Hymette ou Hyméttos (1026 m), où l'on extrayait du marbre dans l'Antiquité.

Le monastère de Daphni**

➤ *À 11 km à l'O d'Athènes par la rte de Corinthe (fléchage depuis Omónia* **I-B2***).* ***Bus*** *A16 depuis la pl. Eléfthérias* **III-A4** *(arrêt Psychiatro). Monastère ☎ 010.581.15.58.* ***Fermé pour restauration*** *jusqu'à une date indéterminée.*

Le monastère byzantin de Daphni (Dafní), encore ceint de sa muraille, est l'un des plus beaux de Grèce. Il faut cependant faire abstraction de l'environnement immédiat. Fondé au Ve s., déserté lors de la période troublée des VIIe-IXe s., il fut rebâti sous sa forme actuelle aux alentours de 1100. Les Francs en chassèrent les moines au début du XIIIe s. et les remplacèrent par des cisterciens. Les orthodoxes le réintégrèrent au XVIe s., mais l'abandonnèrent de nouveau lors de la guerre d'indépendance. Daphni servit alors successivement de refuge aux révolutionnaires, de dépôt de munitions, puis d'asile d'aliénés… Gravement éprouvé par le tremblement de terre qui a frappé Athènes en 1999, il a dû être étayé.

➤ **L'EXTÉRIEUR.** Les fortifications qui l'entourent datent des Ve et VIe s. mais ont été transformées au Moyen Âge par l'adjonction de tours. On pénètre d'abord dans le **cloître** élevé par les **cisterciens.** Avec un peu de recul, on apprécie mieux les proportions de l'église à plan octogonal, dédiée à la Dormition de la Vierge, et le souci

L'ATTIQUE

visible de symétrie. Devant le narthex, un exonarthex *(p. 289)* fut rapidement ajouté. Soutenu par des **colonnes ioniques** (dont une seule subsiste), il était surmonté d'un étage abritant la bibliothèque. Avant de visiter l'intérieur de l'édifice, faites-en le tour afin d'admirer le soin apporté à l'appareillage, ainsi qu'à l'**abside***.

➤ **L'ÉGLISE.** Les **mosaïques***** (vies du Christ et de la Vierge) consti-

Les mystères d'Éleusis

Cratère (475-450 av. J.-C.). Le mythe de Déméter partie aux enfers à la recherche de sa fille Perséphone est un motif récurrent dans l'art funéraire grec. Il est associé à l'idée de renaissance, d'où son importance dans les rites initiatiques d'Éleusis.

Comme tout ce qui touche à la mort ou à l'au-delà dans le monde grec, les mystères d'Éleusis devaient rester secrets. C'est pourquoi ils ne sont connus que par les récits, sujets à caution, qu'en firent les chrétiens.

L'origine du culte est associé au mythe de **Déméter** partie à la recherche de sa fille Coré (Perséphone, la déesse du Printemps), enlevée par Hadès, le dieu des Enfers. Arrivée sur Terre sous la forme d'une vieille femme, Déméter est accueillie par le roi d'Éleusis qui prend pitié d'elle. La mère retrouve sa fille. Reconnaissante, elle offre au fils du souverain un grain de blé et lui enseigne la culture qui doit rendre son royaume fertile. Elle lui apprend également les secrets du bonheur ici-bas et dans les enfers, « dont nul ne peut parler car la crainte paralyse la langue ».

Les candidats à l'**initiation** recevaient d'abord un enseignement sur la topographie des enfers, après lequel ils accédaient au rang de ***myste*** (premier degré). Un an plus tard venaient les épreuves de la ***téléte*** (initiation) proprement dite, qui se déroulaient dans le Télestérion. Accompagnés d'un prêtre, les initiés devaient effectuer un parcours semé d'embûches dans l'obscurité complète. Brutalement, ils revenaient à la lumière. Cette révélation symbolique (une seconde naissance) sanctionnait le passage au rang d'***épopte*** (second degré). ❖

tuent l'un des exemples les plus significatifs de l'art de l'époque des Comnène (v. 1100). Plusieurs compositions sont admirables : celles du narthex *(Trahison de Judas, Prière de Joachim à Anne)* – où l'influence de l'Antiquité est très sensible –, des bras du transept (la *Crucifixion* au nord) ou de la coupole avec le traditionnel *Christ Pantocrator* *(p. 289)*, entouré de seize prophètes. Notez la diversité physique des personnages, l'adaptation des scènes aux courbures et la richesse de la palette, où verts, bleus et blancs dominent. Les **fresques*** des parties inférieures ne manquent pas d'intérêt.

Le sanctuaire d'Éleusis*

➤ *À 12 km à l'O de Daphni, 23 km à l'O d'Athènes.* ***Bus*** *A16 depuis la pl. Eléfthérias* **III-A4**. *Site archéologique ☎ 010.554.34.70. Musée ☎ 010. 554.60.19. Ouv. t.l.j. sf lun. de 8 h 30 à 15 h. Payants (billet unique).*

Oubliez la ville, située au cœur d'une région de chantiers navals et de tronçons autoroutiers en construction, et rendez-vous aux ruines du sanctuaire, avec son extraordinaire amoncellement de pierres de toutes les époques. Après cette visite, on en sait un peu plus sur l'un des cultes les plus importants de la Grèce antique: les mystères d'Éleusis (Elefsina).

Le petit **État d'Éleusis**, fondé au IIe millénaire, fut soumis par Athènes après le VIIe s. av. J.-C. Une voie Sacrée reliait les deux villes et chaque Athénien devait l'emprunter une fois dans sa vie pour être initié aux mystères et atteindre au moins le premier degré. Les rites avaient lieu deux fois par an lors des fêtes des Petites et Grandes Éleusinies. Le culte eut un succès continu jusqu'au triomphe du christianisme. Chaque époque ou presque apporta un embellissement à ce haut lieu religieux de l'Antiquité, depuis celle de Pisistrate (VIe s. av. J.-C.) jusqu'à celle d'Antonin le Pieux (IIe s. apr. J.-C.).

➤ **LE SITE.** On accède au **sanctuaire des Grandes Déesses** (Déméter et Perséphone) par les grands propylées *(p. 289)*, édifiés en marbre pentélique *(p. 289)* au milieu du IIe s. apr. J.-C. Ces derniers sont un peu décalés par rapport aux petits propylées (Ier s. apr. J.-C.) qui suivent, afin d'interdire la vue du lieu sacré aux non-initiés. La voie Sacrée conduit ensuite au **Télestérion**, une vaste esplanade en partie taillée dans le rocher où se superposent les vestiges des temps mycéniens, les traces des constructions de l'époque de Pisistrate, de Périclès et surtout de la période romaine.

➤ **LE MUSÉE.** Il présente des **maquettes** bien utiles pour comprendre les lieux (l'une les montre sous Pisistrate, l'autre sous les Romains). Parmi les pièces, notons la **statue colossale de Déméter** (Ve s. av. J.-C.), la belle **amphore d'Éleusis** (VIIe s. av. J.-C.), ornée de l'épisode d'Ulysse et du cyclope Polyphème, et l'énorme **caryatide** portant la *kistis*, ou corbeille sacrée de Déméter (Ier s. av. J.-C.).

Le littoral de l'Attique*

➤ *Circuit de 220 km à l'E d'Athènes.* ***Cars*** *fréquents depuis Athènes et Le Pirée.*

Passé la banlieue industrielle de la capitale et du Pirée, on se plaît à envier le sort des Athéniens qui disposent, à si peu de kilomètres, d'un cadre propice au farniente: la côte d'Apollon. Plages et boîtes de nuit laissent place à un littoral mieux préservé, car moins propice à la baignade. Plus loin, des sites comptent parmi les plus beaux de Grèce, tels le célèbre cap Sounion et les sanctuaires un peu oubliés de Brauron ou de l'Amphiaréion d'Oropos, perdus dans la végétation. Les passionnés d'histoire iront voir la plaine de Marathon, même si le paysage a beaucoup changé depuis la victoire d'Athènes. Prévoyez une bonne journée pour effectuer ce circuit, en évitant le week-end (comptez une demi-journée pour la visite du cap Sounion).

Le Pirée

➤ *À 10 km au S-O d'Athènes (fléchage depuis Syndagma* **I-C3***).* **M°** *Pireás.* ***Informations pratiques*** *p. 139.*

Si l'on aime les ambiances portuaires, les carrefours où se croisent des hommes venus d'un peu partout, Le Pirée (Pireás) convient plus que Patras *(p. 184)*, Thessalonique *(p. 240)* ou Vólos *(p. 213)*,

Le Pirée, premier port de Grèce, assure surtout un intense trafic passagers. En millions de tonneaux, le port de marchandises représente 10 % de l'activité de Marseille, premier port de Méditerranée.

dont l'activité est moins « lisible ». Ici, en effet, le spectacle des **docks**, des **marins** et le va-et-vient incessant des **bateaux** ne déçoivent jamais, à n'importe quelle heure du jour et de la nuit. Il est possible de faire à pied le tour du port central, d'où partent les bateaux pour la Crète, les îles de la mer Égée et l'ensemble du bassin méditerranéen.

La cité de Thémistocle

Réorganisateur de la **flotte athénienne**, Thémistocle (v. 528-v. 462 av. J.-C.) voulut doter Athènes d'un port moderne, plus pratique que l'ancien débouché de Phalère, d'où Thésée était parti. Il créa au Pirée **trois baies**, dans lesquelles mouillaient les navires de guerre, et relia le port à Athènes au moyen des Longs Murs, une muraille assurant une protection efficace en cas d'attaque.

La ville du Pirée fut construite sur le plan d'Hippodamos de Milet et ses rues à angle droit furent très animées jusqu'à la guerre du Péloponnèse. Après la défaite contre Sparte, les Longs Murs furent démolis et la ville périclita. Redevenu un village insignifiant sous l'Empire romain, la cité de Thémistocle sortit de sa léthargie seulement au XIXe s. L'actuel ensemble portuaire (4e rang en Méditerranée) regroupe Le Pirée, avec son plan hippodaméen reconstitué, les ports d'Iraklis, d'Éleusis, de Zéa et de Mikrolímano affectés aux plaisanciers. La ville compte près de 200 000 habitants et son agglomération se confond avec la capitale.

À voir

➤ **Le Musée archéologique.** *Par la rue Tricoupis (près de la douane) ☎ 010.452.15.98. Ouv. t.l.j. sf lun. de 8 h 30 à 15 h. Payant.* Une riche collection de sculptures, dont une **statue en bronze d'Apollon**** (VIe s. av. J.-C.) et une **statue colossale d'Athéna**** (IVe s. av. J.-C.).

➤ **La marina de Zéa.** *En continuant la rue Tricoupis.* Les quais sont bordés de **tavernes** à poissons et de cafés animés en soirée.

➤ **Le Musée maritime.** *Au S, peu avant le port de Pacha Limani.* ☎ *010.451.62.64. Ouv. du mar. au sam. de 9h à 14h (13h30 le sam.). F. en août. Payant.* Il présente l'**histoire de la marine grecque** des origines à nos jours (objets d'art antiques et maquettes).

➤ **Le port de plaisance de Mikrolímano.** *Plus loin, à l'E de Zéa.* Il est très photogénique avec ses petits bateaux multicolores et sa forêt de mâts.

La côte d'Apollon*

➤ *Itinéraire de 65 km au S-E du Pirée.*

Du Pirée, la route de la côte d'Apollon (Aktí Apólona) traverse une banlieue résidentielle qui donne une idée du gigantisme de l'agglomération athénienne. Après Glifáda *(à 16 km)*, les choses s'améliorent sensiblement. Les **localités balnéaires** ne sont pas dénuées de charme, comme Voula, Vouliagméni (la préférée des Athéniens) et Varkisa, dont les plages et les nombreuses boîtes de nuit attirent la foule l'été. Au-delà de Varkisa, la route monte en corniche et déroule de belles **vues** du golfe saronique jusqu'à l'arrivée au cap Sounion.

♥ Le cap Sounion***

➤ *À 65 km au S-E du Pirée.*

Sublime dans son isolement, le **temple de Poséidon** (☎ *0292.039.363. Ouv. t.l.j. de 10h à 19h30; horaires soumis à des variations saisonnières. Payant sf le dim. hors saison.)* qui surplombe le cap Sounion (Soúnio) doit être imaginé intégré dans la grande cité qui servit de base athénienne lors de la guerre contre Sparte. Le « promontoire sacré » avait aussi une fonction religieuse : lors des Grandes Panathénées, des régates étaient organisées en l'honneur du dieu de la Mer.

Passé les propylées *(p. 289)*, on arrive devant les vestiges du temple dorique (v. 440 av. J.-C.) en marbre. L'édifice est attribué à l'architecte du Théseion d'Athènes en raison de ressemblances formelles. Quinze colonnes restent encore debout (il présentait à l'origine un plan « canonique » avec six colonnes en façade et treize sur les côtés), ainsi qu'une partie des sculptures d'entablement *(Combat de Géants et de Centaures)*. Lamartine, Chateaubriand et Byron – qui grava son nom sur le pilier nord – trouvèrent là matière à alimenter leur sensibilité. De l'esplanade, la vue est magnifique : à l'horizon se dresse l'île de Makronisios (Makronı́ssi), derrière laquelle se dessine Kéa, du groupe des Cyclades.

On trouve des **tavernes** au bord de la plage de Sounion, au bas du cap. Si elles sont prises d'assaut par les groupes, d'autres sont installées sur la route de Laurion.

Laurion

➤ *À 10 km au N du cap Sounion.*

Laurion (Lávrio) est une petite cité industrielle qui attire beaucoup de véliplanchistes l'été. Ses **mines de plomb argentifère**, découvertes en 484 av. J.-C., permirent l'essor de la puissance athénienne, en particulier la création par Thémistocle de sa flotte navale. Propriété de l'État, elles étaient exploitées par des gérants qui utilisaient jusqu'à 20 000 esclaves. L'argent servit également à la frappe de la monnaie jusqu'au IIe s. av. J.-C., date à laquelle les gisements ne furent plus rentables. Peu avant l'arrivée à Markópoulo *(à 24 km au N de*

Au cap Sounion, la blancheur du temple de Poséidon sur le fond bleu du ciel et de la mer constitue un spectacle reproduit dans toutes les brochures touristiques, mais dont on ne se lasse pas.

Laurion), grosse bourgade sans grand intérêt, prendre la route de Brauron.

♥ Brauron*

➤ *À 40 km au N de Laurion. Site ☎ 0299.027.020. Ouv. t.l.j. sf lun. de 8h30 à 15h (parfois fermé sans raison apparente). Payant.*

Brauron (Vravróna) fait partie de ces sites antiques embroussaillés où il reste possible de jouer au voyageur du XIXe s. Il fait bon s'y balader le nez en l'air, en évoquant l'ombre d'Iphigénie, qui y passa la fin de ses jours comme prêtresse après avoir fui la Tauride. Heureusement, le trafic aérien du nouvel aéroport international d'Athènes, mis en service en 2001 près de là, à Spáta, ne trouble pas la sérénité des ourses… Du sanctuaire subsiste le grand **portique***, où l'on peut voir les chambres des ourses à l'arrière et dans la partie centrale. À proximité s'étendent les fondations d'un temple dorique (Ve s. av. J.-C.) et, en contrebas de la chapelle, les ruines de la **grotte d'Iphigénie**, où la légende place la tombe de la malheureuse fille d'Agamemnon. Le **musée** *(à 1 km du site)* abrite de belles sculptures

Le sanctuaire des ourses

Brauron aurait été fondé pour apaiser la colère d'**Artémis** après qu'un jeune paysan de la région eut tué l'un de ses animaux sacrés – une ourse. En représailles, la déesse provoqua une épidémie et fit savoir par oracle qu'elle exigeait des habitants la consécration de leurs filles nubiles. Les fillettes, vêtues de robes couleur safran, officiaient près de la prêtresse en imitant la démarche de l'ours (d'où le nom que leur donnèrent les Anciens). ❖

(têtes d'enfants et statues d'ourses aux expressions touchantes). De Brauron, la route longe la côte et traverse plusieurs localités balnéaires (Loútsa et Rafína) avant d'arriver à Marathon.

La plaine de Marathon

➤ *À env. 35 km au N de Brauron.*

En 490 av. J.-C., la plaine de Marathon (Marathónas) fut le théâtre de l'une des **batailles** les plus fameuses de l'Antiquité. La proximité d'Athènes et un mouillage sûr incitèrent sans doute les **Perses** à débarquer dans la baie, à moins qu'ils ne fussent conseillés par un traître, l'ancien dictateur athénien Hippias. Hérodote estimait l'armée perse à 100 000 fantassins et 10 000 cavaliers. Aujourd'hui, on pense que l'historien a surestimé ces chiffres d'un facteur dix…

Côté athénien, on comptait 9 000 combattants commandés par Callimaque, Miltiade et Aristide, auxquels s'ajoutaient 1 000 Platéens. La bataille ne dura qu'une journée. Miltiade disposa l'armée en une longue bande, faible au centre afin d'y attirer les Perses, et compacte sur les ailes pour effectuer un mouvement d'étau dans un second temps. La manœuvre tactique réussit et la victoire athénienne fut totale. Vaincues, les troupes perses de Datis et Artapherne durent regagner leurs navires en catastrophe. **Philippidès**, un soldat grec, partit en courant annoncer la victoire à Athènes. Épuisé par cette **course de 42 km**, il s'effondra au pied de l'Acropole après avoir transmis son message, le célèbre *nenikamen*, « nous avons vaincu ».

Des souvenirs subsistent de cette bataille d'anthologie. Le **tumulus des Athéniens** *(à 5 km de Néa Makri, prendre à dr. et suivre les indications ☎ 0294.055.462. Ouv. t.l.j. sf lun. de 8 h 30 à 15 h. Payant)* fut élevé pour recevoir les cendres de 192 Athéniens morts au combat. En regagnant Marathon, une route à gauche conduit au **tumulus des Platéens** *(actuellement fermé)*. Le **musée** *(☎ 0294.055.155. Mêmes horaires et billet que le tumulus des Athéniens)* présente des **stèles** et des **céramiques** trouvées dans les tumuli.

En sortant de la ville moderne de Marathon, on peut revenir sur Athènes en passant par le lac qui alimente la capitale en eau, ou continuer vers le nord. La route devient alors beaucoup plus sinueuse, notamment entre Grammatikó et Varnavas. À droite, on peut faire un détour jusqu'à la **forteresse antique**

Le marathon

Aux premiers **Jeux olympiques modernes de 1896**, une épreuve de marathon fut créée pour commémorer l'exploit de **Philippidès**. C'est un Grec qui la remporta, effectuant les 42,195 km de rigueur en 2 h 58 mn 36 s (en réalité, cette distance fut fixée lors des Jeux olympiques de 1908 qui se déroulaient en Angleterre ; elle correspond à celle qui sépare Windsor du stade de White City, à Londres). Aujourd'hui, il finirait la compétition bon dernier, avec près d'une heure de retard sur l'Éthiopien Belayneth Dinsamo (record du monde depuis 1988 en 2 h 06 mn 50 s) et loin derrière le Français Luis Soares (record de France depuis 1992 en 2 h 10 mn 3 s). ❖

de Rhamnonte, ou Ramnoús (☎ *0294.063.477. Ouv. du lun. au dim. de 8h à 17h30. Payant)*, puis revenir sur la route qui conduit à l'Amphiaréion d'Oropos et présente de magnifiques panoramas de l'île d'Eubée (Évia).

♥ L'Amphiaréion d'Oropos*

➤ *À 35 km au N-O de Marathon et 50 km au N d'Athènes par la rte directe ☎ 0295.062.144. Ouv. t.l.j. sf lun. de 8h à 14h30. Payant.*

Caché au creux d'un vallon verdoyant, l'Amphiaréion d'Oropos (Amfiaraío Oropoú) est l'un de ces lieux idylliques que l'on n'oublie pas facilement : ruisseau, forêt de pins, vestiges dévorés par la végétation. À droite, en entrant, s'élevaient le **temple** d'Amphiaraos (IVe s. av. J.-C.) puis, un peu plus loin, la **source sacrée** où le héros, devenu dieu, reparut sur Terre. Les malades guéris y jetaient une pièce d'argent et y buvaient un peu d'eau. Au pied de la colline à gauche, on aperçoit les ruines d'un portique à incubation où les consultants se couchaient sur la peau d'un bélier sacrifié. Dans leur songe, Amphiaraos leur apparaissait et leur conseillait un remède. Juste derrière, le joli **théâtre** possède quelques sièges en marbre. De là, une petite route rejoint la voie express Thessalonique-Athènes. ■

Athènes (Athína)

Plan du métro p. 96-97. Plan I p. 98-99. Plan II p. 100-101. Plan III p. 102-103.

ℹ ONHT, 2, Amerikis **II-F1** ☎ 010.33.10.692 ou 010.33.10.565, fax 010.33.10.562, www.gnto.gr. *Ouv. t.l.j. du lun. au ven. de 9h à 16h30.* Bureau à l'aéroport Elefthérios Vénizélos (arrivées niveau 0) ☎ 010.35.30.445, *ouv. t.l.j. de 8h à 22 h.* **Informations multilingues** (police touristique) ☎ 171 *(24 heures/24).*

Arrivée

➤ **En avion.** L'aéroport international **Elefthérios Vénizélos** se situe à Spáta *(à 15 km à l'E d'Athènes).* Bureau de change, location de voitures, restaurants, pharmacie, boutiques. Un hôtel **Sofitel** est ouvert face au bâtiment principal de l'aéroport *(☎ 010.35.44.000, 345 ch.). Voir aussi Aéroport et Compagnies aériennes, p. 138.*

Depuis le niveau Arrivées, le **bus E95** rejoint **Syndagma II-EF2**, tandis que le **bus E94** rallie **Ethniki Amyna hors pl. I par F1**, terminus actuel de la ligne de métro M3. Une extension de cette ligne jusqu'à l'aéroport est prévue pour 2004-2006. Le **bus E96** dessert quant à lui le port du **Pirée.** Le billet (env. 3 €) est valable toute la journée sur l'ensemble des lignes (bus et métro) du réseau athénien.

Un nouveau **tronçon autoroutier** à péage rejoint soit Le Pirée, soit Athènes en empruntant Messogion **I-F2** puis Vasilisis Sophias **I-EF2-3**. À l'horizon 2004, une bretelle permettra de contourner la capitale grecque par le Nord et de retrouver l'autoroute du Péloponnèse à la hauteur d'Éleusis.

Le centre peut aussi être rallié en **taxi.** Attention aux chauffeurs qui alpaguent les touristes, l'arnaque est assurée. Dans tous les cas, comptez 40 mn à 1 h (selon l'importance du trafic) pour atteindre le cœur d'Athènes.

➤ **En bateau.** Les **ferries** assurent des liaisons avec presque toutes les îles (Crète, Cyclades, Rhodes, etc.), ainsi que la Turquie, l'Italie, Chypre, Israël et l'Égypte. La plupart du temps, on débarque au **Pirée.** Le métro *(élektricos)* mène à Omónia **I-B2** en 20 mn *(ttes les 10 mn). Voir aussi Compagnies maritimes, p. 138.*

➤ **En car.** Les autocars venant du Péloponnèse, de l'Épire ou de Macédoine arrivent au **Terminal A**, 100, Kifissiou **pl. métro B2**; accès au centre par le **bus 051**, arrêt près d'Omónia **I-B2**. Ceux de Thessalie, de Delphes et de Béotie ont leur terminus au **Terminal B**, 260, Liossion **pl. métro C2**; accès au centre par le **bus 024**, arrêt sur Amalias **I-C3**. Les bus jaunes venant de l'Attique s'arrêtent sur Mavromathéon, près du parc du Champ-de-Mars **I-C1**. *Voir aussi Gares routières, p. 138.*

➤ **En train.** Les deux gares d'Athènes sont proches **I-A1**. Celle de **Lárissa**

Métro archéologique

À l'occasion des travaux pour la construction du métro, une ville cachée, Athènes de l'époque néolithique jusqu'à nos jours, a été mise en évidence. Les fouilles archéologiques ont couvert une surface de 6 900 ha. Une partie des œuvres trouvées (60 œuvres originales et 56 copies) décorent les stations de **Syndagma**, **Panépistimio**, **Akropoli** et **Evangelismos**. Par ailleurs, bon nombre d'œuvres d'artistes contemporains se trouvent exposées dans les stations **Ethniki Amyna**, **Omónia**, **Métaxourgio** et **Dafní**. L'achèvement de la jonction des stations **Syndagma** et **Monastiráki** (prévue pour 2002) permettra aux voyageurs de voir toute une partie de la ville ancienne qui est actuellement en restauration. ❖

De l'usage du taxi athénien

Maîtres des rues athéniennes, ces **bolides jaunes**, au mépris des règles élémentaires du code de la route, cheminent avec une virtuosité qui s'apparente à celle de la puce. Parfois, un heureux élu, dont la destination correspond aux vœux du chauffeur, est autorisé à se joindre aux autres passagers. Ici, **un taxi se partage**, ce qui pallie une certaine pénurie. Rien ne change pour le premier occupant qui paie le prix indiqué au compteur (l'un des moins élevés d'Europe). Ni pour le second, qui règle la différence entre les montants affichés à son arrivée et à son départ. Et ainsi de suite. Bien sûr, cette pratique est illégale, mais elle s'avère fructueuse pour le taxi. D'ailleurs, il hésite souvent à prendre un groupe constitué : il est plus rentable d'embarquer chaque personne une par une ! ❖

dessert le N de la Grèce et l'étranger; la gare du **Péloponnèse** dessert les lignes de Patras et de Kalamáta. Elles sont reliées au centre par le **trolley 1** et le **bus 057**, ou, plus rapidement, par le **métro**. *Voir Gares ferroviaires, p. 138.*

➤ **EN VOITURE.** L'arrivée à Athènes ne pose pas de problèmes particuliers, hormis les difficultés de circulation. La signalisation manque parfois. Le mieux est d'étudier le plan avant de pénétrer dans la ville.

Circuler

➤ **EN BUS.** C'est la meilleure solution avec le métro : bondé mais efficace, il dessert Athènes quand il est jaune, la ville et sa banlieue s'il est bleu. Tickets (un seul quel que soit le trajet) en vente dans les kiosques ou dans les cabines situées près des arrêts importants.

➤ **EN MÉTRO.** La ligne N/S Kifissia-Pireás, la plus ancienne, s'arrête dans le centre aux stations Thissio (Théseion) **I-A3**, Monastiráki **I-B3**, Omónia **I-B2** et Victoria **I-B1**. Les deux lignes mises en service depuis fin 1999 forment une croix dont le centre est Syndagma **I-C3**. La première (Ag. Antonios-Dafní; N-O/S-E) dessert la gare de Lárissa **I-A1**, Omónia **I-B2**, Panépistimio **III-D3** et Syndagma **I-C3**. La deuxième (Syndagma-Ethniki Amyna; O/N-E) permettra de relier le cimetière du Céramique **I-A2-3** à Syndagma **I-C3** *via* Monastiráki **I-B3**. Elle devrait être prolongée en 2004-2006 jusqu'à l'aéroport. On peut changer de ligne à Omónia et Syndagma, ainsi qu'au N de la gare de Lárissa, à la station Attiki *(plan du réseau p. 96-97).*

➤ **À PIED.** Pour visiter le centre-ville (triangle formé par les places Omónia, Syndagma et Monastiráki **I-BC2-3**), oubliez bus, taxis et métro : le plus simple, le plus agréable et le plus pratique est de se déplacer à pied.

➤ **EN TAXI.** Ce mode de déplacement n'est pas cher et s'avère le plus rapide, mais il faut apprendre à le héler à l'athénienne. Les stations les plus importantes se trouvent place Syndagma **I-C3** et place Omónia **I-B2**.

➤ **EN VOITURE.** Les points d'intérêt étant parfois éloignés les uns des autres, il est tentant d'utiliser sa voiture à Athènes. Malheureusement, on constate très vite que l'idée est à rejeter en raison des encombrements, surtout le matin et en fin d'après-midi, et des difficultés de stationnement dues à la rareté des parkings. La balade en voiture est cependant permise le dim., jour où la circulation à Athènes est fluide car tout le monde est parti sur la côte.

Hôtels

Athènes ne parvient pas toujours à héberger les flots continus de touristes. Il est absolument nécessaire de réserver à l'avance. En cas d'insuccès, s'adresser près de la place Syndagma

II-E2 à l'**Hellenic Chamber of Hotels**, Banque nationale de Grèce, 2, Karagéorgi Servias ☎ 010.323.71.93.

Syndagma et Pláka

▲▲▲▲ **Athens Plaza**, pl. Syndagma **II-E2** ☎ 010.325.53.01, fax 010.323.58.56. **Cat. L.** *182 ch.* tout confort (radio, TV, vidéo, minibar) mais un peu impersonnelles. Hôtel récent mais réussi.

▲▲▲▲ **Grande-Bretagne** ♥, pl. Syndagma **II-E2** ☎ 010.333.00.00, fax 010.322.80.34. **Cat. L.** *327 ch.* (s.d.b. en marbre, meubles à l'antique…). Le plus ancien palace d'Athènes (1862) était destiné à recevoir les hôtes illustres de la jeune monarchie bavaroise. Ambiance fin XIXe s. irrésistible, tant dans le hall que dans les ch. Cher mais inoubliable.

▲▲▲ **Adrian** ♥, 74, Adrianou **II-C2** ☎ 010.322.15.53, fax 010.325.04.61. **Cat. B.** *22 ch.* tout confort. Hôtel soigné, au cœur de Pláka. Magnifique jardin-terrasse face à l'Acropole. Vue unique sur la vieille ville. Accueil très agréable.

▲▲▲ **Amalia**, 10, Amalias **II-F2** ☎ 010.323.73.01, fax 010.323.87.92. **Cat. A.** *98 ch.* agréablement meublées, mais impossible d'ouvrir les fenêtres. Bien situé, en face du Jardin national.

▲▲▲ **Astor**, 16, Karagéorgi Servias **II-E2** ☎ 010.335.10.00, fax 010.325.51.15. **Cat. A.** *130 ch.* Près de la place Syndagma, un hôtel tranquille et luxueux doté d'un magnifique jardin-terrasse.

▲▲ **Athos** ♥, 3, Patroou **II-D2** ☎ 010.322.19.77, fax 010.321.05.48. *18 ch.* entièrement rénovées avec beaucoup de goût. Jardin-terrasse avec vue sur l'Acropole. Belle décoration et accueil agréable. Très bon rapport qualité/prix.

▲▲ **Pláka**, 7, Kapnikareas **II-C2** ☎ 010.322.20.96, fax 010.322.24.12. **Cat. B.** *67 ch.* Moderne et tranquille, à la périphérie immédiate de Pláka ; pour son restaurant sur le toit et sa vue sur l'Acropole.

▲ **Acropolis House** ♥, 6-8, Kodrou **II-E3** ☎ 010.322.23.44, fax 010.324.41.43. **Cat. C.** *20 ch.* Dans une petite rue calme de Pláka, une pension très agréable (fresques du XIXe s.) proprette et pas trop chère. *Rés. impérative.*

▲ **Adonis**, 3, Kodrou **II-E3** ☎ 010.324.97.37, fax 010.323.16.02. **Cat. C.** *26 ch.* Si l'Acropolis House est complet. Moins de charme, mais tarifs comparables.

▲ **Hermes**, 19, Apolonos **II-E2** ☎ 010.323.55.14, fax 010.323.20.73. **Cat. C.** *45 ch.* modernes et tranquilles, au cœur de la ville. Pas trop cher et bien entretenu. Ch. tout confort.

▲ **Lycabette**, 6, Valaouritou **II-F1** ☎ 010.363.35.14, fax 010.363.35.18. **Cat. C.** *30 ch.* Excellente situation. Simple mais confortable, au cœur de l'Athènes chic.

▲ **Nefeli**, 2, Chatzimichali **II-D3** ☎ 010.322.80.44, fax 010.322.58.00. **Cat. C.** *18 ch.* avec s.d.b. Bon accueil, propre et bien tenu.

Kolonáki et Exarhia

Bien moins touristiques que Pláka, les quartiers N et N-E offrent globalement des possibilités de logement à meilleur rapport qualité/prix.

▲▲▲▲ **St Georges Lycabettus** ♥, 2, Kléoménous **I-D2** ☎ 010.729.07.11, fax 010.729.04.39. **Cat. L.** *150 ch.* avec vue magnifique sur l'Acropole. Sur le flanc S du mont Lycabette, il domine la ville au milieu de la verdure. Idéal pour faire du shopping à Kolonáki. Piscine en terrasse.

▲▲▲▲ **Titania** ♥, 52, Panépistimiou **III-D3** ☎ 010.330.01.11, fax 010.330.07.00. **Cat. A.** *400 ch.* entièrement renovées, s.d.b., TV satellite, restaurants, cafés, etc. Hôtel très agréable ; sur le toit, « The Olive Garden », restaurant de cuisine méditerranéenne avec une vue imprenable sur l'Acropole et les oliviers géants.

▲▲▲ **Novotel Athens**, 4-6, Michel Voda **I-B1** ☎ 010.820.07.01, fax 010.820.07.77. **Cat. A.** *195 ch.* Neuf et bien équipé, à quelques mn à pied d'Omónia. Restaurant donnant sur un patio intérieur, bar, piscine en terrasse. Parking.

▲ **Athenian Inn**, 22, Haritos **I-D3** ☎ 010.723.80.97, fax 010.724.22.68.

Cat. B. *28 ch.* À deux pas de la place Dexameni, au pied du Lycabette, hôtel familial de très bon confort. Belle vue depuis certaines ch. ; assez cher pour la catégorie… mais on est à Kolonáki.

▲ **Brazil**, 62, Filis **I-B1** ☎010.881.49.44. **Cat. C.** *21 ch.* agréables et prix corrects. Près de la place Victoria. Moderne. Joli jardin.

▲ **Dryades** et **Orion**, 105, Emmanuel Benáki **I-C2** ☎ 010.330.23.88, fax 010.380.51.93. **Cat. D.** *20 ch.* Orion, petit hôtel calme, simple et pas cher du quartier d'Exarhia. Ch. un peu plus confortables (s.d.b.) à l'hôtel Dryades.

▲ **Exarhion**, 55, Thémistocléous **I-C1** ☎ 010.380.07.31, fax 010.380.32.96. **Cat. C.** *49 ch.* Hôtel moderne sans autre charme que sa situation, à deux pas de la place Exarhia.

Ilissiá et Makrighiani

Entre la Cité universitaire et l'Acropole (S-E et S d'Athènes), plusieurs hôtels agréables permettent de se reposer de l'agitation du centre et de passer les soirées dans les quartiers peu connus d'Ilissiá **I-F3**, de Pangráti **I-DE4**, de Metsé **I-C4** et de Makrighiani **I-B4.**

▲▲▲▲ **Divani Caravel**, 2, Vasiléos Alexandrou **I-E3** ☎010.720.70.00, fax 010.725.37.70. **Cat. L.** *470 ch.* impersonnelles mais impeccables, air cond. Gigantisme et luxe moderne. Piscine, bar panoramique.

▲▲▲▲ **Divani Palace Acropolis**, 19-25, Parthenonos **II-C4** ☎ 010.922.29.45, fax 010.921.49.93. **Cat. L.** *250 ch.* Excellente situation, à deux pas de l'Acropole. Confort au-delà de toute espérance (restaurant, piscine, etc.).

▲▲▲▲ **Hilton**, 46, Vasilisis Sophias **I-E3** ☎ 010.728.10.00, fax 010.728.11.11. **Cat. L.** *480 ch.* Une ville dans la ville et la formule Hilton acclimatée aux cieux grecs (marbre partout, galerie marchande alignant les grands noms du commerce, taverne, etc.). Le lieu de rendez-vous de la *jet-set* athénienne.

▲▲▲ **Hérodion**, 4, Rovertou Galli **II-C4** ☎ 010.923.68.32, fax 010.921.16.50. **Cat. A.** *90 ch.* Moderne, sur le flanc S de l'Acropole. Tout le confort souhaitable et des prix abordables.

▲▲ **Philippos**, 3, Mitsèon **II-C4** ☎ 010.922.336.11, fax 010.922.36.15. **Cat. B.** *50 ch.*, certaines avec vue sur l'Acropole. Agréable et joliment décoré.

▲ **Acropolis View**, 10, Webster **II-B4** ☎ 010.921.73.03, fax 010.923.07.05. *32 ch.*, certaines donnant sur l'Acropole. Petit et propret. Agréable et très bien situé.

▲ **Marble House**, 35, An. Zini **I-A4** ☎ 010.923.40.58, fax 010.922.64.61. **Cat. E.** *16 ch.* Une excellente adresse pas chère du flanc S de l'Acropole, mais pas le grand confort. Accueil francophile.

Auberge de jeunesse

Youth Hostel, 16, Victoros Ougo **I-A1** ☎010.523.41.70. *Ch. pour 4* avec s.d.b., et quelques *ch. doubles.*

Camping

Outre ceux de la côte d'Apollon, voici un terrain aux environs d'Athènes.

Athens Camping, à 7 km d'Athènes par la route de Corinthe **hors pl. I par A2** ☎ 010.581.41.14, fax 010. 582.03.53. *Ouv. tte l'année.* Une infinité de prestations : restaurant, laverie, sanitaires accessibles aux handicapés…

Restaurants et tavernes

C'est le moment ou jamais de déguster les meilleures spécialités du pays et de goûter une cuisine parfois sophistiquée. Oubliez les restaurants d'hôtels qui, à de rares exceptions près, sont insipides, et allez plutôt dans les tavernes. Attention, dans les quartiers moins touristiques, beaucoup de restaurants ferment en août.

Syndagma et Pláka

♦♦♦ **G.B. Corner**, Hôtel Grande-Bretagne, pl. Syndagma **II-F2** ☎ 010. 333.00.00. Ancien palace de la ville, mais aussi une belle carte de plats français. *Ouv. t.l.j.*

♦♦ **Aerides**, 3, Markou Avriliou **II-C2** ☎010.322.62.66. Taverne cossue installée dans une demeure particulière. Menus et plats bien mitonnés pour une addition un peu trop salée.

Terrasse l'été pour jouir de la vue sur la tour des Vents. *Ouv. t.l.j.*

♦♦ **Kentrikon**, 3, Kolokotroni **II-E1** ☎ 010.323.24.82. Près de Syndagma (sous une arcade), un restaurant chic fréquenté par le gotha politique et l'élite intellectuelle d'Athènes. Belle décoration et cuisine grecque authentique. *Rés. conseillée. F. le soir et le dim.*

♦♦ **Xinos**, 4, Geronta **II-D3** ☎ 010.322.10.65. Taverne « haut de gamme » avec superbe jardin. Cuisine de bonne qualité et musique discrète. *F. sam. et dim.*

♦ **Éden**, 12, Lissiou **II-C2** ☎ 010.324.88.58. La plus vieille taverne végétarienne d'Athènes. Cuisine correcte et relativement copieuse. *F. mar.*

♦ **O Platanos**, 4, Diogenous **II-C2** ☎ 010.322.06.66. Cuisine très simple et traditionnelle, prix imbattables. Une valeur sûre de Pláka. *F. dim.*

Kolonáki et Exarhia

♦♦ **Dhimokritos**, 23, Dimocritou **III-F4** ☎ 010.361.35.88 ou 010.362.87.92. Une institution de Kolonáki. Service un peu empesé, mais bonne cuisine et menu imaginatif. *F. dim.*

♦♦ **Gérofinikas** ♥, 10, Pindarou **I-D3** ☎ 010.363.67.10 ou 010.362.27.19. Une cuisine grecque inventive et des saveurs étonnantes, dans un cadre feutré et de bon goût. Service stylé et empressé. L'adresse est l'une des plus courues d'Athènes. *Rés. conseillée. F. dim.*

♦♦ **Philippou** ♥, 19, Ksenokratous **I-D2** ☎ 010.721.63.90. Ancienne taverne très connue à Kolonáki. Bonne cuisine, service agréable et prix modérés. Petite terrasse en été. Un endroit tranquille et agréable fréquenté par les gens du quartier. *F. sam. soir et dim.*

♦♦ **Rodia**, 44, Aristipou **I-D2** ☎ 010.722.98.83. Restaurant élégant de Kolonáki (près de l'accès au funiculaire) avec superbe jardin intérieur. Excellente cuisine. Musique *live. F. dim.*

♦ **Leyka**, 121, Mavromihali **I-D1** ☎ 010.361.40.38. Taverne agréable et sans prétention qui attire les étudiants de Neápoli. Terrasse calme avec tonneaux de retsína. *Ouv. t.l. soirs, sf le dim.*

♦ **Rosalia** ♥, 58, Valtetsiou **III-E2** ☎ 010.330.29.33. Une taverne très sympathique, à côté de la place Exarhia, dans une rue aux nombreux restaurants. Accueil très sympathique et clientèle jeune. L'été, on dîne sous la treille. *Ouv. t.l.j.*

De Iussiá à Makrighiani

♦♦♦ **Dionysos**, 43, Rovertou Galli **II-B4** ☎ 010.923.31.82. Plats authentiquement grecs préparés comme nulle part ailleurs et une cuisine internationale pour les nostalgiques. *Ouv. t.l.j.*

♦♦♦ **Restaurant Byzantin**, 46, Vasilisis Sophias **I-E3** ☎ 010.728.10.00. Le restaurant chic de l'hôtel Hilton. Cuisine continentale élaborée.

♦♦♦ **Ta Nissia**, 46, Vasilisis Sophias **I-E3** ☎ 010.728.10.00. Le grand restaurant du Hilton, où l'on dîne en surplombant la ville. Grand choix de plats grecs et excellents fruits de mer.

♦♦ **Palia Taverna**, 35, Markou Moussourou **I-C4** ☎ 010.752.23.96 ou 010.32.32.482. Une institution culinaire (1896) au cadre « rustique » (chaises de Métsovo). Cuisine grecque traditionnelle. Beaucoup de groupes et musique obligée. *F. le dim.*

♦ **Karavitis** ♥, 35, Arktinou **I-D4** ☎ 010.721.51.55 ou 010.72.11.610. Taverne authentique près du stade, de part et d'autre d'une rue parallèle au Constandinou. L'une des plus anciennes d'Athènes. L'été, on dîne sous les feuillages. *Ouv. t.l. soirs.*

♦ **O Megaritis**, 2, Ferekidou **I-D4** ☎ 010.701.21.55. Cuisine très correcte dans une ambiance de taverne 100 % grecque. *Ouv. t.l.j.*

Omónia

♦♦♦♦ **Ideal**, 46, Panépistimiou **III-D3** ☎ 010.330.30.00. Une des meilleures adresses de la ville dans un cadre Art nouveau. 20 plats du jour, cuisine grecque et internationale. *F. dim.*

♦♦♦ **Maritsa's**, 17-19, Sophocléous **III-BC3** ☎ 010.325.14.21. Situé à côté du marché central d'Athènes, ce restaurant se distingue par la variété de ses plats et son cadre agréable. *F. sam. et dim., et le soir en saison.*

Les tavernes de Pláka

Ne cherchez pas à la taverne Aerides de clients grecs ni même une cuisine en rapport avec l'addition… Mais sa terrasse et la vue qu'elle offre sur la tour des Vents sont inestimables !

Jusqu'à la fin des années 1960, le petit village blotti au pied de l'Acropole accueillait, chaque soir, Athéniens et touristes de tous horizons. Sur des tables rustiques, on consommait au coude à coude des ***mezzés*** variés et l'on buvait de la **retsína** que le patron tirait du tonneau. Des joueurs de **bouzoukis** chantaient des complaintes du fond des âges et tout le monde finissait la soirée en dansant sur les tables. Puis vint le tourisme de masse et les bouzoukis furent remplacés par d'assourdissantes batteries, des bandes enregistrées ou des musiciens passant de taverne en taverne.

Aujourd'hui, un frein a été mis à ces excès et des mesures gouvernementales (extension des secteurs piétonniers, réglementation de la musique en terrasse) ont permis de redonner un peu de charme à Pláka. Malheureusement, les patrons de tavernes savent que dîner dans ce quartier mythique reste quasi obligé et ils ne cherchent guère à relever le niveau d'une cuisine souvent indigente. Pour éviter le pire, testez les quelques adresses proposées, jouez le cadre et évitez les tavernes du centre de Pláka, là où la retape des serveurs est la plus insistante. ❖

Ouzerí

♦♦ **O Andreas Kai Ios**, 18, Thémistocléous **III-D2** ☎ 010.382.15.22. Très bonne adresse, variété de poissons et fruits de mer à des prix modérés ; fréquenté par les Athéniens qui travaillent aux alentours. *F. dim.*

♦ **Kapetan Michalis** ♥, 3, Phidiou **III-D3**. Un tout petit espace avec une ambiance animée et jeune. Personnel très sympa et prix modérés. Demander à déguster la tsikoudia (eau-de-vie) de Crète. *F. dim.*

♦ **Lesbos**, 38, Em. Benáki **III-D2** ☎ 010.381.45.25. Petit *ouzerí* avec des tables sur le trottoir. Prix modérés. Demander l'ouzo qui vient de l'île de Lesvos. [illegible]

Shopping

Le centre commerçant d'Athènes se situe autour de la **place Syndagma II-EF2**. Vers l'O s'étendent les deux principales artères commerciales **II-DE2**: **Mitropoléos** (surtout des magasins de fourrures, de tapis et de couvertures) et **Ermou** (plus élégante: boutiques de vêtements, de chaussures et bijouteries). À leur extrémité, dans le quartier de **Monastiráki II-C1-2**, Athènes devient presque orientale. Entre l'église Haghios Philippos **II-B2** et la place Avissinias **II-B1** se tient le **marché aux puces** *(t.l. dim. de 6h à 14h30)*. On peut y dénicher (en marchandant) des bibelots, des objets en cuivre, entre autres vieilleries parfois un peu vite qualifiées d'antiquités.

Dans le quartier de **Pláka II-DE2-3**, les commerces ferment très tard: souvenirs, reproductions d'objets d'art (poteries, statues, moulages, etc.) ainsi que bijoux (modernes, copies d'anciens et bijoux fantaisie). Le quartier de **Kolonáki I-D2-3** est le domaine des boutiques de décoration et des grands noms du prêt-à-porter français, italien et grec (rues Skoufa, Tsakarof et Voukourestiou surtout). Au N-O de Syndagma, les rues **Stadiou** et **Panépistimiou I-BC2-3** jouent la carte du luxe. En allant vers la place Omónia, l'ambiance de ces sortes de Champs-Élysées athéniens se détend (bijouteries abordables, magasins de disques et librairies, etc.). Enfin, les galeries couvertes qui relient les deux avenues abritent nombre de boutiques intéressantes.

➤ **ALIMENTATION**. Fruits secs, ouzo, loukoums et autres pâtisseries... une seule adresse: av. **Athinas**, du Marché central **I-B2** à Monastiráki **I-B3**.

➤ **ANTIQUITÉS**. Les vraies sont interdites d'exportation. Les reproductions se trouvent un peu partout, surtout à **Pláka II-DE2-3**. Les plus belles imitations d'objets d'art sont celles du **musée d'Art cycladique** et du **Musée national**. Les icônes sont très chères lorsqu'elles sont de bonne qualité. Les boutiques spécialisées d'art religieux se concentrent **rue Ermou II-DE2**.

➤ **ARTISANAT**. Le mieux est d'acheter sur le lieu de production, en suivant ses coups de cœur. Une adresse pour avoir un aperçu: **Organisation nationale de l'artisanat grec**, 9, rue Mitropoléos **II-E2** et 6, Ipatias **II-D2** ☎ 010.322.10.17. Exposition de tapis très coûteux à la première adresse; broderies, objets de bois travaillé, poupées dans la seconde boutique. **Kohr**, 13, Mitropoléos **II-E2**, créations originales en terre cuite relativement abordables. **Tanagra**, 15, Mitropoléos **II-E2**, céramiques et objets de décoration.

➤ **BIJOUX**. Athènes compte plusieurs joailliers célèbres, mais les prix ne sont pas à la portée de toutes les bourses. Ils sont établis dans les rues situées autour de la maison de Schliemann **II-F1**. Les bijoutiers plus abordables sont à Pláka et sur Panépistimiou **III-CD3**. À noter quelques créateurs originaux à Kolonáki **II-F1** : **Chryssothèque-Zolatas**, 10, Panépistimiou, bijoux imités ou inspirés de l'Antiquité et de l'époque byzantine; **Frangoulis**, 7, Amerikis, remarquables copies de bijoux anciens; **Ilias Lalaounis**, 6, Panépistimiou, collection rare de bijoux modernes avec des mariages de matières étonnants; on peut admirer les plus belles créations de ce joaillier grec au **musée** qui lui est consacré *(p. 120)*.

➤ **GRANDS MAGASINS**. **Hondos Center**, pl. Omónia **III-C2**; **Lambropoulos**, 28, Eolou **III-C3**.

➤ **LIBRAIRIES ET DISQUAIRES**. **Eleftheroudakis**, 17, Panépistimiou **II-F1** ☎ 010.331.41.80. Une large collection de livres et de périodiques dans plusieurs langues européennes. **Kauffmann**, 28, Stadiou **III-D4** ☎ 010.322.21.60. La librairie française d'Athènes: tous les livres et les périodiques. **Music Stores Metropolis**, 54 et 64, Panépistimiou **III-D3** ☎ 010. 380.85.49. Vous y trouverez tout ce que vous cherchez. Le magasin situé au n° 54 de la rue est exclusivement consacré à la musique grecque. **Virgin Megastore**, Stadiou **II-E1** (juste à côté de Syndagma). Choix ahurissant de CD grecs (musiques traditionnelle et actuelle).

Fêtes et manifestations à Athènes

➤ **D'avril à octobre. Son et lumière** de l'Acropole depuis la colline de la Pnyx **II-A3**. Achat des billets à l'entrée. Rens. ☎ 010.331.24.00. *T.l. soirs, sf mar. et ven., vers 22 h et 23 h.*

➤ **De mai à septembre. Danses folkloriques** au théâtre Dora Stratou (colline des Muses **II-A4**). Rens. ☎ 010.324.43.95. *Du mar. au sam. à 21 h 30, dim. à 20 h 15.*

➤ **De fin août à mi-septembre. Fête du vin** dans le parc de Daphni *(à 11 km à l'O d'Athènes par la rte de Corinthe)*. Chaque soir, dégustation de tous les vins grecs à volonté (prix d'entrée forfaitaire), accompagnée de spectacles de danse au son des bouzoukis. Rens. ℹ à Athènes *p. 130*.

➤ **Mois d'été.** Le **festival d'Athènes** se tient dans l'odéon d'Hérode Atticus et au théâtre du Lycabette. Des concerts, des représentations théâtrales et des opéras sont donnés à ciel ouvert par des troupes venues du monde entier. Rens. **Bureau des Festivals**, 39, Panépistimiou **III-D3** ☎ 010.322.14.59. ❖

Spectacles

Les programmes des manifestations culturelles (concerts, cinémas, théâtres, expositions) et une foule d'adresses utiles figurent dans l'hebdomadaire de spectacles *Athenscope*, le quotidien *Athens News*, ainsi que dans le mensuel *The Athenian*, tous trois rédigés en anglais et disponibles dans les kiosques. *La Tribune hellénique*, bimensuel, est en français. Athènes possède une salle de concert (1992) où se produisent les meilleurs talents du monde entier : **Mégaron** (Palais de la musique), Vasilisis Sophias **I-E2** ☎ 010.728.23.33.

Plages

Les plus proches, **Glifáda**, **Voula**, **Varkisa** et **Vouliagméni** *(payantes)*, sont sur la côte d'Apollon à une vingtaine de kilomètres d'Athènes. Pour s'y rendre, prendre le bus 115 ou 149 sur Panépistimiou, près de l'Université **III-DE3-4**.

Vie nocturne

La ville reste animée très tard dans la soirée. Évitez l'ambiance un peu factice de Pláka. Préférez **Syndagma II-EF2**, **Kolonáki I-D2-3** et surtout **Exarhia I-C3**, fréquenté par les étudiants et les jeunes. Également très animé, mais dans un cadre très différent, le quartier de **Thission II-A2** (rues Eptachalkou, Iraklidon, Akamandos) est plein de bars et de restaurants un peu plus chic. Enfin, le quartier de **Psiri II-B1** (rues Esopou, Agion Anargiron et place Iroon) compte des cafés, bars, restaurants et boîtes de toutes sortes.

➤ **Bars et boîtes.** Leur célébrité étant aussi éphémère que les modes, le mieux est de rencontrer un Athénien dans le coup qui divulgue les adresses. Sachez que en été la « branchitude » athénienne se déplace sur la côte et que la plupart des boîtes du centre ferment. Les noctambules iront derrière le cimetière du Céramique, sur l'av. **Piréos I-A2**. Si vous préférez rester en ville, rendez-vous à **Kalua**, 6, Amerikis **II-F1** ☎ 010.360.83.04, discothèque branchée du centre : animation garantie !

➤ **Bouzoukia.** Elles sont fréquentées uniquement par des Grecs, venus écouter des joueurs de bouzouki chanter des *rebétika*, ces complaintes nées au XIXe s. et qui faisaient fureur dans les années 1920. L'ambiance y est souvent formidable, mais les prix plutôt élevés. Les spectacles commencent vers 23 h. **Boemissa**, 19, Solomou **III-C1** ☎ 010.384.38.36 ; bonne ambiance folk près de la place Exarhia et du Musée national, public mélangé et tarifs raisonnables ; *f. lun.* **Stoa Athanoton**, 19, Sophocléous **III-AB3** ☎ 010.321.43.62 ; pittoresque taverne *bouzoukia* installée dans le marché central, abordable, mais il faut réserver ; *f. dim.*

➤ **Cafés. Bar Rue de la Presse**, 44, Valtetsiou **III-E2** ; bar jeune et dans le coup du quartier d'Exarhia, jardin très agréable. **Mitropoléos**, pl. Mitropoléos **II-D2** ; agréable et bonnes glaces à déguster en prenant son temps. Dans le quartier de **Kolonáki, I-D2-3**, les rues **Valaoritou, Milioni, Tsakalof** et **Charitos** (piétonnières), accueillent de nombreux bars et cafés.

Adresses utiles

➤ **Aéroport.** Aéroport international **Elefthérios Vénizélos** ☎ 010.353.00.00 **hors pl. I par F2**. *Voir aussi Arrivée, p. 130.*

➤ **Agences de voyages. Ivis Travel**, 3, Mitropoléos **II-E2** ☎ 010.324.33.65. **Nouvelles Frontières**, 26, Amalias **II-E3** ☎ 010.371.34.00.

➤ **Ambassades. France**, 7, Vasilisis Sophias **II-F2** ☎ 010.339.10.00. **Belgique**, 3, Sekeri **I-C3** ☎ 010.361.78.86. **Suisse**, 2, Iassiou **I-E3** ☎ 010.723. 03.64.

➤ **Banques.** Nombreuses banques *(ouv. du lun. au ven. de 8 h à 14 h)* et distributeurs de billets aux alentours de Syndagma **II-F2**. **American Express**, 31, Panépistimiou **II-E1** ☎ 010.323. 47.81. **Banque nationale de Grèce**, 2, Karagéorgi Servias **II-E2** ☎ 010.33. 40.015 (distributeur et change automatique de billets ; *change de 8 h à 14 h et de 15 h 30 à 18 h 30, sam. de 9 h à 15 h, dim. de 9 h à 13 h*).

➤ **Compagnies aériennes. Aegean Airlines**, 572, Vouliagménis **hors pl. I par C4** ☎ 010.998.83.00, rés. ☎ (0801) 20.000. **Air France**, 18, Vouliagménis **hors pl. I par C4** ☎ 010.960.11.00. **Cronus Airlines**, 10, Othonos **II-E2**, rés. ☎ 010.331.55.02/4. **Olympic Airways**, 96, Syngrou **I-B4** ☎ 010.926.91.11. ; rés. ☎ 010.966.66.66. **Swissair**, aéroport **hors pl. I par F2** ☎ 010. 33.70.400 ou 010.35.30.152.

➤ **Compagnies maritimes.** Rens. dans les nombreuses agences maritimes qui bordent l'Akti Kondyli, face au port du Pirée **pl. métro A4**.

➤ **Cybercafés. Café 4U-Athens Internet** *(ouv. 24 heures/24)*, 44, Hippocratous **III-E3** ☎ 010.361.19.81. **Ivis Internet Services** *(ouv. 8 h 30-0 h)*, 3, Mitropoléos **II-E2** ☎ 010.324.35.43. **Skynet-Internet Access Centers**, 30, Voulis **II-E2** ☎ 010.322.75.51.

➤ **Gares ferroviaires. Gare de Lárissa I-A1** ☎ 010.529.88.37. **Gare du Péloponnèse I-A1** ☎ 010.513.16.01.

➤ **Gares routières. Terminal A**, 100, Kifissiou **pl. métro B2** ☎ 010.512.49.10 et 010.513.26.01. **Terminal B** 260, Liossion **pl. métro C2** ☎ 010.831. 70.96.

➤ **Journaux français.** Dans les kiosques de la place **Syndagma II-E2** et le long des av. **Stadiou** et **Panépistimiou I-BC2-3**.

➤ **Location de voitures et deux-roues. Budget**, 8, Syngrou **I-B4** ☎ 010.921.47.71. **Europcar** 4, Syngrou **I-B4** ☎ 010.924.88.10. **Hertz**, 12, Syngrou **I-B4** ☎ 010.922.01.02. **Motorent** (deux-roues), 1, Rovertou Galli **II-C4** ☎ 010.923.49.39. Autres bureaux à l'**aéroport** et à l'**hôtel Hilton I-E3**.

➤ **Poste et téléphone.** Bureaux de poste un peu partout dans la ville : 28, Octovriou **I-B2**, 4, Stadiou **II-E1**, pl. Syndagma **II-E2**... **Centre téléphonique OTE**, 15, Stadiou **II-E1** ou 28, Octovriou **I-C1** *(jusqu'à minuit)*.

➤ **Santé et urgences.** Les pharmacies effectuent des gardes 24 heures/24 (affichage en devanture). En cas de problème grave ☎ 105 *(médecins de garde de 2 h à 7 h)*, ☎ 010.331.03.10, ☎ 1016 (SOS médecins 24 heures/24) ou ☎ 166 (secours d'urgence). **Hôpital Singrou**, Vasiléos Alexandrou **I-E3** ☎ 106. **Pharmacies** du centre-ville ☎ 107. **Centre antipoison** ☎ 010.779. 37.77. **Pompiers** ☎ 199. **Police** ☎ 100.

➤ TAXIS. **Athína 1** ☎ 010.921.79.42. **Express** ☎ 010.993.48.12. **Parthénon** ☎ 010.581.47.11.

Le Pirée (Pireás)

ℹ **Marina de Zéa** ☎ 010.45.22.586 ou 010.45.22.591.

Restaurants

Les tavernes à poissons du port de plaisance de Mikrolímano sont un peu chères. Préférez celles de **Zéa** (poissons et fruits de mer à meilleur prix).

♦♦ **Kranai**, Koumoundourou, port de Mikrolímano ☎ 010.41.70.156. L'un des nombreux restaurants qui bordent le port. Presque au centre de l'anse, sa terrasse au bord de l'eau permet de jouir du coucher du soleil. Excellents poissons. Serveurs très sympathiques. *Ouv. t.l.j.*

Shopping

Un **marché aux puces** se tient près du port, derrière l'Akti Posidonios. Moins touristique que celui d'Athènes, on y fait de meilleures affaires. *T.l. dim. de 6h à 14h30.* ■

LE PÉLOPONNÈSE ET DELPHES

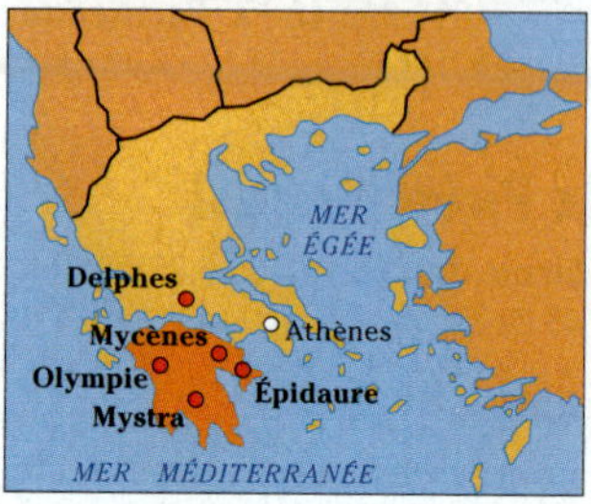

Ce long circuit, qui justifie à lui seul un voyage en Grèce, vous propose de découvrir l'essentiel des hauts lieux de la **Grèce antique** et **byzantine** : Corinthe d'abord, puis Mycènes, Épidaure, Mystra, enfin Olympie. Il s'achève à Delphes, de l'autre côté du golfe de Corinthe.

Les stakhanovistes peuvent espérer « exécuter » cette boucle en une quinzaine de jours, mais pas question de traîner en chemin… Les épicuriens modernes – ou ceux qui disposent d'un peu plus de temps – sortiront des sentiers trop bien balisés pour découvrir des lieux enchanteurs moins connus, tant dans le Péloponnèse que dans les environs de Delphes.

Les amateurs de petites **criques**, de plages de sable ou de paysages marins iront en Argolide au nord-est ou en Laconie au sud. Ceux que la douceur de vivre attire seront comblés par la Messénie au sud-ouest, avec ses **châteaux vénitiens** en sentinelle devant la mer. Les amoureux d'une Grèce plus secrète se rendront dans le centre du Péloponnèse, en Arcadie, restée à l'écart des grandes migrations estivales.

La Corinthie*

La Corinthie (Korinthía), première étape en venant d'Athènes, séduira en priorité les passionnés d'**archéologie**. La visite des sites de Corinthe, Sicyone, Isthmia ou Némée, devrait les occuper à plein temps pendant au moins deux jours. Les autres risquent d'être un peu déçus par ces champs de ruines qui demandent beaucoup d'imagination pour en restituer le riche passé… Ils se limiteront à une promenade dans l'ancienne Corinthe, avant de s'en aller vers les plaisirs plus ludiques qu'offre l'Argolide, où les montagnes se jettent dans la mer turquoise.

➤ ***Carte** rabat avant.*

Le canal de Corinthe*

➤ *À 72 km à l'O d'Athènes par l'E94 (rte de Corinthe). Quitter l'autoroute (péage) avant de traverser l'isthme à la sortie canal de Corinthe ou Loutráki (Old National Road).*

Cette étroite tranchée – que les Grecs appellent la « rigole » – fait du Péloponnèse une île. L'endroit, large d'une vingtaine de mètres et long de 6 km, est très impressionnant, surtout lorsqu'un bateau passe entre les parois coupées au couteau. Mais les marchands de souvenirs ont envahi les lieux et l'autoroute est très proche…

L'idée d'épargner aux navires les dangers du cap Matapan, au sud du Péloponnèse, et de réduire le trajet du Pirée à l'Adriatique, remonte aux VIIe-VIe s. av. J.-C. Mais des interdits religieux (on ne peut pas changer impunément l'ordre de la nature) et des obstacles d'ordre technique en empêchèrent la réalisation. Pendant l'Antiquité, on continua à hisser les embarcations sur des chariots dont les roues étaient guidées par des rainures creusées dans les dalles de pierre de la piste. Des traces restent visibles. Néron s'attela à la tâche en 67 apr. J.-C. Environ 10 000 prisonniers de guerre creusèrent quelques mètres, mais le chantier, trop ambitieux, fut abandonné. Une compagnie française le reprit en 1882, suivie par une société grecque qui acheva le canal en 1893.

Les environs du canal

Ses alentours fourmillent de souvenirs de l'Antiquité. Le site d'Isthmia, très proche, vaut surtout pour son musée. La seconde promenade conduit sur l'autre rive, à Loutráki, puis au cap Iréo, tendu dans les eaux du golfe.

Le XIXe s. réalisa le rêve de Néron : l'achèvement du canal de Corinthe. Le XXIe s. devrait être le témoin de l'édification du pont qui reliera le Péloponnèse à la Grèce centrale.

Isthmia

➤ *À 5 km à l'E du canal par la rte d'Épidaure ☎ 0741.037.244. Ouv. t.l.j. sf lun. de 8 h 30 à 15 h. Payant.*

Avant d'aller à Corinthe, un détour vers ce site permet d'évoquer des jeux à peine moins célèbres que ceux d'Olympie dans l'Antiquité. Le **sanctuaire de Poséidon** (Ve s. av. J.-C.) est réduit à ses fondations.

À proximité, le stade présente toujours sa ligne de départ. Le musée abrite des **mosaïques*** trouvées lors des fouilles de Kenchréai, l'un des ports de Corinthe. Ces panneaux du IVe s. av. J.-C. sont illustrés de paysages maritimes et parfois de personnages (Platon et Homère).

♥ L'Héraion de Perachora

➤ *À 29 km au N du canal.* ***Informations pratiques Loutráki*** *p. 196.*

En sortant de l'agréable station balnéaire de **Loutráki** *(à 6 km au N du canal)*, la route se dirige vers le lac de Vouliagméni *(location de pédalos)* avant d'arriver au cap Iréo. Là se cache l'Héraion de Perachora (Perahóra), une merveille : les ruines d'un **temple** dédié à **Héra** et, en contrebas, les vestiges d'un petit port antique où l'on peut se baigner.

Corinthe

➤ *À 7 km à l'O du canal de Corinthe, 79 km à l'O d'Athènes.* ***Informations pratiques*** *p. 196.*

La moderne Corinthe (Kórinthos), reconstruite après le séisme de 1928, n'est pas follement attirante. On peut aller directement à l'essentiel, c'est-à-dire à l'ancienne Corinthe (Arhéa Kórinthos), au pied de l'immense rocher de l'Acrocorinthe.

Sisyphe et Bellérophon

Sisyphe fut l'un des **rois légendaires de Corinthe**. Pour avoir révélé un secret de Zeus, il fut condamné à **rouler éternellement** une pierre jusqu'au haut d'une montagne. Son fils, Bellérophon, fut plus chanceux : il s'empara de Pégase (le cheval ailé né du sang de Méduse) alors qu'il buvait à la fontaine de Pirène, et s'en alla tuer Chimère, monstre mi-lion, mi-chèvre, mi-serpent qui passait pour invincible. Mais Bellérophon s'attira aussi la **colère des dieux** quand son orgueil le poussa à s'élever dans l'Olympe. Pégase, arrivé à mi-chemin, refusa d'aller plus loin et désarçonna son cavalier qui tomba dans le vide. ❖

La « grande débauchée »

Corinthe fut un important **centre commercial** ouvert sur les mondes asiatique et européen. On lui attribue la fondation de nombreuses **colonies**, dont Corfou et Syracuse. Au regard de ce passé prestigieux, les vestiges de la « grande débauchée » risquent de décevoir : hormis les colonnes du temple d'Apollon, le reste date de l'époque romaine et se réduit à des éboulis de pierres.

Le site fut habité dès le IVe millénaire. Cette date précoce s'explique par l'existence de sources, par une situation géographique exceptionnelle et par la présence d'une forteresse naturelle, l'**Acrocorinthe**. La ville prospéra au moment de la tyrannie de **Kypsélos** et de son fils **Périandre**, autour du VIe s. av. J.-C. De cette époque date le développement des colonies corinthiennes de Corfou, de Syracuse et de Potidée, en Macédoine, fondées un siècle plus tôt.

Plus tard, le caractère aristocratique du pouvoir corinthien mit souvent la cité en conflit avec Athènes et la poussa à s'allier à **Sparte**. Ses querelles avec Corcyre (Corfou), puis avec l'envahissant pouvoir lacédémonien, fournirent ensuite le prétexte à deux guerres: celle du Péloponnèse (431-404) et celle de Corinthe (395-387).

Riche et turbulente, Corinthe fut prise et **incendiée** par le consul romain Mummius en 146, puis rebâtie sous Jules César en 44 av. J.-C. Elle vécut alors un long âge d'or, développant son commerce, ses chantiers navals et devenant le carrefour obligé entre Orient et Occident. C'est pourquoi elle fut choisie par **saint Paul** *(encadré p. 257)* – malgré les mœurs notoirement dissolues de ses habitants – comme l'une des bases de propagation de la foi chrétienne.

Le site de l'ancienne Corinthe*

➤ *À 5 km au S-O de la Corinthe moderne (indications) ☎ 0741.031.207. Ouv. t.l.j. de 8 h à 19 h (15 h hors saison). Payant. Entrée principale près du parking, à côté du temple d'Apollon.*

➤ ***Plan*** *p. 144.*

La physionomie de Corinthe, dans sa disposition actuelle, est celle que lui laissèrent **Jules César** et ses successeurs. Seuls certains monuments, par ailleurs les mieux conservés, remontent aux temps helléniques (le temple d'Apollon et la fontaine de Pirène). Attention, l'ombre est rare... La visite doit se faire le matin ou en fin d'après-midi.

En pénétrant dans le champ de ruines, on longe d'abord les vestiges de la **fontaine de Glauké** *(à g.)*, qui porte le nom de la seconde épouse de Jason. Le **musée** abrite les pièces découvertes lors des fouilles, dont les fameuses céramiques *(encadré*

Les ruines de l'ancienne Corinthe sont dominées par la silhouette de l'Acrocorinthe, d'où ses maîtres surveillaient un isthme hautement stratégique.

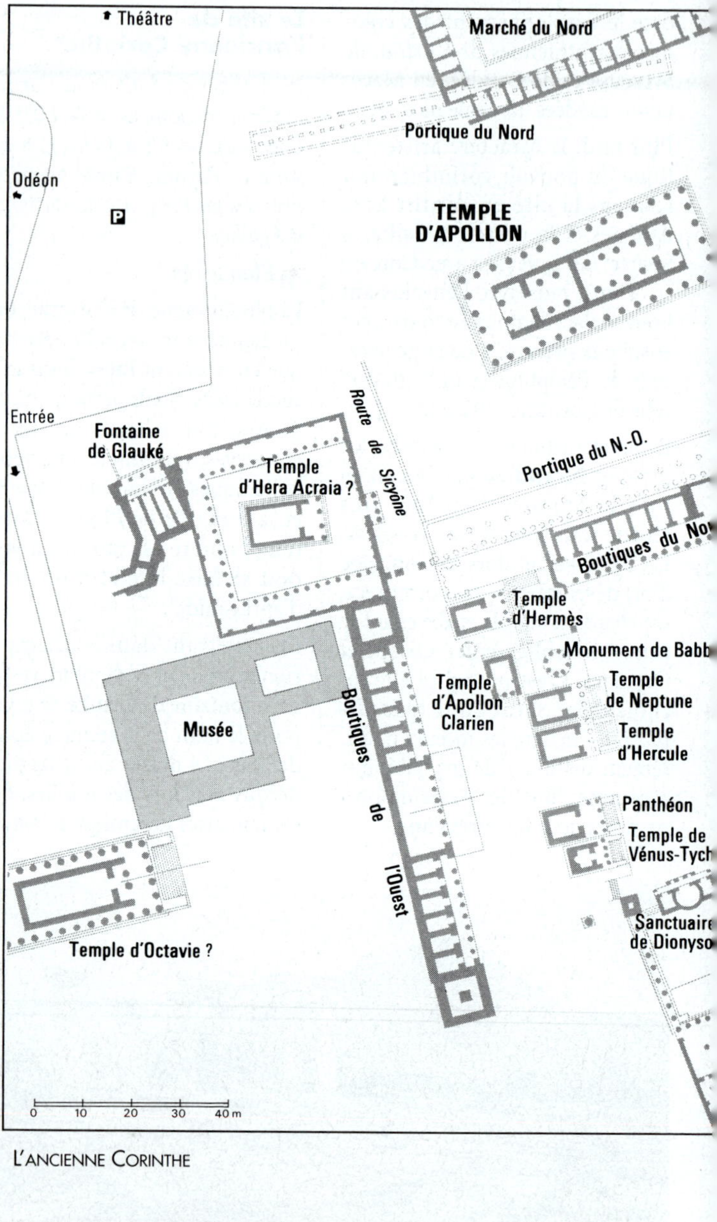

L'ANCIENNE CORINTHE

p. 146) qui firent la gloire de Corinthe et une mosaïque romaine (IIe s. apr. J.-C.) figurant un bouvier jouant de la flûte.

➤ **LE TEMPLE D'APOLLON**.** Construit entre 550 et 525 av. J.-C. dans le style **dorique**, il compte parmi les plus anciens monuments de Grèce. À l'origine, son plan comportait six colonnes en façade et quinze sur les côtés, soit une forme allongée typiquement archaïque. Sept de ces colonnes ont été relevées.

➤ **L'AGORA.** *En contrebas du temple.* Cet espace de 200 m sur 100 m est

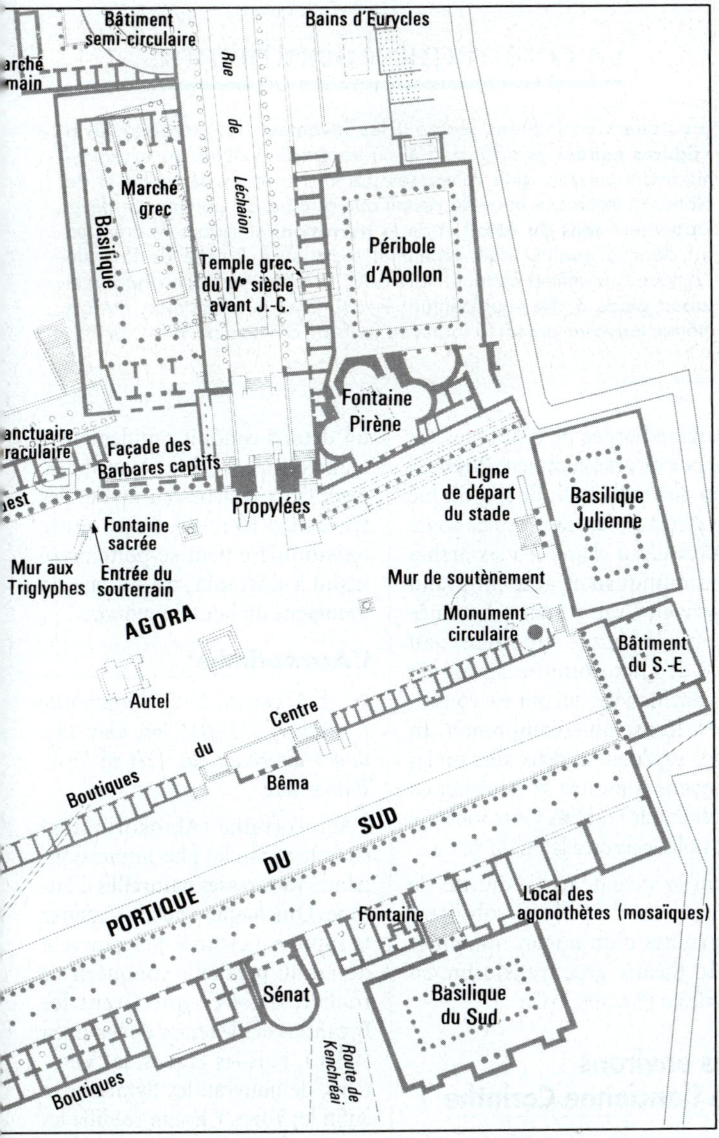

bordé à l'ouest par une série de **six petits temples romains** qui font face à la **basilique Julienne** à l'est. Datant de l'époque d'Auguste, celle-ci est précédée par le **stade** (ligne de départ visible). Au nord et au sud de l'agora s'étendent les vestiges des portiques et des boutiques qui entouraient cette immense esplanade, seulement lotie à l'époque romaine.

➤ **La fontaine de Pirène***. Datée du IIe s. apr. J.-C., elle se dresse près des propylées *(p. 289)* donnant sur la rue de **Léchaion*** – la voie d'accès au port du golfe de Corinthe, à

La céramique corinthienne

Les potiers corinthiens seraient les inventeurs du procédé dit à « **figures noires** » (v. 650, *p. 50*), où les détails sont incisés sur le vernis avant cuisson, puis rehaussés par des touches de rouge et de blanc. La technique nouvelle permit aux artisans de Corinthe de développer leur **sens du détail** et de la **narration**, et surtout de créer un art dont la qualité était nettement supérieure à celle de l'art de l'Attique à la même époque. Vers 630, la figure humaine disparut et laissa place à des représentations animales ou végétales. Parfois même, les vases prirent la forme de fruits ou d'animaux. ❖

l'origine bordée de boutiques. La légende raconte comment **Pirène**, à trop pleurer la mort de son fils tué par Artémis, fut transformée ici en source d'eau claire. Les six arches communiquaient avec un grand réservoir. L'eau y était acheminée depuis la source supérieure, au pied de l'Acrocorinthe, au moyen de canalisations qui ont été conservées. L'ensemble comprenait un étage supérieur et deux ailes où les Romains pouvaient se désaltérer en profitant de l'ombre. Cette fontaine fut utilisée jusqu'à la fin du XIXe s.

Dans la seconde partie du site, de l'autre côté du parking, subsistent les ruines d'un odéon romain et d'un théâtre grec transformé en arène au Ier s. apr. J.-C.

Les environs de l'ancienne Corinthe

La visite de l'ancienne Corinthe doit être complétée par l'ascension de l'Acrocorinthe, dont le sommet offre une vue globale de la région. Dans les environs, Sicyone est un site attachant car peu touristique. L'autoroute à péage vers Trípoli traverse ensuite un paysage qui devient de plus en plus austère au fur et à mesure que l'on se rapproche de Mycènes. En chemin, un détour conduit rapidement à Némée puis au lac Stymphale, deux lieux attachés au mythe des travaux d'Hercule. Cette route buissonnière peut se poursuivre jusqu'à Kastaniá, un village de montagne du bout du monde.

L'Acrocorinthe*

➤ *À 5 km au S de l'ancienne Corinthe ☎ 0741.031.266. Ouv. t.l.j. de 8h à 19h en été, 17h en hiver. Entrée libre.*

L'Acrocorinthe (Akrokórinthos) compte parmi les plus impressionnantes **forteresses naturelles** d'Europe. Quiconque voulait s'assurer la suprématie sur le Péloponnèse devait au préalable conquérir ce rocher. C'est ce que firent les Byzantins dès le temps de Justinien (VIe s.), puis les Francs, les Vénitiens, de nouveau les Byzantins et enfin les Turcs. Chacun réédifia les murailles sur les fondations du IVe s. av. J.-C.

La visite vaut pour la vue de la topographie de Corinthe que l'on surnommait l'Amphithalassios, « la ville entre les mers ». La triple muraille, les tours ou le donjon furent construits à l'époque de Villehardouin. Au sommet (574 m), le **panorama**** est superbe. Les ruines d'un **temple d'Aphrodite** rappellent le millier de prêtresses qui se vouaient à la prostitution sacrée dans la ville antique. Leurs tarifs prohibitifs avaient donné lieu à un adage à l'époque romaine : « Il n'est pas donné à tout le monde d'aller à Corinthe. »

♥ Sicyone

➤ *À 26 km au N-O de Corinthe par l'E65 (rte de Patras) jusqu'à Kiáto (indications) ☎ 0742.031.207. Ouv. t.l.j. sf lun. de 8 h 30 à 15 h. Entrée libre.*

Le nom de Sicyone (Sikióna) est surtout connu pour le trésor que ses habitants consacrèrent à Delphes au Vᵉ s. av. J.-C. La ville s'étendait à l'origine le long du rivage, mais elle fut rebâtie à l'intérieur des terres au IVᵉ s. av. J.-C. pour éviter les raids. Le site, disséminé de part et d'autre de la route, conserve les restes d'un **théâtre** du IIIᵉ s. av. J.-C., d'un **temple dorique** du IVᵉ s. et d'un **gymnase** hellénistique avec deux fontaines assez bien conservées. Un musée a été aménagé dans des ♥ **bains romains** reconstitués. Il abrite un **pavement de mosaïques*** du IVᵉ s. av. J.-C. Le sommet de la colline, à l'extrémité de la route, au-delà du théâtre, offre une vue d'ensemble de Sicyone et de la campagne plantée d'arbres fruitiers.

♥ Némée

➤ *À 35 km au S-O de Corinthe. Site ouv. t.l.j. sf lun. de 8 h à 19 h.*

Deux **légendes** auréolent l'histoire de Némée (Neméa) : celle d'**Héraclès** qui étrangla le fameux lion (premier de ses douze travaux) qu'aucune arme ne pouvait blesser ; celle du jeune **Opheltès**, fils du roi de Némée, mort étouffé par un serpent alors que sa nourrice partait indiquer aux Sept Chefs argiens une source où se désaltérer *(encadré p. 194)*. Les **Jeux néméens**, qui remontaient au milieu du XIIIᵉ s. av. J.-C., perpétuèrent longtemps le souvenir de cette tragédie. Parmi les vestiges, on remarquera ceux du **stade** et du **temple de Zeus** (IVᵉ s. av. J.-C.), dont les trois colonnes s'élèvent poétiquement dans la campagne. Le **musée** (☎ *0746.022.739. Ouv. t.l.j. sf lun. de 12 h à 19 h. Payant)* abrite une intéressante maquette de Némée, telle qu'elle se présentait dans l'Antiquité, et des objets trouvés lors des fouilles. Dans le village moderne se trouvent plusieurs négociants proposant du **vin** de Némée, qui passe pour l'un des meilleurs du Péloponnèse.

♥ Le lac Stymphale

➤ *À env. 30 km à l'O de Némée.*

La route de campagne peut être poursuivie au-delà de Psári et de Kaliáni jusqu'au village de **Stimfalia** (Stymphale), à la sortie duquel s'élèvent les ruines d'une église franque. Le solitaire lac Stymphale, quelques kilomètres plus loin, fut le théâtre du **sixième travail d'Hercule**. Le fils naturel de Zeus débarrassa ici les habitants d'un fléau en exterminant de ses flèches les innombrables oiseaux du lac…

♥ Kastaniá

➤ *À 10 km à l'O de Stimfalia.*

Accrochant ses maisons à balcons en bois aux pentes de la montagne, Kastaniá doit son nom à ses abondants **châtaigniers**. Le joli village est quasiment ignoré des touristes et seulement connu des chasseurs de papillons… ■

Le temple grec

Pour s'assurer les bonnes grâces des divinités, les Anciens ont d'abord élevé de simples cabanes, puis de grands édifices en bois, avant d'adopter la pierre et parfois même le marbre. Ils voulaient des sanctuaires à l'image de leur cité, toujours plus élégants, toujours plus riches…

Feuilles d'acanthe et volutes décorent les chapiteaux corinthiens. Une véritable ode à la nature.

Dorique et ionique

Les deux ordres apparaissent au même moment, à la fin du VIIe s. av. J.-C. En dehors des colonnes et des chapiteaux très dissemblables, la différence entre les deux styles s'observe au niveau supérieur. Alors que l'ordre ionique offre une plus **grande surface de décoration** – sa frise continue permet de raconter de véritables histoires –, le dorique ne présente qu'un bandeau où alternent **triglyphes** et **métopes**. Seules ces dernières, sans compter les frontons, reçoivent des sculptures. L'ordre ionique, d'une élégance presque orientale et « féminine » selon les Anciens, est surtout représenté en Asie Mineure et dans les îles de la mer Égée. Il s'oppose à la sévérité « virile » du style dorique, adopté en Grèce continentale, en Italie du Sud et en Sicile.

Le temple archaïque

Jusqu'au Ve s. av. J.-C., les temples sont très allongés. Ils s'ordonnent autour d'un **porche à colonnes**, ou **pronaos**, qui conduit à la salle intérieure du **naos**, ou **cella**, soutenue par une colonnade axiale. Le **saint des saints** abrite la statue de la divinité à laquelle un temple est dédié. Côté ouest, un autre porche est aménagé par souci d'équilibre : l'**opisthodome**.

La pierre remplace le bois en usage avant le VIe s. av. J.-C. Les architectes connaissent encore mal les possibilités de ce matériau. Ainsi les colonnes, énormes et trop courtes, semblent-elles se toucher. Leur hauteur est parfois à peine

Le temple d'Apollon à Corinthe (VIe s. av. J.-C.) peine à élever ses colonnes vers le ciel. Les bâtisseurs sous-estiment encore les possibilités qu'offre la pierre…

quatre fois supérieure à leur diamètre ! Les temples d'Héra à **Olympie** *(p. 179)* ou d'Apollon à **Corinthe** *(p. 144)*, tous deux construits au VIe s. av. J.-C., présentent ainsi une allure lourde et massive.

Le temple classique

Le temple dorique de Zeus *(p. 179)* à **Olympie** (468-456 av. J.-C.) adopte un plan nettement moins allongé, avec six colonnes en façade et treize sur les longs côtés. Ce rapport de 2 à 1 devient la règle. Le temple grec perd définitivement son aspect trapu.

La formule est perfectionnée lors de la mise en chantier du **Parthénon** (447-432 av. J.-C.). De style dorique, le temple *(p. 117)* présente huit colonnes en façade (un nombre adopté plutôt dans l'ordre ionique) et dix-sept sur les côtés. Derrière, une autre rangée de six colonnes, au lieu de deux comme il était d'usage, ouvre sur l'intérieur du temple divisé en trois nefs. Les sculpteurs disposent d'un champ considérable pour s'exprimer : les quatre-vingt-douze métopes de la colonnade extérieure élargie, les frontons est et ouest et la frise ionique qui court sous le portique.

À la fin de l'âge classique, les architectes prennent des libertés toujours plus grandes avec la forme « canonique » illustrée à Olympie. Ictinos, déjà à l'origine du Parthénon, adopte timidement le nouvel ordre corinthien dans le **temple de Bassæ** *(p. 177)*, v. 420 av. J.-C. Dans le temple d'**Athéna Niké** (432-415 av. J.-C.) ou dans l'**Érechthéion** (421-406 av. J.-C.), tous deux de style ionique, les bâtisseurs écartent les recettes toutes faites pour mieux adapter les édifices à leur fonction liturgique et aux escarpements de l'Acropole d'Athènes.

Le temple hellénistique

L'Olympieion est un temple excessif, tant par la durée de sa construction (près de six siècles !) que par ses proportions.

Cette **recherche d'élégance** devient primordiale au IVe s. av. J.-C. Les architectes mélangent d'abord les ordres ionique, dorique et corinthien. Ils élèvent de petits édifices comme les temples circulaires de **Delphes** *(p. 186)* ou d'**Épidaure** *(p. 156)* : les **tholos**. Leurs colonnes, d'une sveltesse inouïe jusqu'alors, présentent des bases polychromes constituées de calcaire bleu et de marbre blanc.

À l'époque hellénistique, sous Alexandre le Grand et ses successeurs, élever un temple n'est plus d'actualité. On achève de vieux chantiers, comme celui de l'**Olympieion** *(p. 110)* à Athènes, où triomphe l'ordre corinthien, c'est-à-dire le style dont les formes sont les plus proches de la nature. De dimensions aussi colossales que celles de ses homologues d'Asie Mineure (Éphèse et Pergame), l'édifice dédié à Zeus Olympien s'entoure d'une colonnade double et même triple à l'entrée. L'heure est à l'emphase.

L'Argolide***

Mycènes, **Épidaure**, ces deux noms suffiraient à justifier l'intérêt de cette presqu'île montagneuse cernée par les eaux des golfes saronique et argolique. Mais il y a aussi **Tirynthe** et sa forteresse, **Nauplie** et sa douceur de vivre, qu'on choisira sans hésiter comme base d'excursion. Voilà pour les grands classiques, dont l'exploration demande au moins deux jours. Il serait dommage de quitter l'Argolide (Argolída) sans avoir admiré ses paysages idylliques, sans avoir goûté le charme de ses petits ports et des criques de la côte. La campagne est particulièrement belle au-delà d'Épidaure, sur la côte nord, mais les plages sont plus nombreuses sur la côte sud, face aux îles d'Hydra et de Spetsae.

➤ ***Carte** rabat avant.*

Mycènes***

➤ *40 km au S de Corinthe par l'E65. Site au-delà du village moderne de Mikínes.* ***Cars*** *depuis Athènes (gare à 3 km du site).* ☎ *0751.076.585; ouv. t.l.j. de 8h à 17h (19h en été). Payant.*

➤ ***Plan*** *p. 152.*

Une colline aride où pousse une rare végétation, des pierres dont la couleur s'accorde parfaitement à une terre brûlée par le soleil : Mycènes (Mikínes) est un cadre parfait de tragédie. La visite de la cité d'Agamemnon donne l'impression d'aller à la rencontre d'un mythe désincarné qui, peu à peu, prend vie. On se promène ici comme dans les pages d'Homère, dans un monde familier mais pourtant aux origines de l'histoire.

La cité des Atrides

Mycènes aurait été fondée par **Persée**. Les descendants du héros vainqueur de Méduse régnèrent jusqu'aux environs de l'an 2000 av. J.-C., date à laquelle les Achéens venus d'Élide, conduits par Pélops, s'emparèrent de l'Argolide. Mycènes devint alors la capitale d'un **royaume puissant**, d'où son épithète homérique de « riche en or ». Le royaume achéen ne cessa de s'étendre jusqu'aux invasions doriennes. Cet âge d'or, qui donna son nom à une civilisation, se manifesta par d'étroites relations commerciales avec la Crète, l'Égypte et la Syrie.

La dynastie des Atrides régna sur Mycènes au cours du XIIIe s. av. J.-C. **Agamemnon**, son plus illustre rejeton, prit la tête de la ligue achéenne contre Troie. À son retour, comme le racontent Homère et Eschyle, il fut assassiné par **Égisthe**, l'amant de sa femme **Clytemnestre**, qui entendait ainsi venger la mort sacrificielle de sa fille **Iphigénie**. Le forfait de Clytemnestre ne resta pas longtemps impuni : elle fut égorgée par son fils **Oreste**. Ainsi s'achevèrent les sanglantes querelles d'une **famille maudite**. La guerre civile et dynastique qui s'ensuivit précipita la fin de Mycènes.

Au XIIe s. av. J.-C., les Doriens pillèrent la ville, puis les Argiens la rayèrent de la carte au Ve s. av. J.-C. Mycènes devint alors un mythe figé, jusqu'à ce que **Heinrich Schliemann** lui rendît vie *(encadré ci-contre)*. À force de persévérance, cet archéologue génial, passionné d'Homère, redécouvrit le site en 1874 et mit au jour en 1876 le

Heinrich Schliemann, le redécouvreur

Rien ne prédestinait cet Allemand originaire du nord du Brandebourg à passer à la postérité comme le « redécouvreur » de Mycènes. Commis d'épicier, Heinrich Schliemann (1822-1890), fit fortune dans le commerce de l'indigo. Mais sa passion était l'Antiquité et les langues anciennes ou orientales, qu'il apprenait à ses heures perdues... Devenu riche, il décida d'abandonner ses affaires et se fixa en Grèce (on peut voir sa maison à Athènes). En 1870, il découvrait le **site de Troie**. Quatre ans plus tard, **Mycènes** (1874) livrait des secrets que personne n'espérait. L'archéologue génial ne se reposa pas sur ses lauriers : il fouilla aussi Orchomène (1880) en Arcadie, Tirynthe (1884) en Argolide, puis l'île d'Itaque à la fin de sa vie. Considéré comme l'**un des pères de l'archéologie moderne**, Schliemann s'éteignit à Naples en 1890. Il laisse de passionnants écrits, notamment *Une vie pour Troie* (éditions Slatkine, 1996), une autobiographie en forme d'hommage au poète et à l'historien qu'il connaissait par cœur : Homère. ❖

fabuleux **trésor des Atrides** exposé au Musée national d'Athènes *(p. 107)*.

Le site archéologique***

➤ **La porte des Lions*****. *En montant vers l'acropole.* Espace triangulaire encerclé de **murailles** d'une épaisseur de 3 à 8 m, cette porte (XIVe s. av. J.-C.) signale l'entrée du palais. Le seul **linteau** de ce chef-d'œuvre, marqué par l'Orient, pèse la bagatelle d'une vingtaine de tonnes.

➤ **Le cercle des tombes royales***. *Un peu plus loin à dr.* C'est ici que **Schliemann** trouva le fabuleux **trésor** des Atrides. À proximité se trouve un quartier d'habitations difficilement identifiable.

➤ **Le palais des Atrides**. *Au sommet de l'acropole.* De ce palais (XIVe s. av. J.-C.), il ne subsiste que le plan au sol. On entre d'abord dans une cour pavée de galets avant d'atteindre, par un escalier monumental, la **salle du trône** où se tenaient les cérémonies officielles. À l'opposé de la cour, on voit les traces du **mégaron** *(p. 289)*, salle principale du palais que précédait un portique à colonnes en bois.

➤ **L'extrémité est de l'acropole.** Elle présente des vestiges intéressants : des maisons, des magasins mycéniens et, surtout, la **citerne** alimentée par la source Perseia (se munir d'une lampe électrique). On y accède par un **souterrain** qui passe sous le rempart et descend à environ 12 m de profondeur. Cet étonnant travail du XIIIe s. av. J.-C. garantissait l'approvisionnement en eau de la citadelle en cas de siège.

➤ **Les tombeaux.** *Revenir jusqu'à la porte des Lions. Sur la g., un sentier conduit aux tombes.* Le **tombeau de Clytemnestre***, bâti vers 1300 av. J.-C., est précédé d'un dromos (voie d'accès) conduisant à une chambre funéraire à coupole, haute d'environ 13 m. À côté, le **tombeau d'Égisthe** (v. 1510 av. J.-C.) est moins bien conservé.

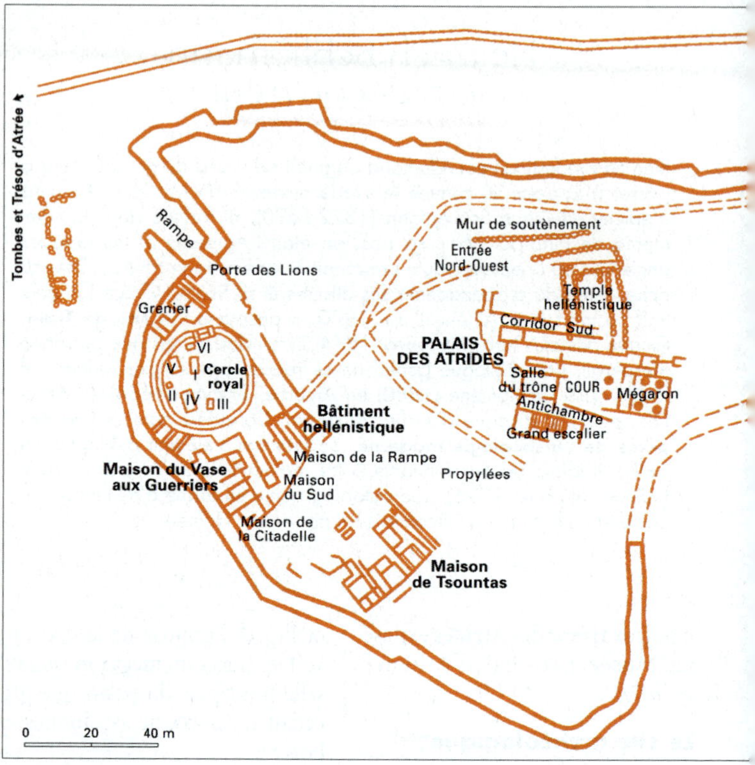

MYCÈNES, L'ACROPOLE

> ## Programme
>
> Mycènes attire beaucoup de groupes. Il vaut mieux arriver le plus tôt possible, l'idéal étant dès l'ouverture. Commencez la visite par l'**acropole** (parking à proximité) et terminez par le **tombeau de Clytemnestre** et le **trésor d'Atrée**. ❖

➤ **LE TRÉSOR D'ATRÉE*****. *Du parking, descendre la rte sur env. 300 m. Accès à dr.* Appelé aussi tombeau d'Agamemnon (v. 1300 av. J.-C.), c'est le plus parfait exemple de l'architecture funéraire mycénienne. On y pénètre par un dromos taillé dans le roc, auquel fait suite une **porte monumentale*** (le triangle de décharge devait être orné d'une plaque sculptée). On entre ensuite dans la **salle à coupole**, à laquelle succède une petite pièce. La grande chambre, d'environ 14,50 m de diamètre sur 13 m de hauteur, est une véritable prouesse technique pour l'époque. Bien qu'enfouie dans le sol, elle fut découverte bien avant Schliemann. Le trésor qu'elle contenait fut certainement pillé.

Árgos

➤ *À 13 km au S de Mycènes.* ***Trains*** *depuis Athènes, Corinthe et Kalamáta.* ***Cars*** *depuis Athènes, Nauplie et Sparte.*

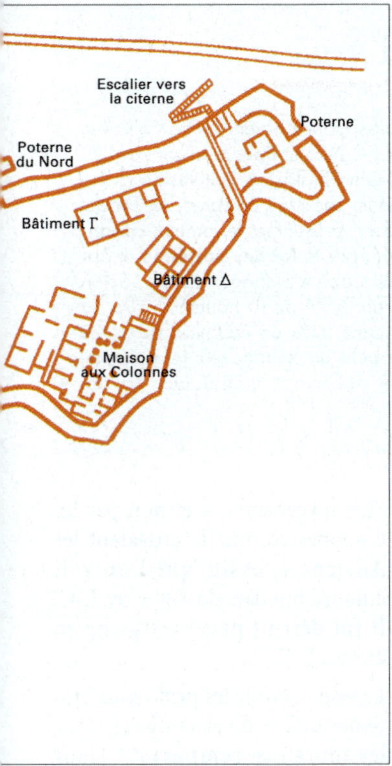

La capitale de l'Argolide intéressera les férus d'archéologie et d'histoire. Et encore, ils risquent d'être déçus par un site qui paraît abandonné et dont l'intégration à l'agglomération moderne n'est pas une franche réussite.

La patrie des Danaïdes

Árgos aurait été fondée par **Danaos**, père des fameuses **Danaïdes** contraintes de remplir éternellement des tonneaux sans fond pour avoir tué leurs époux. Après la domination dorienne, elle devint le centre le plus important de l'Argolide. Influente sur l'ensemble du Péloponnèse, elle ne tarda pas à s'opposer à **Sparte**, qui décida de mettre un terme à son hégémonie à la fin du VIe s. av. J.-C. Par haine de sa voisine, elle participa plus tard à toutes les coalitions dirigées contre son ennemie. Détruite par les Goths en 267 apr. J.-C., frappée de plein fouet par les invasions successives du Moyen Âge, elle se releva à chaque fois de ses ruines. Elle a été entièrement reconstruite après l'incendie de 1828.

La visite peut se limiter au musée, situé près de la place principale, et aux fouilles du quartier du théâtre *(sortir en direction de Trípoli)*. Pour jouir de beaux panoramas, grimpez sur la colline de Lárissa afin de voir la forteresse qui s'élève à l'emplacement de l'ancienne acropole.

Le musée

➤ ☎ *0751.068.819. Ouv. t.l.j. sf lun. de 8h30 à 15 h. Payant.*

Il abrite un nombre important d'objets trouvés à Árgos. Parmi les plus intéressants, on remarquera la **grande jarre** (VIIIe s. av. J.-C.) du vestibule, ornée de lutteurs en action, chose assez rare à l'époque géométrique et, dans la grande salle, une armure du VIIe s. av. J.-C. et un **casque homérique***. En sortant, traversez le jardin et rejoignez le portique. Il possède une **mosaïque** romaine où sont représentés les mois de l'année et des scènes allégoriques.

Le site archéologique

➤ ☎ *0751.063.119. Ouv. t.l.j. de 8h30 à 15h. Entrée libre.*

On rencontre sur la droite les **thermes romains*** (IIe s. apr. J.-C.), imposants et assez bien conservés. En face, le **théâtre*** (IVe s. av. J.-C.), que domine la colline de Lárissa, fut plusieurs fois transformé sous l'Empire romain. Il accueillait 20000 spectateurs, c'est-à-dire plus que celui d'Épidaure. En longeant l'aqueduc, on atteint les ruines

Polyclète l'Argien

Sept ou huit **statues** (toutes des copies) sont parvenues de Polyclète l'Ancien, artiste né à Árgos vers 480 av. J.-C. et dont le talent égalait, dit-on, celui de son illustre contemporain Phidias. À l'exclusion d'une seule, il s'agit de **nus** virils, immobiles. Les plus célèbres, le *Diadumène* et le *Doryphore* (porteur de lance), présentent le fameux **canon**, un système de **proportions** idéales régi par la **loi des nombres** et par la **section d'or**, en accord avec la philosophie pythagoricienne. Selon cette règle, la tête doit mesurer environ 1/7e de la hauteur totale, la cuisse être de la taille du torse... À cette mise en équation du corps humain, Polyclète ajouta le ***contrapposto*** un déhanchement qui rompait définitivement avec la frontalité des temps archaïques. La statuaire se mettait dès lors à « bouger ». ❖

d'un petit odéon du Ier s. apr. J.-C. De l'autre côté de la route de Trípoli se trouvent des vestiges de l'agora.

La colline de Lárissa

➤ *À 3 km du centre. Suivre les indications* « kastro ».

L'ascension vers cette forteresse byzantine, remaniée par les Ottomans, offre une très belle **vue*** d'Árgos et de la plaine. Au loin se dessine le golfe de Nauplie.

Tirynthe*

➤ *À 7 km au S-E d'Árgos (rte de Nauplie) ☎ 0752.022.657. Ouv. t.l.j. de 8h à 19h en été (15h en hiver). Payant.*

Ici, l'expression de « **murailles cyclopéennes** » prend tout son sens. Même les moins férus d'architecture militaire sortent de Tirynthe (Tirintha) abasourdis, en se demandant comment ont bien pu être entassés ces énormes blocs de pierre.

Le rocher isolé dans la plaine fut habité dès l'âge du bronze. La légende en fait le lieu de naissance d'**Héraclès**. Fortifié au début de l'ère mycénienne – et non par les Cyclopes comme le croyaient les Anciens –, le site que l'on voit aujourd'hui date du XIIIe s. av. J.-C. Il fut détruit par les Argiens en 468 av. J.-C.

La visite dévoile les principaux systèmes défensifs : la rampe d'accès, les murs des **remparts**** (leur épaisseur atteint 10 m par endroit !) et la porte d'entrée de l'acropole qui rappelle un peu celle de Mycènes. Le palais est réduit à ses fondations. En se rendant à la poterne ouest, on voit un escalier aménagé à l'intérieur du rempart qui donnait accès à un **passage secret** bien pratique en cas de siège.

♥ Nauplie**

➤ *À 5 km au S de Tirynthe, 13 km au S d'Árgos.* ***Informations pratiques*** *p. 201.*

Nauplie (Náfplio), bâtie sur une **presqu'île** rocheuse au fond du golfe argolique, est la plus belle ville du Péloponnèse. Un séjour dans la cité aux **deux forteresses** permet de rayonner dans la région dans la journée, puis de retrouver le soir le charme reposant de ses petites rues et de son sympathique front de mer. Nauplie compte deux grandes curiosités : la vieille ville avec son **musée archéologique** et la **forteresse Palamède**. La visite complète demande moins d'une journée. Garez votre voiture au port, le long de Miaouli **A1**.

Du lion vénitien à l'indépendance

L'ancienne **base navale d'Árgos** devint réellement importante sous les Francs, qui la prirent aux Byzantins après la chute de Constantinople (1204). Administrée par les Vénitiens au XIVe s., elle prit le nom **de Napoli de Romanie** et se dota de fortifications que même les Ottomans ne parvinrent jamais à violer. Seul un traité de paix leur livra la forteresse, en même temps que la ville en 1520, mais Venise reprit le tout au début du XVIIIe s. Dès 1829, la petite cité devint la **capitale de la Grèce libérée**. Elle accueillit, quatre ans plus tard, son premier souverain : Othon de Bavière *(p. 65)*.

♥ La vieille ville

Cette promenade entraîne dans un dédale d'escaliers et de ruelles bordées de maisons fleuries. La **place Syndagma* A1**, au cœur de la cité, possède un irrésistible parfum italien.

➤ **Le Musée archéologique A1**. *Au bord de la pl. ☎ 0752.027.502. Ouv. t.l.j. sf lun. de 8 h 30 à 15 h. Payant.* Il est installé dans un **bâtiment vénitien** du XVIIIe s. Le premier niveau est intéressant pour sa collection de céramiques et d'idoles mycéniennes. Notez la **cuirasse*** (XVe s. av. J.-C.) surmontée d'un casque en dents de sanglier, ainsi que des fragments de fresques provenant de la forteresse de Tirynthe. Le second niveau abrite des céramiques géométriques, corinthiennes et attiques. On y verra l'intéressante reconstitution d'un casque antique.

➤ **Les édifices religieux**. S'élevant de l'autre côté de la place, la **mosquée Vouleftiko A1** rappelle la

NAUPLIE

Nauplie offre un résumé parfait de l'histoire du pays. Souvenirs vénitiens et ottomans côtoient les témoignages de celle qui fut, au XIXe s., l'éphémère capitale de la Grèce libérée.

présence turque. Elle fut surnommée « Parlement » quand elle eut reçu la première Assemblée de la Grèce libérée en 1822. En se baladant dans les ruelles coupées d'escaliers, on verra plusieurs églises : **Saint-Spiridon A2**, construite au début du XVIIIe s. par les Vénitiens ; la **cathédrale** (XVIe s.) **B2** avec son campanile ; enfin l'**église des Francs A2**, transformée un temps en mosquée, qui s'ouvre par un gracieux porche à arcades (XIIIe s.).

Les fortifications*

➤ **LA FORTERESSE PALAMÈDE** B2.** *À 3 km en direction de Toló ; accès possible depuis la pl. Nikitara par un escalier de 900 marches ☎ 0752. 028.036. Ouv. t.l.j. de 8 h à 16 h 30 (18 h 30 en saison). Payant.* Elle fut construite par les Vénitiens de 1711 à 1714. L'ensemble a un petit côté *Désert des Tartares* plutôt séduisant. Le panorama de la ville et du golfe est particulièrement beau au lever et au coucher du soleil.

➤ **L'ACRONAUPLIE A2.** *À l'extrémité du promontoire.* Surplombant la mer, cet ensemble de **trois forts** fut édifié par les Vénitiens à l'emplacement de la citadelle antique. L'enceinte date de l'époque byzantine et de la domination franque.

➤ **BOURTZI* hors pl. par A1.** Situé au large, ce petit **fort** de construction vénitienne du XVe s. complétait le dispositif défensif.

Épidaure**

➤ *À 30 km à l'E de Nauplie.* ***Informations pratiques*** *p. 197.*

➤ ***Plan*** *p. 158.*

Épidaure (Epídavros) occupe la première place des sites antiques les plus visités, aux côtés d'Olympie et de Mycènes. Ce succès, le **sanctuaire d'Asclépios** le doit autant à son fabuleux théâtre qu'à sa belle campagne solitaire plantée de bois de pins. À l'horizon, de douces collines arrondies complètent avec bonheur le tableau.

Le sanctuaire du dieu guérisseur

Asclépios fut sauvé *in extremis* du ventre de sa défunte mère Coronis, laquelle avait eu le mauvais goût de préférer un obscur mortel à **Apollon**, son divin amant. Le jeune bambin fut confié à **Chiron**, le bon centaure du mont Pélion qui l'initia aux vertus des plantes médicinales. Asclépios surpassa bientôt son maître dans l'art de soulager n'importe quelle maladie. Il parvint même à **ressusciter les morts**. **Zeus**, jugeant que son petit-fils dépassait les bornes, le foudroya purement et simplement.

Un culte vivace

Le **culte d'Asclépios**, originaire de Thessalie, se propagea dans toute la Grèce et particulièrement à Épidaure *(encadré ci-dessous)*. Le **sanctuaire** connut son apogée à l'époque classique. Les malades, venus d'un peu partout dans le monde antique, accouraient à Épidaure en espérant y trouver la guérison. Du fait de son caractère individuel et profondément humain, le culte du dieu guérisseur rivalisa assez bien avec la montée du christianisme. Il demeura vivant jusqu'au règne de **Théodose II**, qui l'interdit au début du Ve s. apr. J.-C.

Le site archéologique**

➤ *☎ 0753.022.009 ou 502. Ouv. t.l.j. de 8 h à 17 h (19 h en été). Payant.*

Après le musée, on peut visiter le **théâtre** *(à dr.)* ou les **ruines du sanctuaire** *(à g.)*. La seconde solution permet de garder le meilleur pour la fin et de déguster à loisir le paysage du haut de l'hémicycle.

➤ **Le musée**. *Au bout de l'allée d'accès.* Il abrite d'intéressantes **restitutions** du site (dessins) et surtout des **reconstitutions** fragmentaires permettant d'imaginer l'aspect des temples à l'époque classique. Les plus belles statues sont au Musée national d'Athènes *(p. 107)*.

➤ **Le sanctuaire***. Il en subsiste de beaux restes, mais le mélange des époques rend la restitution difficile. Une opération de restauration, engagée depuis quelques

Les débuts de la « médecine psychosomatique »

Le **sanctuaire d'Épidaure** ne fut jamais, au cours de sa longue existence, un simple lieu de cure : il garda toujours son caractère profondément **religieux**. Il était interdit d'y mourir, la mort étant la souillure suprême ! Les malades allaient dormir dans un dortoir. Pendant leur sommeil, Asclépios en personne leur apparaissait et les guérissait en échange de dons au sanctuaire. Selon certains récits, le dieu était assisté de chiens et de serpents sacrés qui léchaient les plaies des « patients ». À leur réveil, autosuggestion aidant, beaucoup repartaient en pleine forme. Si des prêtres commirent des excès (certains rêvaient par procuration et demandaient des sommes exorbitantes), le culte d'Asclépios garda toujours sa pureté et les chrétiens n'y trouvèrent guère matière à redire. Asclépios passait pour une **divinité au service des hommes**. Il n'était pas non plus dépourvu d'humour. À l'enfant qui souffrait d'un calcul rénal, il demanda quelle serait son offrande : « Mes osselets », répondit ce dernier. Le dieu éclata de rire et le guérit. ❖

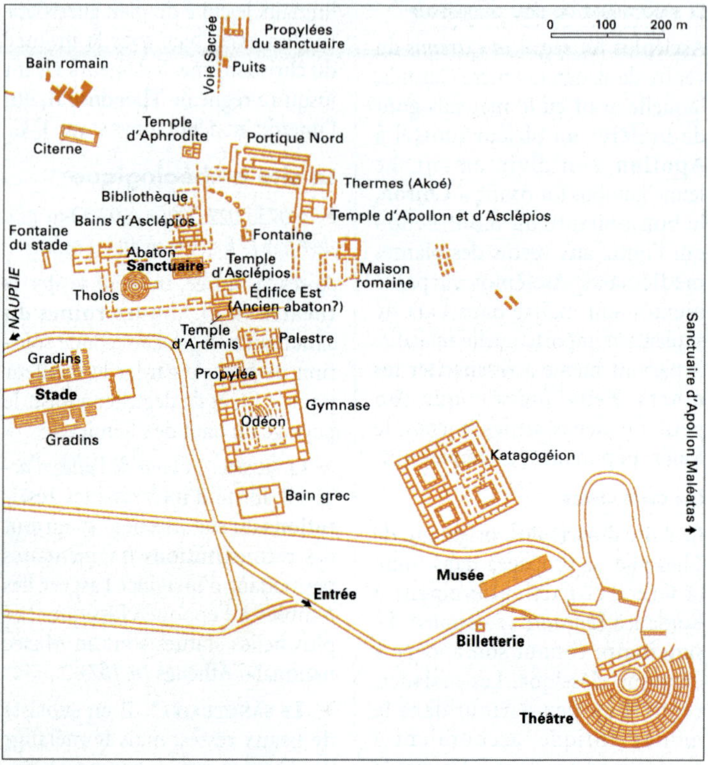

SITE ARCHÉOLOGIQUE D'ÉPIDAURE

années et toujours en cours, a enlaidi les monuments, en premier lieu la tholos *(voir p. 149)*. Et les travaux continuent… Le **stade*** (ve s. av. J.-C.), avec ses gradins en partie taillés dans le roc, a été très bien restitué. On y voit les lignes de départ et d'arrivée. La **tholos** (v. 360-350 av. J.-C.) a été récemment « réhabilitée ». On en doit les plans à Polyclète le Jeune. L'édifice circulaire (la forme fondamentale du culte d'Asclépios, qui reprend celle du serpent lové) était entouré de vingt-six colonnes doriques à l'extérieur, auxquelles répondaient quatorze colonnes corinthiennes à l'intérieur. Entre ces deux colonnades se trouvait un mur percé de fenêtres. Au centre, on aperçoit les ruines d'un labyrinthe dont la fonction demeure mystérieuse. Peut-être servait-il de refuge aux serpents sacrés d'Asclépios ? Près de la tholos se trouvent les fondations du **temple dorique d'Asclépios*** (IVe s. av. J.-C.) et l'abaton *(p. 289)*, massacré aussi par les restaurateurs, où les malades attendaient le songe qui allait les guérir. Un peu à l'écart, une maison romaine possède encore son sol en mosaïque.

➤ **LE THÉÂTRE*****. Il n'a pas son pareil : même ceux d'Éphèse en Turquie ou de Dodone *(p. 230)* en Épire ne peuvent rivaliser avec lui. Construit au IVe s. av. J.-C. par **Polyclète le Jeune**, il pouvait accueillir – et accueille toujours lors du festival (*p. 198*) – environ **14 000 spectateurs.** En montant au sommet des gradins qui épousent les flancs du mont Kynortion, on jouit de vues magnifiques de la campagne environnante tout en profitant des expériences acoustiques auxquelles se livrent les visiteurs.

La péninsule argolique*

➤ *Circuit de 165 km au départ d'Épidaure (env. 210 km avec les détours). Prévoir au moins une journée.* ***Informations pratiques Ermióni*** *p. 198.*

Ce circuit fait le tour de la péninsule dans le sens inverse des aiguilles d'une montre. Il dessert de **petits ports** charmants et des **plages** peu fréquentées. Du site, il faut revenir sur la route de Nauplie, puis se diriger vers Porto Helli (Portohéli), itinéraire qui traverse de magnifiques paysages entre Didyma et Foúrni.

➤ **LA CÔTE OUEST.** De **Kranídi** *(à 50 km au S d'Épidaure)*, on peut gagner la station balnéaire chic de **Porto Helli** *(à 8 km au S)*, ou découvrir directement la ravissante ♥ **Ermióni** *(à 10 km à l'E)*. Les petites maisons blanches qui s'étagent de part et d'autre d'un isthme rendent ce port séduisant.

La suite du parcours sur la côte sud est moins intéressante, malgré de belles vues sur l'île d'**Hydra** et la présence de plages tentantes.

➤ **LA CÔTE NORD.** Une halte à **Galatás** *(à 45 km au N-E d'Ermióni)* permet de voir, en face, l'île de **Póros** qui s'offre comme une carte postale *(bacs toutes les 10 mn)*. Sur le chemin du retour vers Épidaure *(60 km)*, on peut visiter la ♥**presqu'île de Methánon** *(à 10 km au N de Galatás, puis 12 km à dr.)*. Cette **ancienne île volcanique** est accessible par une étroite bande de terre de toute beauté. Puis on arrive dans le coquet port de plaisance de Méthana.

Le théâtre d'Épidaure (IVe s. av. J.-C.) s'inscrit dans un cadre sublime. Au moins une fois, il faut voir la nuit tomber pendant que les acteurs y déclament les vers d'une tragédie antique…

La côte arcadienne**

➤ *Itinéraire de 130 km au S de Nauplie.*

Ce parcours est à éviter si l'on dispose d'un véhicule haut et large, de type *mobil-home*. La traversée de Leonídio est en effet délicate.

➤ **Lerne**. *À 14 km à l'O de Nauplie (de l'autre côté de la baie) ; accès à g. de la rte ☎ 0751.047.597. Ouv. t.l.j. de 8 h 30 à 15 h. Payant.* Les fondations des constructions de Lerne (Lerna ou Lérni) remontent, pour l'essentiel, au IIIe millénaire (la **maison dite des Tuiles** est l'un des plus anciens vestiges archéologiques de Grèce).

La route longe ensuite le golfe argolique, vers Leonídio, et reste presque toujours en contact avec la mer. En chemin, on peut faire une baignade à **Paralía Ástros**, et dans les localités ♥ d'**Haghios Andréas** et de ♥ **Sampatiki**, avant d'arriver au golfe de Leonídio.

➤ **Léonídio**. *À 72 km au S de Lerne.* Avec ses maisons traditionnelles cubiques blanchies à la chaux et sa maison forte du XIIe s., cette petite ville mérite qu'on s'y attarde. Elle est établie au fond d'une vallée aux allures d'immense potager. La route traverse ensuite de somptueux paysages de montagne.

➤ **Kosmás**. *À 30 km au S-O de Léonídio.* Ce village en belvédère, dont les demeures coiffées de toits en lauze s'enfouissent sous la verdure, est la porte d'entrée en Laconie. De là, la route atteint Geráki *(à 16 km au S de Kosmás, p. 166)* puis Sparte *(à 40 km à l'O de Geráki).* ■

La Laconie***

Sparte (Spárti), chef-lieu de cette province, est le premier nom qui vient à l'esprit. Mais de la cité guerrière, totalitaire et **rivale d'Athènes**, il ne reste quasiment plus rien. La principale curiosité de la Laconie (Lakonía) est **Mystra**, ancienne capitale du Péloponnèse au crépuscule des temps byzantins. Dans le Sud laconien, l'impression de bout du monde se renforce encore. Elle culmine dans le **Magne**, une région farouche et battue par les vents. Enfin, il y a la partie orientale de la Laconie et la petite place forte de **Monemvassía**, qui justifie à elle seule une promenade jusqu'à cette lointaine extrémité de la péninsule.

➤ ***Carte** rabat avant.*

Sparte

➤ *À 120 km au S-O de Nauplie (rte directe* via *Trípoli), 139 km au S de Corinthe.* ***Informations pratiques*** *p. 205.*

L'ancienne **Lacédémone** est devenue une ville moderne aux longues artères rectilignes. Bien qu'un peu aseptisée, la ville ne manque pas d'animation et y séjourner est loin d'être désagréable. C'est de toute façon la meilleure base – sinon l'unique – pour visiter les ruines de Mystra *(p. 163)* au bas du **mont Taygète**, à deux pas de là.

Sparte, la guerrière

Sparte a légué le souvenir d'une expérience politique singulière, fondée sur un **État oligarchique et militaire** inchangé pendant des siècles. Ce fut le premier État aristocratique de l'histoire *(encadré ci-dessous).*

Grâce à une armée surentraînée, Sparte domina le Péloponnèse (sauf Árgos) au lendemain des **guerres médiques** *(p. 51)*. La puissance d'Athènes, dernier obstacle à sa suprématie sur le monde grec, céda à son tour lors de la guerre du Péloponnèse (431-404 av.J.-C.). La politique impérialiste de Sparte,

Le législateur

La Constitution de Sparte serait née vers la fin du IXe s. av. J.-C., et son auteur serait le réel ou mythique **Lycurgue**. Le législateur se serait inspiré de modèles crétois, égyptiens ou orientaux. Selon une autre tradition, elle lui aurait été dictée par l'oracle de Delphes, mais celui-ci n'était pas encore né... Avant de mourir, Lycurgue fit jurer à ses compatriotes de ne jamais rien changer à cette structure rigide qui divisait la société en trois classes étanches.

Au sommet figuraient les descendants des conquérants **doriens**, citoyens de plein droit qui jouissaient de l'usufruit d'un domaine national et se consacraient uniquement au métier des armes ou au service de l'État. Leurs terres étaient cultivées par la classe asservie des **hilotes**, d'origine achéenne. Au milieu de la hiérarchie, les **périèques** tenaient les leviers du commerce et de l'artisanat. ❖

particulièrement brutale, souleva rapidement la Grèce entière contre elle. La **bataille de Leuctres** (371 av. J.-C.), perdue contre Thèbes, marqua à cet égard le début de la fin. Dominée par les Macédoniens puis par les Romains (après 146 av. J.-C.), Lacédémone fut anéantie lors des invasions barbares puis slaves. Une bonne partie de sa population émigra alors vers le Magne. Au Moyen Âge, la cité végéta, petite et oubliée, dans l'ombre de la brillante Mystra. Reconstruite sous le règne d'Othon, elle a aujourd'hui des allures de ville moderne.

Sa visite se résume à deux choses, le musée et le site archéologique, qui ne passionneront que les inconditionnels du genre.

Le Musée archéologique

➤ ☎ *0731.028.575. Ouv. t.l.j. sf lun. de 8 h 30 à 15 h. Payant.*

Aménagé dans un bâtiment **néoclassique** entouré d'un jardin, il expose des objets de l'**époque archaïque** (stèles, éléments de temple, masques, figurines en bronze, etc.) et un torse de **Léonidas** (v. 460 av. J.-C.), le héros de la bataille des Thermopyles *(encadré p. 191)*.

Le site archéologique

➤ *Au N de la ville. À la statue de Léonidas, prendre à g. sur 300 m. Entrée libre.*

Il s'agit en réalité d'une promenade dans un **parc** bien aménagé où l'on voit çà et là quelques **vestiges** de l'antique Lacédémone. Sparte méprisait l'art, à la différence des autres cités grecques. Les ruines (théâtre et temple d'Athéna) reflètent la volonté de ses maîtres guerriers : refuser tout luxe superflu.

♥ Mystra***

➤ *À 6 km à l'O de Sparte.* ***Informations pratiques*** *p. 205.*

➤ ***Plan*** *p. 164.*

Imaginez des églises byzantines à flanc de collines, des maisons médiévales éventrées, des palais fortifiés aux murs déchiquetés et envahis par la végétation, le tout dominé par un château que hante le souvenir de Villehardouin. Alors, on a déjà une petite idée de Mystra, émouvante cité fantôme.

Une capitale éphémère

L'histoire de Mystra (Mistrás) débuta en 1249, lorsque Guillaume de Villehardouin décida d'y bâtir un **château fort** pour contrôler l'ensemble de la Morée – nom médiéval du Péloponnèse. Le site, un contrefort du mont **Taygète** entouré de falaises inaccessibles et de pentes escarpées, s'avérait facile à défendre.

Mystra demeura **franque** jusqu'en 1262, lorsqu'elle fut cédée aux **Byzantins** en échange de la libération de Villehardouin, prisonnier de l'empereur Michel VIII Paléologue. La ville devint alors le siège d'un gouverneur nommé par Constantinople.

En 1349, l'empereur Jean VI Cantacuzène envoya en Morée son fils **Manuel**, afin de lutter plus efficacement contre les incessantes incursions franques et vénitiennes. Doté des pleins pouvoirs, Manuel parvint rapidement à pacifier la région et fit de Mystra la **capitale de la Morée**. La ville ne cessa dès lors de prospérer, devenant un **centre intellectuel, artistique et industriel** (tissage de la soie) de premier plan. L'arrivée des Ottomans en 1461 mit un terme à cette période faste. Résidence d'un pacha, puis de

Le monastère de la Péribleptos, à Mystra, date du XIVe s. Il est orné de magnifiques fresques de la dernière période de l'art byzantin.

seigneurs vénitiens de 1687 à 1715, la ville fut reprise par les Turcs et incendiée en 1770 par les Albanais des montagnes voisines. Au début du XIXe s. déjà, Chateaubriand signalait son abandon. La rénovation de Sparte, en 1831, précipita les choses.

La ville fantôme de Mystra***

➤ ☎ *0731.083.377. Ouv. t.l.j. de 8h30 à 15h (19h en été). Payant.*

Le monastère de la Péribleptos**

Après un passage voûté, prendre le sentier en face, qui court à flanc de colline. Ce monastère (Perívleptos) est accolé à la colline dont il épouse la forme. Sa fondation remonterait peut-être à la **période franque**, mais le monument actuel date vraisemblablement du XIVe s. Notez l'originalité du plan et les nombreuses réminiscences latines (chevet et campanile isolé), avant de pénétrer dans l'édifice entièrement recouvert de **fresques***** (1340-1380). Leur lecture est rendue délicate par l'imbrication de trois cycles iconographiques (Eucharistie, Passion du Christ et vie de la Vierge). Les scènes de la ***Nativité du Christ**** (bras sud), du ***Chemin de Croix*** (dans le *diakonikon*) ou de la ***Dormition*** (côté nord) exploitent remarquablement cet art de rythme et de couleur. Remarquez aussi les recherches dans le rendu de la profondeur, signe de l'influence de l'Italie. Le sentier qui longe la colline monte ensuite à la Pantanassa (Pandánassa).

Le couvent de la Pantanassa**

Ce **couvent** de la « Reine du Monde », coquet et entouré de potagers, est le seul monastère encore en activité à Mystra. L'église aux six coupoles (début XVe s.) a reçu une décoration nettement plus sophistiquée que celle des autres édifices de Mystra. Son abside *(p. 289)* présente une allure franchement occidentale. Les **fresques** de l'intérieur (v. 1430) mettent en avant les détails secondaires et anecdotiques ; voyez à cet égard les scènes de la ***Nativité***

Programme

Consacrez au moins **une matinée** à la visite de Mystra et commencez par le **bas de la ville** *(entrée principale ; parking)*. Partez assez tôt le matin car l'ombre est rare et l'ascension des sentiers parfois rude. Les principales curiosités sont fléchées. À la Pantanassa, une **discipline vestimentaire** stricte est imposée (les nonnes prêtent des jupes...).

Les marcheurs courageux effectueront l'intégralité de la visite en allant jusqu'au ***kastro***. Les autres iront jusqu'à la **ville haute**, puis ils redescendront et reviendront vers le parking de l'entrée principale. De là, ils reprendront leur voiture pour rejoindre l'entrée secondaire *(présenter de nouveau son billet d'entrée)*, au sommet de la colline. Ce petit trajet leur permettra de se reposer avant d'affronter le raide sentier *(env. 20 mn)* qui mène au château de Villehardouin. ❖

dans le bras sud et, surtout, l'***Entrée à Jérusalem**** dans le bras est. Leur style est caractéristique de la dernière phase de l'art des Paléologues *(voir p. 216)*.

La ville haute

La **porte de Monemvasie** (Monemvassía), du XIIIe s., donne accès à la seconde enceinte qui protégeait la ville haute. Le **palais des Despotes*** date des XIIIe-XVe s. Lourdement restauré et coiffé d'une fâcheuse toiture, il a été plusieurs fois agrandi par ses propriétaires successifs, francs et byzantins. Après la **porte de Nauplie**, seconde entrée de la ville haute, se dresse **Sainte-**

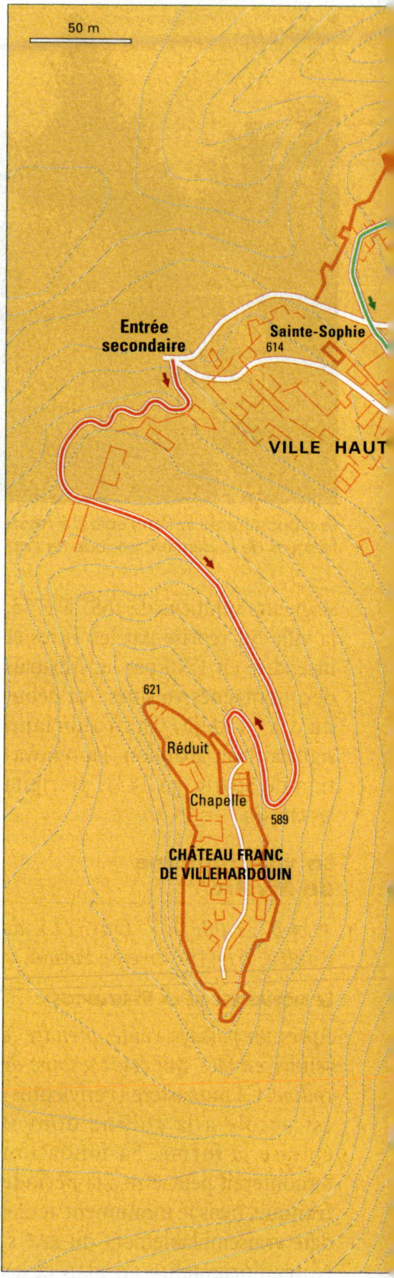

Mystra

Sophie (XIVe s.). L'église servait de chapelle au palais des Despotes et de catholicon *(p. 289)* d'un monas-

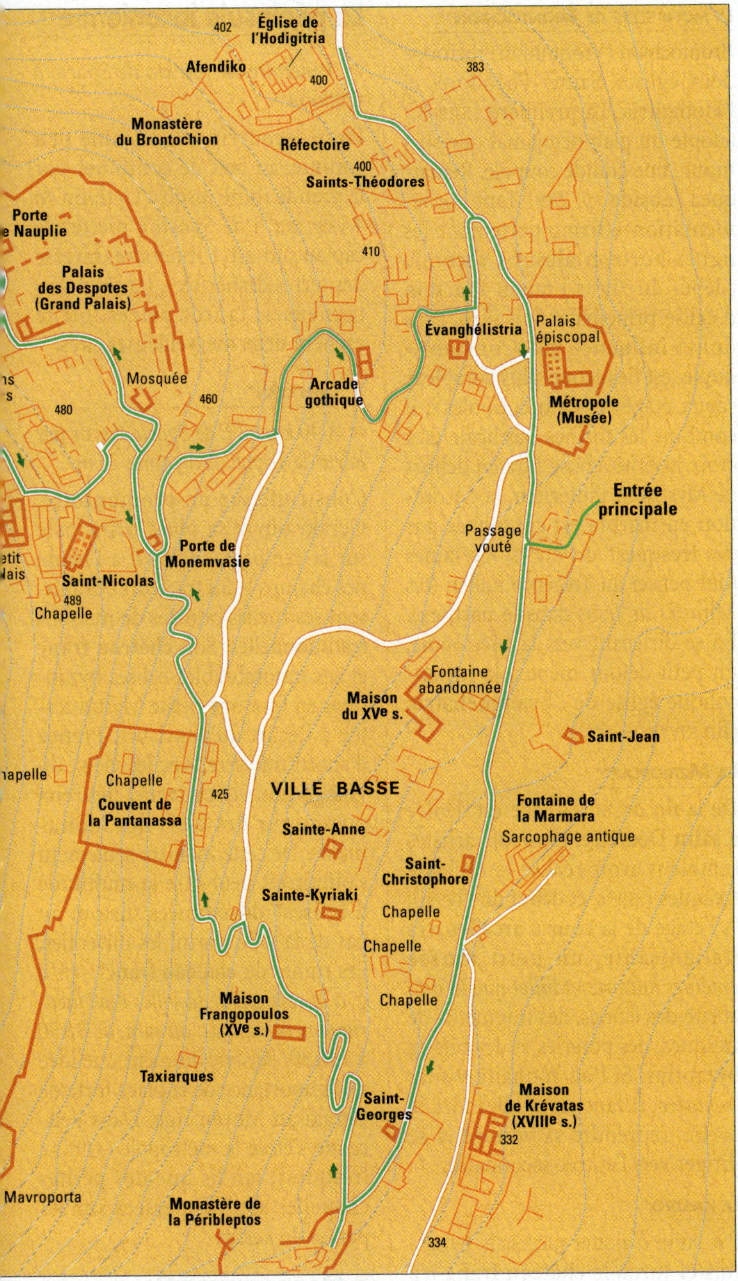

tère. Quelques rares **fresques** subsistent à l'intérieur. Après avoir coupé par les anciens **bains turcs**, on revient à la porte de Monemvasie pour partir à la découverte de l'extrémité est de la ville basse.

Le monastère de Brontochion**

Brontochion (Vrontohión) regroupe deux églises, Saints-Théodores et l'Hodigitria. La première (XIIIe s.) adopte un plan octogonal que surmonte une grande coupole. Remarquez l'**abside** *(p. 289)* dont l'ornementation affirme nettement les lignes horizontales. La seconde (début du XIVe s.) faisait fonction d'église principale. Son plan, sans doute influencé par Constantinople, est beaucoup plus complexe (deux étages et cinq coupoles) : il combine les formes basilicale et à croix inscrite, chose rare en dehors de Mystra. À l'intérieur, la décoration en marbre est complétée par des **fresques*** du XIVe s. Certaines font penser au Trecento italien (les *Miracles de Jésus* dans le narthex). En se dirigeant vers la Métropole, un petit détour mène à la mélancolique église de l'**Évanghélistria** (fin XIVe s.).

La Métropole**

De la fin du XIIIe s., elle est dédiée à **saint Démètre**. Plusieurs artistes semblent avoir réalisé le cycle de **fresques** (XIIIe s. et début du XIVe s.). À l'étage de la **cour à arcades** très italianisante, un petit **musée** *(mêmes horaires et billet que le site)* abrite des icônes, des fragments de fresques, des poteries et des bijoux byzantins. Si l'on souhaite visiter le *kastro*, il faut alors rejoindre la sortie, reprendre sa voiture et se diriger vers l'entrée secondaire.

Le kastro*

Par suite d'ajouts successifs byzantins et turcs, le **château franc** n'a plus grand-chose à voir avec la construction de Villehardouin, mais il reste un bon exemple de l'architecture militaire de la fin du Moyen Âge. Il offre une **vue***** magnifique sur le site et ses environs.

La péninsule laconienne**

➤ *Itinéraire de 180 km de Sparte à Gythion.*

Pour découvrir une Laconie peu connue, au lieu de continuer par la grande route jusqu'à Gythion *(à 43 km au S de Sparte)*, mettez le cap au sud-est. L'itinéraire traverse des terres déshéritées, tantôt montagneuses, tantôt pelées, où se cachent deux merveilleuses cités.

♥ Geráki*

➤ *À 40 km à l'E de Sparte. Sortir par la rte de Trípoli. À dr. après 2 km.*

Construite sur un **promontoire**, Geráki ouvre sa place principale sur la campagne. Elle vit à l'heure des champs et les tracteurs envahissent ses ruelles bordées de maisons traditionnelles. Son **château franc** et ses innombrables églises byzantines en font une petite Mystra restée à l'écart du tourisme. Prenez d'abord un verre avec les vieux du village pour découvrir l'heureux possesseur des clefs des monuments. De cette manière seulement s'ouvriront peut-être la multitude d'**églises*** disséminées surtout au bas de la ville, parmi les oliveraies. Les ruines du **château franc*** *(rte à g. à la sortie E de la ville; ouv. théoriquement du mar. au sam. de 8 h 30 à 14 h 30. Payant)* donnent une idée de l'importance de la place forte de Geráki au Moyen Âge. Dans l'enceinte s'élève la métropole (XIIIe s.; fresques), tandis que des petites chapelles sont dispersées sur les pentes du *kastro*.

♥ Monemvassía**

➤ *À 70 km au S-E de Geráki.* ***Informations pratiques*** *p. 200.*

On rallie Monemvassía en coupant par l'austère **vallée de l'Évrotas**, vers Vrondamas et Skála ; ou en suivant la petite route encore moins fréquentée qui passe par Haghios Dimitrios et Niáta, occasion de voir le joli village laconien d'**Alepohóri**. Cette place forte, au flanc de son promontoire rocheux battu par les flots, ne semble pas avoir changé depuis les temps byzantins. Une promenade dans ses ruelles bordées de maisons fleuries, une escalade parmi les ruines déchiquetées de la **forteresse*** jusqu'à une solitaire **église byzantine** cramponnée à la falaise, loin des voitures, tels sont les plaisirs rares de Monemvassía. De quoi récompenser largement cette excursion au bout de la Laconie. Monemvassía, **« l'unique entrée »**, permettait de contrôler le sud du Péloponnèse. Pour cette raison, la forteresse fut extrêmement convoitée et remaniée par chacun de ses occupants successifs : Francs, Byzantins (elle fut donnée en même temps que Mystra pour le paiement de la rançon de Villehardouin), Vénitiens et Turcs. Avant d'en découvrir les trésors, il faut traverser la ville moderne de Géfira, emprunter la digue puis tenter de trouver une place dans le parking ou le long de la falaise. L'entrée dans la ville s'effectue par un passage coudé et voûté datant de l'époque vénitienne et qui ouvre sur la rue principale bordée de boutiques. La ville basse possède quatre églises, dont la **cathédrale** sur la place centrale. Elles ont en commun un parfum italien avec leur portail à *oculus* et parfois leur campanile isolé. Après avoir flâné sur les remparts qui plongent dans la mer, montez vers la citadelle de la ville haute. À l'extrémité du promontoire se découvre le **site**** sublime de l'église ♥ **Haghia Sophia*** (XIIe s.), comme en apesanteur dans le bleu du ciel.

♥ Gythion

➤ *À 67 km à l'O de Monemvassía via l'église byzantine de Skála (intersection avec la rte de Geráki).* ***Informations pratiques** p. 198.*

Gythion, avec sa ribambelle d'hôtels et de restaurants établis autour de son petit port, est un endroit tout indiqué pour rayonner dans le sud du Péloponnèse. En prime, de belles plages se cachent dans les proches environs.

Gythion (Gíthio), ancien débouché maritime de Sparte, est devenue une petite **station balnéaire** doublée d'un **port** (embarquement pour la Crète). Il fait bon y passer les soirées d'été en dégustant un ouzo ou un steak d'espadon. Gythion est en outre la meilleure base pour explorer la région du Magne, à quelques kilomètres au sud-ouest.

La route d'Aréopolis

➤ *Itinéraire de 27 km au S-O de Gythion.*

Peu après Gythion apparaissent à gauche de la route les **ruines** d'un **château médiéval** (Passavás ou Passavant selon la devise de son constructeur, Jean de Neuilly) et des villages perchés aux maisons grises. Puis le paysage change au-delà d'un défilé rocheux creusé de grottes. Des montagnes dépourvues de végétation, la mer d'un bleu profond: tels sont les deux compagnons sur les derniers kilomètres avant Aréopolis.

Le Magne laconien**

➤ *Circuit d'env. 120 km depuis Aréopolis.*

Ici, on est ailleurs, loin des clichés de la Grèce balnéaire. La mer est présente, mais elle semble inaccessible et vaguement hostile. D'ailleurs, les plages sont rares… Les **villages** hérissés de **tours carrées**, à moitié habités voire désertés, se fondent dans une campagne grise, d'une aridité extrême, battue par les vents. Quant aux Maniates, leur réputation est à la mesure de la région, c'est-à-dire celle d'un peuple fier autant que fruste. Ils sont de moins en moins nombreux à s'accrocher à ce milieu hostile: le Magne (Máni) est une région sans enfant ou presque. Ce circuit effectue une boucle depuis Aréopolis (Areópoli). Il descend par la côte ouest avant de remonter à son point de départ par la côte est. En raison des nombreux détours qu'il exige et de la sinuosité du parcours, consacrez-lui une bonne journée. N'espérez pas le réaliser sans véhicule *(location de voitures à Gythion, p. 199)*. Un dernier conseil: ne partez pas le réservoir vide!

♥ Aréopolis

➤ *À 27 km au S-O de Gythion.* ***Informations pratiques Aréopolis*** *et* ***Limeni*** *p. 195.*

Ce nom provient d'**Arès**, le dieu de la Guerre. La ville donne un avant-goût du Magne, avec ses rues pavées, ses échoppes et ses deux petites chapelles (fresques). L'**église des Taxiarques***, nettement plus imposante et soignée (signes du zodiaque sur l'abside, *p. 289*), élève son **campanile** isolé dans le ciel. Comme les maisons-tours à proximité, elle paraît remonter à la fin du Moyen Âge alors qu'elle date du XVIIIe s.

Le versant ouest du Magne

➤ *Itinéraire de 25 km au S d'Aréopolis.* ***Informations pratiques Stavri*** *p. 195.*

À **Pyrgos** (Pírgos Diroú; *7 km au S d'Aréopolis*), à un embranchement, une route mène aux **grottes de Diroú***, ou Spílea Diroú *(à 3 km)*. On peut visiter la grotte dite de Glyfada *(☎ 0733.052.222. Vis. guidée t.l.j. de 8h30 à 17h30 en été, 15h30 en hiver. Payant. Env. 30 mn)*. Tout l'univers du monde souterrain est là, avec en prime une fraîcheur bien agréable en été. De retour à Pyrgos, la route traverse les paysages désolés du Magne. On aperçoit, de part et d'autre, les tours

LE MAGNE LACONIEN

carrées des maisons maniates en apparence identiques. Des détours qui valent le coup d'œil: **Mezapos**, à l'ouest (ruines d'un château franc); le village fortifié de **Mina**, à l'est; **Kitta** (Kíta), que l'on traverse, est l'un des plus grands villages de la région

♥ Ghérolimin

➤ *À 25 km au S d'Aréopolis.*

Ghérolimin (Geroliménas) est une ville spectrale, à moitié abandonnée. Certaines maisons de son vieux port tombent en ruines, les fenêtres sont arrachées, murées

Váthia, petit village du Magne, s'effiloche sur une crête à deux pas de la mer, dans la solitude presque totale du sud du Péloponnèse.

Le sud du Magne

➤ *Itinéraire de 36 km au S de Ghérolimin.* ***Informations pratiques Váthia*** *p. 195.*

La route quitte la mince bande de plaine. À **Álika**, une route conduit au versant oriental que l'on explorera plus tard.

Monter vers ♥ **Váthia****, le village le mieux conservé du Magne, établi enbelvédère face à la mer *(à 10 km au S-E de Ghérolimin).* Après un parcours fabuleux de 5 km vers le sud-est, on atteint Marmaris et **Porto Kágio** *(rte à g.),* petit port que domine la sombre silhouette du cap Ténare, ou cap Matapan. Si l'on ne craint pas d'avaler de la poussière, il est possible d'atteindre l'extrémité de la presqu'île *(à 5 km au S) via* Páliros et Mianés *(mauvaise signalisation).* Là, se conjuguent pêle-mêle une mer bleu turquoise, un vent violent, des ânes paissant près d'un sanctuaire antique et une *psistaria* qui n'est malheureusement pas très bonne. Enfin, au large, le **gouffre d'Inoussès** est l'abysse le plus profond de Méditerranée (4 850 m).

Le versant est du Magne

De retour à Álika, la route à droite conduit au versant est du Magne. Si les villages traversés paraissent moins significatifs, hormis peut-être la fantomatique ♥ **Lágia**, les **paysages côtiers***** sur une mer émeraude sont épatants. Au-delà de Flomohóri, une route à gauche sillonne l'intérieur des terres et revient vers Aréopolis. ■

La Messénie**

Pour qui vient de la troublante et déserte Laconie, sa voisine à l'ouest apparaît fondamentalement différente. Euripide l'appelait la «**porteuse de beaux fruits**», une expression toujours d'actualité pour qualifier cette terre fertile, arrosée de nombreuses rivières et au relief presque sage. L'histoire de la Messénie (Messinía) illustre cet antagonisme. Dans l'Antiquité, la région lutta en permanence contre le joug spartiate, ce qui la rapprocha des Argiens et des Arcadiens. Aujourd'hui, ses habitants semblent avoir gardé le souvenir du besoin de paix de leurs lointains ancêtres: ils sont plus souriants et plus hospitaliers qu'ailleurs. Curieusement, les Français méconnaissent le sud-ouest du Péloponnèse. Les Allemands, les Néerlandais ou les Italiens, eux, ont compris depuis longtemps que la Messénie avait beaucoup d'atouts: plages parmi les plus belles du Péloponnèse, petits ports tranquilles, paysages côtiers parsemés de citadelles en sentinelle devant la mer Ionienne…

➤ *Carte rabat avant.*

La vengeance de Sparte

Aristomène (Ve s. av. J.-C.) est le symbole de la résistance de la Messénie contre Sparte. Après avoir connu plusieurs succès, le héros semi-légendaire fut trahi par ses alliés arcadiens et battu par les Lacédémoniens qui l'assiégèrent pendant onze ans. Il partit se réfugier à Naupacte, de l'autre côté du golfe de Corinthe. Poursuivi jusque-là par les Spartiates, Aristomène trouva le salut en embarquant en catastrophe pour la Sicile. ❖

Le mont Taygète, au cœur du Péloponnèse, n'est pas seulement le grandiose faire-valoir de la ville fantôme de Mystra. Peu connu et mal balisé, il séduira les amoureux de forêts et les amateurs de randonnées.

Le Magne messénien*

➤ *Itinéraire de 80 km d'Aréopolis à Kalamáta.*

Une promenade sur cette route côtière est un complément indispensable à la visite du Magne laconien. Au-delà d'Aréopolis, la route grimpe vers le village d'**Ítilo** *(carte p. 169)* aux nombreuses **maisons-tours**, ancienne capitale du Magne dominée par la forteresse ottomane de **Kélefá** (XVIe-XVIIe s.). Elle surplombe presque continuellement la mer et passe près d'innombrables **églises byzantines** (à Thalámes, Nomitsí et Plátsa). À mi-parcours, faire une halte-déjeuner dans le port d'**Haghios Nicolaos**.

Si l'on se sent d'humeur vagabonde, les tentations ne manquent pas: baignade à la belle plage de **Stoupa**, découverte du joli village de **Prosiko**, ambiance de station balnéaire à **Kardamíli**... Au-delà de cette localité, la route monte sur le flanc du Taygète et quitte la mer après quelques vues éblouissantes de la baie. Elle redescend ensuite vers le **golfe de Kalamáta**. En passant près de **Kámbos**, on découvre les ruines de la forteresse franque de **Zarnáta**.

Kalamáta

➤ *À 80 km au N d'Aréopolis, 60 km à l'O de Sparte.* ***Informations pratiques*** *p. 199.*

Deuxième ville du Péloponnèse après Patras, la capitale de la Messénie aligne ses artères coupées au cordeau sur une surface immense. Elle séduit surtout par son **animation**, ses multiples tentations d'achat *(p. 199)*, sa population jeune et son front de mer où alternent discothèques et cafés tous plus branchés les uns que les autres. Les inconditionnels de vieilles pierres iront voir les ruines du vieux château où Guillaume de Villehardouin serait né en 1218. Les autres s'en tiendront au grand **marché** *(le matin)*, en contrebas, près de la gare routière. Ils feront ensuite du shopping rue Aristomenou, sans risque de revenir bredouilles tant les tentations sont grandes.

La côte messénienne*

➤ *Circuit d'env. 175 km au S-O de Kalamáta.*

Cette boucle le long des rivages de la Messénie demande au moins une bonne journée: les tentations de s'arrêter en chemin – pour jouir, entre autres, de la baie de Navarin au soleil couchant ou des plages des environs de Methóni – sont trop nombreuses pour ne pas succomber...

En sortant de Kalamáta par l'ouest, on traverse d'abord une banlieue industrielle qui se transforme en plaine agricole après la Messíni moderne *(à 11 km)*.

Une dizaine de kilomètres plus loin, on quitte la route de Pylos pour une **petite route*** *(à g., en direction de Petalidi)* qui longe le golfe de Messénie jusqu'au petit port de Koróni.

♥ Koróni*

➤ *À 53 km au S-O de Kalamáta.* ***Hébergement*** *p. 200.*

Une vieille **citadelle vénitienne** en sentinelle devant la mer, des ruelles bordées de petites maisons blanches aux volets bleus, un front de mer où il fait bon paresser au soleil: il est difficile de résister aux séductions de ce bourg de pêcheurs.

La route de la côte messénienne du Magne, avec ses échappées sur la mer et ses paysages sublimes, appelle de nombreuses haltes.

Methóni*

➤ *À 32 km à l'O de Koróni.* ***Informations pratiques*** *p. 200.*

Que demander de plus à Methóni, la ville des ânes « enivrés par l'odeur du vin » (le rosé local) selon l'étymologie. Tout est là : une plage splendide, un port de pêche, des hôtels, des tavernes et une **citadelle** qui pointe ses bastions en direction de l'horizon barré par une petite île... Attention, Methóni attire de plus en plus de monde en été.

La grande curiosité est la **forteresse vénitienne*** du XIIIe s., que les Turcs eurent tant de mal à prendre *(ouv. t.l.j. de 8h30 à 19h en été; f. le lun. en hiver. Horaires soumis à variations saisonnières; entrée libre)*. Elle semble toujours guetter la menace d'une voile ennemie voguant sur la mer Ionienne. Après avoir franchi le fossé et plusieurs portes fortifiées, on arpente une immense esplanade où subsistent des ruines éparses de poudrières et de citernes. La promenade conduit ensuite vers la porte de Mer, qu'un pont relie à la **tour Bourtzi*** (XVe-XVIe s.), en face de l'île de Sapiéndza.

Pylos*

➤ *À 12 km au N de Methóni.* ***Informations pratiques*** *p. 205.*

Pylos (Pílos) doit sa célébrité à la **bataille de Navarin**, chère au souvenir des Grecs puisqu'elle leur donna l'indépendance *(encadré p. 174)*. Aussi féerique soit-elle, la **vue**** sur la baie de Navarin, naturellement fermée par l'étroite bande de terre que constitue l'**île de Sphactérie** (Sfaktiría), ne doit pas faire oublier l'autre grande curiosité de Pylos : la **forteresse*** ou Niókastro *(à la sortie de la ville, direction Methóni; ouv. t.l.j. sf lun. de 8h30 à 17h en été, 15h en hiver. Payant)*. Construite par les Turcs au XVIe s., remaniée par les Français dans les années 1830, elle a gardé son parfum ottoman avec sa **mosquée**. Le **musée** (gravures de la bataille de Navarin) et la cour intérieure du fort principal, très bien restaurée, valent le coup d'œil.

Les hasards de la guerre

Quand Germanos, l'archevêque de Patras, proclame la guerre d'indépendance en 1821, la réaction de la Sublime Porte ne se fait guère attendre : la Grèce est mise à feu et à sang, sa population massivement déportée en Égypte… Les **brutalités turques** ont tôt fait d'alerter l'opinion des puissances alliées (Russie, Angleterre et France). Elles envoient une flotte pour intimider le sultan et imposer un **ultimatum** pour que cessent les exactions. Quand les navires russes, anglais et français pénètrent dans la baie de Navarin *(p. 173)* le 20 octobre 1827, les canonniers turcs s'affolent et déclenchent sans raison les hostilités. Les vaisseaux ottomans, coincés dans le port, sont impitoyablement coulés. C'est le désastre côté turc. Ainsi, un acte d'intimidation se transformait en une victoire inattendue. La **bataille de Navarin** allait être lourde de conséquences puisqu'elle imposa la négociation et, par là, l'indépendance future de la Grèce (1830). ❖

La lagune de Giálova

➤ *À 5 km au N de Pylos.*

Les amoureux de la nature se rendront à cette lagune, dont l'écosystème (245 espèces rares d'oiseaux, des poissons, des mollusques) est protégé. Ils y verront peut-être l'un des **caméléons** qui vivent le long de la baie.

Le palais de Nestor*

➤ *À 18 km au N de Pylos ☎ 0763.031.437. Ouv. t.l.j. de 8 h à 15 h. Payant.*

Près de Pylos, au sommet d'une colline, trônent les vestiges de l'ancien palais de Nestor, l'un des héros de la **guerre de Troie**. Lors des fouilles, des tablettes d'argile mises au jour ont aidé au déchiffrement du linéaire B, sorte de grec primitif. Le site permet d'imaginer l'ordonnance de l'habitat princier à l'époque mycénienne. Grâce à un plan d'ensemble très lisible, on peut identifier la cour, la salle du trône, l'appartement de la reine et une salle de bains. À gauche du bâtiment principal, l'ancien palais est moins évocateur.

Le Musée archéologique de Chora

➤ *À 4 km au N du palais de Nestor ☎ 0763.031.358. Ouv. t.l.j. sf lun. de 8 h 30 à 14 h 30. Payant.*

Ce musée de Chora (Hóra) abrite les trouvailles faites au **palais de Nestor** et dans les environs (fresques fragmentaires, bijoux, poteries, etc.). Une route revient sur Kalamáta *(à 54 km à l'E)*.

♥ L'ancienne Messène*

➤ *À 50 km au N-O de Kalamáta. Rte de Trípoli, puis à g. « Ancient Messene » ou « Ancient Ithómi » (rte de Lámbena). Site dans le village de Mavromáti (à 12 km de Lámbena).*

L'ancienne capitale de la Messénie ne présente pas de vestiges spectaculaires. Elle offre un plaisir peut-être plus précieux : la sensation de découvrir un lieu à peu près oublié des circuits classiques. Parmi les ronces et les herbes folles, on ressent ici, au pied du mont Ithomé, l'exaltation que purent éprouver les premiers voyageurs érudits d'il y a un siècle ou deux.

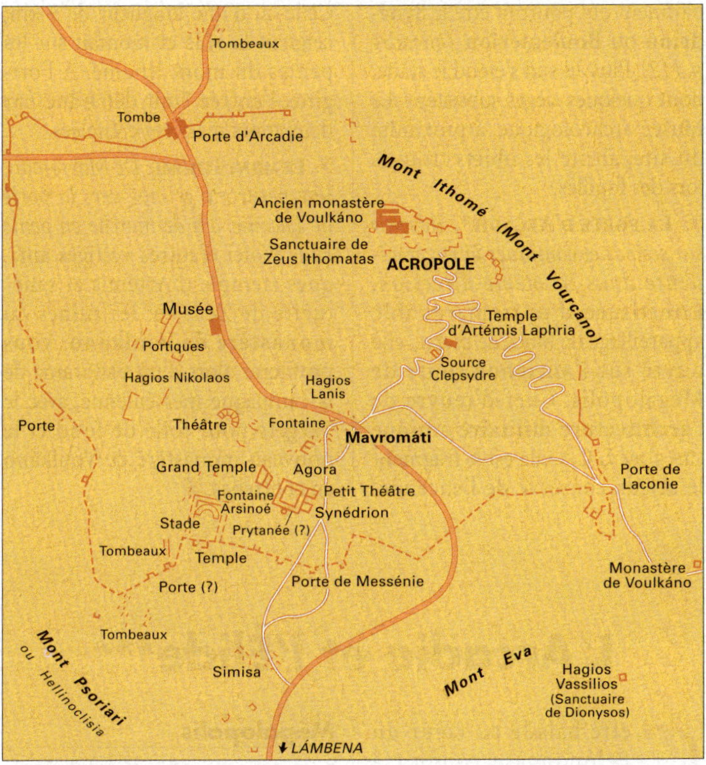

L'ANCIENNE MESSÈNE

UNE HISTOIRE MALHEUREUSE

Posséder des terres fertiles et avoir Sparte *(p. 161)* comme voisine, telles furent les raisons des malheurs de la Messénie. Chaque **guerre** qu'elle déclencha contre la trop puissante Lacédémone se solda par un échec et par l'asservissement toujours plus rude de ses habitants. La défaite de Sparte à Leuctres (371 av. J.-C.) donna le signal de la libération. Deux ans plus tard, **Épaminondas** fondait Messène (Ithómi) et les habitants, dispersés, purent revenir au pays. La cité prospéra rapidement. Elle resserra ses liens avec **Árgos** et **Mégalopolis** *(p. 176)*, avec lesquelles elle constitua une **ligue contre Sparte** (le nom de la capitale viendrait de Messena, la fille d'un roi argien). Son destin se confondit ensuite avec celui du Péloponnèse, jusqu'à sa destruction par les Goths au IVe s.

Le site archéologique*

➤ *Traverser Mavromáti jusqu'au petit chemin en terre battue qui descend vers le site (à g. près du musée). Entrée libre.*

➤ **LA VILLE ANTIQUE**. Parmi les vestiges éparpillés, on remarque les fragments du théâtre et d'un **temple** d'époque hellénistique consacré à Asclépios. Le temple (v. 1300 av. J.-C.) était entouré d'un vaste **portique*** qui fut souvent confondu avec une agora en raison de ses importantes dimensions (72 m x 67 m). De part et d'autre de cette esplanade, on voit les restes d'un petit **théâtre** et d'un bâtiment qui pourrait être le **Synédrion** ou **Bouleutérion** *(encadré p. 112)*. Plus au sud s'étend le stade, dont quelques sièges subsistent. Le Musée archéologique, à proximité du site, abrite les objets trouvés lors des fouilles.

➤ **LA PORTE D'ARCADIE***. *Revenir sur ses pas et continuer la rte précédente dans la même direction.* Constituée d'un remarquable appareillage de blocs de pierre, elle ouvre sur l'ancienne route de Mégalopolis. Chef-d'œuvre de l'**architecture militaire** antique (IIIe s. av. J.-C.), elle est le fragment le mieux conservé de l'enceinte. Celle-ci, d'une longueur de 9 km, ceignait la ville et montait sur les pentes du mont Ithomé. À l'origine, l'entrée était défendue par deux tours massives crénelées.

➤ **LE MONT ITHOMÉ**. *De Mavromáti, une petite rte grimpe vers la porte de Laconie. 1 h de marche en pente rude.* Voici d'autres vestiges antiques (temple d'Artémis et sanctuaire de Zeus) et les ruines du **monastère de Voulkáno**. Vous profiterez alors d'un panorama de la campagne messénienne, avec le Taygète pour toile de fond et le nouveau monastère de Voulkáno en contrebas. ■

L'Arcadie et l'Élide***

Cette balade au cœur du Péloponnèse conduit à Olympie, où régnaient la paix et la concorde entre les cités au temps des jeux en l'honneur de Zeus. Quelle que soit votre précipitation à arpenter ce lieu mythique, il ne faut pas traverser l'Arcadie (Arkadía) et l'Élide (Ilía) sans vous arrêter dans l'une des petites villes de montagne qui jalonnent le parcours. **Karytaina**, **Dimitsána** et **Andrítsena**, à deux pas du magnifique **temple de Bassæ**, sont incontournables.

➤ ***Carte*** *rabat avant.*

Les villages arcadiens

Aujourd'hui encore, l'Arcadie mérite sa réputation de campagne calme et sereine. Ses petites localités, perchées à flanc de montagne, ont gardé beaucoup de charme avec leurs maisons traditionnelles.

Mégalopolis

➤ *À 58 km au N de Kalamáta.*

On sortira de la ville moderne de Mégalopolis (Megalópoli) en direction de Karytaina, pour atteindre les ruines de l'antique Mégalopolis.

La « Grande Ville » fut construite à toute allure (371-368 av. J.-C.) au lendemain de la **bataille de Leuctres** *(p. 162)*. Elle devait permettre le retour des populations arcadiennes exilées par Sparte, mais les habitants la désertèrent rapidement et elle fut abandonnée. Les ruines disséminées sur plusieurs centaines de mètres donnent une idée de l'immensité du projet urbanistique. Le **théâtre*** est le vestige le mieux conservé. Il était le plus large de Grèce et pouvait contenir 20 000 spectateurs. Une centrale électrique installée à proximité vient ajouter une note post-moderne (et une odeur de soufre!) à ses gradins herbeux.

♥ Karytaina et ses environs*

➤ *À 18 km au N-O de Mégalopolis.*

Maisons qui dégringolent autour d'un **château**, parfums printaniers et douceur de vivre : l'Arcadie se résume ici en un seul village. Le **clocher*** franc de la Panaghia signale l'entrée de Karytaina (Karítena). Dans les hauteurs, une ruelle grimpe vers le château. En chemin, l'église ♥ d'**Haghios Nicolaos**, perdue dans les cyprès, est entourée d'un petit cimetière.

Karytaina et sa campagne n'étaient qu'un avant-goût ! Accueillants villages de montagne, campagnes idylliques, monastères perdus sont quelques-uns des attraits du nord de l'Arcadie, une région où peu de visiteurs s'aventurent.

Autour d'Ellinikó

➤ *À env. 6 km au N de Karytaina.*

Sur la place d'Ellinikó, une route à gauche, qui se transforme rapidement en piste, conduit près des ruines de l'antique Gortys (ruines d'un **temple d'Asclépios**). Les marcheurs s'en iront ensuite voir le **monastère de Prodromou** *(à 40 mn)*, qui s'accroche aux falaises des gorges du Loússios. La route traverse ensuite le village de **Stemnítsa**, dont les maisons et les églises jouent à cache-cache avec les rochers et la verdure.

Autour de ♥ Dimitsána*

➤ *À 18 km au N d'Ellinikó.* ***Informations pratiques Dimitsána*** *p. 197.*

L'ancien foyer de la résistance grecque à l'occupant ottoman domine fièrement les gorges du Loússios. En dehors de son **site****, Dimitsána vaut le détour pour les maisons de ses quartiers anciens, sa place principale bordée de boutiques d'un autre âge et ses petites ruelles grossièrement pavées. Les environs offrent de nombreuses promenades dans les **gorges du Loússios**. À la sortie sud du bourg, une route conduit au **musée de l'Eau**, ou Water Power Museum, dont les rigoles, cascades et petits ponts réjouiront les enfants *(ouv. t.l.j. sf mar. de 10 h à 14 h et de 17 h à 19 h en été, de 10 h à 16 h en hiver. Payant)*. Elle atteint ensuite un hameau et se transforme en piste pour rejoindre *(8 km à pied)* les **monastères de Paléa** (Xe s.) et de **Néa Philisophou** (XVIIe s.). En sortant au nord de Dimitsána, on arrive en voiture à ♥ **Zatouna** *(à env. 3 km à l'O)*, un joli petit village blotti au creux des gorges.

♥ Langádia*

➤ *À 20 km au N de Dimitsána.* ***Informations pratiques*** *p. 200.*

Ses robustes maisons en pierre s'étagent à flanc de montagne, en balcon sur la vallée. La ville est un peu plus touristique que Dimitsána. On y vend des couvre-lits en laine ou en coton brodé, ses spécialités, et du miel *(p. 200)*.

♥ Andrítsena* et ses environs

➤ *À 29 km à l'O de Karytaina.*

Andrítsena apparaît au bout des ♥ **gorges de l'Alphée** (Alfiós) et de ses impressionnants ravins. Tranquille et paisible, le bourg a quelque chose de réellement émouvant que l'on ne rencontre plus souvent en Grèce.

Bassæ**

➤ *À 13 km au S d'Andrítsena ☎ 0626.022.275. Ouv. de 8 h à 18 h. Payant.*

Le mieux conservé des temples grecs, perdu dans les montagnes, se dresse dans un paysage rocailleux désert. Menaçant de s'effondrer, il est étayé de toute part et protégé des intempéries par une bâche. Le **temple** de Bassæ (Vassés) est, en réalité, un **ex-voto**. Il fut élevé vers 420 av. J.-C. par les habitants de Phigalie pour remercier Apollon de les avoir délivrés de la peste. Son architecte serait **Ictinos**, l'auteur du Parthénon *(voir p. 148)*. Fidèle à ses habitudes, Ictinos bouleversa l'usage en mélangeant les ordres – dorique, ionique et corinthien – et en utilisant un plan allongé : six colonnes en façade et quinze sur les côtés. L'orientation nord-sud est également étonnante, mais elle n'est due qu'à la topographie du site.

PHIGALIE

➤ *À 13 km de piste de Bassæ.*

Phigalie (Figália) est surtout intéressante pour son site en pleine montagne. En revenant jusqu'à Andrítsena, on retrouve la route d'Olympie.

♥ Olympie***

➤ *À 54 km au N-O d'Andrítsena.* ***Informations pratiques*** *p. 203.*

Comment ne pas succomber au charme d'Olympie (Olimpía), à sa douceur de paradis perdu ? En flânant au milieu des ruines, parmi les arbres et les lauriers-roses, on comprend pourquoi s'évanouissaient là, le temps de la trêve des **Jeux panhelléniques** en l'honneur de Zeus *(voir p. 182)*, les querelles qui secouaient le monde grec.

Le site archéologique***

➤ *☎ 0624.022.517. Ouv. t.l.j. de 8h à 17h (19h en été). Payant.*

➤ ***Plan*** *p. 180.*

➤ **LE « VILLAGE » OLYMPIQUE***. La **palestre*** (fin du IIIe s. av. J.-C.) est entourée de colonnes. Elle servait de logement aux athlètes, qui s'entraînaient dans la cour centrale au pugilat, au saut et à la lutte. On passe ensuite dans les **bâtiments**

La palestre (fin du IIIe s. av. J.-C.), où les athlètes achevaient leur entraînement et recevaient une initiation réglementaire, est l'un des édifices les mieux conservés d'Olympie.

des prêtres, à côté desquels se trouvaient des **établissements thermaux** (bains et piscine). Tout près, les Byzantins installèrent une **basilique** (VIe s. apr. J.-C.) qui a conservé ses croix sculptées. Elle occupe l'emplacement de l'**atelier de Phidias** (490-430 av. J.-C.), le maître d'œuvre de l'Acropole d'Athènes *(p. 92)* qui travailla à Olympie. En continuant tout droit, on atteint les fondations du **Léonidaion*** (IVe s. av. J.-C.), qui hébergeait les hôtes officiels des jeux.

➤ **LE TEMPLE DE ZEUS OLYMPIEN****. À 100 m environ du Léonidaion gisent les restes du **Bouleutérion** *(p. 112)*, ancien palais du Sénat olympique. Les athlètes y prêtaient serment de respecter les règles des jeux. Le champ de ruines chaotique et cyclopéen *(à g.)*, marque l'emplacement du plus grand temple du Péloponnèse, celui de Zeus Olympien. L'édifice de l'architecte Libon d'Élis (Ve s. av. J.-C.) adoptait l'ordre qui s'accordait le mieux à la virilité ambiante, le dorique. Il abritait la gigantesque **statue chryséléphantine de Zeus** (12 m de haut), œuvre de Phidias considérée comme l'une des **Sept Merveilles du monde** *(p. 92)*.

➤ **LE TEMPLE D'HÉRA ET LES TRÉSORS***. *Au N du temple de Zeus.* L'esplanade bute au pied du mont Kronion. L'**Héraion*** (temple d'Héra) qui s'élevait ici est le plus ancien temple dorique connu (fin VIIe s. av. J.-C.). On voit *(à g.)* les fondations du **Philippéion**, édifice circulaire de style ionique élevé par Philippe II de Macédoine. La promenade longe ensuite les **trésors***, des ex-voto offerts par des cités grecques à Olympie, aux VIe et Ve s. av. J.-C.

➤ **LE STADE***. L'accès s'effectue par un tunnel voûté (Ier s. apr. J.-C.).

Olympie en 3D

Testé en 2002, *archeoguide* devrait permettre de **visiter virtuellement** Olympie à partir de 2004. À l'aide de lunettes spéciales, d'une caméra montée sur un casque et de capteurs, ce système de modélisation informatique d'images en 3D restitue l'aspect originel des temples. Il devrait ensuite s'étendre au site archéologique de Delphes. Rens. sur internet : archeoguide.intranet.gr. ❖

La piste, les lignes de départ et d'arrivée sont dans leur état d'origine. La visite du site se termine devant le **portique d'Écho**, ainsi appelé parce que la voix s'y réverbérait. Il donnait accès à l'hippodrome qui a disparu.

Le musée***

➤ *En face du site, près du grand parking ☎ 0624.22.742. Ouv. t.l.j. de 8h à 19h en été, lun. de 12h30 à 19h (17h en hiver). Payant.*

Ces pièces exhumées lors des fouilles d'Olympie forment un panorama unique de l'art grec. Dans le vestibule, des maquettes retracent l'évolution d'Olympie jusqu'à l'époque romaine.

➤ **SALLES 1, 2 ET 3**. Les deux premières salles, à gauche, présentent une série d'**offrandes votives en bronze****, un matériau en accord avec la conception dorienne des origines d'Olympie. On s'intéressera ici aux objets de l'**époque géométrique** (VIIe s. av. J.-C.) avant de se rendre dans la **salle 3**, que domine la reconstitution du fronton des **trésors de Gela et de Mégare***.

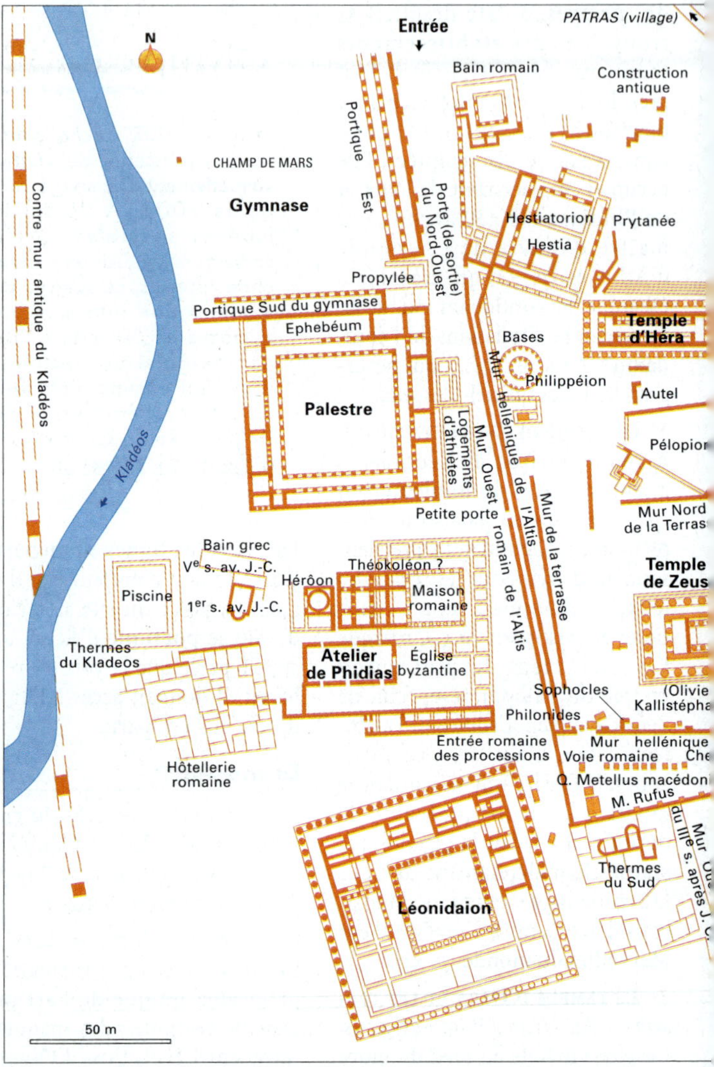

SITE ARCHÉOLOGIQUE D'OLYMPIE

Programme

Une **demi-journée** au moins est nécessaire pour effectuer la visite du site d'Olympie et, compte tenu de la richesse du site et du musée, on ne saurait trop conseiller d'y rester une journée entière. L'idéal est de se promener le matin dans les **ruines**, et de réserver l'après-midi à la découverte des collections du **musée** qui reste frais pendant les heures chaudes. Vérifiez au préalable les horaires du site et du musée, variables selon les saisons. ❖

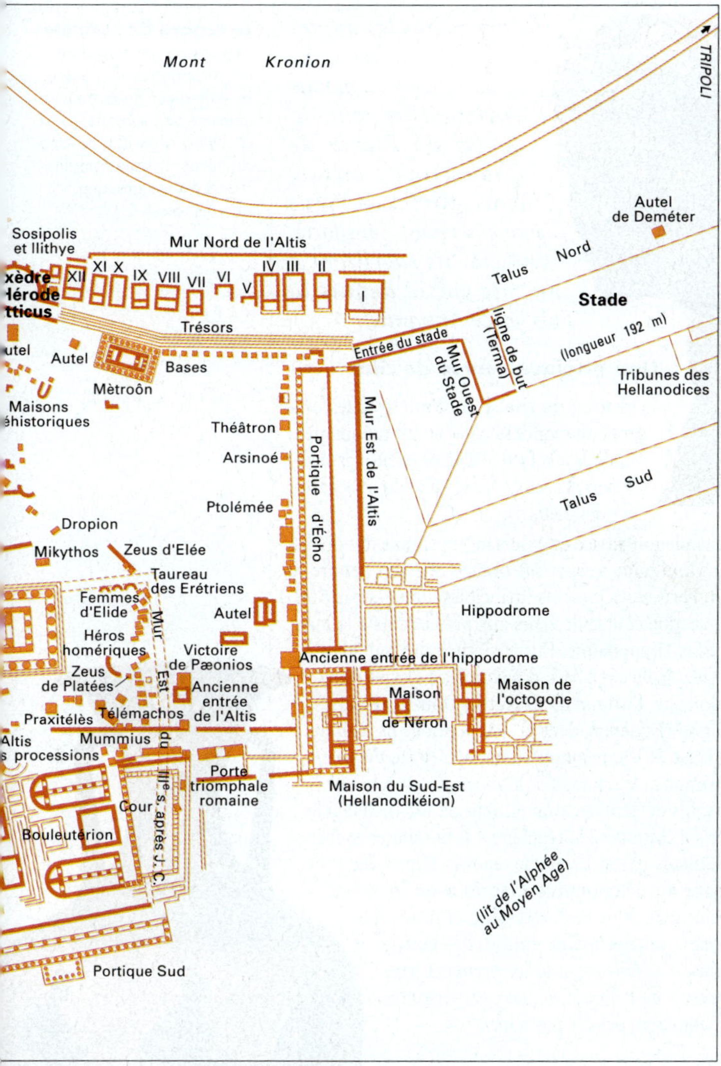

➤ **SALLE 4.** Le groupe de **Zeus et Ganymède***** (env. 470 av. J.-C.) est un rare exemple de terre cuite monumentale. Les souvenirs de l'archaïsme sont nets (yeux en amande et bouche arquée esquissant un sourire). Dans la même salle vous remarquerez un cheval en bronze qui faisait sans doute partie d'un quadrige votif (Ve s. av. J.-C.). L'alcôve accueille la **statue de la Victoire**** (fin Ve s. av. J.-C.) qui semble vouloir s'envoler pour célébrer la victoire d'Athènes sur Sparte en 425 av. J.-C., à l'île de Sphactérie.

➤ **SALLE DU TEMPLE DE ZEUS***.** Cette grande salle accueille les frontons et les métopes *(p. 289)* du grand temple d'Olympie. On pense que l'ensemble a été exécuté par un seul et même artiste.

➤ *Suite du texte p. 184.*

Les jeux d'Olympie

Le regard de l'athlète exprime la concentration et l'importance de l'enjeu. Le vainqueur de la course, ceint de la couronne d'olivier, accédait au rang de héros. (Copie romaine d'une œuvre grecque du Ve s. av. J.-C.)

Tous les quatre ans, les athlètes du monde entier illustrent la devise de Pierre de Coubertin : « citius, altius, fortius » *(plus vite, plus haut, plus fort). En cela, ils sacrifient à un rite initié depuis la plus haute Antiquité.*

Une tragique course de char

L'histoire du site se confond avec les origines du monde : Zeus y aurait tué son père Cronos à la lutte. De là provient l'association des jeux avec le culte du plus grand des dieux.

La légende fondatrice est pourtant un simple fait divers. Le roi **Œnomaos** savait, par oracle, que son gendre le tuerait. Fort de ses juments invincibles données par Arès, il imposa une course de chars aux prétendants à la main de sa fille, Hippodamie. Il traça l'itinéraire qui allait du fleuve Alphée, en face d'Olympie, à l'autel de Poséidon, sur l'isthme de Corinthe. Douze ou treize princes se risquèrent dans la compétition. Ils finirent avec la tête et les membres cloués à la porte du palais d'Œnomaos, leurs troncs jetés en tas sur le sol... **Pélops**, fils de Tantale, avait eu vent de son inéluctable défaite s'il courait « à la régulière ». Il fit saboter le char d'Œnomaos, gagna la course, épousa Hippodamie et s'empara du Péloponnèse... après avoir assassiné son beau-père. Plus tard, **Héraclès**, venu se reposer après son nettoyage épique des écuries d'Augias, y aurait organisé les premiers jeux en souvenir de Pélops. Les dieux en personne ne dédaignaient pas d'y participer.

La trêve

En 776 av. J.-C., date de la naissance officielle des jeux d'Olympie, une **loi interdisant toute hostilité** entre Grecs pendant environ un mois fut promulguée. Non seulement elle permit le bon déroulement des jeux et des cérémonies religieuses, mais encore elle assura aux athlètes de bonnes conditions de voyage depuis leurs cités d'origine.

Pendant de nombreux siècles, cette « trêve sacrée » fut scrupuleusement respectée. L'ensemble du monde grec pouvait ainsi se rencontrer en toute quiétude, sacrifier aux divinités et assister aux festivités olympiques tous les quatre ans.

Le pugilat, discipline importante des jeux, opposait deux boxeurs les mains gantées de cestes.

Amphore (v. 333 av. J.-C.). À l'époque classique, les épreuves athlétiques duraient cinq journées. On pense que les jeux d'Olympie attiraient entre 100 000, et 200 000 spectateurs, un nombre considérable pour l'Antiquité.

Les héros du stade

Les jeux n'avaient pas pour seul objectif de célébrer le **culte de Zeus**, commun à tous les Grecs, ni même de réunir les meilleurs athlètes du moment. On vénérait non seulement la **force physique**, mais aussi les **qualités morales** des sportifs : la conjugaison des deux permettait à l'homme de dépasser le niveau de l'animalité et de se rapprocher des dieux. D'ailleurs, une victoire aux jeux élevait le détenteur du *kallistéphanos* (couronne d'olivier) en « héros » au sens grec du terme, c'est-à-dire en homme presque divin. À leur retour, les athlètes étaient fêtés comme des princes. Les cités élevaient des ex-voto en l'honneur des dieux et faisaient réaliser des statues pour immortaliser la gloire de celui qu'elles avaient sélectionné pour participer aux jeux d'Olympie.

Les épreuves

À l'origine, la **course** dans un stade (177,6 m) était l'unique épreuve des jeux qui ne duraient qu'une journée. Les athlètes couraient nus pour mieux s'identifier aux dieux. Avec le temps, d'autres disciplines se développèrent (pugilat, quadrige et diverses courses de char, pentathlon, javelot, saut, disque, etc.) jusqu'à atteindre dix-huit épreuves à l'époque classique. La notion de **record** était ignorée : il ne fallait pas favoriser un sport ou un homme au détriment d'un autre. Pourtant, le pentathlon – discipline la plus complète – devint vite l'épreuve reine.

Les Jeux olympiques féminins

Des jeux étaient spécialement organisés à l'intention des jeunes filles. Ils étaient **dédiés à Héra**, l'épouse de Zeus. Selon la légende, l'idée en revient à Hippodamie, l'épouse de Pélops. Réalisées tous les quatre ans, deux années après celles des hommes, les **Olympiades féminines** comprenaient essentiellement des épreuves de course à pied. Les sportives étaient soumises aux mêmes règles que celles de leurs homologues masculins, à une exception près : elles ne se dénudaient pas mais portaient une tunique courte à bretelle unique laissant un sein couvert.

Vers les JO modernes

À la fin du ve s. av. J.-C., les concurrents, surentraînés, délaissèrent la philosophie qui sous-tendait les jeux. À l'époque romaine, les étrangers « adhérant à la pensée grecque » furent admis à participer aux épreuves. Ce dernier aspect survit encore dans les Olympiades modernes.

Les douze **métopes***** (v. 470 av. J.-C.) illustrent les travaux d'Hercule, c'est-à-dire symboliquement l'histoire de l'homme parvenu par sa seule force physique et morale à égaler les dieux. Simplicité épurée, volonté de montrer l'universel en refusant toute anecdote : l'ensemble est caractéristique du style sévère.

Les **frontons***** (v. 470-v. 456 av. J.-C.) attestent de la même puissance d'imagination, du même refus de l'anecdote. Le **fronton E***** montre la course de char légendaire de Pélops et d'Œnomaos, présentée au moment de l'attente et du recueillement. Zeus préside le combat au centre de cette parfaite symétrie. Le regard du devin révèle à lui seul l'enjeu de la scène épique. Un épisode mouvementé, celui du combat des Lapithes et des Centaures, trouve logiquement sa place au **fronton O**. Le quadrillage austère, observé sur le **fronton E**, laisse place à des lignes ondulantes en accord avec le dynamisme de cette lutte entre l'homme et les forces irrationnelles de la nature. Apollon, au centre, seconde l'humanité, lui apportant l'ordre et la lumière.

➤ **SALLE 5**. *Accessible depuis la salle 4.* Dans cette salle sont exposées des œuvres de la fin de l'époque classique où triomphe le marbre.

➤ **SALLE DE L'HERMÈS*****. *Accessible depuis la salle 5.* Attribuée à Praxitèle (IVe s. av. J.-C.), cette statue permet de mesurer l'évolution de l'art grec depuis l'époque des frontons du temple de Zeus. L'humanité triomphe désormais. Les formes sont souples et harmonieuses. Quant à l'expression, elle semble lointaine, empreinte d'un certain scepticisme.

➤ **SALLES 6 ET 7**. Les deux dernières salles abritent des sculptures romaines, notamment une belle statue d'**Antinoüs***, favori d'Hadrien (salle 6), et des objets en rapport avec les Jeux olympiques (salle 7).

Au-delà du musée et du site, un mausolée construit en 1938 abrite le cœur de Pierre de Coubertin.

D'Olympie à Patras

➤ *Itinéraire d'env. 110 km.*

Le nord-ouest du Péloponnèse, région plate où poussent melons et pastèques, se parcourt rapidement pour rejoindre Patras et traverser le golfe de Corinthe en bac.

Le nord de l'Élide

Pyrgos *(à 15 km à l'O d'Olympie)*, grosse ville commerçante, ne mérite pas d'arrêt. Les amateurs de forteresses médiévales feront le détour *via* **Gastoúni** *(à 27 km au N de Pyrgos)* et **Loutrá Kilínis** *(à 15 km à l'O de Gastoúni)* – où se trouve la superbe plage de **Golden Beach** – pour voir le **château de Chlemoútsi***. Bien conservée, l'ancienne citadelle de Clermont a été construite par Geoffroi II de Villehardouin au début du XIIIe s. Constantin XI, dernier empereur byzantin, y résida cinq ans. À **Kilíni** *(à 5 km au N du château)*, des bateaux effectuent la liaison *(six fois par j.)* avec l'île de Zante. La suite du parcours jusqu'à Patras n'offre pas d'intérêt particulier.

Patras

➤ *À 113 km au N d'Olympie, 220 km à l'O d'Athènes.* ***Informations pratiques** p. 204.*

On ne fait en général que passer à Patras (Pátra), quatrième ville de Grèce : soit en arrivant d'Italie en bateau, soit pour se rendre à Rhion (Río). Il faut avouer que ce gros port de trafic passagers ne possède pas un patrimoine exceptionnel : un vieux **château** ruiné (☎ *0610.623.390. Ouv. t.l.j. de 8 h 30 à 17 h, 15 h le dim. Entrée libre)* et un **odéon romain** dans la ville haute, quelques bâtiments néoclassiques incongrus au milieu d'une cacophonie architecturale... Il est préférable de s'adonner à des plaisirs plus ludiques : prendre un café pour observer les allées et venues des touristes déboussolés qui débarquent des ferries ; faire du shopping autour de Haghiou Nicolaou *(p. 205)*, l'artère qui débouche face au port ; et observer la population à la mode de cette ville universitaire.

Rhion

➤ *À 9 km au N-E de Patras.* ***Bacs*** *réguliers (toutes les 30 mn la nuit) pour Andirrhion (Andirío), de l'autre côté du golfe de Corinthe (15 mn env.).*

On quitte le Péloponnèse par ce petit **port** agrémenté d'un fortin élevé par les Ottomans à la fin du XVe s. et modifié par les Vénitiens. ■

La Phocide et la Béotie**

Cet itinéraire se fait sur le chemin du retour à Athènes. Il longe d'abord le golfe de Corinthe en Phocide (Fokída), puis file vers les pentes du Parnasse et s'enfonce en Béotie (Viotía). **Delphes** est la principale étape et l'apothéose de ce long périple. Si prestigieux et inoubliable soit-il, le sanctuaire ne saurait éclipser les autres curiosités : **Hosios Loukas**, un monastère byzantin perdu dans une campagne splendide ; le **Parnasse**, résidence des muses et inspiration des poètes ; **Thèbes**, où se jouèrent des moments cruciaux de l'histoire antique.

➤ ***Carte*** *rabat avant.*

La côte nord du golfe de Corinthe

➤ *Itinéraire d'env. 110 km à l'E d'Andirrhion.*

Après avoir traversé le golfe de Corinthe, le bac touche Andirrhion. De là, la jolie route en direction de Delphes passe près de localités attachantes, en premier lieu Naupacte et Galaxídi.

Naupacte

➤ *À 10 km à l'E d'Andirrhion.*

À Andirrhion (Andirío), la route conduit rapidement à Naupacte (Náfpaktos) au **port arrondi*** dominé par une **citadelle vénitienne.** Au large se joua la fameuse **bataille de Lépante** entre la flotte hispano-vénitienne et la marine ottomane *(encadré p. 186)*.

♥ Galaxídi

➤ *À 65 km à l'E de Naupacte.* ***Informations pratiques*** *p. 197.*

Une belle route, agrémentée de vues sur le Péloponnèse et le golfe de Corinthe, longe la côte et passe près de ce **petit port** croquignolet très apprécié par les Athéniens qui en restaurent les vieilles maisons en pierre.

Un coup d'épée dans l'eau

Souvent considérée comme l'une des grandes victoires de la chrétienté contre l'expansion ottomane, la **bataille de Lépante** (7 octobre 1571), qui eut lieu au large de **Naupacte** *(p. 185)*, fut un coup d'éclat sans lendemain né d'une coalition d'intérêts. **Philippe II d'Espagne** voulait faire une démonstration de force, car il craignait l'infiltration de Turcs venus soutenir une éventuelle insurrection musulmane dans son royaume. Quant à Venise, elle désirait reprendre Chypre, sa dernière base avancée en Méditerranée. Le pape Pie V, enfin, le grand coordinateur, était un nostalgique du temps des croisades. La flotte ottomane que l'on croyait invincible fut bel et bien mise en déroute. Mais les lendemains déchantèrent. Très vite, la désunion des nations européennes reprit le dessus : en 1572, Venise traitait séparément avec les Turcs et perdait définitivement Chypre. Sept ans plus tard, Philippe II tentait à son tour de se réconcilier avec la Sublime Porte... ❖

Itéa

➤ *À 15 km au N-E de Galaxídi. **Informations pratiques** p. 197.*

De cette ville, où accostaient les pèlerins de Delphes, on traverse l'**oliveraie sacrée*** puis on grimpe les pentes du Parnasse pour atteindre le site du célèbre oracle.

♥ Delphes***

➤ *À 17 km au N-O d'Itéa, 170 km au N-E d'Athènes. **Informations pratiques** p. 196.*

Nombril de la Terre et lieu d'élection d'**Apollon**, Delphes (Delfí) incite au respect, comme tout site sacré. Le **sanctuaire** fut l'un des plus importants du monde grec. Les Anciens, d'Homère au christianisme, le vénérèrent.

Gé, Python et Apollon

Gé, la **déesse de la Terre**, habitait une grotte du Parnasse gardée par son fils, le serpent Python. Elle y rendait des **oracles** avec sa fille Thémis. Apollon tua l'animal avec son arc et s'expatria pendant huit ans dans la vallée de Tempé pour laver son crime. À son retour, il s'empara de l'oracle. Le sanctuaire prit alors le nom de **Delphoi**, du nom de l'un des attributs d'Apollon : le dauphin.

De l'art difficile de prédire

L'histoire de Delphes débuta vraiment vers 590 av. J.-C., à l'issue de ce que l'on nomme la « **première guerre sacrée** ». Une ligue de douze tribus grecques se constitua pour s'opposer aux exactions de la ville voisine, **Krissa**, qui tentait de mettre la main sur le sanctuaire. On créa un **territoire sacré**, décision à l'origine de bien des conflits futurs, qui était interdit à la culture et au pacage des animaux. Cette ligue dite amphictyonique – assemblée de plusieurs bourgades – administrait l'oracle et laissait de côté les rivalités entre les cités grecques. Elle eut un impact étonnant, par exemple en organisant des collectes d'argent qui permirent la reconstruction à deux reprises du temple d'Apollon.

Malgré tout, prédire l'avenir était un art délicat, particulièrement en période de tourmentes poli-

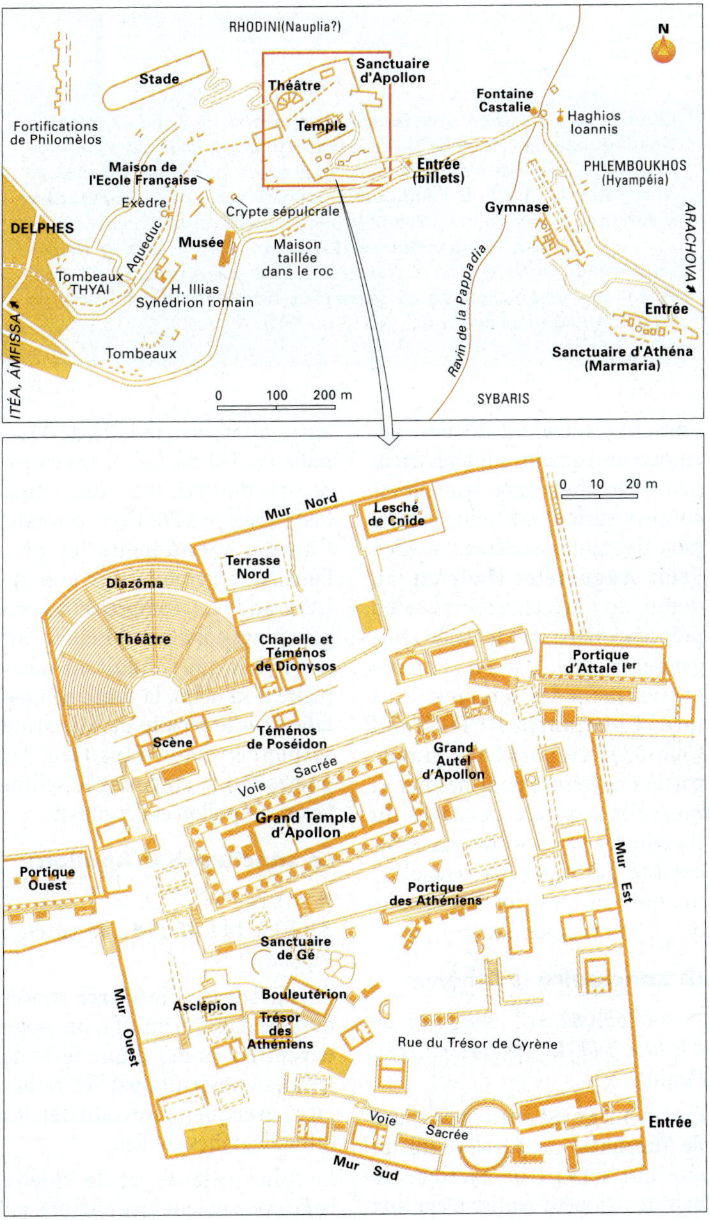

LE SITE DE DELPHES

tiques. L'oracle dut ainsi prendre position dans tous les conflits qui agitèrent le monde antique. Et ils furent nombreux ! Il subit les pressions d'Athènes, de Sparte, puis des Macédoniens. Chose étonnante, jamais ces conflits n'affectèrent le succès de Delphes. Les dons des cités ne diminuèrent à aucun moment, même lorsque

Programme

Consacrer au moins **une journée** entière à la visite du site de Delphes, une demi-journée si l'on est pressé (supprimer alors l'aire de Marmaria, que l'on verra de loin). Pour suivre le chemin qu'empruntaient les pèlerins de l'Antiquité, commencer par le **sanctuaire d'Athéna**, à environ 1 km par la route d'Arachova, et terminer par le « gros morceau » : le **sanctuaire d'Apollon**. On visitera le **musée** l'après-midi, après une halte déjeuner ou une pause baignade à **Itéa**. Attention, les guichets ne délivrent plus de billets 30 mn avant la fermeture *(horaires fluctuants, voir* ❶ *p. 196).* ❖

l'oracle les avaient déçues. Les empereurs romains s'intéressèrent peu à Delphes, dans laquelle ils voyaient surtout une mine inépuisable de statues anciennes à piller. Seuls **Auguste** et **Hadrien**, au début de l'ère chrétienne, s'en préoccupèrent : l'un tenta de réorganiser la ligue, le second restaura entièrement les temples. Plus tard, **Constantin Ier le Grand** (306-337) emporta une grande partie des trésors pour décorer sa nouvelle capitale des rives du Bosphore. Le coup de grâce fut ensuite porté par Théodose Ier, toujours au IVe s., lorsque le culte d'Apollon fut interdit.

Le sanctuaire d'Athéna*

➤ ☎ *0265.082.312. Ouv. t.l.j. de 8 h 30 à 14 h 45 (18 h 45 en été). Payant.*

Ce sanctuaire est aussi appelé **aire de Marmaria** car il s'élève sur un site qui servait de carrière de marbre. Un petit sentier mène aux ruines de l'ancien temple d'Athéna, érigé au début du Ve s. av. J.-C. Le monument fut très endommagé lors du tremblement de terre de 373 av. J.-C. Le centre de l'aire est occupé par les vestiges de trois bâtiments : un trésor de style dorique (490-460 av. J.-C.), un autre offert par la ville de Marseille (v. 530 av. J.-C.), également de style dorique, et la célèbre **tholos**** *(voir p. 149).* Cette **rotonde**, l'un des monuments les plus fameux de l'architecture grecque (IVe s. av. J.-C.), comprenait à l'origine vingt colonnes doriques. Sur le chemin qui conduit au sanctuaire d'Apollon, la **fontaine Castalie** était le repaire du légendaire serpent Python. Plus tard, les poètes latins en firent le séjour favori d'Apollon et des muses.

Le sanctuaire d'Apollon***

➤ ☎ *0265.082.312. Ouv. t.l.j. de 8 h 30 à 14 h 45 (18 h 45 en été). Payant.*

En suivant la **voie Sacrée** (traces du pavement primitif), on passe devant les ruines d'une série de trésors construits par les riches cités grecques pour abriter les offrandes faites au dieu.

Le plus célèbre et le mieux conservé, quoique très restauré, est le **trésor des Athéniens****, édifié vers 485 av. J.-C. avec le butin pris à Marathon *(p. 128).* Le monument, en marbre de Paros, était orné de sculptures figurant une Amazonomachie et les exploits d'Hercule et de Thésée. La **voie Sacrée** double bientôt, sur la

On ne connaît pas la fonction exacte de la tholos de Delphes (IVe s. av. J.-C.). La sveltesse de ses colonnes doriques est exceptionnelle pour l'époque.

gauche, les ruines du **Bouleutérion** *(p. 112)* et celles du **sanctuaire de Gé**, siège de l'oracle primitif. Le portique des Athéniens (Ve s. av. J.-C.), plus loin, abritait les trophées pris aux Perses. Le **temple d'Apollon**** s'élève sur une terrasse réalisée au VIe s. av. J.-C. pour la construction du premier édifice détruit par un séisme. Les vestiges actuels datent des années 370-330 av. J.-C. Dans le vestibule de ce temple dorique étaient gravées les devises des Sept Sages de la Grèce, dont le célèbre « Connais-toi toi-même » de Socrate. Une salle souterraine contenait l'*omphalos.* Juste au-dessus se dessine le **théâtre***, construit au IVe s. av. J.-C. mais restauré à plusieurs reprises. Il pouvait contenir 5000 spectateurs. Ses gradins offrent une **vue**** splendide de l'ensemble du site et de la vallée. Enfin, le sentier qui serpente parmi les oliviers permet d'atteindre le **stade*** du IIIe s. av. J.-C.

Le Musée archéologique***

➤ ☎ *0265.082.312. Ouv. t.l.j. de 8h30 à 14h45 (18h45 en été), lun. à partir de 12 h. Payant. Descriptif sujet à modifications (musée en cours d'agrandissement).*

Les collections provenant de Delphes sont d'une incroyable richesse. Les indications, une fois n'est pas coutume, sont rédigées en français. Ce, pour une simple raison : l'École française fut à l'origine des fouilles du site à partir de 1860.

➤ **SALLE DE L'OMPHALOS.** En haut de l'escalier, l'*omphalos* est une grosse pierre sculptée (copie romaine) trouvée près du temple d'Apollon. Elle marquait le **centre d'un monde** que l'on imaginait alors sous la forme d'un disque. Selon les Anciens, elle indiquait aussi l'endroit où les aigles envoyés par Zeus des deux extrémités de la Terre s'étaient rencontrés.

L'oracle de Delphes

Les nombreux **pèlerins** souhaitant consulter l'oracle devaient, au préalable, sacrifier un mouton, une chèvre ou tout autre animal. Si les augures étaient favorables, ils attendaient leur tour (tiré au sort), à moins d'avoir reçu des Delphiens le *promenteia*, un droit de priorité réservé aux principaux hôtes de marque, passe-droit qui était refusé aux femmes. Le demandeur soumettait alors ses questions à la **pythie**, une vieille paysanne de plus de cinquante ans. Celle-ci, qui s'était préalablement purifiée à la fontaine Castalie, procédait à des fumigations puis descendait dans le lieu prophétique du temple. Là, elle buvait de l'eau du Kassotis, mâchait des feuilles de laurier, l'arbre sacré d'Apollon, avant d'entrer en **transe**. Ses paroles inintelligibles étaient interprétées par des prêtres, souvent de manière ambiguë et prêtant à de multiples lectures afin de ne pas heurter les susceptibilités... ❖

➤ **Salle des boucliers***. Elle doit son nom aux trois **boucliers*** (VIIe s. av. J.-C.) qui y sont conservés. Les **têtes de griffons*** ornaient à l'origine un grand chaudron en bronze (VIIe s. av. J.-C.).

➤ **Salle du trésor de Siphnos****. Dominée par le **sphinx ailé*** de la colonne des Naxéens (v. 580 av. J.-C.), elle rassemble l'un des frontons et une partie de la frise du **trésor de Siphnos**** (v. 525 av. J.-C.). Malgré leur caractère parcellaire, ces œuvres comptent parmi les grandes réussites de la sculpture archaïque.

➤ **Salle du taureau****. Revenu dans la salle des boucliers, on passe dans la salle des *kouroï* puis dans celle du taureau. Outre l'animal grandeur nature fait en **plaques d'argent clouées sur bois*** (VIe s. av. J.-C.), on peut voir ici des fragments de **statues chryséléphantines**** *(p. 289)* ainsi qu'un élégant **brûle-parfum*** en bronze (v. 450 av. J.-C.).

➤ **Salle du trésor des Athéniens***. Elle présente les **métopes** (v. 500 av. J.-C., *p. 289*) du bâtiment. Remarquez le rendu particulièrement réussi des expressions dans la scène d'**Hercule** arrêtant le cerf aux pieds d'airain, ou l'épisode de **Thésée** et Antiope. Suivent quatre salles consacrées aux sculptures du temple d'Apollon, à des stèles funéraires et aux fragments de l'entablement de la tholos *(voir p. 149)*.

➤ **Salle des danseuses*****. Elle abrite l'une des pièces majeures du musée: le **groupe des *Thyriades****** (v. 330 av. J.-C.). Ces prêtresses de Dionysos surmontaient, à l'origine, une colonne de plus de 10 m de haut offerte par Athènes. Non loin, la statue de l'***Athlète Agias***** immortalise le multiple vainqueur aux Jeux olympiques dans la seconde moitié du Ve s. av. J.-C. C'est une copie romaine de l'œuvre de Lysippe. En attendant l'achèvement des travaux d'agrandissement est installée dans cette salle une touchante représentation d'***Antinoüs***** (v. 130 apr. J.-C.), favori de l'empereur Hadrien.

➤ **Salle de l'aurige*****. On atteint enfin le chef-d'œuvre des chefs-d'œuvre : l'***Aurige de Delphes******. Retrouvé presque intact, il faisait partie d'un quadrige en bronze célébrant Polyzalos, tyran de Gela, en Sicile, et vainqueur des Jeux pythiques de 478 ou 474 av. J.-C. L'étirement des membres inférieurs est dû au simple fait que la statue était conçue pour être vue dans son char. Avec des proportions normales, l'aurige aurait perdu de sa superbe.

Autour du Parnasse

De Delphes, les amoureux d'histoire iront découvrir le défilé des Thermopyles, mais ils risquent d'être un peu déçus par un environnement plutôt ingrat. Les autres suivront la route d'Athènes pour visiter le monastère d'Hosios Loukas, l'un des plus beaux monuments byzantins de Grèce. Deux occasions de découvrir le massif du Parnasse (Óros Parnassós), antique refuge des Muses consacré à Apollon, dieu de la Lumière et de la Poésie, qui a donné son nom au quartier parisien fréquenté par Picasso, Max Jacob et Modigliani dans les années 1920.

Les Thermopyles

➤ *Itinéraire d'env. 75 km au N de Delphes (direction Lamía).*

Depuis Delphes, la route d'Ámfissa et de Lamía serpente sur le flanc ouest du Parnasse et atteint le **défilé des Thermopyles** (Thermopíles), haut lieu de l'histoire grecque. La **route*** évolue dans une région âpre entre les massifs de **Giona** (2 484 m) et du **Parnasse** (2 457 m). Après un col, elle descend dans le défilé des Thermopyles, traversé aujourd'hui par la voie rapide Athènes-Thessalonique. Si l'endroit a beaucoup changé, entre autres du fait du recul de la mer, on y évoquera la bataille *(encadré ci-dessous)* qui opposa le roi perse **Xerxès** aux Grecs en 480 av. J.-C. et la destinée tragique de **Léonidas**, dont un monument un peu pompier perpétue le souvenir au

La bataille des Thermopyles

La scène se passe pendant la **deuxième guerre médique**. **Xerxès**, renouant avec les ambitions de son père **Darius**, décide de conquérir la Grèce. Son armée, forte de près de 2 millions d'hommes selon Hérodote (en réalité moins de 50 000, ce qui est déjà beaucoup), suit la voie « habituelle » des invasions : passage des Dardanelles, puis traversée de la Thrace, de la Chalcidique, de la vallée de Tempé avant de s'arrêter à l'entrée ouest des Thermopyles que défend une poignée de Grecs (7 000) commandés par le roi spartiate **Léonidas**. Après plusieurs attaques sans succès, un espion indique aux Perses l'existence d'un sentier contournant le défilé. Xerxès envoie une petite troupe afin de prendre les Hellènes dans un étau. Mais Léonidas a connaissance de la ruse. Il congédie la majeure partie de l'armée et garde avec lui un millier d'hommes décidés à mourir sur place plutôt que de se rendre. La **résistance** héroïque et désespérée de Léonidas va permettre de sauver l'essentiel de l'armée grecque et d'empêcher l'invasion certaine d'Athènes. Cette bataille deviendra l'**emblème de la résistance** hellène à l'envahisseur. ❖

bord de la route d'Athènes. Pour avoir une vue d'ensemble du défilé et du golfe, allez en direction de Lamía, à une quinzaine de kilomètres au nord.

Arachova et le Parnasse

➤ *À 12 km à l'E de Delphes.* ***Informations pratiques Arachova*** *p. 195.*

Arachova (Aráhova) est célèbre pour ses productions de couvertures en haute laine *(flokáti)*, de tapis et de tissus bariolés. Station de sports d'hiver, elle constitue en été une base d'excursion vers le massif du Parnasse.

➤ **LA GROTTE CORYCIENNE.** *D'Arachova, par la rte de Lílea jusqu'à Kalívia; après 11 km, tourner à g. et suivre la piste sur 5 km; parking.* Dédié à **Pan** et aux nymphes, l'« antre corycien » est un lieu assez impressionnant. Il est possible de descendre dans la grotte.

➤ **LA STATION DE SKI DU PARNASSE.** *Reprendre la rte de Lílea, tourner à dr.; à 14 km. Guides en été seulement; rens.* ⓘ *☎ 0267.031.630.* De cette station, accompagnés d'un guide, les alpinistes monteront au sommet du Parnasse en trois heures environ.

♥ Hosios Loukas**

➤ *À 24 km au S-E d'Arachova (sur la rte d'Athènes, prendre à dr. vers Dístomo; indiqué). Monastère ☎ 0267.021.164. Ouv. t.l.j. de 8 h à 14 h et de 16 h à 17 h (18 h en été). Payant. Billetterie dans le réfectoire.*

Le fondateur du **monastère**** solitaire d'Hosios Loukas (Óssios Loukás) serait **Loukas le Stiriote**, un ermite originaire d'Égine, mort ici vers le milieu du Xe s. Éminemment pieux et pourvu de toutes les qualités chrétiennes, Loukas avait également la réputation d'être un saint guérisseur et de prédire l'avenir. Son tombeau devint l'objet d'un pèlerinage et le monastère vit affluer les dons. Cette manne permit la construction d'une première église dès la fin du Xe s. et d'une seconde en 1011, dédiée à saint Luc.

➤ **LA COUR D'ENTRÉE.** Elle est entourée par les cellules des moines et par le réfectoire qui abrite un petit **musée lapidaire**.

➤ **L'ÉGLISE SAINT-LUC**.** Elle s'ouvre par une façade harmonieuse. C'est un gros édifice à plan octogonal surmonté d'une vaste coupole. L'intérieur est un éblouissement. Supérieures à celles de Daphni, les **mosaïques byzantines***** (XIe s.) illustrent moins volontiers l'Évangile que des scènes de la vie des saints et des martyrs. Remarquez particulièrement le *Christ*, le *Lavement des pieds* et la *Crucifixion* dans le narthex, la Vierge de l'abside *(p. 289)* ou les scènes solennelles des angles. Elles résument le mieux l'art sculptural et anguleux des mosaïstes de ce temps. Les fresques datent du XIe s. (chapelles) ou XVIe s. (coupole). L'**iconostase en marbre polychrome*** *(p. 289)* ou le **pavement du sol*** valent aussi le coup d'œil.

➤ **L'ÉGLISE DE LA VIERGE.** Achevée en 955, elle est accolée à la précédente. Hormis quelques **peintures murales**, l'intérieur a perdu sa décoration. Seule une partie du pavement d'origine subsiste.

➤ **LA CRYPTE ET LA COUR ARRIÈRE*.** On accède à la **crypte***, tapissée de fresques du XIe s. (voir la pathétique *Mise au tombeau*), en longeant l'église Saint-Luc. La **cour** à l'arrière, très pittoresque avec ses passages voûtés et ses allures de

Le monastère d'Hosios Loukas. Le soin apporté à l'appareillage n'est rien en comparaison des mosaïques du XIe s. qui se cachent à l'intérieur…

place de village, offre de belles vues des **absides**** *(p. 289)* des deux églises. On grimpera enfin sur les fortifications pour rêver devant la campagne de Béotie.

Thèbes

➤ *À 85 km à l'E d'Arachova, 70 km au N-O d'Athènes par la voie rapide.* ***Cars*** *depuis Delphes et Athènes.*

Il ne reste rien de la Thèbes (Thíva) d'**Œdipe** et d'**Antigone**. La ville actuelle pourrait même être évitée si son musée n'appelait pas à une halte. Un destin voué au malheur : ainsi pourrait-on résumer l'histoire de cette cité, de la tragique existence d'Œdipe à sa destruction totale par Alexandre en 336 av. J.-C. Sophocle et Eschyle puisèrent d'ailleurs dans le répertoire infini des mythes thébains pour décrire les aléas de la destinée humaine. Thèbes connut aussi son heure de gloire grâce à **Épaminondas**. Après avoir emporté la victoire de Leuctres en 371 av. J.-C. *(p. 162)*, le Thébain se posa en libérateur du Péloponnèse et en champion de la cause anti-spartiate. Sa mort en 362 av. J.-C. sonna la fin d'un rêve éphémère. Voulant se soulever contre l'occupant macédonien, la ville fut sauvagement attaquée par **Alexandre**, qui épargna seulement la maison du poète Pindare (v. 518-v. 438 av. J.-C.), auteur de nombreuses odes en l'honneur des vainqueurs aux Jeux olympiques.

♥ LE MUSÉE ARCHÉOLOGIQUE*

➤ *☎ 0262.027.913. Ouv. t.l.j. de 8 h à 19 h en été, lun. à partir de 12 h 30 (horaires soumis à variations saisonnières). Payant.*

Installé au sommet de la ville, entre une tour franque et un champ de fouilles, il rassemble des objets provenant de Béotie. On entre d'abord dans un jardin,

Frères ennemis

Succédant à leur père **Œdipe**, banni de Thèbes, Polynice et son frère jumeau Étéocle décident de se partager le trône. Mais les promesses ne valent pas tripette dans l'Antiquité, surtout quand il est question de pouvoir ! Au terme de la première année, **Étéocle** refuse de laisser sa place et chasse son frère de Thèbes. **Polynice** se réfugie à Árgos chez le roi Adraste, dont il épouse la fille Argia, et rumine sa vengeance. Convaincu par Polynice, le souverain argien décide de marcher sur Thèbes. Il adjoint à l'expédition Tydée, évincé quant à lui du trône de Calydon, et quatre généraux d'Árgos (Capanée, Hippomédon, Parthénopaeos et Amphiaraos le devin), groupe surnommé les **Sept contre Thèbes**. À Némée, un serpent tue le petit Opheltès, drame dans lequel le clairvoyant Amphiaraos voit un funeste présage. Le devin a vu juste : un seul des Sept – Adraste – survit en prenant la fuite de Thèbes. Il va trouver **Thésée** pour obliger les Thébains à restituer les dépouilles de ses compagnons, restés sur le champ de bataille. Après quelques réticences, le héros athénien s'empare de la ville. Il remet les corps à leurs familles pour qu'ils puissent être brûlés et que les âmes des défunts trouvent enfin le repos. ❖

où sont entassées pêle-mêle des **sculptures antiques et byzantines** dont certaines sont fort belles. Dans le fond, une **mosaïque paléochrétienne*** présente des coloris très frais. Plus que la série de céramiques béotiennes et de **stèles***, le clou du musée est cet ensemble unique de **larnax***** *(p. 289)* dans la dernière salle. Ces petits sarcophages recevaient, selon leurs dimensions, des enfants ou des adultes que l'on inhumait recroquevillés. Sur les faces latérales sont représentées des processions, des pleureuses, et le répertoire décoratif en spirale, typique de l'époque mycénienne (1600-1200 av. J.-C.). Parmi les plus beaux, notez le n° 13 et ses curieuses figurines d'angle, et le n° 14 pour son graphisme.

De Thèbes à Athènes

➤ *Itinéraire d'env. 60 km au S-E de Thèbes.*

Pour revenir à Athènes, on prend la route d'Éleusis plutôt que la voie rapide. Cet itinéraire traverse des paysages plus agréables et rencontre la forteresse d'**Éleuthères** *(à 23 km au S de Thèbes)*, un peu oubliée, pourtant presque intacte. La citadelle du IVe s. av. J.-C. protégeait le point névralgique de l'antique chemin menant d'Athènes à Thèbes. D'Éleuthères, on rejoint Éleusis et la capitale. ■

Le Péloponnèse et Delphes, pratique

Carte rabat avant.

■ Arachova (Aráhova)

ℹ à l'est du village ☎ 0267.031.630.

Shopping

Les boutiques de **tapis** en laine à longs poils *(flokáti)*, de **couvre-lits**, de **broderies** et de **sacs** bariolés se suivent dans la rue principale. Il faut faire jouer la concurrence, visiter plusieurs boutiques et marchander si l'on paie en liquide. Même si l'on n'est pas doué pour les affaires, ce sera toujours moins cher que dans les grandes boutiques d'artisanat d'Athènes.

> **Fête à Arachova**
>
> Chaque année, Arachova commémore dignement **saint Georges**, son saint patron, du 23 au 25 avril. La fête donne lieu à des cortèges en musique. ❖

■ Aréopolis (Areópoli) et le Magne

Carte du Magne p. 169.

Hôtels

Aréopolis

▲▲▲ **Londas** ♥ ☎ 0733.051.360, fax 0733.051.012. Dans une ruelle donnant sur la place de l'église des Taxiarques. **Cat. A.** *4 ch.* petites, fraîches, meublées dans le style maniate. Vieille de plus de deux siècles, sans doute la plus belle maison-tour d'Aréopolis.

▲▲▲ **Pyrgos Kapetanakou** ♥ ☎ 0733.051.233, fax 0733.051.401. Dans la ruelle à dr. au bout de la place de l'église des Taxiarques. **Cat. A.** *7 ch.* plus austères que les précédentes mais ouvrant sur la campagne. Maison-tour restaurée par l'office du tourisme. Agréable cour fleurie.

Limeni

▲▲ **Limeni Village** *(à 3 km au N d'Aréopolis, sur la rte de Kalamáta)* ☎ *0733.051.111, fax 0733.051.182.* **Cat. B.** *35 ch.* Construit en pierres du Magne, cet hôtel aux ch. confortables a l'allure d'un fort. Vue imprenable sur la mer. Animaux non admis.

Stavri

▲▲ **Pirgos Tsitsiri** ♥ ☎ 0733.056.297, fax 0733.056.296. Dans le village. *20 ch.* Encore une maison traditionnelle maniate. Pour une nuit d'un calme absolu et des promenades parmi les ruines du village, situé à 3 km à l'O de Kitta.

Váthia

▲▲▲ **GNTO Guest Houses** ♥ ☎ et fax 0733.055.244. *9 ch.* dans six maisons-tours disséminées dans le plus beau village du Magne. Cher mais inoubliable.

Chambres chez l'habitant

Une solution intéressante et peu onéreuse pour loger au cœur d'Aréopolis. **Tsimova** ☎ 0733.051.301, et **Pierros Bozagregos** ☎ 0733.051.354, sur la petite place de l'église des Taxiarques.

Restaurants

Aréopolis et Ghérolimin *(à 25 km au S d'Aréopolis)* ne possédant pas de restaurants inoubliables, on ira dans les tavernes à poissons de **Váthia** *(à 10 km au S-E de Ghérolimin)* ou, mieux, dans celles de **Porto Kágio** *(à 5 km au S-E de Váthia)* pour déjeuner au bord de l'eau.

Aréopolis

♦ **Barba Petros** ☎ 0733.051.205. En sortant de la place de l'église. Ce restaurant propose une cuisine locale et simple à des prix raisonnables. *Ouv. t.l.j.*

Limeni

♦♦ **Takis** ☎ 0733.051.327. Taverne de poissons à la très bonne réputation auprès des gens du coin. Pour déjeuner les pieds dans l'eau. Un peu cher toutefois. *Ouv. t.l.j.*

Corinthe (Kórinthos) et ses environs

Police touristique, 51, Ermou (sur la place principale de Corinthe) ☎ 0741. 023.282. À Loutráki ☎ 0744.065.678.

Arrivée

➤ **En car.** Liaisons fréquentes avec Árgos, Mycènes, Nauplie et Athènes. Pour Athènes, prendre le bus de Loutráki et changer au canal de Corinthe.

➤ **En train.** Une quinzaine de départs t.l.j. pour Athènes et une dizaine pour Patras. Liaisons t.l.j. avec Nauplie, Trípoli et Kalamáta.

Hôtels

Corinthe

▲ **Ephira**, 52, Ethnikis Antistaseos ☎ 0741.022.434, fax 0741.024.514. **Cat. C.** *45 ch. et 2 suites.* abordables avec air cond. et s.d.b. Pour passer la nuit dans la ville de Corinthe.

Loutráki

Pour visiter en détail la Corinthie, le mieux est de résider de l'autre côté de l'isthme, dans cette station balnéaire animée qui compte une cinquantaine d'hôtels de toutes catégories.

▲▲▲ **Palace Agélidis** ♥, 19, G. Lekka ☎ 0744.021.490, fax 0744.063.164. **Cat. A.** *46 ch. et 2 suites.* Charmant petit hôtel rétro les pieds dans l'eau. Petit déjeuner face à la mer. La meilleure adresse. Le patron parle français.

▲ **Bretagne**, 28, G. Lekka ☎ 0744. 022.349 ou 640. **Cat. C.** *14 ch.* bien tenues avec réfrigérateur. L'un des hôtels les moins chers de Loutráki.

Camping

Blue Dolphin ☎ 0741.025.766. À 3 km de Corinthe, au bord de la mer. *Ouv. de Pâques à oct.*

Restaurants

Pas d'adresse notable à signaler, ni à l'ancienne Corinthe (tavernes pour touristes), ni à Corinthe même (généralement des snacks et des fast-foods). En revanche, **Loutráki** possède de nombreux **restaurants à poissons.** Faites-vous préciser les prix avant de commander pour éviter de désagréables surprises au moment de l'addition…

Adresses utiles

➤ **Gare ferroviaire.** Rue Demokratias ☎ 0741.022.523.

➤ **Gares routières.** Il y a deux **gares routières** : l'une à l'angle d'Ermou et Koliatsou ☎ 0741.024.481, l'autre à l'angle d'Ethnikis Antistasis et Aratou ☎ 0741.024.403.

➤ **Location de deux-roues. Milton Liberopoulos**, 27, Ethnikis Adistasis ☎ 0741.072.937.

➤ **Location de voitures. Gregoris Lakos**, 42, Ethnikis Adistasis ☎ 0741. 022.617.

Delphes (Delfí) et ses environs

12, Pavlou et Friderikis ☎ 0265. 082.900.

Arrivée

➤ **En car.** Liaisons avec Athènes et Patras.

Hôtels

Delphes

▲▲▲ **Amalia**, Apollonos ☎ 0265. 082.101, fax 0265.082.290. **Cat. A.** *185 ch.* coquettes et agréables, comme tous les hôtels de cette chaîne. Le meilleur hôtel de Delphes mais l'un des plus excentrés. Son meilleur atout : la piscine.

▲▲ **Hermès** ♥, 29, Pavlou et Frederikis ☎ 0265.082.318, fax 0265.082.639. **Cat. B.** *30 ch.* un peu spartiates mais certaines offrent des vues d'anthologie sur la vallée. Et le patron les réserve aux Français, qu'on lui pardonne cet ostracisme…

▲ **Acropole**, 13, Philellinon ☎ 0265. 082.675, fax 0265.083.171. **Cat. B.** *42 ch.* Sympathique, fleuri, bon marché, et tout le confort souhaité.

▲ **Kouros**, Frederikis ☎ 0265.082.473, fax 0265.082.843. **Cat. C.** *10 ch.* Simple et familial. Bien tenu et légèrement moins cher que le précédent.

GALAXÍDI

▲▲ **Arkontiko** ♥, sur une hauteur de l'autre côté du vieux port ☎ 0265. 042.292, fax 0265.042.492. *8 ch.* Une jolie maison de poupée, rose pâle et blanche, qui joue la carte du charme. Bien mieux et beaucoup plus calme que les hôtels du centre.

Campings

Ils sont sur la route d'Itéa, à la sortie de Delphes.

Delphi ☎ 0265.082.745. *À 3 km à l'O.* Vue superbe sur l'oliveraie sacrée et infrastructures complètes (piscine, supérette, etc.). L'un des plus proches et des mieux équipés.

Restaurants

DELPHES

Les plats manquent d'originalité, comme souvent dans les sites touristiques. Il faut choisir l'établissement en fonction de la vue ou aller dans les environs, à Itéa *(à 17 km au S-O)* ou à Galaxídi *(à 32 km au S-O)*, selon que l'on préfère les ambiances populaire ou smart.

♦ **Vakhos**, 31, Apollonos ☎ 0265. 083.186. Sans doute la plus belle terrasse sur l'oliveraie sacrée. Prix raisonnables et service sympa. *Ouv. t.l.j.*

GALAXÍDI

♦ **Porto**, le long du port. L'un des nombreux restaurants qui bordent le port de plaisance. Grand choix de poissons et excellent vin en pichet.

ITÉA

♦ **Ouzeri Mouragio**, 57, 28 Octovriou ☎ 0265.033.318. Sur le front de mer, une taverne familiale ne payant pas de mine où l'on dégustera un délicieux souvlaki de poulet accompagné de retsina… pour le moins résinée. Le patron, très affable, parle un peu le français. *Ouv. t.l.j.*

♦ **Zéphyros** ♥ ☎ 0265.032.666. Sur la plage, à l'E de la ville. Dans une agréable salle, on déguste de bons poissons bien cuisinés. Si la TV est trop forte, la terrasse face à la mer est plaisante. *Ouv. t.l.j.*

> **La Saint-Cyriaque**
>
> Le 7 juillet, **Dimitsána** fête dignement son saint patron en attirant les producteurs du coin. Une bonne occasion de goûter à des spécialités régionales arrosées de bons crus locaux. ❖

Adresse utile

➤ **CYBERCAFÉ. Itéa Internet Café**, à Itéa, à l'extrémité orientale du front de mer (en face de la poste). Un café au look recherché pour consulter ses mails.

■ Dimitsána

Chambres chez l'habitant

Ebelissartylos ☎ 0795.031.617. *4 ch.* Dans le haut de la ville. Belle maison d'architecture traditionnelle. La meilleure adresse pour loger chez l'habitant.

Shopping

Dans les épiceries, on achètera du **miel** et ces **pâtes** en petits carrés que produisent tous les villages des montagnes de l'Arcadie.

■ Épidaure (Epídavros) et ses environs

ⓘ au port d'Arhéa Epídavros (Ancient Epidaure) ☎ 0753.042.020.

Arrivée

➤ **EN CAR.** Liaisons avec Nauplie.

Hébergement

En attendant la fin des travaux de l'hôtel Xenia, près du site, il faudra se rendre sur le bord de la mer, à Arhéa Epídavros, où se trouvent de nombreux hôtels, des chambres chez l'habitant et des campings. La localité

Le festival d'Épidaure

Il a lieu l'été, de mi-juin à début septembre, dans le théâtre. On y joue, en général, les grands noms du répertoire antique, dans le texte ! *Spectacles ven. et sam. soirs.* **Rens. et rés. : Athens Festival Box Office** (Bureau des Festivals), 4, Stadiou, Athènes ☎ 010.322.14.59. Et au théâtre dans la limite des places disponibles. ❖

ne manque pas de charme avec ses nombreuses plages, dont celle, bordée d'orangers, que l'on rencontre en prenant la direction du petit théâtre antique. Une adresse :

▲ **Christina**, 8, Akti Posidonos ☎ 0753.041.451, fax 0753.041.655. **Cat. C.** *18 ch.* propres et bien tenues. Assez cher pour la catégorie.

Restaurants

Il faut se rabattre sur les restaurants d'**Arhéa Epídavros**.

■ Ermióni

Hôtel

▲ **Akti** ☎ et fax 0754.031.241. Au S du port. **Cat. E.** *20 ch.* parfaitement tenues et pleines de charme si l'on aime le mobilier hétéroclite. Le patron parle le français.

Restaurant

♦ **Tasos** ♥, port de Mandrakia ☎ 0754.031.551. Au S de la ville. Bons poissons et patron très sympa qui parle le français. *Ouv. t.l.j. F. en nov.-déc.*

■ Gythion (Gíthio)

ℹ 20, Vassiléos Georgiou ☎ 0733. 022.207. **Police touristique** (front de mer) ☎ 0733.022.271, fax 0733. 022.444.

Arrivée

➤ **EN BATEAU.** Liaisons en ferry avec la Crète, Cythère et Le Pirée. Rens. **Rozakis Travel** ☎ et fax 0733.022.229 ou 207, sur le front de mer (propose également des locations de voitures).

➤ **EN CAR. Gare routière** à l'entrée de la ville, en venant de Sparte ☎ 0733. 022.228 ; 4 à 5 liaisons t.l.j. pour Athènes, Sparte et Aréopolis.

Hôtels

▲▲ **Aktaeon** ☎ 0733.022.294. Sur le front de mer. *20 ch. et 2 suites* bon confort, prix raisonnable. Belle bâtisse.

▲ **Belle Hélène** ☎ 0733.093.001, fax 0733.093.006. À 12 km de Gythion, sur la route d'Aréopolis. **Cat. B.** *98 ch.* Complexe hôtelier un peu froid, mais calme et situé en bord de mer. Un peu cher toutefois. *Ouv. d'avr. à sept.*

▲ **Gythion** ☎ 0733.023.452 ou 523. Sur le front de mer. **Cat. B.** *7 ch.* Vieil établissement traditionnel remis à neuf, de bon rapport qualité/prix. Les chambres donnant sur la mer sont parfois bruyantes.

▲ **Pantheon**, 33, Pavlou ☎ 0733. 022.289, fax 0733.022.284. Sur le front de mer. **Cat. C.** *57 ch.* S.d.b. et air cond. Correct et pas cher.

▲ **Saga** ♥ ☎ 0733.023.220, fax 0733. 024.370. *14 ch.* Sur le front de mer. Sur la place la plus animée de Gythion, ce petit hôtel modeste offre des ch. confortables avec vue sur la mer. Tarifs intéressants, bon accueil et restaurant de bonne tenue. La patronne est bretonne.

Chambres chez l'habitant

À la sortie S, en direction d'Aréopolis, au pied de la digue du port de pêche, à la hauteur de la presqu'île, notamment chez **Xenia Karlafti** ☎ 0733. 022.719.

Campings

À la sortie S de Gythion, sur la route d'Aréopolis: **Meltémi** (☎ 0733.023.260),

Mani Beach (☎ 0733.023.450) et **Gythion Bay** (☎ 0733.022.522).

Restaurants

Excellents poissons sur le front de mer. Les tavernes s'alignent le long du port. Toutes les cartes sont identiques.

♦ **Isalos** ☎ 0733.024.024. À côté de l'hôtel Gythion. Carte variée et simple, du poisson grillé aux côtelettes d'agneau. Prix corrects. *Ouv. t.l.j.*

♦ **Poulikakos** ☎ 0733.022.792. Le premier restaurant après les cabines téléphoniques, quand on s'éloigne de la place. Cuisine familiale et sans prétention. Bon rapport qualité-prix. *Ouv. t.l.j.*

Plages

Il y a celles que l'on rencontre en venant de la **péninsule laconienne**, entre Skála et Gythion. La plus belle (et la plus grande) est celle de **Mavrovoúni** *(à 4 km au S).*

Adresse utile

➤ **Location de voitures. Rozakis Travel** ☎ 0733.022.207, sur le front de mer.

■ Kalamáta

❶ Aristomenous et 6, Poliviou ☎ 0721.086.868. **Police touristique**, rue Miaouli, près du front de mer ☎ 0721.021.700.

Arrivée

➤ **En avion. Aéroport**, route de Messíni ☎ 0721.022.376 ou 069.442 et 010.96.66.666. À 8 km à l'O de Kalamáta. Liaisons t.l.j. avec Athènes.

➤ **En car. Gare routière**, Artemidos, en face du *kastro*, de l'autre côté de la rivière ☎ 0721.028.581. Liaisons avec Athènes et toutes les villes du Péloponnèse.

➤ **En train. Gare ferroviaire**, Frantzi & Palama ☎ 0721.022.555. À l'O de la place Georgiou. Liaisons quotidiennes (non directes) avec Patras, Tripoli et Athènes.

Hôtels

Les plus calmes sont à l'entrée de la ville en venant de Sparte ou d'Aréopolis. Ils sont en général dotés de plages privées. D'autres, plus modestes mais bruyants, sont sur le boulevard qui longe le front de mer.

▲▲ **Filoxenia**, Navarinou-Paralía ☎ 0721.023.166, fax 0721.023.343. Sortie E de la ville, direction Aréopolis. **Cat. B.** *184 ch. et 6 suites.* Grand hôtel moderne en face de la mer. Nombreux équipements (piscine, tennis). Navette pour le centre. Prix d'une catégorie supérieure, mais confort à l'avenant.

▲▲ **Messinian Bay**, Almyros Vergas ☎ 0721.041.001, fax 0721.041.071. Route d'Aréopolis. **Cat. B.** *76 ch.* agréables donnant sur la baie. Une redoutable bâtisse moderne… mais une petite plage privée et un petit déjeuner copieux. Tout cela se paie, bien sûr. Voiture indispensable.

Camping

Marias (Sea and Sun) ☎ 0721.041.060, fax 0721.041.251. À 4 km à l'E. Nombreux équipements. La responsable parle français.

Restaurants

Hors saison, les habitants dînent dans le centre, tandis qu'en été tout le monde se retrouve sur le front de mer, sans être gêné par la cacophonie des autoradios à plein volume et des motos pétaradantes ! À midi, faites comme tout le monde : dégustez du porc grillé avec des pommes de terre dans une *mezedopolia* (sorte de snack).

▲ **Tabakis**, 91, Navarinou ☎ 0721.094.152. L'une des meilleures adresses du front de mer. Poisson succulent et pas trop cher. Grande terrasse ombragée ou salle. *Ouv. t.l.j.*

Shopping

Le **grand marché** *(le matin)* est en contrebas, près de la gare routière. Dans la **rue Aristomenou**, on ne risque pas de revenir bredouille tant les tentations sont grandes. Les deux spécialités de Kalamáta – les **olives** et surtout les **figues** sèches – s'achètent au marché ou dans les épiceries. L'autre grand intérêt, ce sont ses boutiques de **vêtements**. Kalamáta dispose de plusieurs centres commerciaux *high tech* près du port et de nombreux magasins dans le centre, d'Aristomenou à la place Georgiou.

Vie nocturne

Les boîtes et les bars (**Bubble**, **Da Capo**, etc.) rivalisent de recherche décorative pour attirer les fêtards. Ils sont établis le long du front de mer, à l'E de la ville.

Adresses utiles

➤ **LOCATION DE DEUX-ROUES.** Pour louer un cyclomoteur et de petites motos, et découvrir le Magne ou la côte de Messénie cheveux au vent. Grand nombre de loueurs dans la rue Faron, perpendiculaire au front de mer.

➤ **LOCATION DE VOITURES.** Des agences de location sont installées à l'aéroport. **Hertz** à l'aéroport ☎ 0721.069.547, et 235, Faron ☎ 0721.088.268. **Verga Rent-A-Car**, 202, Faron ☎ 0721.041.283, fax 0721.041.753.

■ Koróni

Hôtel

▲ **Hôtel de la Plage** ☎ 0725.022.401, fax 0725.022.508. À 1 km au S-O (indications). **Cat. C.** *50 ch.* Bel établissement isolé dans la campagne, mais souvent pris d'assaut par les groupes. Hôtel classique. *Ouv. d'avr. à oct.*

La formule la plus fréquente ici est le **logement chez l'habitant.**

■ Langádia

Hôtels

▲ **Kentrikon** ☎ et fax 0795.043.221. *20 ch.* propres. Prix corrects.

▲ **Langádia** ☎ 0795.043.202, fax 0795.043.215. Dans le village. *20 ch.* de confort honnête. Idéal pour rayonner dans la région.

Shopping

Dans la rue principale, des boutiques proposent les spécialités de la région : **couvre-lits** en laine, **tapis** et **miel.**

■ Methóni

Hôtels

▲▲ **Amalia** ♥ ☎ 0723.031.193, fax 0723.031.195. À l'E de la ville. **Cat. B.** *34 ch.* Sorte de motel de luxe légèrement à l'écart de la mer. Avec somptueux coucher de soleil depuis les ch. Accueil irréprochable. *Ouv. de mi-avr. à oct.*

▲ **Castello**, près de la plage et de l'entrée de la forteresse ☎ et fax 0723.031.300. **Cat. D.** *14 ch.* Petit hôtel pas cher avec jardin et ch. offrant une jolie vue. *Ouv. de mai à oct.*

Camping

Camping Methóni, au bord de la plage ☎ 0723.031.228. *Ouv. de mai à oct.*

Restaurants

▲▲ **Klimataria**, près de la forteresse ☎ 0723.031.544. Les plats sont bons, le rosé de Methóni excellent, mais la note élevée. Les Grecs ont d'ailleurs déserté l'endroit. Mais que le jardin est agréable ! *Ouv. t.l.j. de mi-mai à oct.*

▲ **Kali Kardia**, rue principale du centre ☎ 0723.031.260. Pas cher, familial et avec accueil sympathique (la patronne parle quelques mots de français). Cuisine correcte et plus copieuse qu'au Klimataria. Et le rosé de Methóni est tout aussi bon. *Ouv. t.l.j.*

Plages

Au lieu de se baigner à Methóni, prendre la route de **Koróni** ; on trouve vite de superbes étendues de sable fin, accessibles par des pistes poussiéreuses.

■ Monemvassía

ℹ **Police touristique** ☎ et fax 0732.061.210.

Arrivée

➤ **EN BATEAU.** Laisons avec le Pirée (mai-oct.).

➤ **En car.** Liaisons avec Sparte et Gythion.

Hôtels

La ville moderne de **Géfira**, en face de Monemvassía, offre de grandes possibilités de logement. La solution la moins onéreuse consiste à loger chez l'habitant, à la sortie S de la ville, le long du front de mer.

▲▲▲ **Ano Malvasia** et **Malvasia II** ♥ ☎ 0732.061.323, fax 0732.061.722. **Cat. A.** *24 ch. et 2 suites.* Ces deux hôtels offrent de vieilles bâtisses médiévales restaurées avec goût pour passer la nuit sur le rocher de Monemvassía. La vue sur la mer se paie, mais au diable l'avarice !

▲▲▲ **Byzantino** ♥ ☎ 0732.061.254, fax 0732.061.992. **Cat. A.** *30 ch.* Un peu plus cher que le précédent mais tout aussi agréable. **Rés.** impérative pour avoir une ch. sur les remparts, avec vue sur la mer.

▲▲▲ **Lazareto** ♥ ☎ 0732.061.991, fax 0732.061.992. *13 ch. dont 2 suites.* Ch. confortables et décorées avec goût dans cet hôtel de pierre à l'entrée de Monemvassía. Même propriétaire que le Byzantino.

▲ **Monemvassía**, en bord de mer, Géfira ☎ 0732.061.381, fax 0732.061.046. **Cat. C.** *10 ch.* proprettes et agréables. Petit hôtel sympathique les pieds dans l'eau, reconnaissable à ses arcades.

▲ **Pramataris**, Géfira ☎ et fax 0732.061.833 ou 075. **Cat. C.** *17 ch. et 2 appts.* À côté de l'hôtel Monemvassía, mais un peu plus cher, cet hôtel propose des ch. correctes et propres.

Chambres à louer

Petrino ☎ 0732.061.136 et **Adonakos** ☎ 0732.061.354 proposent d'agréables ch. à des prix honnêtes, à Géfira, sur le front de mer.

Camping

Paradise ☎ 0732.061.123, fax 0732.061.680. À 4 km au S de Monemvassía, sur la route de Neápoli. Près de la plage, avec supérette.

Restaurants

Si les établissements de Monemvassía vous semblent trop touristiques, vous allez préférer les tavernes à poissons plus calmes situées à la sortie S de Géfira.

♦ **To Kanoni**, à dr. de la rue principale de Monemvassía ☎ 0732.061.387, fax 0732.061.169. Un beau choix de menus. Bonne cuisine de taverne dans plusieurs salles agréables. *Ouv. t.l.j. sf de déc. à mars (ouv. seulement sam., dim. et j.f.).*

Plages

On peut se baigner **au N de la ville**, en suivant les indications de l'hôtel Vila Douka. Plus agréable encore, la plage de **Xiphias** *(à 6 km au S)*, avec une petite taverne pour se sustenter en cas de faim.

■ Nauplie (Náfplio)

Plan p. 155.

ⓘ 2, 25 Martiou **B2** ☎ 0752.024.444. **Police touristique**, 14, Paulas Koundourioti **hors pl. par B1** ☎ 0752.028.131.

Arrivée

➤ **En bateau.** En saison, Nauplie est reliée quotidiennement au Pirée et aux îles Spetsae (Spétses), Hydra (Ídra) et Póros. Les bateaux accostent au port ☎ 0752.022.974, sur Boubou-linas, au centre de la ville **A1**.

➤ **En car. Gare routière**, 8, Sigrou **B2** ☎ 0752.027.323 ou 0752.028.555. Bus toutes les 30 mn avec Árgos et toutes les heures avec Athènes. Liaisons avec Épidaure, Mycènes, Trípoli et Corinthe.

➤ **En train. Gare ferroviaire**, route côtière **B1** ☎ 0752.029.380. Liaisons t.l.j. avec Corinthe et Athènes.

Hôtels

La prudence impose de réserver en période estivale. À défaut, la station balnéaire de **Toló** *(à 12 km au S-E)* est riche en hébergement

Nauplie

▲▲▲ **Amalia**, route d'Árgos ☎ 0752.024.401, fax 0752.024.400. À 3 km de Nauplie. **Cat. A.** *171 ch.* Bel établissement avec piscine et patio pour prendre le frais l'été. Boutiques. Excellent choix malgré les s.d.b. un peu décaties. Véhicule conseillé.

▲▲ **Byron** ♥, 2, Platonos **A2** ☎ 0752.022.351, fax 0752.026.338, www.byronhotel.gr. **Cat. C.** *18 ch.* agréables et douillettes, certaines avec terrasse. Deux maisons de la vieille ville. Prix d'une catégorie supérieure, mais le surcoût est largement motivé par le charme des lieux.

▲▲ **Nafsimedon** ♥, 9, Sidiras Merarchias **B1** ☎ 0752.025.060, fax 0752.026.913. *13 ch.* Bel établissement récent installé dans une demeure néoclassique. Ch. aménagées avec beaucoup de goût. Accueil souriant.

▲ **Dioscouri**, 6, Vironos et Zigomala **A2** ☎ 0752.028.550. **Cat. C.** *51 ch.* Au milieu des fleurs, dans la ville haute. Confortable et prix abordables. Demander une ch. sur rue, avec vue sur le port.

▲ **King Othon** ♥, 4, Farmakopoulou **A1** ☎ 0752.027.585. **Cat. D.** *11 ch.* Un charme désuet, excellente situation près du port et de la place Syndagma.

▲ **Leto**, 28, Zigomala **A2** ☎ 0752.028.093, fax 0752.029.588. **Cat. D.** *20 ch.* Un hôtel de la ville haute, donc avec calme assuré. Le patron est très sympathique et parle le français. Ch. correctes, impeccables, pas chères – certaines ouvrent sur la mer.

Toló

▲ **Dolfin**, 50, Aktis Street ☎ 0752.059.220, fax 0752.059.679. www.forthnet.gr/john-george. **Cat. B.** *30 ch.* À deux pas du port de Toló, un hôtel entièrement rénové avec des ch. propres et claires donnant sur la mer. Le patron est adorable et on prend son petit déjeuner en tête à tête avec la mer. Idéal pour oublier l'agitation de Nauplie.

Camping

Lido II, Toló ☎ 0752.059.396. Avec bungalows à louer. *Ouv. de avr. à oct.*

Restaurants

Il y a les établissements des ruelles au-dessus de Syndagma, où l'on dîne (pas très bien) au coude à coude sur des tables recouvertes de nappes en vichy... Il y a aussi les restaurants à poissons du port, qui pratiquent la même retape éhontée... Si l'on rechigne à dîner dans le cœur très touristique du vieux Nauplie, on se repliera vers le grand jardin public à l'entrée de la ville, où les restaurants sont meilleurs et la clientèle plus grecque (par exemple ♦ **Moyses**, sur Konstantinou **B1** ☎ 0752.022.385, *ouv. t.l.j.*).

♦♦ **Elatos**, 71, Bouboulinas **A1** ☎ 0752.027.011. L'un des restaurants à poissons qui étend une large terrasse près du port. Bon accueil et note raisonnable. *Ouv. t.l.j.*

♦♦ **Omorfo tavernaki**, 1, Olgas et Kotsonopoulou **A1** ☎ 0752.025.944. Assez touristique, mais agréable. Commander la spécialité, le *kolokotroneiko* (porc au vin). *Ouv. t.l. soirs.*

♦ **Paleo Arhontiko** ♥, Ypsilandrou et Sofroni **A1** ☎ 0752.022.449. Excellente cuisine de taverne. Un petit établissement qui étend ses tables dans une petite ruelle du centre. Note étonnamment peu élevée pour Nauplie. *F. midi.*

Shopping

Les alentours de la place Syndagma **A1** sont investis par les **bijoutiers** et par les marchands de **reproductions de poteries**.

Petra ♥, 14, Kokkinou et Staikopoulou **B1** ☎ 0752.022.882. De très belles poupées en terre cuite, façonnées et peintes à la main, qui feront un cadeau très apprécié. Une adresse plus originale.

Plages

La plus grande plage est celle de **Karathona** *(à 3 km au S-E)*, mais elle n'est pas toujours d'une propreté irréprochable. Celle de **Toló**, jolie avec ses dunes mais trop petite pour satisfaire les foules d'estivants, est bondée l'été.

Vie nocturne

Les **cafés** les plus agréables sont situés au bord de l'Akti Miaouli **A1**, sur le front de mer, là où la circulation est interdite. Les **discothèques** s'égrènent au bord de la route qui longe la baie, à l'O de la ville.

Diplo, 43, Bouboulinas **A1** ☎ 0752.021.280. En face du port. **Cybercafé** à la décoration high-tech où les billards se mêlent aux PC. Accueil pas toujours à la hauteur. *Ouv. t.l.j.*

Adresses utiles

➤ **Compagnie maritime. Staikos Tours**, 50, Bouboulinas **A1** ☎ 0752.027.950.

➤ **Location de deux-roues. Motor-traffic**, 15, Sidiras Merarchias **B1** ☎ 0752.022.702.

■ Olympie (Olimpía) et ses environs

ℹ rue principale ☎ 0624.023.100. **Police touristique** ☎ 0624.022.550.

Arrivée

➤ **En car. Gare routière**, rue principale, en face de l'office du tourisme. Liaisons t.l.j. avec Pyrgos et Trípoli ; 2 bus par sem. pour Dimitsána.

➤ **En train.** *La gare d'Olympie est fermée pour travaux jusqu'à une date indéterminée.*

Hôtels

Katakólo

▲▲ **Zéphyros** ♥, sur le port *(à 30 km à l'O d'Olympie, au-delà de Pyrgos)* ☎ 0621.041.170. **Cat. A.** *8 ch.* douillettes. Charmant petit hôtel de bord de mer.

Olympie

▲▲▲ **Amalia**, route de Pyrgos ☎ 0624.022.190, fax 0624.022.444. **Cat. A.** *184 ch.* L'hôtel le plus calme de la ville, mais il est éloigné du site et de l'animation. Et c'est là qu'atterrissent les groupes. Piscine et grand parc.

▲▲▲ **Europa**, ancien Olympia ☎ 0624.022.700, fax 0624.023.166. **Cat. A.** *78 ch. et 2 suites.* Appartient à la chaîne Best Western. Récent, très confortable, prix intéressant. Piscine, tennis et panorama superbe. Une bonne adresse.

▲▲▲ **Olympia Palace**, 2, Praxitelous ☎ 0624.023.101, fax 0624.022.525. **Cat. A.** *65 ch.* Hôtel luxueux et confortable. Calme. Intéressant rapport qualité-prix.

▲ **Phedias**, Praxitelous ☎ et fax 0624.022.667. À g. de la rue principale en allant vers Pyrgos. **Cat. C.** *10 ch.* Petit, familial et bon marché.

▲ **Poseidon**, 9, Stephanopolou ☎ 0624.022.567. **Cat. E.** *10 ch.* correctes. Les patrons, très sympas, parlent français et la cuisine est bonne. Terrasse agréable. *Rés. recommandée.*

Campings

Alphios ☎ et fax 0624.022.950. À 1 km d'Olympie. Situé près de la rivière. Belle vue sur la campagne. *Ouv. de mars à oct.*

Diana ☎ 0624.022.314, fax 0624.022.425. En haut d'Olympie. Le responsable parle français et l'accueil est bon. *Ouv. tte l'année.*

Olympic Camping ☎ 0624.022.745. Le plus central mais moins bien que les précédents. *Ouv. tte l'année.*

Auberge de jeunesse

Youth Hostel, 18, Praxitelous ☎ 0624.022.580.

Restaurants

Katakólo

Sur le front de mer piétonnier de ce petit port, les restaurants à poissons alternent avec les bars chic. On dîne sur de grandes terrasses en regardant se balancer les bateaux.

Linaría

Ce village *(à 6 km à l'E d'Olympie)* possède plusieurs tavernes, mais elles sont un peu trop proches de la route.

Miraka

Ce petit village est moins éloigné *(à 3 km à l'E d'Olympie).*

♦ **Bacchus**, rue principale ☎ 0624.022.498. Une taverne devenue touristique, mais le poulet grillé est tellement délicieux ! Bon accueil et terrasse très agréable. *Ouv. t.l.j.*

♦ **Drosia**, rue principale ☎ 0624.022.311. La meilleure adresse pour sa cuisine et sa terrasse surplombant la vallée. Excellent accueil et, comme chez Bacchus, très bon vin rosé.

OLYMPIE

♦ **Praxitelis** ☎ 0624.023.570. Dans une rue parallèle à l'artère principale. Cuisine familiale sans fioritures dans un endroit calme de la ville. *Ouv. t.l.j.*

♦ **To Steki to Bageli** ☎ 0624.022.530. Perpendiculairement à la rue centrale. Taverne fréquentée par les Grecs. Bon accueil. Plats généreux. Décor insipide.

Shopping

Il est tentant de rapporter d'Olympie une **reproduction** d'icône, de céramique ou de sculpture antiques, ou bien d'acheter des **bijoux**. Les boutiques ne sont pas plus chères que celles de Delphes ou du quartier de Pláka, à Athènes. Et le choix est aussi grand.

Plages

La baignade est très agréable à **Karalia Beach** *(à 25 km au S)* et à la plage de la station balnéaire de **Zaháro** *(à 30 km au S)*.

■ Patras (Pátra)

ℹ au port, porte 6 ☎ 061.062.03.53 et 061.062.19.92, fax 061.062.01.25. **Police touristique** ☎ 061.045.18.33.

Arrivée

➤ **EN AVION. Aéroport**, à Araxos *(à 38 km à l'O)* ☎ 061.022.29.01 (Olympic Airways). Liaisons internationales.

➤ **EN BATEAU.** Liaisons avec l'Italie (Ancône, Brindisi ou Bari) *via* Corfou (Kérkira) et Igoumenítsa. Liaisons t.l.j. avec Céphalonie (Kefaloniá) et, plusieurs fois par sem., avec Ithaque (Itháki). La plupart des agences sont installées sur **Othonos Amalias**, le long du port.

➤ **EN CAR. Gare routière**, sur Amalias, près de la gare ferroviaire ☎ 061.062.38.87. Liaisons t.l.j. avec Athènes, Kalamáta et Pyrgos; 3 à 4 avec Ioannina et Thessalonique.

➤ **EN TRAIN. Gare ferroviaire**, sur Amalias, non loin de la place Simahon ☎ 061.063.91.08. Liaisons t.l.j. avec Athènes *via* Corinthe; avec Pyrgos, Kalamáta.

Circuler

En dehors de quelques embouteillages et à condition d'avoir un minimum de sens de l'orientation, la circulation ne pose pas trop de problèmes à Patras. Les rues se coupent à angle droit et sont pour la plupart à sens unique. Si l'on se retrouve dans la mauvaise direction, il suffit de tourner deux fois pour repartir dans l'autre sens.

Hôtels

▲▲▲ **Astir**, 16, Haghiou Andréou ☎ 061.027.75.02, fax 061.027.16.44. **Cat. A.** *120 ch.* insonorisées et climatisées donnant sur le port. Le meilleur de la ville. Piscine salutaire.

▲▲ **Galaxy**, 9, Haghiou Nicolaou ☎ 061.027.59.81, fax 061.027.88.15. **Cat. B.** *53 ch. et 2 suites.* Proche du précédent, donc bien situé, et plus abordable.

Auberge de jeunesse

Youth Hostel, 62, Iroon Polytechniou ☎ 061.042.72.78.

Camping

Rion ☎ 061.099.15.85, fax 061.099.33.88. À 9 km au N-E. En bord de mer. *Ouv. tte l'année.*

Restaurants

Ils sont rares dans le centre, en dehors des simples snacks que fréquentent les étudiants. Les habitants vont plutôt dîner au bord de l'eau en empruntant l'ancienne route nationale, à **Monodéndri** ou à **Vrahneika** *(env. 10 km au S)*.

♦ **Cavo d'Oro**, 100, Othonos Amalias ☎ 061.034.11.72. L'un des restaurants à poissons au S du port, peu avant d'arriver devant l'imposante église d'Haghios Andréas. *Ouv. t.l.j.*

Fêtes et manifestations à Patras

➤ **Carnaval de Patras**. C'est l'une des grandes fêtes de Grèce. Son moment fort est le dernier dimanche avant Carême, lorsque les habitants déguisés descendent dans la rue.

➤ **Festival de musique, théâtre et danse**. Il a lieu en juillet et en août. Les spectacles se déroulent souvent à l'odéon romain. *Rens.* ℹ ou ☎ 061.022.60.63. ❖

Shopping

En attendant le ferry, on peut arpenter **Haghiou Nicolaou**, face au port, et le quartier environnant (jusqu'à la place Olgas) pour découvrir toutes sortes de boutiques, depuis les grands noms du prêt-à-porter grec jusqu'aux griffes internationales les plus familières.

Plages

Il faut aller assez loin pour se baigner sans crainte. Deux possibilités : les plages de **Rhion** *(à 9 km au N-E de Patras)* ou la **Ionian Beach**, à l'O de Kato Achaia *(à 35 km au S-O de Patras)*.

Adresses utiles

➤ **Location de voitures. Hertz**, 2, Karolou ☎ et fax 061.022.09.90.

➤ **Poste**. Mesonos, au-delà de la place Olgas.

■ Pylos (Pílos)

Hôtels

▲ **Karalis Beach** ♥ ☎ 0723.023.021, fax 0723.022.970. Sur la baie, à l'écart du centre. **Cat. B.** *14 ch.* L'hôtel le plus confortable et le plus calme de la ville, situé les pieds dans l'eau. Idéal pour passer la soirée à regarder la baie depuis la terrasse. Bon restaurant.

▲ **Karalis**, 26, Kalamatas ☎ 0723.022.980, fax 0723.022.970. Sortie N de la ville. **Cat. B.** *35 ch.* Prix plus en rapport avec la catégorie. Annexe du précédent.

Restaurant

♦ **To Diethnes** ☎ 0723.022.772. Sur le port. Parce qu'il est excentré (en allant vers le Karalis Beach), ce restaurant à poissons est plus calme que ses voisins et attire surtout des Grecs. Belle terrasse au bord de l'eau. *Ouv. t.l.j.*

Plages

On peut se baigner dans la baie de Navarin : à **Giálova** *(à 5 km au N)* ou, mieux, à la **plage paradisiaque** que l'on trouve en continuant dans la direction de la lagune.

Loisirs

➤ **Excursions**. En saison, des **caïques** font le tour de la baie *(4 à 5 h)*. D'autres rallient le « vieux château » ou Paliókastro, la forteresse d'origine franque située au débouché N de la passe. *Rens. au port.*

Adresse utile

➤ **Location de voitures. Auto-Europe**, à côté du Karalis, sur la route de Kiparissia ☎ 0723.022.393.

■ Sparte (Spárti) et ses environs

ℹ **Mairie**, pl. Centrale ☎ 0731.026.771. **Police touristique** ☎ 0731.020.492.

Arrivée

➤ **En car**. Liaisons avec Athènes, Nauplie, Kalamáta et Mystra.

Hôtels

Mystra

▲▲ **Byzantion** ☎ 0731.083.309, fax 0731.020.019. Près de la place. **Cat. B.** *26 ch.*, certaines avec balcon et vue. Hôtel impersonnel, mais bien pratique pour visiter le site de bon matin. *Ouv. de mars à oct.*

Manifestations à Mystra

Mystra n'oublie pas son passé byzantin. Le **29 mai**, elle commémore le souvenir de **Constantin XI**, mort les armes à la main en 1453, en tentant de défendre désespérément Constantinople. Le **23 août** est organisée une **foire annuelle intéressante**.

Sparte

La plupart sont rue Konstandinou Paleologou, l'avenue qui traverse la ville. Éviter les ch. donnant sur rue.

▲▲▲ **Lida**, 1, Atridon ☎ 0731.023.601, fax 0731.024.493. **Cat. A.** *40 ch.* Le confort maximal dans un hôtel calme. Mais ce privilège se paie…

▲▲ **Menelaion**, 91, Paleologou ☎ 0731.022.161, fax 0731.026.332. **Cat. B.** *48 ch.* belles et grandes. Bâtisse début du XXe s. récemment rénovée. La piscine justifie le prix élevé.

▲ **Cecil**, 125, Paleologou ☎ 0731.024.980, fax 0731.081.318. *13 ch.* Petit hôtel familial et peu cher. Un point de chute idéal pour une nuit ou deux. Le patron parle français.

▲ **Dioscouri**, 182, Likourgou ☎ 0731.028.666, fax 0731.024.493. *35 ch.* spacieuses et relativement confortables. Sur le chemin de Mystra.

▲ **Maniatis**, 72-76, Paleologou ☎ 0731.022.665, fax 0731.029.994. **Cat. C.** *80 ch.* à prix raisonnable (pour Sparte) mais d'une tristesse infinie. Accueil sympathique dans cet hôtel moderne mais peu esthétique.

Campings

Castle View ☎ 0731.083.303. Sur la route de Sparte à Mystra, peu avant l'entrée du village. Agréable, au milieu des oliviers, bien équipé. Belle vue sur le château. *Ouv d'avr. à oct.*

Mistrás ☎ 0731.022.724. À 2 km par la route de Mystra. Excellents équipements. *Ouv. tte l'année.*

Restaurants

Rien de bien notable à Sparte. Il est préférable d'aller dîner à **Mystra** ou dans la localité voisine de **Paróri** *(à 1 km au S-E).*

Mystra

♦♦ **Marmara** ♥ ☎ et fax 0731.083.319. À la sortie du village en allant vers le site. Belle terrasse, bons petits plats et accueil très souriant dans cette taverne familiale, bien qu'un peu touristique. *Ouv. t.l.j.*

♦ **To Kastro** ☎ 0731.083.526. En face de l'hôtel Byzantion. Cuisine de taverne à déguster sur une grande terrasse. *Ouv. midi et soir sf de nov. à avr. (le soir seulement).*

Paróri

♦ **O Keramos** ♥ ☎ 0731.082.855. Près des chutes, dans le village. Bonne cuisine que l'on savoure sur une grande et fraîche terrasse, au milieu de l'eau des fontaines bruissantes. *Ouv. t.l.j.*

Vie nocturne

Sparte est une ville jeune et animée le soir. On trouve quelques bars « tendance » dans la rue principale (Paleologou), comme le **Ministry Music Hall** et le **Café Enigma**. ■

LA THESSALIE

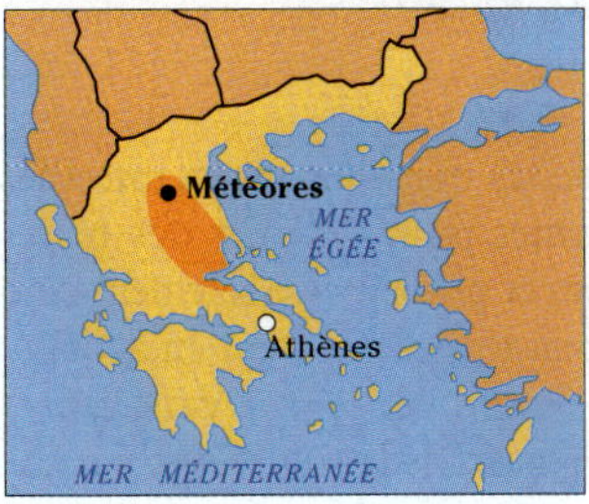

Des **monastères** juchés entre ciel et terre, et la **presqu'île du Pélion**, avec sa nature orgiaque et ses formidables petits villages : telles sont les deux principales curiosités du cœur de la Grèce. Mais la Thessalie recèle des trésors insoupçonnés et délaissés des touristes : montagne du Pinde et petits villages traditionnels à l'ouest de Kalampáka.

L'ancien royaume d'**Achille**, devenu le grenier à blé de la Grèce, semble bien monotone de prime abord. Les champs de céréales, de tabac et de coton se succèdent sur une immense plaine que des chefs-lieux débordants d'activité (Tríkala et Lárissa) ne parviennent pas à égayer. À cela s'ajoute un climat humide en hiver et torride en été, qui en fait l'une des régions les plus rudes du pays. Restée relativement en marge de l'histoire pendant l'Antiquité, la Thessalie (Thessalía) ne possède guère de souvenirs archéologiques importants. Mais, loin vers le nord-ouest, la seule présence des **Météores** (de *metéora*, « suspendu dans les airs ») efface toute éventuelle déception. Ces monastères, juchés sur des aiguilles de grès et décorés par les meilleurs artistes du monde **byzantin**, laissent un souvenir émerveillé. Quant à la presqu'île du Pélion, qui baigne ses falaises abruptes dans le bleu profond de l'Égée à l'autre extrémité de la Thessalie, elle apparaît comme une sorte de paradis retrouvé.

Les Météores***

➤ *Autour de Kalampáka, à env. 370 km au N-O d'Athènes par Lamía et Tríkala; 240 km au S-O de Thessalonique par Kateríni, Lárissa et Tríkala; 125 km à l'E d'Ioannina (magnifique trajet par l'E92).* ***Informations pratiques*** *p. 218.*

Dressés à l'entrée de la plaine de Thessalie, ces étranges **rochers** coiffés de monastères constituent l'une des grandes curiosités de Grèce. Jamais sans doute le christianisme orthodoxe n'aura trouvé lieu plus conforme à un dogme qui prône le renoncement aux choses terrestres et le rapprochement avec Dieu. Devant le défilé de pierres grises, il est difficile de ne pas sentir cette solitude que les moines recherchaient tant et que vient seulement troubler le vol de quelques aigles.

POUR VIVRE HEUREUX, VIVONS PERCHÉS !

Selon les géologues, ces rochers de grès se trouveraient à l'emplacement du delta d'un grand fleuve qui, il y a 60 millions d'années, se jetait dans la plaine de Thessalie, alors submergée par la mer.

Quelques hommes se retirèrent dans ces lieux dès le XIe s., vivant dans des grottes et dans de petits ermitages de fortune. L'installation de **communautés monastiques** débute au XIVe s., lorsque la Thessalie vivait dans la hantise des raids serbes qui ravageaient régulièrement la plaine. Athanase, chassé du mont Áthos *(voir p. 250)*, fonda le **Grand Météore** avec plusieurs de ses fidèles, suivis par d'autres communautés qui occupèrent les rochers voisins. Le déclin des monastères s'amorça au XVIe s., avec les querelles incessantes des moines pour cultiver des terres rares et précieuses. Seulement cinq monastères demeurent en activité : le Grand Météore, Varlaám et Haghias Triáda sont tenus par des moines ; Haghios Stéphanos et Roussánou par des nonnes.

Le circuit des monastères***

➤ *Circuit d'env. 30 km au départ de Kalampáka.*

Empruntez la très belle route qui rejoint d'abord **Kastráki** puis serpente dans la forêt de chênes, au milieu des « aiguilles » de grès sur lesquelles se juchent les monastères des Météores.

La colonne de Doúpiani

Au pied du rocher de Doúpiani, une chapelle est dédiée à la **Vierge** (XIIIe s.), qui était le lieu de culte commun des **ermites** avant l'organisation par Athanase. Le rocher lui-même abrite une autre chapelle, logée dans une grotte, seulement accessible aux alpinistes. Chaque année, des pèlerins l'escaladent pour allumer un cierge devant l'icône de **saint Georges**, à laquelle elle est dédiée.

Haghios Nicolaos*

➤ ☎ *0432.022.375. Ouv. t.l.j. sf ven. de 9 h à 15 h 30 en été, 13 h en hiver. Payant.*

Ce monastère, fondé au XIVe s., possède un catholicon *(p. 289)* orné de **fresques** de Théophane le Crétois (v. 1500-1559), peintre du mont Áthos *(p 250)*. Une fois n'est pas coutume, le moine a signé ses

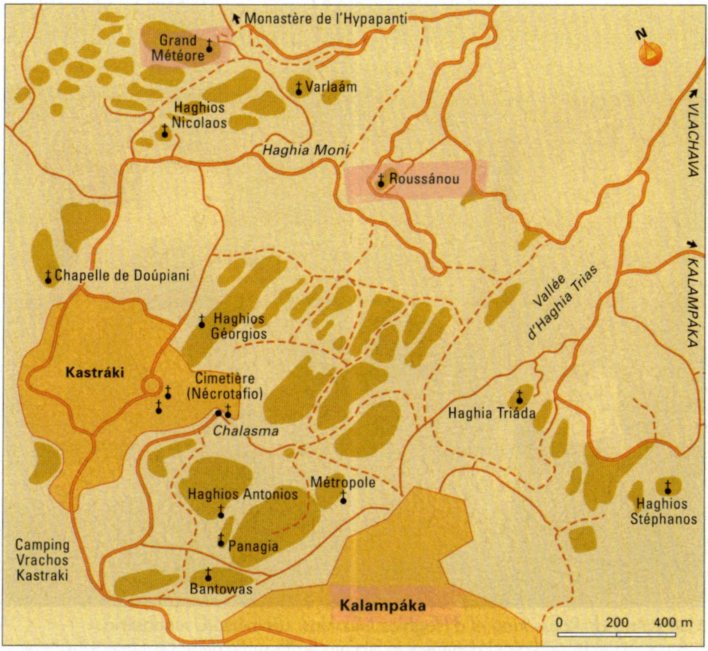

LES MÉTÉORES

Programme

Chaque monastère possède son parking et son propre accès où un panneau indique son nom et ses horaires de visite, très variables selon les saisons *(voir ℹ à Kalampáka p. 218)*. À noter que chaque monastère ferme un jour supplémentaire (variable) hors saison.

On ne monte plus aux Météores par des filets ou hissé par une quelconque poulie : des escaliers ont été creusés et les treuils ne servent plus que pour l'acheminement des vivres... Cependant, la visite systématique de tous les monastères demeure fatigante pour des raisons faciles à imaginer (horaires anarchiques ; sentiers ou escaliers interminables sous un soleil de plomb). Elle demande au minimum **deux jours**. En une journée, on ne peut voir que quatre monastères au maximum. Le **Grand Météore** et **Varlaám** sont à ne pas manquer. Si vous disposez de temps, on ne saurait trop vous conseiller de laisser votre voiture à Kalampáka et de rallier chacun des monastères à pied, seul moyen de comprendre l'ancien fonctionnement des communautés monastiques et de mesurer leur isolement (sentiers balisés au départ du vieux Kalampáka, au nord de la ville). Des cartes sont en vente dans les librairies et certains kiosques.

La présentation est stricte. Une **tenue correcte**, conforme à la norme orthodoxe, est exigée : shorts, bras nus et femmes en pantalon sont impitoyablement refoulés. Dans certains monastères, on prête des jupes de fortune aux dames (à Varlaám, par exemple). ❖

Monastères de Roussánou et d'Haghios Nicolaos. Les météora monastiria («les monastères en l'air») dominent la plaine de Thessalie depuis les temps byzantins. Ils se dressent au sommet de rochers fantasmagoriques comme s'ils voulaient se rapprocher encore plus près de Dieu.

œuvres. Parmi les plus belles, remarquez celles du narthex *(Jugement dernier)*, ainsi que le tableau naïf montrant Adam en train de nommer les animaux (mur ouest du narthex).

Roussánou*

➤ ☎ *0432.022.649. Ouv. t.l.j. de 9h à 18h en été; t.l.j. sf mer. de 9h à 14h en hiver. Payant.*

C'est le plus pittoresque avec ses trois étages qui semblent prolonger l'élan vertical du rocher. Les bâtiments actuels remontent au XVIe s. L'église, dédiée à la Transfiguration, abrite des **fresques** de l'école crétoise. L'étonnante *Préparation au trône*, sur le linteau de la porte d'entrée de la nef, est remarquable. La route atteint ensuite une bifurcation. À gauche, elle monte vers le Grand Météore et Varlaám.

Varlaám**

➤ ☎ *0432.022.277. Ouv. t.l.j. sf jeu. de 9h à 14h et de 15h15 à 17h en été; t.l.j. sf jeu. et ven. de 10h à 15 h en hiver. Payant.*

Il doit son nom à un saint ermite qui s'y retira au cours de la première moitié du XIVe s. Au début du XVIe s., deux moines d'Ioannina, Nectarios et Théophanis, l'agrandirent et l'embellirent. Le **catholicon** *(p. 289)*, dédié à tous les saints, abrite un ensemble de **fresques*** (1548-1566) dues à Frango Castellano et ses élèves, dont le style se reconnaît au souci de réalisme nouveau influencé par l'Italie. Dans le narthex, la scène du *Jugement dernier* fait preuve d'une inventivité confinant au délire, rappelant quelque tableau fantastique de Jérôme Bosch, *les Supplices des Enfers*, en particulier. Dans la coupole, on regardera les représentations des anges et les recherches de perspective ; certaines têtes de l'arrière-plan sont cachées par les personnages du premier plan. La petite **chapelle des Hériarques** est aussi ornée de fresques un peu postérieures (XVIIe s.) : ce sont les *Dormition d'Éphraïm* et *Dormition de saint Jean Chrysostome.* On visite ensuite les cuisines, le cellier avec son gigantesque fût (XVIe s.), d'une contenance de 13 000 l, et la tour. Le **réfectoire**, aménagé en musée, abrite un évangile qui aurait appartenu à l'empereur Constantin Porphyrogénète, mort en 959.

Le Grand Météore, ou Météoron**

➤ ☎ *0432.022.278. Ouv. t.l.j. sf mar. de 10 h à 17 h en été. Téléphoner hors saison. Payant.*

Le Grand Météore (Mégalo Meteóro) est le plus grand monastère des Météores, et sans doute aussi le plus beau. Construit sur le plus haut rocher (613 m), il fut nommé Grand Météore par **Athanase d'Áthos**. Son disciple Joasaph, fils du roi de Serbie devenu moine, acheva le catholicon *(p. 289)* en 1388, lequel subit de nouveaux remaniements au milieu du XVIe s. L'**église de la Transfiguration***, avec son transept carré pourvu d'absidioles latérales *(p. 289)* à la manière des édifices de l'Áthos *(voir p. 252)*, abrite un superbe ensemble de **fresques*** peintes de 1483 à 1552. La première, le *Jugement dernier*, de la fin du XIVe s., appartient à l'école macédonienne. Les plus récentes, *Athanase* et *Joasaph*, dans le narthex, se distinguent par leur style mieux maîtrisé: elles permettent de mesurer les progrès accomplis depuis la crise artistique qu'entraîna la chute de Constantinople en 1453, notamment grâce à l'influence de Théophane le Crétois. L'église est intéressante pour son mobilier, sa riche iconostase en bois doré *(p. 289)* de 1791 et sa chaire épiscopale incrustée de nacre (XIVe s.).

Avant de quitter le Grand Météore, il faut visiter les deux autres **chapelles** du XVIIe s. : **Saint-Jean-Baptiste** et **Saints-Constantin-et-Hélène**. Et surtout le somptueux **réfectoire à deux nefs** avec sa colonnade axiale que surmontent des coupoles, et qui renferme une collection d'icônes, de broderies et d'objets liturgiques. Plus loin, un belvédère offre une vue de l'ensemble du site. On revient ensuite à la bifurcation pour continuer vers Haghia Triáda.

Haghia Triáda*

➤ ☎ *0432.022.220. Ouv. t.l.j. sf jeu. de 9 h à 13 h et de 15 h à 17 h en été; de 9 h à 12 h 30 et de 15 h à 17 h en hiver. Payant.*

On accède au monastère de la Sainte-Trinité par un curieux couloir creusé à même le roc. Fondé en 1476, il est le moins intéressant sur le plan artistique, mais le point de vue sur la vallée est magnifique. La petite église **Saint-Jean-Prodrome**, taillée aussi dans le roc, est ornée de peintures du XVIIe s. Le catholicon *(p. 289)*, dédié à la sainte Trinité, est recouvert de **fresques** de 1741, intéressants témoignages de l'art byzantin du XVIIIe s.

Haghios Stéphanos*

➤ ☎ *0432.022.279. Ouv. t.l.j. sf lun. de 9 h à 14 h et de 15 h 30 à 18 h en été; de 9 h à 13 h et de 15 h à 17 h en hiver. Payant.*

Dernière étape, ce monastère semble veiller sur la vaste plaine de Thessalie. La vue est éblouissante.

Haghios Stéphanos a été fondé au XIVe s. par Antoine Cantacuzène, neveu du roi serbe Siméon et cousin de Joasaph. L'ancien catholicon, Saint-Stéphanos (XVe s.), et le nouveau, Saint-Charalambos (XVIe s.), sont décorés de **fresques postbyzantines.** Leur mobilier est de toute beauté, tels l'iconostase *(p. 289)* de 1650 à Saint-Stéphanos et le trône épiscopal incrusté de nacre à Saint-Charalambos. Sur le sol, l'aigle à deux têtes témoigne de la protection impériale du couvent. Le réfectoire comporte une belle série d'**icônes** et d'objets de culte. De ce monastère, on revient au niveau d'Haghia Triáda, d'où une route à droite conduit à Kalampáka.

Au sud-ouest de Kalampáka

➤ *Circuit de 100 km.*

Au sud-ouest de Kalampáka s'étend une région montagneuse où la nature est restée miraculeusement intacte, et où les villages ont su préserver leur architecture traditionnelle. On y voit d'étonnants papillons, toutes sortes de rapaces, des sangliers et même des ours *(Ursus arctos).* Les petits **hôtels de charme** (à Elati, Neraidochori, Kastaniá, etc.) ne manquent pas, tout comme les **tavernes** tranquilles où l'on déguste des poissons de rivière ou du gibier. Vous pourrez aussi pratiquer ici toutes sortes de **sports**, du kayak au *mountain bike* en passant par l'équitation, le tir à l'arc ou la randonnée.

Si l'ambiance de Kalampáka vous rebute et si vous n'avez pas peur des routes sinueuses, n'hésitez pas à découvrir ce petit paradis seulement connu des Grecs ! Deux précautions toutefois : faire le plein avant de partir et éviter de circuler ici en hiver (certains villages se vident de leurs habitants) ou après de fortes pluies. Voici une suggestion de circuit.

De Kalampáka, prenez la route d'Ioannina, puis tournez très vite à gauche vers Diáva et Chryssomilia. Au-delà de ce village, vous arriverez devant une fourche, la route de gauche menant au charmant village d'**Elati**, celle de droite suivant la vallée en passant par **Pertouli** *(location de kayaks)*, **Neraidochori** (église du XVIIIe s.), **Pyrra** (monastère d'Haghios Modestos, XIXe s.), **Dessi** (chute de Goura), **Haghios Nicolaos** et **Haghias Paraskeví.** À environ 3 km de cette dernière localité, vous atteindrez le site des Trois Rivières, d'où une route à droite traverse la montagne et rejoint Kalampáka *via* **Doliana** (monastère Timios Stavros, avec son église du XVIIIe s.) et Kastaniá. ■

La presqu'île du Pélion**

Une vingtaine de villages, perdus à flanc de montagne, accessibles par des routes sinueuses qui serpentent à travers une végétation luxuriante, voilà le mont Pélion, le pays légendaire des **Centaures**. Cette presqu'île du sud-est de la Thessalie séduira ceux qui raffolent de petites plages ensoleillées, de falaises tombant à pic dans une mer transparente et, plus largement, tous les amateurs de nature intacte.

➤ ***Informations pratiques*** *p. 219.*

➤ ***Carte*** *p. 214.*

Vólos

➤ *À 145 km à l'E de Kalampáka par Tríkala et Lárissa; 340 km au N d'Athènes par Lamía; 210 km au S de Thessalonique par Kateríni et Lárissa.*

Troisième **port** de Grèce, Vólos est dépourvue de grandes curiosités. Cette ville industrielle importante est une plaque tournante d'échanges vers le Proche-Orient, avec lequel elle entretient des liaisons maritimes régulières, en particulier avec la Syrie. Son front de mer, bordé de cafés et de restaurants, est bien agréable, tout comme l'ambiance qui y règne. Le **Musée archéologique** abrite une remarquable série de **stèles*** peintes de l'époque hellénistique, au IIIe s. av. J.-C. *(à la sortie de la ville, à dr., direction Agriá ☎ 0421.025.285; ouv. t.l.j. sf lun. de 8h30 à 15 h. Payant.).*

♥ Le mont Pélion**

➤ *Circuit de 120 km depuis Vólos.*

Ce circuit dans le sens inverse des aiguilles d'une montre révèle l'essentiel des beautés du mont Pélion (Óros Pílio). Les haltes sont nombreuses: paysages marins, petits villages aux maisons traditionnelles à toits en lauze et à façade peinte, baignade et achat (les fruits au miel

Le village de Makrinítsa s'accroche sur le versant égéen du mont Pélion. L'ardoise des toits s'accorde à merveille avec le ton gris des rochers environnants.

La presqu'île du Pélion

sont délicieux, *p. 220*). Comptez une journée au minimum. Attention, les routes sont très étroites, glissantes et tortueuses.

Le versant pagasétique*

En sortant de Vólos par le sud-est vers Agriá, on longe le versant pagasétique du Pélion. Ce versant ouest est caractérisé par un littoral bas où croissent arbres fruitiers, oliviers et maquis méditerranéen. Là s'étendent de belles plages, surtout **Agriá** *(8 km)* et **Kalá Nerá** *(20 km)*, et de petits ports comme **Platanidia**, où l'on déguste de délicieux poissons frais pêchés. Au-delà de Kalá Nerá, on peut continuer vers **Áfissos** et sa belle plage de sable, puis monter dans le massif par Afétes, ou se diriger vers la côte égéenne par la route de Miliés. Ce dernier itinéraire fait passer près du village de ♥ **Vizítsa**

Le mont des Centaures

Les centaures sont l'expression d'une inquiétude devant l'irrationnel. Il faut les combattre ou, à l'image d'Achille, en connaître les secrets...

Sans doute à cause de sa végétation dense, faite de forêts de hêtres, de chênes et de châtaigniers, ou de la croissance incroyable des mousses et des fougères, le **mont Pélion** est apparu très tôt comme un lieu mystérieux. Les Anciens en avaient fait le repaire des Centaures, êtres malfaisants mi-chevaux mi-hommes.

L'un d'eux pourtant, **Chiron**, passait pour éminemment civilisé. Il avait éduqué **Achille** et **Asclépios**, à qui il avait enseigné les vertus médicinales des plantes. Lors de sa bataille avec les Centaures, **Hercule** blessa involontairement Chiron. Afin de ne pas souffrir éternellement, le bon Centaure demanda à Zeus de perdre l'immortalité qu'il était le seul de son espèce à posséder. ❖

aux belles demeures traditionnelles et à l'église caractéristique de la région, avec son allure trapue, son plan rectangulaire et ses galeries extérieures.

♥ Le versant égéen***

Passé les sommets qu'agrémentent des vues sublimes du mont et de la mer, la route mène aux ravins et à la côte beaucoup plus tourmentée du versant est. Forêts de **chênes** ou de **châtaigniers**, **fougères** et **lierres** dévorants, eaux surgies des roches au printemps constituent l'essentiel du décor.

Une dizaine de kilomètres au-delà de **Miliés**, une petite route à droite descend vers la ravissante plage de **Lambinou**, dominée par un vieux couvent ruiné. Tous les villages rencontrés ensuite sont ravissants. Leurs petites maisons aux toits en ardoises plates s'éparpillent dans la campagne plantée de pommiers et de toutes sortes d'arbres fruitiers. Parfois, elles se groupent frileusement près d'une place plantée de platanes où s'élève l'église à clocher isolé. Les plus beaux villages se nomment **Tsangaráda** *(à 22 km au N de Miliés)*, d'où une petite route mène à la féerique plage de **Milopótamos**, **Zagorá** *(à 24 km au N de Tsangaráda)*, qui nécessite un détour de 6 km avec un panorama fabuleux sur la mer Égée, et **Hánia** *(à 19 km au S de Zagorá)*, la station de ski du Pélion, d'où la vue embrasse les deux versants du mont. La route redescend ensuite vers Vólos en passant par **Portariá**, avec ses ruelles grossièrement pavées où courent des ruisseaux. De là, une petite route secondaire part vers **Makrinítsa**, dont la plupart des maisons peintes ont été restaurées. Les derniers kilomètres avant Vólos s'accompagnent de **vues*** plongeantes sur le golfe et la ville. ■

La peinture byzantine

Au cours de ses mille ans d'existence, le monde byzantin a traversé maintes et maintes crises. L'évolution de la peinture byzantine témoigne des changements intervenus dans un empire que l'on a tort de croire figé.

Mosaïque d'Hosios Loukas (XIe s.). L'art byzantin connaît une nouvelle renaissance au XIe s., lorsque les mosaïstes de l'empire réalisent des merveilles de clarté, de chatoyance et d'équilibre.

Les premières mosaïques (VIIIe-Xe s.)

Les plus anciennes mosaïques byzantines de Grèce ne remontent pas au-delà du VIIe s. Les rares images encore visibles dans les églises de Thessalonique sont marquées par l'**influence romaine.** Les scènes sont rigides, mais elles révèlent une réelle observation psychologique et surtout une grande recherche dans les coloris. Progressivement, les mosaïstes montrent moins d'intérêt pour la couleur. La **planéité** s'accentue, comme si le souvenir de l'Antiquité disparaissait. Les personnages se figent. Appartenant à un autre monde, ils donnent l'impression de planer dans l'espace et se détachent nettement sur un fond d'or associé à la lumière divine.

La Renaissance macédonienne (Xe-XIIe s.)

Le programme iconographique du **décor des églises** est désormais fermement établi : au sommet de la coupole (l'image du ciel) règne le Christ Pantocrator, entouré de prophètes et d'anges ; à l'abside, la Vierge ; sur les voûtes et les parties basses de l'église, c'est-à-dire près du « monde terrestre », les épisodes de l'Évangile et les représentations des saints. Le style de ces ensembles est tantôt austère, tantôt souple et harmonieux comme à Daphni *(p. 121)*. Les **coloris** sont d'une grande richesse et les compositions s'adaptent parfaitement aux courbures des surfaces.

La peinture au temps des Paléologues (XIIIe-XVe s.)

À la fin du Moyen Âge, la **fresque** est préférée à la mosaïque, art onéreux et difficile d'exécution. Le genre atteint sa perfection à Mystra, au monastère de la Péribleptos du XIVe s. *(p. 163)*. Les peintres qui élargissent alors leur répertoire iconographique accentuent son **caractère narratif**. Loin de mépriser l'anecdote, ils mettent l'accent sur des détails touchants et pittoresques. Ils s'intéressent aussi à

Les peintres d'icônes réalisent des chefs-d'œuvre à la fin du Moyen Âge. Représentant souvent des Vierges à l'Enfant ou des saints, ces panneaux portatifs permettaient une dévotion individuelle.

Fresques du monastère de la Péribleptos à Mystra (XIVe s.). La fresque domine au temps des Paléologues. Volontiers narrative, elle porte un regard nouveau sur le monde, à la fois plus humain et plus tendre.

l'architecture et portent un regard nouveau sur la nature.

Les artistes n'hésitent pas à exprimer des sentiments violents ou tendres. Parallèlement, ils enrichissent leur palette de demi-teintes ou de contrastes inconnus auparavant. Devant la **recherche du rendu de la profondeur**, caractéristique de l'art byzantin des XIVe et XVe s., il est difficile de ne pas évoquer Giotto et les débuts de la Renaissance italienne.

La peinture postbyzantine (XVIe-XVIIIe s.)

Des fresques byzantines sont exécutées sous la domination ottomane. Les monastères du mont Áthos *(p. 250)* et des Météores *(p. 208)* abritent les plus beaux exemples de cet art qui se meurt. Les deux artistes majeurs du XVIe s., Théophane le Crétois et Frango Castellano, perpétuent la tradition et prolongent l'art des Paléologues. Leur art rythmé multiplie les **personnages** et accentue le **caractère dramatique** des scènes. Au XVIIIe s., les peintres n'innovent plus et font des emprunts à la culture populaire ou aux modèles italiens.

Les icônes

Elles naissent avec le christianisme, mais survivent bien après la chute de Constantinople. On vénère d'abord les images dites ***achiropoïètes*** – non réalisées par l'homme, qui possèdent des pouvoirs miraculeux. S'inspirant des portraits placés devant les sarcophages antiques, elles présentent, selon les écrits apocryphes, les véritables traits du Christ, de la Vierge ou des saints martyrs. Du VIe au VIIIe s., leur culte entraîne des excès – certaines sont choisies comme parrain des enfants ! – qui rappellent le paganisme et préoccupent les empereurs.

Proscrites en 730 par un édit de Léon III l'Isaurien, rétablies par le concile de Nicée en 787 et de nouveau détruites à partir de 815, elles retrouvent la faveur du basileus Michel III et de son épouse Théodora, en 843. Leur vénération est alors encouragée par les théologiens. À leur apogée, du Xe au XVe s., les icônes influencent les fresquistes de l'époque postbyzantine. Elles serviront de **vecteur de propagation de la foi orthodoxe** pendant la domination ottomane. ■

Carte rabat arrière.

Les Météores

Carte p. 209.

ℹ 10 et 38, Hadzipétrou (au S-E de la place centrale), Kalampáka ☎ 0432. 075.306, www.kalampaka.com (en anglais).

Arrivée

➤ **EN CAR. Gare routière**, Kalampáka au S de la place des taxis (ornée d'une fontaine) ☎ 0432.022.432. Env. 20 bus t.l.j. pour Tríkala; cars ttes les 30 mn pour Lárissa. Liaisons t.l.j. avec Athènes, Thessalonique, Vólos et Ioannina.

➤ **EN TRAIN. Gare ferroviaire**, Pindou (route nationale) ☎ 0432.022.451. 3 ou 4 départs t.l.j. pour Thessalonique et Athènes *via* Tríkala. 2 départs t.l.j. vers Vólos.

Hôtels

Compte tenu d'importantes ressources en hébergement, la réservation s'impose seulement lors des fêtes, à Pâques notamment. Les prix subissent d'importantes variations selon l'affluence.

Kalampáka

▲▲▲ **Divani** ☎ 0432.022.584, fax 0432. 023.638. À l'E de la ville, sur la route nationale vers Ioannina. **Cat. A.** *165 ch.* tout confort avec air cond. Hôtel moderne et luxueux entouré d'un parc et doté d'une piscine. Un peu excentré.

▲ **Helvetia** ☎ 0432.023.041, fax 0432. 025.241. **Cat. C.** *18 ch.*, certaines avec belle vue sur le site. Hôtel simple et bien tenu, assez cher pour sa catégorie mais facile à trouver (à la sortie de la ville en direction de Kastráki).

▲ **Odyssion** ☎ 0432.022.320, fax 0432. 075.307. Sortie O vers Kastráki. **Cat. C.** *21 ch.* avec vue des Météores ou de la plaine de Thessalie. Une bâtisse peu engageante de l'extérieur située au bord de la route de Kastráki.

Kastráki

▲ **Doupiani House** ☎ et fax 0432. 075.326 ou 0432.024.078. À la sortie du village. *10 ch.* Au milieu des vignes et à l'écart de la route, cet hôtel offre quelques chambres pour d'heureux élus qui profiteront d'une vue superbe sur les Météores.

▲ **France** ☎ 0432.024.186, fax 0432. 075.186. À l'entrée du village, en face du camping Vrachos. **Cat. C.** *25 ch.* correctes. Le patron francophone donne des tuyaux pour trouver les petits ermitages peu connus des Météores ou pour faire de belles balades.

Chambres chez l'habitant et guesthouses

Kalampáka et Kastráki offrent de nombreuses possibilités de **logement chez l'habitant**. Il faut s'adresser directement aux propriétaires.

Dans le vieux Kalampáka : **Alsos House**, 5, Kanari ☎ 0432.024.097 ; **Totis**, 19, Vlahavas et 23, Ramnou ☎ 0432.075.980.

À Kastráki : **Boufidis** ☎ 0432.024.802, **Papastathis** ☎ 0432.077.782.

L'office du tourisme édite une liste des **guesthouses** (avec carte de situation) adhérant à l'association municipale. Les propositions sont très nombreuses.

Campings

Sur la route de Tríkala, à 2 km de Kalampáka : camping **Philoxenia** ☎ 0432.024.466. Piscine. *Ouv. tte l'année.*

Vrachos Kastráki, à Kastráki ☎ 0432. 022.293. Le camping le mieux équipé du village. *Ouv. tte l'année.*

Restaurants

Diáva

♦ **Nero Milos** ♥ ☎ 0432.025.224. À 4 km au S-O, sortir de Kalampáka par la route d'Ioannina et prendre à g. ; suivre les indications « *psarotaverna* ». Un cadre étonnant (une grande terrasse en pleine campagne), une excellente cuisine (commandez une truite) et un accueil très souriant. *Ouv. t.l. soirs et dim. midi.*

Kalampáka

Les tavernes et les fast-foods de Kalampáka n'ont vraiment rien d'exceptionnel. Allez plutôt dîner à

Kastráki ou à Diáva. Une adresse qui sort du lot: ♦ **Panellinio**, sur le côté nord de la place ornée d'une fontaine ☎0432. 024.735. L'un des rares établissements de Kalampáka à valoir le déplacement. Bonne cuisine traditionnelle dans un cadre assez chic. *Ouv. t.l.j.*

KASTRÁKI

Ils sont installés le long de la rue principale et autour de l'église.

♦ **Philoxenia**, rue principale ☎0432. 023.514. La spécialité de cette taverne à grande terrasse où trône un grill est la moussaka, mais le souvlaki est tout aussi recommandable. Bon accueil. L'un des plus agréables. *Ouv. t.l.j.*

Pâtisserie

Pompos, Vlahona, Kalampáka (près de la place ornée d'une fontaine). Une pâtisserie où l'on trouvera du rarissime *halva* brun, ainsi que des confitures et des friandises fabriquées par des femmes de la région selon des procédés artisanaux.

Adresses utiles

➤ **CYBERCAFÉ. Nitro Café**, 3, Dimoula, Kalampáka ☎ 0432.024.441. Dans un secteur qui attire beaucoup de jeunes, près de la dernière place de Kalampáka, en allant vers Tríkala. Jeux en réseau et consultations internet.

➤ **TAXIS.** Station sur la dernière place de Kalampáka (ornée d'une fontaine) que l'on rencontre en allant vers les Météores ☎0432.022.310.

La presqu'île du Pélion

Carte p. 214.

ℹ pl. Riga Fereou, Vólos ☎0421.024.915.

Arrivée

➤ **EN BATEAU.** Vólos est le principal port d'embarquement pour les Sporades (Skiáthos et Skópélos) et Lesbos (Lésvos). Rens. dans les agences du port.

➤ **EN CAR. Gare routière** de Vólos, Grigoriou Lambraki, à la sortie de la ville direction Lárissa ☎0421.0[illegible], Liaisons t.l.j. avec Lárissa, Athènes, Thessalonique et Kalampáka. Pour les horaires des bus desservant les villages du mont Pélion, voir ℹ.

> ## Jason
>
> Non, il ne s'agit pas du chef des Argonautes qui utilisa le bois des arbres du Pélion pour construire *Argo*, le bateau avec lequel il allait conquérir la Toison d'or. Jason est tout simplement le nom d'un **train** à voie étroite (et **à vapeur** pour ajouter une touche de poésie) qui relie Ano *(à env. 15 km au S-E de Vólos)* à Miliés. *Sam., dim. et j.f.; 1 h 30 de trajet; départ en saison à 11 h à Ano et à 16 h à Miliés.* ❖

➤ **EN TRAIN. Gare ferroviaire** de Vólos, près du port, à l'O de la place Riga Fereou ☎0421.028.555 ou 0421. 024.056. Une quinzaine de départs t.l.j. pour Lárissa (correspondance avec la ligne Athènes-Thessalonique).

Hôtels

Les beaux hôtels de bord de mer se trouvent à **Haghios Ioannis**, sur le versant égéen, à l'E; ou à **Kalá Nerá**, versant pagasétique, à l'O. Pas de problème pour résider dans un ***archontiko***, l'une des demeures traditionnelles du mont Pélion.

Vizítsa, Makrinítsa, Tsangaráda ou **Portariá** offrent de nombreuses occasions de dormir dans des chambres parfois fastueuses. Évidemment, les tarifs sont à l'avenant et la réservation est recommandée.

HAGHIOS IOANNIS

▲▲ **Aloe** ♥ ☎0426.031.241, fax 0426. 031.341. À l'extrémité du village. *45 ch.* avec vue sur la mer. Une belle bâtisse mangée par la végétation et agrémentée d'un petit jardin. Calme absolu. [illegible]

MAKRINÍTSA

▲▲▲ **Repana**, rue principale ☎ 0428.099.548. **Cat. A.** Une dizaine de *ch.* joliment meublées et décorées, dans une maison traditionnelle.

▲▲ **Karamarli**, rue principale ☎ 0428.099.570. **Cat. B.** *10 ch.* délicieuses pour passer la nuit dans un lit clos… En prime, belle vue sur la mer.

PORTARIÁ

▲▲ **Portariá** ☎ 0428.099.014, fax 0428.099.066. **Cat. B.** *58 ch.* Un hôtel moderne construit dans le respect de l'architecture traditionnelle avec deux piscines et tout le confort imaginable. Avec terrasse donnant sur la mer.

▲▲ **Xenia** ☎ 0428.099.980 et 525, fax 0428.099.526. **Cat. B.** *81 ch.* avec vue sur la campagne. Hôtel entièrement rénové.

VÓLOS

▲▲ **Park Hotel**, 2, Deligiorgi ☎ 0421.036.510-5, fax 0421.028.645. **Cat. B.** *119 ch.* Hôtel agréablement situé sur le front de mer, non loin du Musée archéologique, donc au calme. Ch. agréables, certaines avec vue.

Campings

Ils sont concentrés sur la côte ouest où s'étendent les plus grandes plages, essentiellement autour de **Kalá Nerá** et d'**Áfissos**.

Restaurants

HAGHIOS IOANNIS

Ils sont tous un peu touristiques mais agréables.

♦ **Thessaloniki**, sur le front de mer. Une taverne toute simple où la patronne accueille avec le sourire. On déjeune en tête à tête avec la mer. Une adresse parmi d'autres.

MAKRINÍTSA

♦♦ **Pantheon**, pl. principale. Belle terrasse pour admirer le soleil couchant. Commander le *spetsofai* qui tient au corps (saucisses sautées avec des poivrons).

Fêtes en Thessalie

➤ **JUILLET**. Une grande **fête des pêcheurs** se tient à **Agriá**.

➤ **AOÛT**. **Portariá** organise des **manifestations folkloriques** avec représentation d'un mariage traditionnel. ❖

VÓLOS

Il y a bien sûr plusieurs **tavernes à poissons** sur le front de mer (Argonafton), mais aussi l'***ouzerí*** *(p. 28)*, établissement populaire qui risque d'être remplacé par d'anonymes cafés (Vólos est la capitale de l'*ouzerí*). Il faut faire comme les autochtones, commander une petite bouteille d'ouzo et choisir ses *mezzés* sur une carte ou selon les conseils du serveur.

Shopping

Le délicieux **miel du Pélion** est vendu dans de grands bocaux et agrémenté de toutes sortes de fruits qui renforcent sa saveur. Le meilleur : le miel aux noix.

Plages et sports nautiques

Sur le versant ouest du Pélion, on hésitera entre les plages d'**Agriá**, de **Kalá Nerá** et d'**Áfissos**. On trouve à louer des planches à voile, des canots à moteur ou des pédalos. Pour faire trempette dans la mer Égée, le choix sera cornélien entre **Milopótamos**, encadrée de rochers, et **Lambinou**, entre Miliés et Tsangaráda, au bas d'un vieux couvent ruiné et avec une petite taverne à proximité…

Adresses utiles

➤ **LOCATION DE VOITURES. Avis**, 41, Argonafton, Vólos ☎ 0421.022.880. **European Car Rental**, 83, Iasonos, Vólos ☎ 0421.036.238. **Hertz**, 90, Iasonos, Vólos ☎ 0421.022.544. ■

L'ÉPIRE

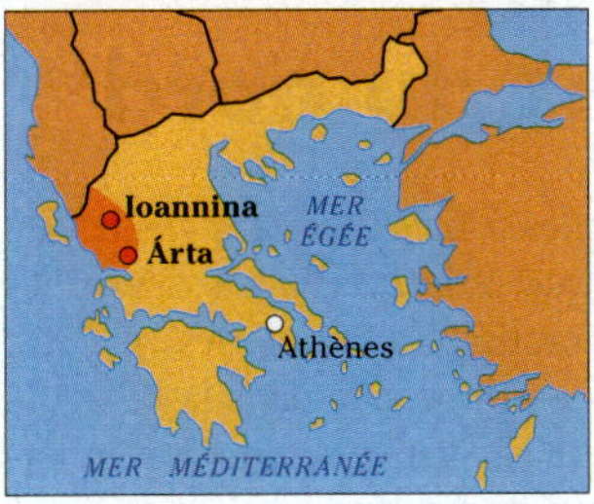

En Épire (Ípiros), on ne se sent plus vraiment en Grèce. Située entre la mer Ionienne, l'Albanie et la chaîne du Pinde qui marque la frontière avec la Macédoine, cette région, longtemps isolée mais qu'une autoroute doublant l'ancienne via Egnatia devrait dynamiser et mieux désenclaver, est l'une des plus méconnues de Grèce. À qui la traverse seulement en venant de Corfou ou d'Igouménítsa, elle laisse l'image vague d'une contrée déserte, verdoyante, au relief tourmenté. Pourtant, l'Épire a tout pour elle : des plages de sable fin, qui se resserrent autour de petites **criques** au nord ou s'étalent en longs rubans au sud ; des sites antiques, **Dodone** ou **Nekromanteion**, entrée mythique du séjour d'Hadès entre Cocyte et Achéron ; et de passionnantes villes d'art, au premier rang desquelles **Ioannina**, empreinte de la longue présence ottomane.

L'Épire est restée à peu près intacte : peu exploitée par les voyagistes, elle n'a pas non plus souffert de l'urbanisme sauvage. Ses villages de montagne présentent toujours leur visage d'autrefois, leurs pierres grises se confondant avec les roches des montagnes. Enfin, les Épirotes, qui voient affluer des touristes en rangs pour le moins clairsemés, sont d'une hospitalité rare.

Ioannina et les montagnes du nord**

D'où que l'on vienne, Ioannina (Ioánina) surprend. Capitale d'une région dépeuplée, elle a des allures de métropole malgré sa taille modeste. Au nord, deux promenades sont à réaliser toutes affaires cessantes pour peu qu'on aime les curiosités naturelles et les paysages de montagne. De plus, on y rencontre d'étonnants villages au parfum slave.

➤ *Carte rabat arrière.*

Ioannina**

➤ *À env. 100 km au N-E d'Igoumenítsa, 125 km à l'O de Kalampáka, 360 km au S-O de Thessalonique par Kozáni.* ***Informations pratiques*** *p. 235.*

Selon les goûts, on préférera l'animation de la partie moderne, les ruelles silencieuses de la vieille ville turque, le lèche-vitrines devant les innombrables bijouteries *(p. 236)*, ou la promenade dans la petite île pour savourer le charme balkanique de son lac.

Un foyer culturel ottoman

Ioannina (d'Ioannis, « **saint Jean** ») aurait été fondée en 527 par **Justinien** afin de protéger les frontières septentrionales de l'Empire byzantin. Éphémère capitale du despotat d'Épire (1204-1214), elle tomba sous les dominations serbe au XIVe s. puis turque (1431-1913). Pendant la longue période ottomane, Ioannina devint le principal foyer culturel de la région, notamment à la fin du XVIIIe s. quand les monastères établis dans l'île diffusèrent les idées de la philosophie des Lumières. Après l'épisode tragique de la chute d'Ali Pacha

Dans l'île de Ioannina, les maisons traditionnelles d'Épire ponctuent le paysage de leur blancheur. Construites en pierre parfois laissée apparente, elles sont coiffées d'un solide toit de lauzes.

IOANNINA

(encadré p. 224), personnage clef de l'histoire de la ville, Ioannina dut attendre près d'un siècle avant de trouver sa pleine identité grecque. Aujourd'hui, elle est florissante et en pleine expansion.

Le centre

Dans le centre moderne animé, notamment les avenues Dodonis et Averof, les places Pirrou et Dimokratias, on remarque le **clocher-campanile** (ou tour) **A2** élevé par les Ottomans en 1905, mascotte de la ville, puis le gracieux bâtiment néoclassique de la mairie **A2**.

➤ **Le Musée archéologique B1**. *Parc municipal ☎ 0651.025.490, 0651.035.498, 0651.033.357. Ouv. t.l.j. sf lun. de 8h30 à 15h. Payant*. Ce bâtiment moderne abrite une belle collection de **céramiques**, de **monnaies** épirotes, des **sarcophages** romains, ainsi que les trouvailles faites en 1994 à Liatovouni, près de Kónitsa.

➤ **Le bazar.** Revenu dans la rue Averof, on descend vers les murailles turques enserrant la vieille ville. À gauche s'étend l'ancien quartier du ♥ **bazar B1**, où se côtoient toutes sortes de boutiques. Au n°15 de Karamanli **B1**, la rue longeant les remparts, s'est ouvert un **musée de cire** *(musée Athanaosos Vrellis ☎ 0651.092.128. Ouv. t.l.j. de 9h30 à 17h en été, de 10h à 16h en hiver. Payant)*, où sont évoqués divers épisodes de l'histoire de la Grèce antique et moderne.

Ali Pacha

Certains ont vu en Ali Pacha un chef sanguinaire et un symbole du despotisme ottoman. D'autres le considèrent comme l'un des précurseurs d'une Grèce affranchie du joug turc.

Natif du sud de l'actuelle Albanie, Ali (v. 1744-1822) fut nommé **gouverneur** du despotat d'Épire en 1788. Il occupa cette charge de pacha jusqu'à sa mort, en 1822. Pendant ses trente-quatre ans de règne, Ali ne cessa d'étendre son influence, jouant aussi bien de ses appuis auprès du pouvoir central ottoman que de la fibre nationaliste grecque. En 1805, son pouvoir s'exerça bien au-delà de l'Épire, sur un territoire presque équivalant à celui de la Grèce d'aujourd'hui. À sa cour brillante affluaient les représentants des États étrangers. Lord Byron y séjourna quelque temps, en compagnie des futurs chefs révolutionnaires grecs Botzaris et Karaiskakis *(encadré p. 63)*. Mais ce foyer de culture hellène et les **velléités indépendantistes** d'Ali déplurent au sultan qui le déclara coupable de trahison en 1820. Une troupe turque assiégea Ioannina pendant quinze mois. Le pacha s'enfuit dans l'un des monastères de l'île où il fut débusqué par surprise et tué en février 1822. Comme le voulait la coutume, sa tête fut apportée à Istanbul et présentée au sultan.

♥ La vieille ville*

Établie près du lac **B1**, elle contraste avec l'agitation qui règne dans la partie moderne. Ici, les commerces sont rares et la promenade dans les petites ruelles, parmi de ravissantes maisons à balcon en bois ornées de treilles, n'est pas gênée par le bruit des voitures. Ce labyrinthe se prête mal à un balisage en règle. Ceux qui ne veulent rien manquer passeront la porte en chicane et prendront tout de suite à gauche. On longe ainsi les murailles, et on rencontre sur la droite (n° 16) une ♥ **synagogue** toujours en activité. Seule une inscription en hébreu signale la bâtisse blanche. La ruelle aboutit devant la mosquée.

➤ ♥ **La mosquée d'Aslan Aga* B1**. *Musée ☎ 0651.026.356. Ouv. t.l.j. de 8h à 20h30 en été, de 8h à 15h en hiver. Dim. de 9h à 15 h. Payant.* Fondée en 1619 et construite en balcon sur le lac, cette mosquée, appelée aussi Aslan Pacha, accueille le **Musée municipal***. On découvre des costumes, des tissus à motifs floraux, des céramiques d'Iznik, des armes anciennes et du mobilier incrusté de nacre. À l'intérieur bien conservé, notez le **mihrab** (niche de prière), le **minbar** (chaire de prière) et la décoration polychrome des pendentifs. En contrebas de la mosquée, la bibliothèque, les canons et les tombes ottomanes coiffées d'un turban créent un ensemble unique et profondément dépaysant. On ira aussi voir, derrière la mosquée, le mausolée d'Aslan Aga. Avant de sortir de l'enceinte, ne manquez pas l'ancienne médersa où sont exposés des armes et des objets précieux de l'âge ottoman.

➤ **Le kastro** B1**. *Site ouv. t.l.j. de 8h à 20 h.* Le réduit défensif de la citadelle se dresse à l'extrémité sud-est de la vieille ville, sur la seconde acropole d'Ioannina. Sur l'esplanade s'élèvent la **mosquée de Fethiye** (de la Victoire) et le **tombeau d'Ali Pacha**.

➤ **Le Musée byzantin** B1**. *☎ 0651.039.580. Ouv. t.l.j. de 8h à 19h en été, de 8h30 à 15h en hiver. Payant.* Cet imposant bâtiment s'élève à l'emplacement de l'ancien **sérail**. Exposées de manière attractive et moderne (en grec et en anglais), les collections comprennent des chapiteaux, des sculptures, des céramiques, des armes et surtout un riche ensemble d'**icônes**** présentées par ordre chronologique. Remarquez en particulier, dans la salle du XVIe s., les représentations de saint Georges et de saint Syméon. Dans une dépendance *(à g. en sortant du musée)* sont exposés des objets (bijoux et objets liturgiques) évoquant le travail de l'argent à Ioannina.

Dans le café en face, vous pourrez prendre un verre en compagnie d'un perroquet…

♥ L'île*

➤ **Hors pl. par B1** *Départs des chaloupes ttes les 30 mn de 6h30 ou 8h à 22h ou 0h selon les saisons. Embarcadère au pied des murailles.*

La promenade dans l'île (Nisí en grec) est un enchantement. Outre les vues magnifiques du site d'Ioannina, on y découvre un petit **village** touristique mais typiquement épirote, aux maisons blanchies à la chaux, aux toits recouverts de lauze. Les **monastères**, souvent fermés, ont été bâtis par les membres des grandes familles byzantines: tous possèdent d'intéressantes **fresques** du XVIe au XVIIIe s. Le soir venu, on goûte les poissons du lac dans l'un des restaurants du débarcadère, on achète des bijoux en argent ou on écoute le chant assourdissant des grenouilles.

Les Zagoris*

➤ *Circuit d'env. 80 km au N d'Ioannina.*

Le pays des Zagoris (Zagória en grec) – littéralement « au-delà des montagnes » – se distingue par ses villages typiques établis sur les versants tapissés de forêts du **Pinde**. La vie y est rude. Aujourd'hui, les derniers à s'accrocher aux pentes du Pinde travaillent à Ioannina ou vivent du tourisme.

♥ Vítsa

➤ *À 37 km au N d'Ioannina (rte de Kozáni pendant 20 km puis bifurcation à dr.).* ***Hébergement*** *p. 238.*

Avec ses maisons en pierres grises à encorbellement qui s'égrènent à flanc de montagne, c'est peut-être le plus caractéristique des villages « zagoriens ». L'**église**, également couverte de lauzes, date de 1612.

Monodéndri*

➤ *À 2 km au N de Vítsa.* ***Informations pratiques Monodéndri*** *et* ***Koukoúli*** *p. 237.*

La promenade dans les ruelles grossièrement dallées, à droite de la route, dévoile des bâtisses à balcons en bois et à toits recouverts de lauze. De la place du village, où s'élève une **église** caractéristique des Zagoris avec sa galerie extérieure, un chemin dallé conduit au petit **monastère** désaffecté d'**Haghia Paraskeví** *(1 km)*, ancien refuge d'ermites qui surplombe les ♥ **gorges du Víkos***. En contrebas, dans un à-pic inscrit au *Guinness des records* (1 100 m de dénivelé !), la rivière serpente entre les falaises. Si l'on n'est pas trop sujet au vertige, un chemin conduit en peu de temps à une plate-forme d'où la **vue**** est saisissante. Un autre *(6 h de marche)* part de l'église du village et descend au fond des gorges.

Sur le chemin du retour vers Ioannina, une petite route à gauche dessert d'autres petits villages bien moins touristiques : **Dílofo** ; ♥ **Koukoúli**, avec son étonnant complexe de cinq fontaines sous un passage ; **Kipí**, près duquel on voit deux poétiques ponts épirotes. **Elátí**, sur la route que l'on rencontre à l'embranchement, mérite aussi le détour.

La route de la Thessalie*

➤ *Itinéraire de 56 km à l'E d'Ioannina (rte de Tríkala).*

L'Épire est séparée de la Thessalie par la **chaîne du Pinde**. Depuis Ioannina, une route excellente mais éprouvante sillonne cette campagne montagneuse et austère,

Avec son abside plate, l'église de Vítsa est typique de l'architecture byzantine tardive.

grimpe jusqu'au plus haut col de Grèce, ou **col de Katarás** (1705 m), avant de redescendre vers les Météores. Après avoir effectué ce périple sans rencontrer âme qui vive en dehors du village de Métsovo, on comprend un peu mieux pourquoi l'Épire fut si longtemps isolée... L'achèvement de la nouvelle route, qui évite les sommets et la région de Métsovo, devrait améliorer les communications en hiver.

La grotte de Pérama*

➤ *À 5 km au N d'Ioannina ☎ 0651.081.521. Ouv. de 8h à 20h en été, du lever au coucher du soleil en hiver. Payant. Visite guidée d'env. 30 mn.*

Pour les Grecs, cette grotte, découverte fortuitement pendant la Seconde Guerre mondiale, est plus belle que celle de Diroú, dans le Péloponnèse *(p. 168)*. C'est dire... La quantité de boutiques de souvenirs témoigne de ce succès! Un circuit à pied de 800 m permet de la découvrir – plutôt une course à pied, car on ne lambine pas dans les nombreuses salles. Les concrétions sont pompeusement dénommées: Orgues blanches, tour de Pise, statue de la Liberté, lac aux Nymphéas de Pierre, etc.

Métsovo*

➤ *À 51 km à l'E de Pérama. Musée ☎ 0656.041.084. Pinacothèque ☎ 0656.041.210. Ouv. t.l.j. sf jeu. de 9h à 13h30 et de 16h à 18h (17h en hiver). Payant.* ***Informations pratiques*** *p. 237.*

Bâtie près d'un **cirque rocheux** de toute beauté (1 160 m), Métsovo peut être une agréable étape sur le chemin des Météores. Malgré son caractère très touristique, ce lieu de villégiature prisé pour les sports d'hiver demeure très pittoresque avec ses maisons en bois aux allures de chalets suisses. Les habitants d'origine valaque – du moins les aînés – ne rechignent pas à arborer fièrement, et avec naturel, le costume traditionnel: culotte bouffante et chausses à pompon.

Le village abrite l'iconostase en bois (XVIIIe s.) de l'église **Saint-Paraskeví** et l'intérieur épirote reconstitué du **musée d'Art populaire***, ancienne demeure de Michel Tositsa, ainsi qu'une **pinacothèque** financée par les descendants des Tositsa et des Averof, autre grande famille qui s'est enrichie en Égypte au XIXe s. dans le commerce du coton. On y voit des peintures et des sculptures d'artistes grecs des XIXe-XXe s.

Métsovo est aussi l'occasion de se promener sans but ou de visiter les boutiques d'**artisanat** local, des objets en bois surtout – les inévitables cannes de berger, porte-bouteilles et tonneaux sculptés – et de très beaux kilims. Ou de déguster un morceau de fromage de Métsovo, accompagné d'un verre de vin local – après 14h, car avant, il n'est pas toujours débouché! –, au café situé sur la place. De ce poste d'observation idéal, on peut avoir la chance d'assister à une véritable scène de théâtre – permanente et gratuite – dont les vedettes sont les vieux du village qui devisent au frais sous les arbres, les mains sur leur canne... ■

Architectures régionales

La maison grecque, robuste, est faite pour durer. Reposant sur un soubassement en pierre, elle paraît enracinée dans le sol. Son toit faiblement incliné, généralement à quatre pans, est couvert de tuiles rondes ou de pierres plates, autant de matériaux qui résistent au poids de la neige, au vent des montagnes ou aux bourrasques venues de la mer.

La maison macédonienne

Elle se signale par ses **murs crépis de blanc** ou de **tons pastel**, par son **étage en encorbellement**, soutenu par des poutres en bois, et par son **toit en tuile**, dont le débord protège la façade de la pluie. L'avancée sur la rue ou sur la campagne, construite en bois mélangé à de la paille ou à du plâtre, permet d'augmenter l'espace habitable et la luminosité sans contrainte de poids. À ce niveau se trouvent les chambres et la grande pièce d'agrément, avec son sofa en U et son sol recouvert de tapis.

Modestes à Édessa *(p. 260)* et à Thessalonique *(p. 248)*, les maisons balkaniques prennent des dimensions étonnantes dans la presqu'île de Sithonía *(p. 250)*, avec leur toit en tuile largement débordant qui recouvre une galerie soutenue par des poteaux en bois verni.

Encore plus opulentes sont les demeures bâties entre le XVIIe et le XIXe s. par les grandes familles de Kastoriá et de Siátista *(p. 263)*, qui construisirent toujours plus grand, toujours plus au fait des modes du temps (néobyzantin, Art nouveau, Art déco, etc.). Le vaste rez-de-chaussée, en pierres soigneusement appareillées, est agrémenté de **colombages horizontaux**. Il est éclairé par de petites ouvertures garnies de grilles en fer forgé. On y entreposait l'huile, le vin, le bois de chauffe et les peaux. L'encorbellement, de un ou deux étages, est percé de fenêtres régulièrement espacées. Le rang inférieur a reçu des volets en bois verni et des treillis, tandis que les ouvertures du second niveau sont ornées de vitraux translucides ou vert pâle, puis de différentes couleurs à partir du XIXe s. À l'intérieur, les pièces de réception présentaient à l'origine des murs peints par les meilleurs artistes locaux et des plafonds en chêne sculpté.

La maison épirote

Comme le bois est rare, les maisons des Zagoris *(p. 225)* utilisent presque exclusivement la belle **pierre du Pinde**. Soigneusement taillé, ce calcaire forme avec les **lauzes** du toit un ensemble de couleur grise d'une robustesse à toute épreuve. Plus riches, les habitants de Métsovo *(p. 227)* ont peu à peu remplacé les lauzes par des tuiles. Ils ont aussi trouvé en abondance du **bois** dans les grandes forêts de sapins et de chênes des environs. Ce matériau se retrouve dans les volets, dans le balcon et au niveau de l'avancée ouvragée de l'étage qui signale le *sarai*, la pièce de réception. À l'intérieur, les plafonds en bois peint étaient généralement décorés d'une rosace délicatement ciselée.

Ambelákia (Thessalie), ci-contre. Comme celles de Macédoine, les simples maisons bourgeoises de Thessalie avancent leur encorbellement de bois

Dans le Magne, on a longtemps vécu dans des maisons-tours. Leur allure fortifiée témoigne des luttes de clans qui agitaient périodiquement la péninsule située à l'extrémité méridionale du Péloponnèse.

Vizítsa (Thessalie), ci-dessus à dr. (en ht). Dans les montagnes, le toit de lauzes supportait le vent et le manteau de neige. Les pierres ont été souvent remplacées par des tuiles.

En Argolide, ci-dessus à dr. (en bas). Dans le Sud méditerranéen, les maisons prennent une forme basse et trapue. Les ouvertures sont rares, pour préserver la fraîcheur à l'intérieur.

La maison du mont Pélion

Construites au XVIIIe s. par les riches éleveurs de ver à soie, elles ont l'allure de palais et ressemblent par maints aspects aux demeures des fourreurs de Kastoriá. Les plus belles maisons du Pélion *(p. 213)* se distinguent par leurs **portes cloutées**, leurs **volets compliqués**, leur **étage en encorbellement** crépi de blanc et leur toit en **lauze**. À l'intérieur, le bois est utilisé à profusion, notamment pour les **charpentes** dont la structure atteint une extraordinaire complexité.

La maison du Péloponnèse

En plus de la rareté du bois, les habitants du Péloponnèse ont dû s'adapter à un climat chaud et sec. Il leur a fallu aussi compter avec la menace des envahisseurs venus de la mer et avec les guerres de clans…

Les maisons de l'Arcadie *(p. 176)* ou du centre laconien *(p. 166)*, construites en pierre, s'élèvent de **plusieurs étages** en balcon sur la campagne. Leur plan joue avec les irrégularités du relief. Les **murs épais**, les rares **ouvertures cintrées**, fermées par des volets aux couleurs vives, et le toit couvert de grosses **tuiles rouges ou roses** permettent de garder au mieux la fraîcheur.

Dans le Magne *(p. 168)*, les villages ont une allure encore plus minérale. Les **fermes basses**, entièrement en pierres calcaires, sont dominées par la silhouette d'une grande **tour carrée** dont la hauteur signalait la puissance du *bey*, ou chef de clan. En cas de guerre de faction ou de raid pirate, tout le monde se réfugiait dans sa tour. ■

Les rivages ioniens*

L'Épire, fertile et balnéaire sur les rives de la mer Ionienne, est aussi la plus riche en vestiges archéologiques. Parmi eux se cachent l'un des théâtres antiques les mieux conservés de Grèce, à **Dodone** (Dodóni), et l'oracle des morts de **Nekromanteion**, où les Anciens plaçaient l'entrée des Enfers. Les villes ne manquent pas non plus de charme, qu'il s'agisse d'**Árta** l'active, du petit port au charme italien de Préveza ou de **Párga**, coquette station balnéaire.

➤ ***Carte** rabat arrière.*

♥ Dodone*

➤ *À 20 km au S d'Ioannina. Sortir par la rte d'Árta puis à dr. à 7 km ☎ 0651.082.287. Ouv. t.l.j. de 8h30 à 17h (téléphoner en hiver). Payant. **Festival de Dodone** p. 237.*

Ce **sanctuaire** dédié à Zeus Naios («tonnant») remonterait au IIe millénaire. Il serait à ce titre l'un des premiers oracles connus en Grèce. Formidable et peu fréquenté, il atteignit son apogée au IIIe s. av. J.-C., quand furent construits un nouveau temple de Zeus et surtout le théâtre, plus grand que celui d'Épidaure *(p. 157)*. Après l'arrivée des Romains en 167 av. J.-C., Dodone déclina peu à peu et sombra dans l'oubli jusqu'en 1873, date à laquelle des fouilles furent entreprises.

L'accès s'effectue par l'ancienne piste du stade, utilisé lors des Naias, concours gymniques, hippiques et musicaux organisés à Dodone. Le **théâtre**** a été édifié sous Pyrrhos (295-272 av. J.-C.), souverain d'Épire qui s'attaqua à Rome. Il pouvait contenir quelque 18000 spectateurs et sert encore de cadre au festival de Dodone. Malgré sa transformation en arène par les Romains, c'est l'un des plus beaux édifices de ce type et l'un

Le théâtre de Dodone, près d'Ioannina, prête son cadre à un festival en été. En dehors de cette période, on peut observer les cimes du mont Tómaros depuis des gradins déserts.

L'oracle de Dodone

À la différence de Delphes *(p. 186)*, les questions posées à l'oracle de Dodone sont connues. D'après les **inscriptions** sur des lamelles en plomb retrouvées lors des fouilles, celles-ci allaient de banals problèmes de paternité ou de voisinage à des interrogations plus collectives, comme celle des alliances politiques à envisager. Les ***selloi***, ou prophètes de Zeus, interprétaient la réponse de l'oracle, donnée selon les époques par le vol de pigeons, le murmure du vent dans les feuilles du chêne sacré, ou le tintement d'une série de chaudrons en bronze. ❖

des mieux conservés de Grèce. Du sommet des gradins, la vue du site et du mont Tómaros est éblouissante. Plus loin se profilent les fondations du **Bouleutérion** *(p. 112)* et du **sanctuaire de Zeus**, ainsi qu'une série de petits bâtiments consacrés à des divinités associées à son culte.

Árta*

➤ *À env. 84 km au S de Dodone, 76 km au S d'Ioannina.* ***Informations pratiques*** *p. 235.*

Árta est l'une de ces villes que l'on n'oublie pas. Non qu'elle possède une pléthore de monuments exceptionnels, mais son atmosphère vaguement orientale, son marché coloré, ses vieilles femmes en noir, ses rues animées et ses vestiges antiques, que l'on rencontre au hasard des rues, lui donnent un charme unique. Árta n'est autre que l'ancienne **Ambracie**, colonie corinthienne établie au VIIe s. av. J.-C. La ville devint la capitale du royaume de Pyrrhos (Pyrrhus en latin) au début du IIIe s. av. J.-C. Elle tomba dans l'oubli après la victoire d'Octave à Actium (31 av. J.-C.), qui fonda la ville de Nikopolis toute proche. Devenue capitale du despotat d'Épire au XIIIe s., Árta se couvrit d'églises byzantines.

Le pont épirote*

➤ *En venant d'Ioannina, en franchissant l'Arachtos.*

Il fait la gloire de la ville. Sa forme actuelle résulte d'une reconstruction de 1612. Selon la légende, son architecte l'aurait renforcé en y plaçant le corps de sa femme…

♥ La Panaghia Parigorítissa**

➤ *Ouv. t.l.j. sf mar. de 8 h 30 à 15 h. Payant.*

L'**église** se trouve près de l'entrée de la ville sur une éminence à droite, au milieu d'un petit parc. Dédiée à la **Vierge consolatrice** (Parigorítissa), elle domine Árta de son imposante masse cubique. Elle fut bâtie à la fin du XIIIe s., lorsque la cité devint capitale de l'Épire, grâce à Anne Paléologue, nièce de l'empereur Michel. Comme la plupart des édifices byzantins tardifs, elle présente un grand nombre de **coupoles** et un soin particulier a été apporté à la décoration de son **abside** *(p. 289)*. L'intérieur abrite quelques **mosaïques** contemporaines de la construction *(Christ Pantocrator entouré de prophètes, p. 289)*, mais on s'intéressera surtout ici à l'étonnante élévation de la **coupole****, portée par des colonnes romaines réemployées. Le son est unique en Grèce. Au fond du jardin a été installé un petit **musée** qui contient des inscriptions d'Ambracie et des petits moules antiques.

Les églises

En descendant la butte, dos à l'église, par la rue Pantakrotoros, on rejoint la rue principale piétonnière (Skoufa) qui aboutit à une grande place. Sur le chemin de la citadelle très ruinée (XIIIe s.) se cachent deux autres églises byzantines : **Haghia Theodora** (XIIe-XIIIe s.) et surtout **Haghios Vassílios** (XIVe s.), facilement reconnaissable aux carreaux en faïence qui décorent son abside.

La côte

Sur le littoral de la mer ionienne, les paysages marins, les longues plages de sable fin et les côtes, tantôt plates, tantôt à pic dans la mer, ont presque valeur de monument. De jolies petites villes incitent à la nonchalance, comme Préveza et la très touristique station balnéaire de Párga.

Le golfe d'Árta*

➤ *Itinéraire de 95 km au S d'Árta.*

Cet itinéraire longe le golfe ambracique, plus connu sous le nom de golfe d'Árta. Il dessert plusieurs localités agréables et atteint le site où se déroula la **bataille d'Actium**, en 31 av. J.-C. *(p. 55)*.

➤ ♥ **AMFILOCHIA**. *À 47 km au S d'Árta.* Amfilochia est joliment située en amphithéâtre au fond du golfe. Les paysages deviennent de plus en plus venteux et immenses au fur et à mesure que l'on se rapproche de l'extrémité ouest, en direction d'Aktion (Áktio).

➤ **VÓNITSA**. *À 37 km à l'O d'Amfilochia.* Une halte s'impose ici pour prendre un verre dans le petit port dominé par une citadelle du XVIIe s. De ce village, on peut atteindre facilement par la route l'**île de Leucade** (Lefkáda).

➤ **AKTION**. *À 17 km à l'O de Vónitsa.* Ce qui n'est aujourd'hui qu'un simple embarcadère pour les bacs vers Préveza, de l'autre côté de l'embouchure, fut jadis le cadre d'une célèbre bataille, qui donna naissance à l'Empire romain d'Auguste ; la traversée permet de se figurer, l'espace de 10 mn, la défaite de la flotte d'Antoine et de Cléopâtre.

➤ ♥ **PRÉVEZA**. *En face d'Aktion. À 100 km au S-O d'Árta par Amfilochia, 51 km au S-O par la rte directe.* Port et station balnéaire, Préveza n'offre d'autre intérêt qu'une ambiance sympathique avec ses quais piétonniers bordés de cafés et de tavernes à poissons. L'ascension du **fort vénitien** sera récompensée par une belle vue du golfe.

➤ **NIKOPOLIS***. *À 7 km au N de Préveza.* Fondée par Octave au lendemain d'Actium, Nikopolis, ou Nikópoli (« la Cité de la victoire »), supplanta rapidement Árta au rang de capitale antique de l'Épire. Elle devint un important **foyer chrétien** après la visite de **saint Paul**, en 64. Les ruines, disséminées de part et d'autre de la route de Párga ou d'Ioannina, montrent bien l'intérêt de la ville romaine que les Byzantins fortifièrent par la suite. Parmi les plus importants vestiges, remarquez ceux des deux **basiliques paléochrétiennes** du VIe s., de part et d'autre de la route, près du musée *(ouv. t.l.j. sf lun. de 8 h 30 à 15 h. Payant)*. Les remparts byzantins valent aussi le coup d'œil, mais le clou du site est le **théâtre*** romain situé près de la route d'Ioannina.

En quittant le site et en retrouvant la route d'Igoumenítsa, on débouche sur une plage qui s'étend sur des kilomètres le long du golfe de Nikopolis.

♥ Nekromanteion d'Efíra*

➤ *À 36 km au N de Nikopolis (accès par une rte à dr. ; indications). Ouv. t.l.j. sf lun. de 8h30 à 15 h. Payant.*

Les Anciens plaçaient ici, au confluent du fleuve de l'Affliction (Achéron) et des Gémissements (Cocyte), la **porte des Enfers**, l'entrée du royaume d'Hadès. Cette croyance doit beaucoup au caractère mystérieux des lieux, jadis marécageux et encombrés de roseaux, parmi lesquels les âmes errantes attendaient le repos. L'existence de Nekromanteion (l'« **Oracle des morts** ») remonte aux temps homériques, mais le site actuel date seulement de l'époque hellénistique (fin IVe s. au IIIe s. av. J.-C.). Il a été christianisé par l'ajout d'une petite **chapelle** dédiée à saint Jean, qui domine l'enceinte en pierre polygonale. La visite emprunte le parcours initiatique des pèlerins dans l'Antiquité. On passe d'abord dans une **galerie** bordée, à gauche, par trois chambres où étaient servis des mets sacrificiels, puis dans le **labyrinthe** qui symbolisait l'errance des âmes. Enfin, on pénètre dans le **sanctuaire** proprement dit, où se trouvait l'accès au monde souterrain. Dans la **crypte***, taillée à même le roc et voûtée en plein cintre, l'oracle communiquait avec les morts.

♥ Párga

➤ *À 22 km au N-O de Nekromanteion.* ***Informations pratiques*** *p. 238.*

Párga semble avoir été créée pour le seul plaisir de l'estivant. Petites **criques** hérissées de rochers, plages somptueuses, eaux bleutées, bateaux colorés et **château vénitien** dominant le tout, le tableau est parfait… mais depuis longtemps connu. Il ne faut donc pas chercher ici une authenticité, car le site est devenu une enclave

Eaux cristallines et collines couvertes de maquis : Párga a tout pour séduire. Il faudra délaisser ses plaisirs balnéaires pour aller à la rencontre de la véritable Epire, région singulière révélant le visage d'une autre [illegible]

anglaise, néerlandaise et surtout allemande en terre grecque. Párga a malgré tout un charme fou. Et hors saison, elle redevient franchement paradisiaque. Chaque jour, des dizaines de touristes partent pour une excursion d'une journée dans les petites îles ioniennes de **Paxí** et d'**Antipaxí**, situées à une vingtaine de kilomètres au large de Párga *(départs t.l.j. en saison; rens. au port et dans les agences de voyages du front de mer).*

Igoumenítsa

➤ *À 50 km au N de Párga, 100 km au S-O d'Ioannina.* ***Informations pratiques*** *p. 235.*

Point de passage quasi obligé des ferries en provenance de Patras, de Corfou (Kérkyra) ou de l'Italie, Igoumenítsa est un grand port (le troisième de Grèce pour le trafic passagers après Patras et Le Pirée) sans grand attrait. Le site, au fond d'une baie, et la côte des environs laissent cependant un souvenir ému, notamment **deux belles plages**: Drepano Beach *(sortie N)*, qui s'étend au bord de la baie, est vraiment superbe; celle de Plataría est également très agréable *(à 13 km au S).*

D'Igoumenítsa à Ioannina

➤ *Itinéraire d'env. 100 km au N-E d'Igoumenítsa.*

La route franchit une succession de barrières montagneuses qui isolent la mer Ionienne de la cuvette où s'est établie la capitale de l'Épire. Pendant environ 100 km, la campagne austère défile en laissant place de temps à autre à des vallées d'une beauté renversante. Sur les côtés, des petites routes de campagne desservent des villages parfois très beaux, comme **Zítsa**, patrie du meilleur vin blanc de Grèce. La voie rapide redescend ensuite sur la capitale de l'Épire, qui apparaît comme une oasis de civilisation après la traversée de ce grand désert. ■

L'Épire, pratique

Carte rabat arrière.

Árta

ℹ près de la gare routière, à la sortie de la ville direction d'Amfilochia.

Arrivée

➤ **EN CAR. Gare routière**, à la sortie de la ville en direction d'Amfilochia. Liaisons t.l.j. vers Ioannina, Igoumenítsa, Lamía et Athènes.

Hôtel

▲ **Amvrakia**, 13, Priovolou ☎ 0681. 028.311, fax 0681.078.544. **Cat. C.** *60 ch.* correctes avec petite terrasse. Au cœur du quartier piétonnier. Pas d'une gaieté folle, mais pas cher.

Restaurants

On mange très bien et pour pas cher à Árta. Plusieurs tavernes sont installées de part et d'autre du vieux pont.

♦ **Tsipoypaliko**, 20, Pantakrotoros. Entre la Panaghia Parigorítissa et le centre piétonnier, une petite *ouzerí* fréquentée par des habitués avec une rafraîchissante terrasse à l'arrière.

Igoumenítsa

ℹ sur le vieux port ☎ 0665.022.227.

Arrivée

➤ **EN BATEAU. Port d'Igoumenítsa** ☎ 0665.022.240. De nombreux ferries à destination et en provenance de l'Italie *via* Corfou (Ancône, Bari et Brindisi) transitent à Igoumenítsa. Les billets s'achètent dans les agences maritimes du port. La réservation est nécessaire en saison si l'on embarque son véhicule. Corfou (Kérkira), très belle île de la mer Ionienne, n'est qu'à 1 h 45 de bateau *(départ ttes les heures en saison)*. Les billets s'achètent près du terminal des lignes domestiques. Igoumenítsa est également reliée t.l.j. à l'île de Paxos (Paxí) et, plusieurs fois par semaine en été, aux îles d'Ithaque (Itháki) et de Céphalonie (Kefaloniá).

➤ **EN CAR. Gare routière**, 29, Kyprou ☎ 0665.022.309. Liaisons fréquentes avec Ioannina et Párga, 1 à 3 bus par jour pour Thessalonique et Athènes.

Hôtel

▲ **Astoria**, 147, Haghios Apostolos ☎ 0665.022.704, fax 0665.022.217. **Cat. C.** *30 ch.* Établissement familial bien tenu situé au S de la ville, face au port. Assez bon marché.

Camping

Kalami Beach ☎ 0665.071.211, fax 0665.071.245. À Plataría *(à 7 km au S sur la rte d'Árta)*. Bien équipé et en bord de mer. *Ouv. d'avr. à mi-oct.*

Restaurants

Il vaut mieux éviter les abords immédiats du port. En poursuivant plus avant sur le front de mer vers le N, on trouve des tavernes à poissons aux terrasses plus calmes.

Plages

Une superbe plage (**Drepano Beach**) s'étend à la sortie N de la ville, au bord de la baie. Au S, celle de **Plataría** *(à 13 km)* est très agréable.

Ioannina

Plan p. 223.

ℹ 38, Dodonis **hors pl. par A2** ☎ 0651.046.662, fax 0651.049.139. **Police touristique**, 11, 28 Octovriou (dans les locaux de la police ; bureau 8) **A2** ☎ 0651.025.673. Kiosque en saison près de l'embarcadère **B1**.

Arrivée

➤ **EN AVION. Aéroport** de Pérama ☎ 0651.026.518. À 5 km au N d'Ioannina. Liaisons t.l.j. avec Athènes et Thessalonique.

➤ **EN CAR. Gare routière Intercity**, Zosmadon **A1** (entre Valaoritou et Pávlou Méla) ☎ 0651.026.286. Liaisons t.l.j. avec Igoumenítsa, Monodéndri, Tríkala, Thessalonique et Athènes. Les cars pour Thessalonique, Dodone, Árta et Préveza *(liaisons t.l.j.)* partent de la **gare routière de Préveza A2** (entre la place Pirrou et la place Dza-[illegible]) ☎ [illegible]

Circuler

L'arrivée à Ioannina ne pose pas de problème. En venant d'Igoumenítsa, on atteint vite le centre et la rue Averof, en **sens unique** en direction du **lac**. Pour revenir en arrière, il suffit de contourner la vieille ville (ne pas s'y aventurer !) par **Dionisiou Filosofou B1** et d'emprunter l'av. Garivaldi Ritsioti **B2**. La circulation, elle, est un véritable enfer et les parkings sont inexistants. Tenter sa chance aux environs de la **place Zalongou A1**.

Hôtels

▲▲▲ **Kastro** ♥, 57 Andronikou Paleologou **B1** ☎ 0651.022.866, fax 0651.022.780. *7 ch.* joliment décorées et calmes (avec rocking-chairs). Adorable petit hôtel de la vieille ville. Très bon accueil.

▲▲ **Palladion**, 1, Botsari **A1** ☎ 0651.034.602 ou 0651.025.856, fax 0651.074.034. Juste après le *kastro* et le Xenia. **Cat. B.** *125 ch.* Vaste hôtel, très central et pratique. Le meilleur choix pour séjourner à Ioannina.

▲▲ **Xenia**, 33, Vassiléos Georgiou **A2** ☎ 0651.047.301, fax 0651.047.189. **Cat. B.** *60 ch.* agréables, dont certaines avec une vue sur le lac. Cher mais calme, au milieu de la verdure et près de la mosquée de Kalu Tsesme, au minaret tronqué servant de perchoir à un nid de cigogne.

▲ **King Pyrros**, 1, Gounari **A2** ☎ 0651.027.652, fax 0651.029.980. **Cat. C.** *23 ch.* Un peu cher, mais confortable. En face du clocher-campanile.

Camping

Limnopoula ☎ 0651.025.265. Par la route de Pérama *(à 2 km)*. Au bord du lac. *Ouv. de mars à oct.*

Restaurants

Il en existe d'excellents dans l'île **hors pl. par B1** (♦♦ **Pamvotis**) et une multitude sur la place Mavili, près de l'embarcadère **B1**. Les spécialités sont les cuisses de grenouille, les anguilles et autres poissons du lac, arrosés de zitsa, le délicieux vin de la région.

♦♦ **Philippos**, Kentrikon **hors pl. par A1** ☎ 0651.036.596. L'un des meilleurs restaurants des bords du lac, mais c'est un peu l'usine. Quitte à devoir attendre qu'une place se libère, beaucoup de monde vient déguster du poisson à la bonne franquette dans la grande salle.

♦ **Epalxeis (K. Lappas)** ♥, 1, Ethnikis Antistaseos **B1** ☎ 0651.027.451. Une petite taverne installée dans une maisonnette qui étend l'été sa terrasse sur le trottoir. Plats excellents (viandes et quelques poissons) servis avec le sourire et sur fond musical discret. Une adresse originale et pas chère. *Ouv. t.l.j.*

Shopping

Le travail du métal, de l'argent en particulier, est d'une qualité proverbiale : bagues, bracelets sont splendides et bon marché. On trouve aussi des bijoux en or (moins originaux), de la vaisselle et toutes sortes d'objets en cuivre. La plupart des **bijouteries** sont situées dans la rue qui mène à la place Mavili **B1** et sur l'île, en face. Mais de plus belles choses se cachent souvent dans les boutiques moins tape-à-l'œil des alentours immédiats du bazar **B1**.

Vie nocturne

L'animation se concentre le long de l'avenue qui traverse la ville et atteint la place Mavili **B1**. Dans le haut de la ville (place Pirrou **A2**) sont installés les cafés chic, dont le très kitsch **Old Post**. La jeunesse investit les cafés autour de la muraille et place Mavili qui font assaut de décibels.

Adresses utiles

➤ **COMPAGNIE AÉRIENNE. Olympic Airways**, à l'aéroport ☎ 0651.026.218.

➤ **CYBERCAFÉS. Diachronikon** ♥, 3, Arapi (entre Napoléonios Zerva et Dodonis) **A1** ☎ 0651.020.066. Petit café sympathique et intime. Accueil souriant. **Netbar**, Stoa Satka **A2** (prendre Pirsinela puis le passage à g. ouvrant au niveau de l'agence Hertz) ☎ 0651.083.215. Une vingtaine de PC pour surfer ou pour jouer. Bon accueil.

➤ **LOCATION DE VOITURES. Budget**, 109, Dodonis **A2** ☎ 0651.043.901.

Fêtes et manifestations en Épire

➤ **En été**. Le **festival de Dodone** a lieu pendant les mois d'été et permet d'assister, dans le théâtre antique, à des représentations théâtrales. *Rens.* ❶ *à Ioannina.*

➤ **Juillet-août**. L'**Été culturel** d'**Ioannina** permet d'assister à des concerts, des ballets et des représentations théâtrales en divers points de la ville.

➤ **Le 26 juillet**. Le jour de la **saint Paraskeví** est fêté avec beaucoup de ferveur dans les bourgs d'Épire, particulièrement à **Métsovo** et à **Monodéndri**.

➤ **Début août**. **Fête de la Sardine** à **Préveza**. Tous les pêcheurs du golfe d'Árta se donnent rendez-vous à Préveza, occasion de voir un festival de bateaux multicolores.

➤ **Le 23 août**. Jour de la **vlachopanagiá**, une autre occasion d'assister à des **processions fleuries** dans les village de montagne. ❖

Métsovo

Hôtels

Métsovo est une station de montagne. Les prix baissent en été d'env. 20 %.

▲▲ **Victoria** ☎ 0656.041.761/71, fax 0656.041.454. À l'entrée de la ville sur la g., indications. **Cat. B.** *37 ch.* pas trop chères donnant sur la montagne. Bâtisse moderne style chalet excentrée, donc calme. Cependant, risque de se retrouver nez à nez avec un groupe.

▲ **Egnatia**, rue principale ☎ 0656.041.263, fax 0656.041.485. **Cat. C.** *36 ch.* bien meublées. Belle façade fleurie avec balcons en bois.

Restaurant

♦ **Galaxias** ☎ 0656.041.202. Au-dessus de la pl., dans l'hôtel du même nom. On déguste dans un grand jardin une cuisine traditionnelle bien mitonnée. *Ouv. t.l.j.*

Shopping

Les objets en **bois tourné et sculpté** (cannes, tire-bouchons, plateaux, ustensiles de cuisine, etc.) et les **chaussures à pompon** font fureur auprès des touristes grecs, mais il est permis de ne pas partager leur goût du kitsch. Plus intéressant, les boutiques de la rue principale proposent de jolis **tissus bariolés** et des **tapis en laine**. Comme dans tous les endroits touristiques, il faut voir plusieurs boutiques et ne pas hésiter à marchander si on paye en liquide. Enfin, plus facile à ramener que le fameux fromage, le **vin de Métsovo**. Il est introuvable en France et même rare en Grèce.

Monodéndri et ses environs

Hôtels

Koukoúli

▲▲▲ **Koukoúli Zagoriou** ♥ ☎ 0653.071.627, fax 0653.022.866. *10 ch.* dans le village de Koukoúli *(à env. 20 km au S-E de Monodéndri)*; en venant d'Ioannina, prendre la route de Monodéndri et bifurquer à dr. vers Dílofo et Skamnéli. Un hôtel de charme (même direction que l'hôtel Kastro, à Ioannina) dans une imposante demeure traditionnelle de la région des Zagoris. Cher, mais vaut son pesant d'euros.

Monodéndri

▲▲ **Monodéndri** ☎ 0653.071.300, fax 0653.071.410. À l'entrée du village. **Cat. B.** *7 ch.* de bon confort, architecture pseudo-traditionnelle. Idéal pour la balade nocturne dans le village, un pur délice. Le risque de se trouver nez à nez avec un groupe n'est pas exclu.

Il existe aussi des **chambres chez l'habitant**.

Vítsa

▲ **Selini** ☎ 0653.071.350, fax 0653. 071.471. **Cat. C.** *8 ch.* Prendre une piste à dr. juste avant Vítsa en venant d'Ioannina (indications). Une grande bâtisse de style traditionnel perdue en pleine campagne. Une nuit dans le calme absolu.

Restaurants

Le plus agréable de Monodéndri est la taverne ♦ **Kikitsa**, près de l'église, avec sa terrasse sous les arbres. Si les touristes sont trop nombreux à Monodéndri, le meilleur repli est le village de **Kipí** *(à env. 20 km au S-E de Monodéndri)*, où se trouvent plusieurs tavernes.

Párga

Arrivée

➤ **En car.** Liaisons fréquentes avec Igoumenítsa et Préveza.

Hôtels

Les hôtels sont nombreux mais chers et souvent complets car le tourisme est surtout sédentaire (séjours balnéaires). Il existe de grandes possibilités de **logement chez l'habitant**: mieux vaut arriver assez tôt dans la journée.

▲▲ **Lichnos Beach**, plage de Lichnos ☎ 0684.031.257, fax 0684.031.157. **Cat. B.** *80 ch.* L'un des meilleurs hôtels de Párga, très cosmopolite et idéal pour le farniente. Piscine, sports nautiques variés et restaurant attenant.

▲▲ **Valtos Beach**, plage de Valtos ☎ 0684.031.293, fax 0684.031.412. Au N (la plus belle plage). **Cat. B.** *80 ch.* De confort identique au précédent; nombreux équipements (sports nautiques, café et restaurant).

▲ **Villa Koralli** ☎ 0684.031.069, fax 0684.032.469. Sur le port. *17 ch.* propres, la plupart avec un grand balcon. Simple et bien situé (vue sur la plage).

Camping

Valtos, plage de Valtos ☎ 0684.031.287, fax 0684.031.131. Pas le mieux équipé, mais le plus agréable. *Ouv. d'avr. à oct.*

Restaurants

D'innombrables adresses attendent les touristes en goguette et leur distillent une cuisine certifiée « authentiquement grecque », c'est-à-dire des menus comprenant moussaka, souvlaki ou autre feuilles de vigne. Rien de bien notable donc: on choisira en fonction de la terrasse…

Adresses utiles

➤ **Agences touristiques.** Elles ne manquent pas à Párga. Elles s'alignent le long du front de mer, la plus importante étant l'**Information Travel Services** ☎ 0684.031.833, à l'E du port. Chacune aide à trouver une chambre et à louer un véhicule. On y achète des billets pour l'excursion en bateau dans les proches îles de Paxí et d'Antipaxí.

➤ **Location de voitures. Avis**, 2, Spirou Livada ☎ 0684.032.732. ■

LA MACÉDOINE

La plus grande province grecque, dont la population dépasse à peine les 2 millions d'habitants, s'étire de l'Albanie à la Bulgarie, à l'extrême nord du pays. En raison d'une telle étendue, il est difficile de trouver des points communs entre l'ouest balkanique des environs de Kastoriá, la plaine agricole et industrielle autour de Thessalonique, au centre, et la Chalcidique très méditerranéenne à l'est.

La Macédoine (Makedonía), au carrefour de la route de l'Orient et des voies qu'empruntèrent les envahisseurs du Nord, a connu une histoire ponctuée de moments glorieux : elle fut le berceau d'**Alexandre le Grand**, puis l'un des **foyers du christianisme** et la deuxième région de **l'Empire byzantin**. De ces périodes, elle conserve des témoignages exceptionnels : les sites antiques de **Pella**, de **Vergína** et de **Philippes** ; les églises byzantines de **Thessalonique** et les monastères du mont **Áthos**. Sa véritable originalité réside pourtant dans l'étonnante variété de ses campagnes. Aux lacs et aux forêts succèdent les étendues de champs de coton ou de tabac, puis les sommets de l'**Olympe** et la côte de la Chalcidique au parfum de maquis.

Thessalonique**

➤ *À 240 km au N-E de Kalampáka.* ***Informations pratiques** p. 274.*

➤ ***Plan** p. 242.*

Deuxième ville du pays et port important, Thessalonique (Thessaloníki), la capitale de la Grèce du Nord, s'étend autour d'une baie. Le mélange d'immeubles modernes, d'ambiance orientale et de vestiges laissés par deux millénaires d'histoire rendent d'abord perplexe. Pourtant, sous des dehors affichés de modernisme se cache une ville fascinante, dotée d'une forte identité, qui a su sauvegarder ses racines grecques et préserver dans ses hauteurs des quartiers dépaysants. Sa vitalité débordante et une opulence revendiquée sans complexe ne laissent pas indifférent. Enfin, il faut saluer l'effort entrepris ces dernières années pour rénover les bâtiments néoclassiques et les grands immeubles de Tsimitski ou d'autres grandes avenues. Le visage de la rivale d'Athènes s'en trouve métamorphosé.

Un foyer culturel précoce

La cité fut fondée en 316-315 av. J.-C. par **Cassandre**, qui lui donna le nom de son épouse, Thessaloniké, sœur présumée d'Alexandre le Grand. Étape sur la route reliant l'Italie à Constantinople, elle devint prospère à l'époque romaine et fut promue au rang de capitale de la province de Macédoine. Des personnalités importantes y séjournèrent : Cicéron, **saint Paul** qui écrivit pour elle les deux Épîtres aux Thessaloniciens et plusieurs empereurs romains ; en 392, Théodose Ier y réprima dans le sang une insurrection qui fit 7 000 victimes. Thessalonique retrouva son statut de foyer culturel au lendemain des invasions barbares. Au VIe s., sous **Justinien**, elle se couvrit d'églises que décorèrent les meilleurs mosaïstes du pays. La capitale de la deuxième région de l'Empire byzantin connut de nombreux malheurs par la suite. Plus exposée que Constantinople, elle subit plusieurs saccages avant de tomber, en 1205, aux mains des croisés. Redevenue byzantine après l'intermède latin, elle ne joua plus qu'un rôle secondaire jusqu'à la venue des Ottomans.

La Jérusalem martyre des Balkans

Maîtres de la cité à partir de 1430, les **Turcs** stimulèrent le renouveau économique et intellectuel de Thessalonique en y attirant les **juifs** chassés d'Espagne en 1492, puis du Portugal. La communauté séfarade, enrichie d'ashkénazes lors des campagnes que Soliman mena en Europe centrale, fut majoritaire dès le début du XVIe s. Elle le resta jusqu'à la fin du XIXe s., avant de devenir une minorité quand la ville accueillit les Grecs chassés d'Asie Mineure par le transfert de population de 1922-1923 *(p. 67)*. On comptait encore 56 000 juifs vivant à Thessalonique en 1943, sous l'occupation allemande. Massivement **déportés** à Auschwitz, ils ne furent que 1 500 à réchapper de l'Holocauste.

Salonique, joyau de l'Empire ottoman

Salonique (son nom turc), grâce à l'activité de son importante communauté juive, devint une **métropole** économique et intellectuelle de tout premier plan dès le XVIe s. Trois siècles plus tard, dotée d'une ligne de chemin de fer qui la reliait

Au début du XXe s., celle que l'on appelait encore Salonique, cité cosmopolite et moderne, était le symbole de l'européanisation de l'Empire ottoman.

à Belgrade, elle était le fer de lance de la jeune industrie ottomane et le symbole de la modernisation de l'empire. Logiquement, c'est dans cette cité très européanisée que les révolutionnaires Jeunes Turcs, décidés à renverser le sultan, commencèrent leur lutte contre le très réactionnaire sultan Abdül-Hamid II (1876-1909). C'est aussi ici que naquit Mustapha Kemal dit **Atatürk** (1881-1938), père de la Turquie moderne.

Thessalonique devint **grecque en 1912**. Cinq ans plus tard, un gigantesque incendie fournit l'occasion d'une reconstruction globale de la ville qui acheva une métamorphose entamée à la fin du XIXe s., quand on avait démoli les murailles maritimes qui l'asphyxiaient.

Le débouché maritime des Balkans

Depuis les **années 1970**, Thessalonique est le deuxième pôle industriel du pays. Sa situation privilégiée entre le sud du pays et l'Europe de l'Est, dont elle est le débouché naturel, explique largement son actuel essor économique. Son visage est celui d'une ville où se conjuguent activités maritimes et tertiaires autour d'un centre très américanisé, fait d'artères rectilignes où s'alignent de luxueuses boutiques. Une banlieue résidentielle s'étend le long de la baie au sud-est. L'importance de son port de marchandises ne cesse d'augmenter depuis l'effondrement du bloc soviétique.

En 1997, Thessalonique fut célébrée « capitale européenne de la culture » et en profita pour créer des infrastructures et lancer des concours d'architecture visant à dynamiser l'ouest et le centre de son agglomération. Avec le vaste programme de rénovation du patrimoine architectural du XIXe-XXe s. entrepris ces dernières années, les immeubles des grandes avenues de la ville basse ont repris des couleurs pimpantes. Son surnom de « belle mariée du golfe Thermaïque », qui paraissait un brin exagéré il y a encore quelques années, sied mieux désormais à Thessalonique. On attend aussi la création d'un métro,

➤ Suite du texte p. 244.

THESSALONIQUE

Deux journées sont nécessaires pour visiter les principales curiosités. La première sera consacrée à la **ville basse B2-C3** (le matin), au **Musée archéologique C3** et au **Musée byzantin C3** (l'après-midi) ; la seconde à la **ville haute CD1** avec ses remparts et ses petites églises byzantines.

En **une journée**, on ira directement à l'essentiel : **Sainte-Sophie C2**, **Saint-Démètre** (ou Déméter) **C1** et la rotonde **Saint-Georges C2**. Après avoir déjeuné près du front de mer, on réservera l'après-midi au **Musée byzantin** et au **Musée archéologique C3**, curiosités essentielles de Thessalonique. ❖

Thessalonique s'étend aujourd'hui dans toute son immensité au bord de la mer Égée. Grâce au vent du large, la capitale du Nord ne souffre pas des problèmes de pollution que connaît Athènes.

qui décongestionnerait le centre et desservirait les banlieues est et ouest. La ligne est déjà tracée sur le papier, mais le Thessalonicien, d'un naturel sceptique, attend de voir le début des travaux avant d'y croire… Comme on l'entend souvent ici, Athènes passe toujours d'abord et accapare tout ! Un « coup de gueule » loin d'être sans fondement…

Le cœur historique**

C'est la partie la plus vivante, celle où se mêlent Orient et Occident, où les avenues luxueuses et commerçantes cachent des quartiers populaires. En prime, la promenade part à la découverte des plus belles églises de la ville.

Elle peut commencer **place Aristotélous B2**, bordée d'immeubles à arcades et de grands cafés. On longe ensuite le front de mer vers l'ouest et la place Elefthérias, avant de prendre à droite la **rue Venizélou**.

♥ Le marché central*

➤ **B2** *Ouv. t.l.j. sf dim. de 7h à 15 h.*

La puissance vocale des vendeurs et la cacophonie ambiante de ce grand labyrinthe ont quelque chose de profondément dépaysant. Nulle part ailleurs, sauf à Athènes, on ne retrouve une telle débauche d'étals de boucherie ou de poissonnerie, tant d'amoncellement de denrées, allant des pâtes alimentaires aux épices.

Panaghia Chalkéon

➤ **B2** *De l'autre côté de la rue Egnatia.*

Cette petite église **Notre-Dame-des-Chaudronniers**, située non loin d'un bain turc du XVe s., est l'ancienne paroisse des chaudronniers. L'édifice, qui date de 1028 (mention à l'entrée), est un petit bijou et l'un des premiers prototypes de plan à croix grecque inscrite. À l'intérieur, les **fresques** sont très abîmées et peu visibles à cause de l'obscurité.

Haghios Dimitrios*

➤ **C1** *Ouv. t.l.j. de 8h à 19h30, lun. à partir de 13h30.*

L'extérieur, rebâti après l'incendie de 1917, offre assez peu d'intérêt; il reproduit fidèlement l'église du VIIe s. édifiée sur le lieu même du martyr de **saint Démètre**. En revanche, l'intérieur à cinq nefs abrite des **mosaïques*** uniques à l'entrée du chœur: à droite, *Démètre et un diacre*, *Démètre et deux donateurs* puis *Saint Serge*; à gauche: *Saint Démètre et deux enfants*. Ces œuvres permettent de se faire une idée de l'art byzantin du VIIe s., où prédominent la recherche de coloris délicats, la finesse du trait et un fort souci d'idéalisation. Près de là, un escalier donne accès à la **crypte*** transformée en musée lapidaire. On y voit l'endroit où s'écoulait l'huile sacrée provenant du tombeau de saint Démètre, censée guérir toutes les maladies. Ensuite, continuer sur Hagiou Dimitriou et prendre Haghia Sophias à droite, pour regagner Egnatia.

Haghia Sophia*

➤ **C2** *Ouv. t.l.j. de 8h30 à 13h et de 17h30 à 20 h.*

Elle compte parmi les joyaux de Thessalonique. Construite au XIIIe s., elle est dédiée, comme son homologue de Constantinople, à la **Sagesse divine** et elle eut vraisemblablement rang de **cathédrale**. L'importance de l'édifice est perceptible dans la science apportée à la conception du plan, qui combine le type basilical et le type à croix grecque (une formule abandonnée au XIVe s.), et par le soin apporté au choix des matériaux. L'église possède des **mosaïques**** très anciennes. Dans la coupole, une *Ascension du Christ* (vers 880) présente des coloris d'une rare fraîcheur. L'artiste a manifestement voulu varier les attitudes des Apôtres, qui vont de la frayeur à l'étonnement. Dans l'abside *(p. 289)*, remarquez la mosaïque d'une *Vierge à l'Enfant* (XIe s.). Dans le prolongement de la tête de Marie se discerne la trace de l'un des bras de la Croix qui décorait cette conque à l'époque iconoclaste *(encadré p. 57)*.

♥ Haghios Géorgios*

➤ **C2** *Ouv. t.l.j. de 8 h à 15 h. D'Haghia Sophia, prendre à g. la rue qui monte.*

En chemin, on passe près d'une petite **église byzantine**, Haghios Pentéleïmon (XIIIe s.). Construite au début du IVe s., Haghios Géorgios, ou **rotonde Saint-Georges** en raison de sa forme, fut la troisième grande église byzantine de Constantinople. L'édifice résume à lui seul l'histoire de la ville: prévu pour être le mausolée de l'**empereur Galère** (mort en 311), il fut agrandi et adapté au culte chrétien, puis transformé en mosquée sous la domination turque. L'intérieur possédait un bel ensemble de **mosaïques*** du VIe s., dont des fragments subsistent à la base de la coupole (figures de martyrs) et sur les voûtes en berceau encadrant le vaste espace central.

L'arc de Galère*

C2 Ce monument est le plus important vestige de l'ancienne capitale impériale. Érigé au début du IVe s. pour commémorer les exploits de Galère en Asie Mineure, il marquait le carrefour principal de la cité. Il était relié au palais de l'empereur et à l'hippodrome, situés de l'autre côté de l'actuelle rue Egnatia, formant ainsi un important complexe. Les **reliefs*** illustrent des épisodes glorieux de la campagne de Galère et ses victoires sur les Perses, les Mésopotamiens et les Arméniens.

Vers le front de mer

La balade peut s'achever par une promenade dans cette direction, vers la **Tour blanche C3**. En chemin, on peut s'arrêter devant les nombreuses boutiques du quartier, ou flâner parmi d'autres vestiges de l'époque impériale comme l'**Octogone C3**.

La ville moderne**

L'ambiance change du tout au tout près du front de mer. Boutiques et foules pressées laissent place aux grandes artères, aux terrasses de cafés et au parc de la Foire internationale.

La Tour blanche*

➤ **C3** *Musée ☎ 031.026.78.32. Ouv. t.l.j. de 8h à 19h, lun. à partir de 12h30 (téléphoner en hiver). Entrée libre.*

Bâtie par un architecte vénitien en 1423-1430, ou au XVIe s. selon une autre thèse, l'ancienne tour des Lions protégeait les remparts maritimes turcs qui furent détruits en 1866. Elle servit de prison aux janissaires et fut le théâtre de leur massacre sous le sultan Mahmut II, en 1866. Surnommée la tour du Sang, elle fut blanchie à la chaux pour faire oublier cet épisode tragique. L'intérieur compte six étages dotés chacun d'une grande et unique pièce. En face, la façade courbe du **théâtre** (1952-1962) a été conçue pour s'harmoniser avec le vénérable édifice devenu l'emblème de la ville.

Le Musée archéologique**

➤ **C3** *☎ 031.083.05.38. Ouv. t.l.j. de 8h à 19h, lun. à partir de 12h30 (téléphoner en hiver). Payant. Possibilité d'acheter un billet jumelé avec le musée de la Culture byzantine. La description qui suit est indicative, le musée faisant l'objet de fréquents remaniements en fonction des expositions temporaires ou du prêt de certaines pièces.*

La Tour blanche (XVe s.) est le seul vestige des remparts maritimes. Détruite à la fin du XIXe s., l'enceinte protégeait à l'origine un lacis de ruelles et de maisons en bois désormais insalubres pour la plupart.

À ne pas manquer

➤ **Salle 9**. Intitulée l'« **Or de Macédoine** »***, cette section présente de très beaux bijoux en or et de magnifiques objets datant de la période faste de l'art funéraire en Macédoine (IVe s. av. J.-C). ❖

Pendant longtemps, tous les objets trouvés dans les fouilles des sites de la Grèce du Nord étaient conservés à Thessalonique. Cela explique l'importance des collections de ce musée.

➤ **Salles 1 à 4***. Cette section est consacrée aux vestiges archéologiques (du VIe s. av. J.-C. à l'époque romaine) de Thessalonique. On remarquera tout particulièrement la stèle funéraire d'une **jeune fille tenant une colombe**** (vers 440 av. J.-C.). Œuvre d'un sculpteur de Paros, elle rappelle l'art de Phidias et des meilleurs artistes du Parthénon. Admirez aussi l'excellente copie de l'**Aphrodite se dénudant***, d'après l'œuvre du sculpteur Alkamenes (421-420 av. J.-C.), disciple de Phidias. La salle 4 présente l'histoire de la ville depuis les temps préhistoriques jusqu'à l'époque romaine. À noter une **mosaïque**** (début IIIe s. apr. J.-C.) figurant Ariane à Naxos (Ariane endormie pendant qu'arrive Dionysos), ainsi que l'**arche*** en marbre provenant du palais de l'Octogone (IVe s. apr. J.-C.).

➤ **Salles 5 à 7***. Les salles 5 et 6 présentent des sculptures romaines trouvées lors des fouilles dans la ville moderne. L'imposante **statue d'Auguste*** (fin du Ier s. av. J.-C.) montre l'empereur comme un demi-dieu en pied, le torse nu, brandissant la main droite vers le ciel. La salle 7 abrite l'imposante **porte en marbre**** (IVe s. av. J.-C.) qui fermait la tombe macédonienne d'Haghia Paraskeví. Remarquez les attaches en bronze, parfaitement conservées.

➤ **Salle 8****. Elle regroupe les objets trouvés lors des fouilles des 121 tombes de la nécropole de Síndos (VIe-Ve s. av. J.-C.), à 20 km à l'ouest de Thessalonique. Les **pièces**** exposées sont magnifiques (colliers, bracelets en or, etc.). Elles témoignent à la fois de la croyance en l'au-delà des Macédoniens et de leurs relations avec les cités du sud de la Grèce. On y voit un étonnant **casque en bronze** et son **masque en or****. Ce dernier a été pressé sur le visage du défunt, gardant ainsi ses traits pour l'éternité.

➤ **Salle 9*** (l'« Or de Macédoine »)**. Elle regroupe des objets du VIe s. av.-J.-C. au IIe s. apr. J.-C. trouvés lors des fouilles de différentes nécropoles macédoniennes, parmi lesquelles Kateríni et la proche Pydna *(au S-O)*, Kassándria (presqu'île de Kassandra, au S-E), et surtout Dervení *(à 10 km au N-O)*. L'époque hellénistique (IVe s. av. J.-C.) coïncide avec la période faste de l'art funéraire en Macédoine. De cette époque datent la majeure partie des couronnes, des diadèmes et des plus beaux bijoux en or que renferme cette salle.

Parmi les pièces les plus intéressantes figurent les fragments d'un **larnax en or**** (IVe s. av. J.-C.), provenant de l'ancienne Pydna, où sont représentés Athéna et Dionysos. À noter également le **larnax en argent*** (IVe s. av. J.-C.) de la nécropole d'Haghios Athanasios et la **couronne en or**** (IVe s. av. J.-C.) trouvée à Sedes. Dans le fond de la salle se trouve le clou du musée: le **cratère en bronze doré avec incrustations d'argent***** (vers 330 av. J.-C.). L'ornementation, baroque avant la lettre, envahit tout. Les scènes racontent le mariage de Dionysos et d'Ariane qu'entourent des Ménades et des Satyres.

➤ **SALLE 10**. Située au sous-sol, elle évoque Thessalonique du néolithique à la fin de l'âge du bronze à travers un grand nombre de poteries.

➤ **SALLES MANOLIS ANDRONIKOS***. Elle présente une collection de **numismatique** depuis le VIe s. av. J.-C. jusqu'au IIe s. apr. J.-C. On y voit des monnaies très rares, l'une ornée d'une tête de Gorgone (520-500 av. J.-C.), d'autres figurant Apollon (v. 350 av. J.-C.), Philippe II de Macédoine (359-336 av. J.-C.) ou Poséidon armé de son trident (294-288 av. J.-C.).

Le Musée de la Culture byzantine**

➤ **C3** ☎ *031.086.85.70. Ouv. t.l.j. de 8h30 à 19h, lun. à partir de 12h (téléphoner en hiver). Payant.*

Récent et en perpétuel développement, il possède actuellement cinq sections. La première est consacrée à la sculpture et à la peinture monumentales du premier âge byzantin (Ve-VIIe s.). On y voit de très beaux fragments provenant de Saint-Démètre, l'**ambon**** de la basilique de Philippes *(p. 256)* ainsi qu'un **reliquaire en argent*** (fin IVe s.), avec des scènes de l'Ancien et du Nouveau Testament.

La deuxième, évoquant la vie civile, s'organise autour d'une grande **mosaïque*** exhumée dans une villa patricienne de Thessalonique.

La **troisième section****, sans doute la plus intéressante, retrace les rites funéraires des temps paléochrétiens et byzantins (du IIIe s. au Moyen Âge) à travers des restitutions de tombeaux peints à fresque (tombe dite d'Esutorgios, du IVe s., avec représentation de la famille du défunt; linteau sculpté de la chambre H, du IVe s., à la décoration fortement influencée par l'Antiquité; tombe dite de Susanna, du Ve s., où figure le thème de Suzanne et les vieillards, allusion à la fidélité). L'accent est mis sur l'évolution de l'iconographie funéraire et sur l'adaptation par le christianisme d'anciens thèmes païens.

La **quatrième section*** évoque la période allant de l'iconoclasme à la Renaissance macédonienne et à l'art aux temps de la dynastie des Comnène (VIIIe-XIIe s.). On s'attardera surtout devant les bijoux (**bracelets en or et émail*** du IXe-Xe s.) et devant un somptueux missel enluminé montrant saint Matthieu au travail (XIe-XIIe s.).

Une **cinquième section** aborde les dynasties des empereurs byzantins à travers des poteries et des bijoux. On y voit une présentation audiovisuelle consacrée aux châteaux byzantins.

♥ La ville haute*

Elle est presque ignorée des touristes, peut-être parce que les boutiques y sont plus rares et… que l'on y perd à la fois son souffle et son chemin! La visite vaut surtout pour l'ambiance villageoise et les **maisons traditionnelles en bois**, typiques des Balkans. Elle n'offre pas, hormis Hosios David et les remparts, d'importantes curiosités artistiques. C'est donc une invitation à une flânerie sans but précis, loin du tumulte de la ville basse, sur laquelle ces hauteurs offrent de fréquentes échappées.

Vers l'Acropole

Plus agréable que le boulevard bruyant qui longe les remparts, la rue Apostolou Pavlou **D2**, bordée de maisons à encorbellement (certaines abritent des restaurants), grimpe vers la ville haute. Sur la gauche, une porte donne accès (au n° 45) à l'église byzantine d'**Haghios Nicolaos*** (XIVe s.) **D2**, au milieu d'un petit jardin. L'édifice est entièrement recouvert de fresques de l'époque de sa construction. Au-delà d'Acropoléos, la suite de l'ascension est récompensée par l'arrivée devant la partie la mieux conservée des remparts **D1**, où une promenade verte a été aménagée (côté nord; tavernes). Après avoir profité de la **vue**** au bas de la **tour Trigonion**, longez la muraille jusqu'au **monastère des Vlatades C1**. La grande curiosité de la ville, l'église Hosios David, se trouve en contrebas vers l'ouest.

Hosios David*

C1 L'église en croix grecque faisait à l'origine partie d'un monastère fondé au VIe s. L'intérieur abrite une **mosaïque*** de cette époque reculée représentant un Christ entouré des symboles des évangélistes et de deux prophètes. Les fresques datent du XIIe s. Ce sont les seuls exemples de l'art byzantin de cette période dans la ville de Thessalonique.

Les remparts*

Depuis Hosios David, les marcheurs curieux se dirigeront vers les hauteurs pour suivre ces remparts du Ve s. apr. J.-C. et voir ses deux tours du XVe s. (tours de Paléologue et de Manuel Paléologue **C1**). Cette belle balade les mènera devant l'église des Saints-Apôtres.

Haghii Apostoli*

B1 L'église est un bon exemple de l'architecture du temps des Paléologues (XIVe s.) avec ses trois absidioles *(p. 289)* et son décor en brique aux motifs géométriques variés.

De là, on peut rejoindre la **place Dimokratias** puis le centre de la ville, mais le trajet n'a rien de bien folichon. Le mieux est de prendre un taxi ou l'un des bus qui passent sur Egnatia. ■

La Chalcidique*

Outre la verdoyante **presqu'île de Sithonía**, on y découvrira l'un des lieux les plus étonnants d'Europe : le **mont Áthos**, véritable pilier de la tradition orthodoxe. Mais attention, l'endroit est sacré. Il faut prendre son bâton de pèlerin pour pénétrer dans ce haut-lieu très masculin de la spiritualité.

➤ *Carte rabat II de couverture.*

La Chalcidique intérieure

➤ *Itinéraire d'env. 90 km au S-E de Thessalonique jusqu'à Paleohóri.* ***Fêtes*** *p. 275.*

En sortant de Thessalonique dans la direction de l'aéroport, la route de Polygíros, capitale de la Chalcidique (Halkidikí), traverse de superbes paysages aux alentours des villages ♥ d'**Arnéa**, à voir pour son église et ses maisons à balcons en bois vernis, puis de **Paleohóri** *(à 90 km au S-E de Thessalonique).* À la hauteur de cette localité, le choix est cruel : découvrir la presqu'île de Sithonía en bifurquant vers le sud, ou continuer vers l'ouest vers le mont Áthos.

♥ La presqu'île de Sithonía*

➤ *Circuit d'env. 250 km A/R au S de Paleohóri.* ***Informations pratiques*** *p. 274.*

À l'entrée de Paleohóri, la petite route traverse des terres ingrates et atteint la mer à Pirgadíkia *(à 24 km au S de Paleohóri).* Elle longe ensuite le golfe et pénètre dans la presqu'île de Sithonía au village d'Órmos Panagía.

Sithonía est la presqu'île centrale de la Chalcidique, entre Kassándra à l'ouest et le mont Áthos à l'est. Ses plages, ses forêts de pins, sa nature verdoyante et son relief tourmenté attirent un nombre croissant de visiteurs. Le tour, dans le sens des aiguilles d'une montre, permet d'abord de belles échappées sur la mer (petites **criques** tentantes en contrebas et magnifique plage à **Sárti**) et sur le mont Áthos. La route atteint ensuite l'extrémité sud, avec de fabuleux panoramas sur l'Égée et son découpage de fjords ; une belle promenade mène jusqu'au cap Drépano. La côte ouest, plus plate, est moins intéressante. Elle a aussi plus souffert de l'essor touristique. On peut se baigner dans la **baie de Toróni**, ou éventuellement à **Porto Carrás**, une station balnéaire bâtie par John Carras sur le modèle de Marbella en Andalousie. Le milliardaire a mieux réussi dans la viticulture que dans l'urbanisme : les vignobles alentour produisent l'un des meilleurs crus de Chalcidique.

Le mont Áthos***

➤ *À 52 km au S-E de Paleohóri.* ***Formalités d'accès*** *p. 271.* ***Informations pratiques Ouranopolis*** *p. 273.*

Au-delà de Paleohóri, la route passe dans les jolis villages de **Stágira** et de **Stratoníki**, qui possèdent encore bon nombre de maisons traditionnelles à balcons en bois. Peu avant **Stratóni** *(à 22 km à l'E de Paleohóri)*, une route à droite mène au sud vers Hiérissos et le mont Áthos. Elle rejoint **Ourano-**

LE MONT ÁTHOS

polis (Ouranópoli; à *52 km au S-E de Paleohóri*), petite ville touristique et point de départ des croisières autour du mont Áthos.

Le mont Áthos (Ágio Óros) occupe la presqu'île la plus orientale de la Chalcidique. On l'appelle aussi la **Montagne sacrée**, car ce territoire de 50 km de long sur moins de 10 km de large (2033 m d'altitude) est voué exclusivement à la Vierge; mais sans concession : aucune femme ne peut y pénétrer, aucun «visage lisse» (moins de 18 ans), ni la moindre vache, poule, brebis, ou autre animal femelle…

UN ÉTAT THÉOCRATIQUE

Depuis le Moyen Âge, les moines qui vivent dans ces monastères perdus n'ont d'autre souci que de garantir la tradition religieuse orthodoxe, en se moquant du temps qui passe *(voir p. 252)*. Jouissant d'une intégrité territoriale que même l'occupant turc respecta, la république autocratique du mont Áthos veille jalousement, à l'heure de l'Europe et de l'ouverture des frontières, sur son statut à part. Elle livre parcimonieusement ses trésors à l'occasion d'expositions et filtre très soigneusement son accès.

La croisière autour du mont Áthos**

➤ *Env. 3 h 30; départ du port d'Ouranopolis (à 52 km au S-E de Paleohóri), t.l.j. vers 10 h 30 ou 11 h; les horaires varient très souvent.* ☎ *0377.071.149.*

La croisière autour du mont Áthos est l'unique moyen, en l'absence

➤ *Suite du texte p. 254.*

Le mont Áthos

Les femmes y voient le symbole du machisme grec. Bruxelles s'étonne de ce petit bout du monde orthodoxe, qui ne répond pas aux directives européennes. D'autres enfin le regardent avec les yeux de Chimène, comme un coin de paradis…

L'histoire de la Montagne sacrée

Féerie d'or et de couleurs.
L'intérieur des monastères de l'Áthos fleure bon l'encens.

Selon la légende, le mont Áthos aurait été créé par le géant thrace éponyme, qui jeta une montagne à la face de Poséidon lors du combat de Zeus contre les Titans *(encadré p. 266)*.

Les premiers **ermites** s'installent vers le VIIe s. La presqu'île est alors totalement déserte, donc propice au rapprochement avec Dieu. Aux VIIIe et IXe s., les conquêtes arabes et la crise iconoclaste transforment le mont Áthos en refuge : les moines originaires de l'ensemble du monde chrétien, notamment proche-oriental, affluent dans ce coin perdu de la Chalcidique. L'expansion significative débute en 963, quand **Athanase**, protégé de l'empereur byzantin Nicéphore Phocas (963-969), fonde le monastère de la Grande Lavra. Le prestige du saint attire de nombreux moines qui abandonnent leur vie d'ermite pour intégrer son couvent. De nouveaux monastères s'établissent un peu partout : on en dénombre 180 au XIe s. ! À cette date, l'empereur Constantin Monomaque (1042-1055) promulgue une chrysobulle pour les protéger d'éventuelles tentations extérieures. Toujours en vigueur, elle interdit l'entrée du mont à « tout visage lisse ».

La **domination latine** (1204-1261), avec son lot de persécutions et de conversions forcées, marque un temps d'arrêt. Le mont Áthos retrouve sa prospérité à partir du XIVe s., sans être particulièrement brimé par les premiers Ottomans qui entretiennent des relations de bon voisinage avec les moines. Au fil du temps, ces derniers se concilient les bonnes grâces des princes danubiens et des tsars russes. Ils bénéficient de leurs subsides, tout en propageant à l'extérieur cette tradition hellène dont ils sont les meilleurs garants. En bonne logique, les moines-combattants de l'Áthos figurent en première ligne pendant la lutte pour l'indépendance.

Une enclave orthodoxe

Le mont Áthos jouit depuis 1926 d'une certaine **autonomie**, notamment législative. Un **gouverneur** et quelques fonctionnaires de police représentent l'État grec à Karyès, la capitale administrative. Une vingtaine de monastères sont en activité. Ils regroupent environ **1 500 moines** venus d'un peu partout dans le monde.

Le monastère de Vatopaidi est une vraie cité entourée de murailles crénelées. Il occupe un très beau site surplombant une baie de la côte est.

Voués à la prière et à l'étude, les monastères de l'Áthos cachent des bibliothèques inestimables, longtemps demeurées à l'abri des regards indiscrets.

Des monastères aux allures de village

Malgré des constructions s'étalant du Xe au XIXe s., les monastères présentent globalement la même structure dictée par les besoins communautaires. L'accès s'effectue par un **petit port** où se trouve le logement du moine-surveillant. Un chemin conduit ensuite au monastère proprement dit, fermé par une **enceinte** que protège une tour crénelée. Derrière le rempart s'élèvent le réfectoire et le catholicon, généralement de couleur rouge sombre (le « rouge » byzantin). Ces deux édifices – les plus importants aux yeux de la communauté – sont décorés de **fresques**.

À proximité de cet ensemble se dressent un clocher, des fontaines, des petites chapelles et la *phiale*, sorte de baldaquin utilisé lors de la bénédiction des eaux (le 1er jour du mois et à l'Épiphanie). À la périphérie, des bâtiments de plusieurs étages abritent les parties administratives, les logements des moines et les salles réservées à l'hébergement des pèlerins.

Une micro-société

Les monastères du mont Áthos sont soit **cénobitiques**, soit **idiorythmiques**. Les premiers sont les plus stricts : tout est mis en commun et le jeûne est pratiqué toute l'année. La règle des seconds est beaucoup plus souple : les moines ne partagent que les lieux de culte et le réfectoire ; ils vivent de leur travail et habitent parfois de spacieux appartements. Au « bas de l'échelle », les **anachorètes** passent leur vie isolés dans les montagnes, ou en petits groupes dans de simples maisons. Enfin, les **gyrovagues**, ermites également, vivent de mendicité. Ils vagabondent de monastère en monastère dans un dénuement total.

Le monastère de Simonos Pétra, au sud de la presqu'île du mont Áthos, occupe un site vertigineux, sur un rocher surplombant la mer.

d'autorisation pour les hommes et *a fortiori* pour les femmes, d'avoir une idée de cet endroit exceptionnel. Compte tenu de la durée de la croisière et des horaires de départ, il est nécessaire de passer la nuit à Ouranopolis *(p. 273)*.

Au cours de la traversée, on voit quelques-uns des vingt monastères qui s'élèvent tantôt au bord de l'eau, tantôt dans des hauteurs apparemment inaccessibles. Même si le bateau reste à bonne distance du rivage, on discerne bien, sur la côte ouest, au nord de Daphni, le monastère de **Pantéléïmon***, avec ses coupoles à bulbes multicolores, et celui de **Simonos Pétra***, spectaculaire sur son rocher, au sud de Daphni. Sur la côte est, la **Grande Lavra**** est le plus ancien monastère de l'Áthos (963). L'ensemble, avec ses dépendances et sa muraille, a l'allure d'une véritable ville. Enfin, **Vatopaidi** (Vatopédi ou Vatopediou), plus au nord, deuxième monastère de l'Áthos en importance, vaut le coup d'œil pour son site enchanteur. ■

La Macédoine orientale*

Au-delà de **Stratóni**, au bout de la route qui suit les rivages de la mer Égée, les parfums d'Orient se font plus lancinants jusqu'à l'arrivée à **Kavála** l'Ottomane. À côté, le site de **Philippes** ramène quelques instants aux origines du christianisme.

Le golfe Strimonikós

➤ *Itinéraire d'env. 130 km de Stratóni à Kavála.*

Revenu à Stratóni, on rejoint l'axe principal Thessalonique-Kavála *(E90, à 36 km de Stratóni à dr.)*, ancienne via Egnatia romaine qui reliait Thessalonique à Constantinople. La route côtière passe près du **site d'Amphipolis**, ou Amfípoli *(à 62 km au N de Stratóni; indications)*, ville prospère sous Alexandre le Grand.

La cité antique, sur les hauteurs, présente quelques vestiges de remparts et de plusieurs basiliques paléochrétiennes.

Plus loin vers Kavála, on rencontre les belles plages de **Loutrá Eleftherón** *(à 27 km d'Amphipolis)* et de **Néa Péramos** *(à 26 km de Loutrá Eleftherón)*.

♥ Kavála*

➤ *À 130 km au N-E de Stratóni, 175 km au N-E de Thessalonique par la rte directe.* ***Informations pratiques*** *p. 272.*

➤ ***Plan*** *p. 256.*

Dans l'Antiquité, cette cité s'appelait **Néapolis** et servait de port à Philippes *(p. 256)*. Elle étonne par sa beauté et par son climat oriental. Il faut flâner sur les quais du port de pêche, puis parcourir les petites ruelles de la ville haute couronnée par une **citadelle**. Le soir, dans une ambiance bon enfant, on déguste les poissons de l'Égée fraîchement débarqués par des bateaux multicolores.

La ville accueillit un hôte éminent en la personne de **saint Paul**. Prise par les Ottomans dès 1380, elle vit naître Mehmet Ali (1769-1849), futur pacha d'Égypte. Son nom, qui dérive de « cheval », évoquerait son rôle de relais de chevaux de poste sur la route d'Istanbul.

➤ **L'AQUEDUC DE KAMÁRES* B1**. Construit au XVIe s. sous Soliman le Magnifique, c'est le principal monument de Kavála.

➤ ♥ **LA VIEILLE VILLE B1-2**. Cette promenade est un enchantement. En grimpant la rue qui se dirige vers la citadelle, on passe près de l'*imaret*, à droite, un ancien hospice musulman abritant un café-restaurant. La vue y est splendide.

➤ **LA MAISON NATALE DE MEHMET ALI* B2**. ☎ *051.022.27.06. Actuellement en restauration.* C'est l'une des très rares constructions civiles ottomanes ayant survécu en Grèce. On découvre une vue d'anthologie du site de Kavála en allant jusqu'au bout de la rue *(parking)* et en descendant quelques marches.

➤ **LE KASTRO B1**. *Ouv. t.l.j. de 10h à 19h en été. Entrée libre.* En revenant vers l'*imaret*, des escaliers à droite montent vers l'autre partie de la vieille ville (mosquée, maisons anciennes) et vers la citadelle. De la, on peut retourner à l'aqueduc de Kamáres en se perdant dans le lacis de ruelles.

La cité de Kavála, solidement plantée sur un éperon rocheux et tendue vers la mer

KAVÁLA

➤ **Le Musée archéologique A1**. *Dans le quartier moderne, à l'O de la ville ☎ 051.022.23.35. Ouv. t.l.j. sf lun. de 8 h 30 à 15 h. Payant.* Il renferme des bijoux, des stèles et des vases trouvés dans les sites d'Amphipolis et de Philippes.

Philippes**

➤ *À 15 km au N-O de Kavála (rte de Thessalonique, puis à dr. vers Dráma). **Festival** p. 272.*

Philippes porte le nom de **Philippe II de Macédoine**, père d'Alexandre (p. 53). Elle fut le théâtre de la **bataille** qui opposa Brutus à Octave et Antoine après l'assassinat de Jules César en 42 av. J.-C. Mais le nom de Philippes est avant tout lié aux **débuts du christianisme** : Paul, débarqué à Néapolis (Kavála), prêcha dans cette importante colonie romaine son épître aux Philippiens en 49. Il y fut emprisonné comme agitateur. Philippes oublia vite cette répulsion instinctive : sous Constantin, au IVe s., elle était déjà devenue un grand centre religieux.

La ville antique de Philippes (Fílipi), aujourd'hui coupée en deux par la route Kavála-Dráma, est l'un des sites antiques les plus importants de Macédoine. Les ruines imposantes de son **théâtre**, de son **grand forum** et de ses **basiliques** paléochrétiennes révèlent le rang éminent qu'occupa cette cité de l'âge hellénistique aux temps byzantins.

Saint Paul, « globe-trotter » de l'Antiquité

Mosaïques d'Hosios Loukas (XIe s.). Au départ juif rigoriste et ardent adversaire du christianisme, Saül se convertit et prit le nom de Paul après le célèbre épisode du chemin de Damas. Il évangélisa surtout les païens, d'où son surnom d'« apôtre des Gentils ».

Né à Tarse dans une famille aisée, Paul entreprit trois grands **voyages missionnaires** après sa **conversion à Damas** (v. 32). Si le premier, d'une durée de treize à quatorze ans, ne dépassa pas l'**Asie Mineure**, les deux suivants, d'environ six ans, le conduisirent en **Grèce**. **Philippes**, proche de sa base de départ, l'Asie Mineure, fut la première cité européenne à recevoir son message, fort mal, semble-t-il, puisqu'il y fut fait prisonnier. Puis, **Thessalonique** fut choisie en raison de son importante communauté judaïque, qu'il fuit précipitamment devant l'hostilité des habitants. À chaque fois, Paul appliqua la même stratégie : il prenait la parole dans la synagogue, puis haranguait les Gentils (les païens) sur les places et les lieux publics. Son **discours à l'Aréopage d'Athènes** est demeuré célèbre (Actes 17, 22-31). Contre toute attente, ce fut **Corinthe** qui lui réserva le meilleur accueil. La ville avait bien mauvaise réputation, mais les Corinthiens, culturellement proches de l'Orient, s'avérèrent plus réceptifs au christianisme que les Macédoniens et les Athéniens, stoïciens ou épicuriens convaincus.

Le site archéologique**

➤ ☎ *051.051.62.51. Ouv. t.l.j. de 8 h à 19 h (17 h en hiver). Payant.*

Le site se visite en deux temps : le théâtre et la basilique A (près du grand parking), puis le forum et la basilique B (basilique aux Piliers), de l'autre côté de la route.

➤ **LE THÉÂTRE ET LA BASILIQUE A.** Un sentier conduit au vaste **théâtre*** du IVe s. av. J.-C., réaménagé à l'époque romaine. Au sommet, le rempart date de l'époque byzantine. Un chemin à gauche conduit à la basilique A (Ve s. apr. J.-C.), qui s'élevait sur une terrasse et dominait le forum. La crypte romaine, en contrebas, passe pour avoir été la geôle de saint Paul.

➤ **Le forum et la basilique aux Piliers.** En longeant la route, on découvre tout d'abord les vestiges du quartier épiscopal, en général fermé au public, qui était relié à la via Egnatia par une voie à portiques. L'entrée du forum (escalier) est légèrement au-delà. Le **forum*** (IIe s. av. J.-C.) est d'une superficie étonnante (5 000 m^2). Au sud s'étendait le marché; le sol en dallage conserve quelques jeux gravés, dont une marelle. La **basilique aux Piliers*** (VIe s. apr. J.-C.) était aussi de taille gigantesque. Elle ne put d'ailleurs jamais être achevée. Devant elle se tenaient la palestre et, au sud, des **latrines*** bien conservées. Un **musée**, pas vraiment inoubliable, présente des objets trouvés lors des fouilles *(suivre la rte de Dráma sur 300 m et prendre un chemin à dr.)*.

De Philippes à Thessalonique

➤ *Itinéraire d'env. 180 km vers l'O* via *Serrès.*

En quittant Philippes, prendre la direction de Dráma, située à deux pas de la Bulgarie, dans une plaine où l'on cultive le tabac. L'hiver, on peut skier sur les pentes du mont Falakro, qui domine la ville.

Serrès

➤ *À 92 km au N-O de Philippes.* ***Fêtes*** *p. 274.*

Après Dráma, on peut rejoindre **Serrès**, important chef-lieu administratif où les touristes ne s'arrêtent guère. C'est dommage parce que la ville est agréable avec son grand parc. Elle est en outre non dénuée de curiosités : un vieux **château** en ruines (XIVe s.), une métropole (XIIe s.) et un **Musée archéologique** *(ouv. t.l.j. sf lun. de 8h30 à 15h ☎ 0321.022.257. Entrée libre.)* installé dans un ancien marché couvert ottoman où l'on peut voir une intéressante **mosaïque byzantine***. ■

Les Balkans grecs**

La Macédoine occidentale risque de dérouter les familiers de la Grèce. La mer n'est plus là, d'où la désaffection des touristes à l'égard de cette région de montagnes, de forêts et de grands lacs. Le climat, franchement continental, accentue le dépaysement. La pluie n'est pas rare et il neige quelquefois dès la fin de l'automne. Et le brouillard est souvent de la partie : il vient auréoler de mystère les lacs et les villages frontaliers de l'Albanie ou de l'ex-Yougoslavie.

➤ *Carte rabat arrière.*

Sur la route de Kastoriá

➤ *Itinéraire d'env. 230 km à l'O de Thessalonique.*

C'est certainement l'endroit de Grèce où les touristes étrangers sont les moins nombreux. Il est vrai que les sites archéolgiques y sont rares… Le charme réside plutôt ici dans les paysages naturels austères et dans les villes au parfum balkanique de plus en plus intense en allant vers Kastoriá.

Pella*

➤ *À 38 km à l'O de Thessalonique par la rte d'Édessa.* ***Cars*** *depuis Thessalonique. Site et musée ☎ 0382.031.160. Ouv. t.l.j. sf lun. de 8h à 15h (en été jusqu'à 19h et le lun. à partir de 12h). Payants.*

Quelques colonnes, des mosaïques et un plan au sol de type hippodaméen (rues se coupant à angle droit) bien visible, tels sont les vestiges de l'**ancienne capitale de Macédoine** qui supplanta Vergína *(p. 264)* à partir du Ve s. av. J.-C. et qu'Alexandre le Grand embellit.

> **Programme**
>
> En dehors des sites antiques de la plaine, cette promenade s'adresse en priorité aux amateurs de beautés naturelles et de solitude.
>
> L'itinéraire proposé, au départ de Thessalonique, peut s'effectuer en **trois ou quatre jours**, avec des étapes à **Édessa**, **Kastoriá** et **Véria**. La visite des seuls sites archéologiques de **Pella**, de **Vergína**, les anciennes capitales du royaume macédonien, et de **Lefkádia**, tous peu éloignés de Thessalonique, peut se faire sans problème dans la journée. ❖

L'entrée aboutit directement à l'ancienne ville, réduite à quelques rues bordant une vaste **agora**. Les colonnes ioniques relevées appartenaient au portique d'un bâtiment inconnu du IIIe s. av. J.-C. À gauche, protégées par des auvents métalliques, sont présentées trois mosaïques à décor figuré (v. 300 av. J.-C.). L'une d'elles montre une **chasse au cerf***, au mouvement remarquablement rendu. Elle décorait sans doute une résidence de l'aristocratie. L'artiste (Gnôsis) a signé l'œuvre au niveau supérieur.

Le **musée*** est situé de l'autre côté de la route. Son intérêt réside principalement dans la collection de **mosaïques****, comprenant une **Chasse au lion**** et un **Dionysos chevauchant une panthère****, toutes deux de la fin du IVe s. av. J.-C.

Édessa

➤ *À 50 km à l'O de Pella.* ***Informations pratiques*** *p. 271.*

La ville, juchée sur une colline, veille sur la plaine de Macédoine. Son calme est seulement rompu par le bruit des torrents qui courent le long des rues avant de former cette chute d'eau dont elle est si fière. Hormis les très touristiques cascades, hautes de 25 m, la visite se résume à peu de chose. Néanmoins, les rues de la **vieille ville**, à l'ouest des cascades, recèlent plusieurs maisons à encorbellement typiquement balkaniques.

La route longe les frontières de la République de Macédoine puis de l'Albanie, zones sensibles et pour cette raison fortement militarisées.

Flórina

➤ *À 75 km à l'O d'Édessa.*

En chemin, une halte pour les cinéphiles, surtout s'ils ont *Le Regard d'Ulysse*... dont les premières images on été tournées ici. Mais n'est pas Théo Angelopoulos qui veut et le visage de ce carrefour routier entre la Grèce et son frère ennemi, la République de Macédoine – que l'on appelle encore ici la « République de Skopje » *(encadré p. 70)* –, n'a rien d'exaltant. Une pause... dans une station-service peut s'avérer utile pour effectuer le trajet jusqu'à Kastoriá *(67 km)*. Au-delà de Flórina, la route monte à flanc de montagne jusqu'à un col (1 420 m) dans un environnement sauvage.

Les lacs Mikrí et Megáli Préspa**

➤ *52 km A/R à l'O de Flórina, direction de Psarádes.*

De retour dans une vallée, après 32 km de route très sinueuse, un petit crochet vers ces lacs s'impose. Séparés par une étroite bande de terre, ces deux lacs délimitent les frontières de la Grèce au sud-est, de l'Albanie à l'ouest et de la République de Macédoine au nord. Hormis de rares habitants, des militaires et quelques touristes grecs, on ne rencontre que des oiseaux migrateurs et des troupeaux de bœufs, placides au bord de l'eau. Faites une pause-café au village du bout du monde de ♥ **Psarádes**, face au grand lac Préspa : mais oui, on est toujours en Grèce !

Kastoriá, la cité des fourreurs

Kastoriá (son nom dérive de « castor ») devint probablement la ville de la fourrure à l'époque byzantine. Cette spécialisation serait le fait de natifs de la ville qui, **émigrés en Russie**, envoyaient des chutes inutilisables à leurs familles restées au pays. Ainsi serait né cet art de l'assemblage qui fait encore la gloire des artisans de Kastoriá. Après confection, les pelisses et autres manteaux étaient acheminés et vendus à Constantinople ou dans les grandes villes d'Europe centrale.

Devenus riches comme Crésus, les fourreurs de Kastoriá édifièrent de somptueuses maisons entre le XVIIe et le XIXe s. Beaucoup d'entre elles ont disparu, victimes des incendies ou des bombardement de la Seconde Guerre mondiale, mais de beaux exemples subsistent au bord du lac. ❖

KASTORIÁ

Vers Kastoriá

De retour sur la route de Kastoriá, on croise des villages aux maisons en pierres crues, à moitié ou totalement désertés par leurs habitants valaques. La circulation est quasi inexistante en dehors de quelques vieilles Mercedes albanaises surchargées…

Kastoriá*

➤ *À 67 km au S de Flórina. **Informations pratiques** p. 271.*

Venant de Flórina, après tant de paysages désolés, l'inoubliable **descente**** vers Kastoriá procure le soulagement d'un retour à la civilisation. La ville, bâtie à la base d'une presqu'île rocheuse, se reflète dans les eaux dormantes d'un lac. Elle occupe un **site**** incomparable, typique des Balkans. Kastoriá n'est pas seulement une façade, c'est aussi une cité animée, accueillante, riche à foison d'**églises byzantines.** Elle a su conserver aussi quelques-unes des plus belles maisons de cette région.

La ville haute

Sens uniques, ruelles souvent encombrées, la circulation à Kastoriá est un véritable enfer. Mieux vaut laisser sa voiture au bord du lac ou à l'entrée de la ville, place Davaki **A1**.

➤ **VERS LES CHAPELLES.** En montant la très commerçante rue Mitropoléos, on rencontre d'abord, à gauche, la chapelle des Taxiarques (XIe-XIIIe s.) puis la **Panaghia Koubelídiki B2** (IXe s.), avec son clocher en forme de tambour. Les

Kastoriá possède un parfum typiquement balkanique. Ses maisons en bois se mirent dans les eaux sombres du lac parfois appelé Orestiás, du nom d'Oreste, qui passe pour avoir régné sur la région après avoir recouvré la raison.

peintures qui décorent l'extérieur de cet édifice ne sont qu'un avant-goût des admirables **fresques*** (XIIIe au XVIIe s.) de l'intérieur. La rue Mitropoléos débouche place Omónia **B2**, bordée de trois chapelles byzantines. La plus belle, **Haghios Nicolaos B2** (XIIe s.), est celle de droite. Sa nef abrite des fresques datant de sa construction.

➤ **De la place Omónia B2**. On peut partir à la découverte des innombrables chapelles et églises (une cinquantaine... mais la plupart sont en général fermées !) édifiées par les riches familles et les congrégations religieuses de Kastoriá. Deux d'entre elles méritent une mention particulière : **Haghios Stéphanos* B1** (IXe-Xe s.), pour ses admirables **fresques** du XIIe s. ; et l'église d'**Anárgiri Varlaám* B1** (Xe s.), l'une des plus grandes de la ville (fresques des XIe-XIIe s.).

➤ **Le Musée byzantin B1**. ☎ *0467.026.781. Ouv. t.l.j. sf lun. de 8h30 à 15 h. Entrée libre.* La visite peut s'achever devant l'hôtel Xenia, en face duquel est installé ce petit musée. Parmi la collection d'**icônes** (XIIe-XVIIIe s.) figure une émouvante **Vierge Eléoussa** (XIVe s.). En principe, les visiteurs trouveront aussi au musée un gardien qui les accompagnera s'ils souhaitent visiter l'une des églises de la ville.

♥ Le tour du lac*

➤ *Possible en voiture ; prévoir env. 5 km pour le tour complet de l'isthme.*

Cette promenade au bord du lac donne une idée du visage que pouvait avoir Kastoriá avant la destruction d'un grand nombre de ses vieilles maisons. Si beaucoup de celles qui subsistent tombent en ruine, d'autres ont été heureusement sauvées. Les plus belles, du XVIIIe s., bordent la rue Vizandiou à gauche d'Orestiados **B2** : **maisons Nantzis, Emmanouil** et **Bassara**, cette dernière abritant une collection de costumes traditionnels *(ouv. t.l.j. de 10h à 12 h. Payant).* La maison ♥ **Nérándzis*** (XVIIe s.) abrite un musée d'Art populaire

(☎ 0467.028.603. Ouv. t.l.j. de 10 h à 12 h et de 17 h à 19 h, dim. de 11 h à 13 h et de 17 h à 19 h. Téléphoner en hiver. Payant). Elle restitue le mode de vie d'une riche famille de Kastoriá d'il y a deux siècles.

La route s'en va ensuite vers la colline qui couronne la presqu'île, avant d'arriver à la solitaire **Panaghia Mavriótissa*** **hors pl. par B2**, entièrement peinte de fresques des XIIe-XIIIe s. Puis elle contourne l'isthme et revient à Kastoriá par la rive nord du lac. Deux grandes maisons de fourreurs sont à voir ici : **Tsiatsiavás**, à l'entrée, et ♥ **Sapountzi B1**, sur Christopoulou, un peu plus loin.

La vallée de l'Aliakmon

➤ *Itinéraire d'env. 150 km à l'E de Kastoriá.*

Après avoir quitté les rives du lac Kastoriá, la route d'Ioannina serpente dans la vallée de l'Aliakmon et atteint **Néapolis** *(à 32 km au S de Kastoriá)*, où l'on prend à gauche en direction de Thessalonique.

♥ Siátista

➤ *À 22 km à l'E de Néapolis.*

Siátista mérite une visite. Dans la rue située en contrebas de la rue principale (nombreuses boutiques de fourrures) s'élèvent plusieurs **maisons macédoniennes*** du XVIIIe s. Certaines présentent des vitres peintes. La suite du trajet, de retour dans la grande plaine de Macédoine, n'offre guère d'intérêt jusqu'à l'arrivée à Véria.

Véria*

➤ *À 95 km au N-E de Siátista ; 68 km à l'O de Thessalonique.* ***Informations pratiques** p. 279.*

La ville n'est pas inoubliable, mais, au hasard des ruelles, on peut voir de vieilles maisons et une trentaine de petites **églises byzantines** dissimulées. Dans les proches environs de Véria ont été mis au jour les vestiges de l'antique Vergína, capitale de la Macédoine avant Pella, ainsi que plusieurs tombes macédoniennes à Lefkádia.

Lefkádia*

➤ *À 18 km au N de Véria par la rte d'Édessa (indication « Mieza-Archeological Site »). Après env. 600 m, maison du gardien ☎ 0332. 041.121. Ouv. t.l.j. sf lun. de 8 h 30 à 15 h. Voir aussi* ℹ *à Thessalonique p. 274.*

C'est ici, au milieu des arbres fruitiers, qu'ont été découvertes quatre tombes macédoniennes peintes du IIIe s. av. J.-C. Deux d'entre elles sont magnifiques, mais elles font l'objet d'une ouverture très aléatoire et d'une restauration interminable en raison de l'humidité qui les frappe.

➤ **La grande tombe****, dite « tombe du Jugement »**. *Près de la maison du gardien.* La façade superpose les ordres dorique et ionique. Elle est décorée de **peintures** (IIIe s. av. J.-C.) figurant **Hermès** en conducteur des âmes, Éaque et Rhadamanthe, ainsi que les juges des Enfers.

➤ **La tombe d'Endymion****. *À 200 m.* Le gardien fait ensuite visiter cette tombe du IIIe s. av. J.-C., accessible par un imposant dromos (voie d'accès) aux pierres parfaitement appareillées. La **façade ionique**** ressemble à une reconstitution tant les couleurs, qui ornent les chapiteaux et les motifs décoratifs de l'antichambre, ont gardé leur éclat primitif. Sur le fronton, une peinture montre un personnage se tenant le menton, dans l'attitude du penseur.

➤ **Les deux autres tombes.** Elles sont malheureusement inaccessibles. La première, dite tombe de **Kinch** (v. 250 av. J.-C.), se trouve sur le bord droit de la route Édessa-Véria, 100 m après l'embranchement précédent. Un chemin de terre à gauche conduit à la tombe de **Kalliklès** *(indications)*, mais un grillage en interdit l'entrée.

Vergína**

➤ *À 13 km au S-E de Véria.*

Mais oui, ce site disséminé dans l'actuel village agricole serait celui de l'antique **Aigai**, la première capitale macédonienne. Les **tombes** dégagées – dont celle de **Philippe II de Macédoine** *(p. 265)* – bénéficient d'une présentation high-tech qui met en valeur leurs étonnantes peintures extérieures; celles de l'intérieur, bien plus belles, sont trop fragiles pour être montrées.

Le site

➤ *☎ 0331.092.347. Ouv. t.l.j. sf lun. de 8h30 à 15h (en été de 8h à 19h et le lun. de 12h à 19h). Payant.*

➤ **Les tombes royales de Vergína****. Les trouvailles faites dans les tombes et dans le grand tumulus, après avoir longtemps été présentées au Musée archéologique de Thessalonique *(p. 246)*, ont désormais réintégré Vergína. Ces trésors sont présentés près des sépultures qui les abritaient, mis en relief par un éclairage subtil et par la semi-pénombre.

➤ **Les tombes****. Un couloir en plan incliné accède au tumulus sous lequel sont situés l'Hérôon *(p. 289)* et le groupe de quatre tombes. La visite commence par une salle où sont présentées des **stèles funéraires****. L'une des plus belles, juste à l'entrée, montre un père assis avec son fils (330-320 av. J-C.). Remarquez aussi la **stèle*** figurant un jeune homme avec son serviteur et son chien (350-300 av. J.-C.).

On découvre ensuite la **tombe I**, dont les magnifiques peintures intérieures sont trop fragiles pour être présentées au public, puis la **tombe IV**, très ruinée et pillée dès l'Antiquité. À coté se dresse l'**Herôon**, réduit à ses fondations. Revenir ensuite sur ses pas pour découvrir les principales curiosités: la **tombe III*** (tombe présumée d'Alexandre IV, fils d'Alexandre le Grand et de Roxane), le **trésor de Vergína*****

Une grande découverte

Vergína a beaucoup fait parler d'elle de la fin des années 1970 au début des années 1980. En 1977, à partir d'un tumulus qui n'intéressait plus personne, l'archéologue **Manolis Andronikos** découvrit plusieurs **tombes**, dont celle de Philippe II de Macédoine, qui renfermait les trésors anciennement exposés au Musée archéologique de Thessalonique. L'élan était donné. D'autres tombes livrèrent leurs secrets en 1978, 1981 et 1987. En 1982, près de l'acropole, on dégagea les vestiges du **théâtre**. D'autres sépultures sont en cours de fouilles dans les hauteurs, en allant vers l'acropole et le théâtre. ❖

Le monde de l'illusion

À ce jour, plus de **cinquante tombes macédoniennes** ont été découvertes dans la province. On sait peu de choses de ces édifices sans équivalent dans le monde grec : **sépultures** réservées à l'aristocratie, dotées d'une **antichambre** et d'une **chambre funéraire**, elles seraient apparues au IVe s. av. J.-C., pour se répandre pendant les deux siècles suivants. Elles renfermaient de fabuleux **trésors**. Celles qui n'ont pas été pillées, comme la grande tombe de Vergína, abritaient du mobilier, des poteries, des bijoux et des armes, c'est-à-dire l'univers familier du défunt, lequel reposait avec son épouse et parfois toute sa famille.

L'accès aux sépultures, enterrées sous un tumulus, s'effectuait par un **dromos** *(p. 289)* qui conduisait devant la façade, sorte de réplique en miniature de celle d'un temple ionique ou dorique. Les colonnes n'avaient qu'une fonction ornementale : elles étaient simplement engagées dans le mur. Les sculptures en stuc et les peintures en trompe-l'œil venaient renforcer l'effet théâtral de ces façades. À l'intérieur, les **fresques** décorant les chambres (sujets tirés du mythe de l'enlèvement de Perséphone, lié au monde des Enfers) participaient de cette même volonté de recréer le réel. Ils présentaient des jeux de perspective étonnants, très proches de ceux auxquels allaient se livrer les Romains à **Pompéi**, au Ier s. av. J.-C. ❖

et la **tombe de Philippe II****. Des objets fascinants ont été trouvés dans cette dernière sépulture et dans son antichambre : **divans funéraires d'apparat***** à la fabuleuse décoration d'or, d'ivoire et de verre restituée grâce au travail de bénédictin des archéologues ; plusieurs **larnax**** dont celui, en or massif (7,8 kg!) de Philippe II. Ce dernier est orné sur son couvercle de l'étoile à seize branches, emblème de la dynastie de Macédoine. Il est surmonté de la **couronne en or**** du père d'Alexandre le Grand, formée de deux branches de chêne d'une finesse incroyable. Remarquez aussi, dans une vitrine, les armes du monarque. Le circuit s'achève avec émotion devant la **tombe de Philippe II****, qui conserve encore quelques traces de peintures.

Vers Thessalonique

De retour à Véria, la route en direction de Thessalonique traverse de grands champs de coton avant de retrouver *(à 36 km à l'E de Véria)* l'axe rapide menant à Thessalonique *(à 32 km)*. En prenant à droite, il est possible de rallier la Thessalie *(p. 207)* ou de réaliser la promenade suivante. ■

Le mont Olympe**

L'autoroute Thessalonique-Athènes remplace la voie qu'empruntaient les grandes armées de l'Antiquité. Si la campagne jusqu'à Katerini n'est pas d'une beauté fulgurante, le site de Dion, dominé par la masse de l'Olympe, et l'arrivée en Thessalie par l'étroite vallée de Tempé agrémentent ce parcours obligé vers les Météores ou la lointaine Attique.

➤ *Carte rabat arrière.*

Dion**

➤ *À 85 km au S-O de Thessalonique ☎ 0351.053.206. Site ouv. t.l.j. de 8h à 20h (17h en hiver). Musée ouv. lun. de 12h30 à 19h, du mar. au dim. de 8h à 19h (téléphoner en hiver). Payant.*

Dion, ou Dío (de *Dios*, Zeus), à mi-chemin entre l'Olympe et les rivages de la mer Égée, fut l'un des centres religieux les plus importants du royaume de Macédoine. Son prestige grandit lorsque le souverain **Archélaos** (mort en 399 av. J.-C.), grand admirateur d'Euripide, y institua des jeux associant concours athlétiques et festivités théâtrales. Plus tard, en raison d'un attachement affectif, **Alexandre le Grand** embellit la ville qui devint très prospère sous la domination romaine. Aujourd'hui, Dion profite d'un aménagement très réussi, avec chemins dallés, canaux et petits ponts qui rendent la promenade particulièrement agréable.

La ville antique*

➤ *À g. après l'entrée.*

Enclose dans des murailles édifiées par Alexandre, elle est réduite à ses fondations. À gauche se dressent un petit **odéon** et les grands **thermes romains** (IIe s. apr. J.-C.) particulièrement bien conservés, notamment les infrastructures des salles pour

Un coup d'État chez les dieux

Zeus est le dernier rejeton de Cronos, qui régnait sur les Titans, êtres dotés d'une taille immense. Alors qu'il allait être dévoré par son ogre de père, il fut sauvé *in extremis* par sa mère **Rhéa**, qui substitua une pierre à l'enfant pendant que ses servantes, les Courètes, frappaient leurs boucliers de leurs lances pour couvrir les pleurs du nouveau-né.

Le jeune dieu passa son enfance en **Crète**. Devenu adulte, il fit vomir à **Cronos** la pierre que lui avait donnée Rhéa, mais aussi tous ses frères et sœurs aînés que son père avait dévorés. Mal lui en prit : Cronos, allié aux Titans, déclencha une terrible lutte avec ses fils que soutenait Prométhée, génie du Feu. Vainqueur, Zeus précipita son père dans le Tartare et régna sur l'**Olympe**. Il partagea l'univers (le ciel et la terre, la mer et le monde souterrain) avec ses frères et sœurs. Ses enfants reçurent aussi leur part de gâteau, tant ceux qu'il avait eus avec les filles de Titans (Artémis et Apollon, enfants de Léto ; Hermès, fils de Maïa) que sa progéniture née sans avoir recours à des femmes (Aphrodite, issue de l'écume de la mer ; Athéna, sortie tout armée du crâne de Zeus). ❖

Le mont Olympe était le séjour de Zeus et des dieux, qui y recevaient les exhalaisons des sacrifices des mortels. Réputé longtemps inaccessible, le sommet de Grèce fut vaincu par deux alpinistes au début du XXe s.

bains chauds (conduits, pilettes en brique). Un circuit ménagé dans les ruines emprunte l'ancienne voie romaine avec sa canalisation centrale. Il s'achève à la **villa de Dionysos**, ornée d'une grande **mosaïque**** montrant le dieu sur un char tiré par des panthères.

Les sanctuaires

➤ *À dr. de l'entrée.*

La promenade bien balisée conduit au **sanctuaire de Déméter** puis à celui d'**Isis**, avec les ruines de ses quatre temples (IIe-IIIe s. apr. J.-C.). Ça et là, des statues (copie de la statue d'Aphrodite, l'original étant au musée) se reflétant dans l'eau ajoutent une note de poésie. Le **sanctuaire de Jupiter**, assez loin en suivant la rivière, est réduit à un amoncellement d'éboulis. Au loin se profile la silhouette du grand théâtre hellénistique.

Le musée

➤ *Dans le village.*

Il présente d'élégantes statues trouvées lors des fouilles. La pièce la plus étonnante est cependant l'**orgue hydraulique**** découvert en 1992, sans doute le plus vieil instrument de ce type conservé au monde (IIe s. av. J.-C.).

Le mont Olympe**

➤ *Ville de Litochoron à 7 km au S de Dion.* ***Cars*** *et* ***trains*** *depuis Thessalonique pour Litochoron.* ***Informations pratiques Litochoron*** *p. 273.*

L'Olympe (Óros Olimbos) domine la mer Égée de sa masse sombre, perpétuellement empanachée de nuages (2917 m). Avec ses successions de crêtes, ses ravins, ses pentes tantôt désertiques, tantôt fertiles, ce massif inaccessible intimidait tant les Anciens qu'ils y placèrent la demeure des dieux, au sommet desquels trônait Zeus, le plus grand de tous *(encadré ci-contre)*.

Depuis **Haghios Diónissios** *(à 5 km à l'O de Litochoron)*, un **sentier** balisé part au-delà de ce monastère et suit des gorges. La

➤ *Suite du texte p. 270.*

Une montagne dans la mer

La Grèce séduit d'abord par ses plages ensoleillées et ses petites criques désertes. Mais il existe aussi une autre Hellade, secrète et balkanique, domaine d'immenses forêts et de grands lacs.

La mer omniprésente

Quel que soit l'endroit où l'on se trouve dans le pays, la mer est rarement à plus d'une centaine de kilomètres. La Grèce est baignée au sud par la **Méditerranée orientale** que prolonge la dépression de la **mer Adriatique** à l'ouest, *via* la **mer Ionienne** (côte de l'Épire). La **mer Égée**, à l'est, est une cuvette d'effondrement récente, peu profonde (moins de 2 000 m), au relief sous-marin accidenté. C'est au sud du Péloponnèse que le littoral est le plus découpé. En Laconie surtout, les côtes plongent directement vers des grands fonds (2 500 à 4 000 m en moyenne) qui atteignent près de 5 000 m au cap Matapan, au large du Magne.

Le mont Parnasse, séjour des Muses, possède des trésors : de riches gisements de bauxite.

Soleil et brouillard

La proximité de la mer tempère les ardeurs du soleil, si bien que la **chaleur** n'est jamais vraiment accablante, sauf bien sûr à Athènes, en raison du nuage de pollution qui coiffe la ville *(encadré p. 94)*. Les régions aux frontières de l'Albanie (Épire), de la République de Macédoine ou de la Bulgarie (Macédoine), qui présentent un **climat de type continental**, reçoivent par conséquent des précipitations. L'idée reçue d'une Grèce pays du soleil et

Autour de Pylos, en Messénie, la côte du Péloponnèse s'adoucit et ondule pour former une succession de baies. Dans l'une d'elles se joua un moment clef de l'histoire de la Grèce moderne, la bataille de Navarin (1827).

de l'éternel été ne peut donc s'appliquer qu'aux régions les plus méridionales, à la Grèce centrale et au Péloponnèse. Elle est incompatible avec les hivers glacés de la Macédoine ou les journées automnales, venteuses et embrumées de l'Épire montagneuse.

La montagne refuge

Grande oubliée des dépliants touristiques, la montagne couvre **80 % du territoire**. Comment imaginer le Péloponnèse sans le Taygète *(p. 161)*, Delphes sans le Parnasse *(p. 191)*, l'Épire sans le Pinde *(p. 226)* ou la Macédoine sans l'Olympe *(p. 267)* ? Les massifs, qui ne dépassent pas 3 000 m d'altitude, sont pourtant impressionnants avec leurs versants abrupts, tapissés de végétation ou striés de vallées. Certains semblent sortir directement de la mer. C'est le cas du plus célèbre d'entre eux, l'**Olympe**, dont le sommet, qui culmine à 2 917 m, se trouve à moins de 20 km de l'Égée.

La montagne grecque n'est ni un simple décor ni même un handicap. Certes responsable de la pauvreté des sols et des difficultés de communication, elle a permis aux particularismes régionaux de demeurer bien vivants. Les Grecs manifestent un attachement mêlé de respect à celle qui fut un rempart naturel et un lieu de refuge pendant la domination ottomane.

Des plaines rares

Comparées à ce relief tourmenté, les rares plaines paraissent immenses. Les plus vastes, celles de **Thessalonique** en Macédoine et de **Lárissa** en Thessalie, sont logiquement devenues des pôles d'attraction économique. Elles possèdent en outre un important potentiel agricole. Autrefois tournées vers la culture du blé, elles s'orientent désormais vers la monoculture intensive du coton et des agrumes. La Grèce, en rendant ainsi son agriculture plus rentable, répond aux directives européennes.

L'austère massif du Pinde, creusé de profondes vallées, isole l'Épire et rend les communications malaisées en hiver.

route asphaltée qui grimpe dans les hauteurs se transforme en piste après avoir dépassé un restaurant. Elle atteint les refuges du hameau de Priónia, base d'excursion vers les sommets (guide conseillé).

La vallée de Tempé*

➤ *À 36 km au S de Dion, 116 km au S de Thessalonique. La voie express Thessalonique-Athènes et la ligne de chemin de fer empruntent le défilé.*

La vallée de Tempé, empruntée de nos jours par des files interminables de camions, a de tout temps été la grande voie de communication entre le nord et le sud de la Grèce. Dans l'Antiquité, des processions de pèlerins faisaient, tous les huit ans, le chemin de Delphes pour y cueillir les lauriers du sanctuaire d'Apollon, en souvenir du dieu qui se purifia dans les eaux du Pénée après le meurtre du serpent Python *(p. 186)*. Par cette gorge étroite passèrent enfin toutes les armées d'envahisseurs du monde antique : Perses, Macédoniens, etc.

➤ **La forteresse franque de Platamónas*** ☎ *0352.044.470. Ouv. t.l.j. de 8h30 à 17h (19h en été). Entrée libre.* Impressionnante, elle marque l'entrée de la **vallée de Tempé** (Témbi), gorge étroite qui sépare la Macédoine de la Thessalie. L'endroit, avec ses grands arbres, ses parois abruptes et la rivière Pénée qui coule au fond d'un ravin, est l'une des grandes curiosités naturelles de la Grèce. On peut y faire halte avant de traverser la suffocante plaine de Thessalie.

➤ **Le défilé de Tempé.** La **source de Daphni** (ou d'Apollon) perpétue le souvenir de la fille de Pénée qui se métamorphosa en laurier (*dáfni* en grec) pour échapper aux avances d'Apollon. Au niveau d'Haghia Paraskeví, la route passe près d'un pont suspendu d'où la vue des gorges est assez saisissante, puis elle atteint la **source d'Aphrodite**. La localité de Témbi marque la sortie de la vallée qui s'élargit et s'ouvre subitement sur la plaine de **Lárissa**. Il est possible d'avoir une vue d'ensemble du site en empruntant la route qui monte à **Ambelákia** *(10 km A/R après le péage)*, petit village aux jolies maisons anciennes. La voie express se dirige ensuite vers Lárissa *(à env. 22 km)*, carrefour vers les deux grandes curiosités de Thessalie : les **Météores** *(p. 208)* et le **mont Pélion** *(p. 213)*. ■

Carte rabat arrière.

Áthos (mont)

Formalités d'accès

Pénétrer au mont Áthos est un privilège dont sont **exclus** les **femmes** et les **moins de 18 ans**. Pour le visiter, il faut s'y prendre plusieurs mois à l'avance, surtout quand le séjour coïncide avec une fête orthodoxe (Pâques en particulier).

Vous devez prendre contact **par téléphone** avec le Bureau des pèlerins du mont Áthos à Thessalonique (☎0310.86.16.11) afin de déterminer la date de la visite. Ensuite, et afin d'obtenir le permis de séjour *(diamonitirion)* valable 4 jours et grâce auquel on trouve gîte et couvert dans les monastères, vous devez envoyer une **lettre** accompagnée de la photocopie de votre passeport en indiquant votre religion et votre profession : **Grafio Proskiniton Agiou Orous (Bureau des pèlerins du mont Áthos)**, 14, Karamanli, 54638 Thessaloniki. La correspondance et les contacts téléphoniques se font de préférence en anglais.

Les visiteurs **non orthodoxes** sont admis au compte-gouttes (une dizaine par jour). Si le quota n'est pas atteint, un laissez-passer vous sera délivré par courrier. Muni de ce précieux document, vous devrez vous rendre à **Ouranopolis**, port d'embarquement vers l'Áthos, pour retirer votre sésame, le *diamonitirion*, au **Pilgrim's Bureau** *(près de la station-essence ☎ 0377.071.422)*. Cette démarche est à effectuer au moins 2 jours avant le départ.

Sachez que plusieurs monastères ne reçoivent les visiteurs que sur réservation. Leur liste et leur numéro de téléphone sont communiqués à Ouranopolis. En outre, il n'est pas permis de rester plus de deux nuits dans le même monastère.

Avant de partir

Avant d'embarquer, prévoir une bonne carte (Road Editions au 1/50 000e) et des provisions – la pitance servie par les moines est frugale – ainsi que de solides chaussures de marche (tous les déplacements s'effectuent à pied, parfois en caïque) et des vêtements décents (pas de short). La photographie avec flash ou avec pied est interdite, de même que les caméras et les caméscopes.

Édessa

ℹ près des chutes ☎0381.023.300 *(en saison seulement).*

Arrivée

➤ **EN CAR. Gare routière**, angle Pavlou Mela et Filippou ☎0381.023.511. Liaisons t.l.j. vers Thessalonique et Véria ; 3 liaisons pour Athènes.

➤ **EN TRAIN. Gare ferroviaire**, 18, Octovriou ☎0381.023.510. Départs t.l.j. pour Flórina, Véria, Thessalonique et Kozáni.

Hôtels

▲▲▲ **Xenia**, Fillipou et Giannitson ☎et fax 0381.021.898. *15 ch* et *3 suites* très calmes et très confortables. Hôtel récent dans le centre, face à un paysage immense. Le meilleur choix d'Édessa.

▲▲ **Katarrakte**, 18, Karanou ☎0381.022.300, fax 0381.027.237. **Cat. B.** *44 ch.* Hôtel récent et calme, situé dans la partie moderne de la ville, à deux pas des chutes. Accueil sympathique.

Restaurants

Ils sont peu nombreux. La plupart sont près des chutes. À la fin du printemps, il faut goûter les cerises, la grande production locale.

Kastoriá

Plan p. 261.

ℹ mairie **A1** ☎0467.026.777.

Arrivée

➤ **EN AVION. Aéroport**, à Árgos Orestikó *(à 7 km au S)* ☎0467.022.275. Liaisons hebdomadaires avec Athènes.

➤ **EN CAR. Gare routière**, 3, Septemvriou **A1** ☎0467.083.455. Liaisons t.l.j. avec Thessalonique, Véria, Édessa, Kozáni et Athènes.

Circuler

L'arrivée en **voiture** à Kastoriá ne pose pas de problème particulier. En revanche, y circuler met les nerfs à rude épreuve. Une seule solution : laisser son auto au bord du lac le temps de la visite (par exemple, sur Mégalou Alexandrou **A1**) en n'oubliant pas d'alimenter régulièrement le parcmètre.

Hôtels

▲▲ **Kastoriá**, 122, Nikis **B1** ☎ et fax 0467.029.453. **Cat. C.** *37 ch.* très calmes donnant sur le lac. Sur la rive N. Bel établissement entièrement rénové.

▲▲ **Tsamis**, route nationale **hors pl. par A1** ☎ 0467.085.334, fax 0467.085.777. **Cat. B.** *80 ch.* un peu datées et pas très gaies, mais d'un confort plus que correct et avec vue du lac. En saison, des excursions sont organisées. *À 4 km au S.*

▲ **Orestion**, 1, pl. Davaki **A1** ☎ 0467.022.258, fax 0467.022.257. **Cat. C.** *20 ch.* Petit hôtel central de bon confort (prix de la catégorie supérieure). Pratique pour visiter la ville, mais bruyant.

Restaurants

De belles terrasses s'étalent le long des berges du lac, sur Orestiados **B2** et Nikis **AB1** par exemple. Au bout de la presqu'île, on sert des poissons du lac dans le cadre enchanteur de la Panaghia Mavriótissa **hors pl. par B2**, bercé par le balancement des saules pleureurs et par le chant des grenouilles.

♦ **Omónia**, pl. Omónia **B2** ☎ 0467.023.964. Populaire et accueillant. On choisit ses plats en cuisine. L'été, agréable terrasse pour profiter de l'animation de la place. *Ouv. t.l.j. midi et soir.*

♦ **Ta Kymata** ♥, 7, Maidos **A1** ☎ 0467.028.887. Petite taverne au bord du lac fréquentée pas des Grecs. Excellent accueil et truite parfaitement cuisinée. *Ouv. t.l.j. midi et soir.*

> **Manifestations près de Kavála**
>
> ➤ **Juin**. Durant dix jours, les **Elefthéria** commémorent la libération de Kavála (1913) par les troupes grecques. Elles donnent lieu à diverses manifestations culturelles.
>
> ➤ **De juillet à septembre**. Le **festival de Philippes** permet d'assister à des représentations dans le théâtre antique *(p. 256)*. Programme et rens. ❶ à Kavála. ❖

■ Kavála

Plan p. 256.

❶ 10, Kiprou **A1** ☎ 0510.83.13.88 (mairie).

Arrivée

➤ **En avion. Aéroport** d'Hrissoúpoli *(à 40 km à l'E)* ☎ 0591.053.273. 2 vols t.l.j. pour Athènes.

➤ **En car. Gare routière**, angle Hysostomou Kavalas et Filikis Eterias **A1** ☎ 0510.22.35.93. Liaisons t.l.j. avec Thessalonique, Dráma, Athènes (3 par j.).

Hôtels

▲▲▲ **Egnatia** ♥, 139, rue 7 Merarchias **hors pl. par A1** ☎ 0510.24.48.91, fax 0510.24.53.96. **Cat. A.** *45 ch.* immenses et d'excellent confort, certaines avec vue superbe sur Kavála. Dans les hauteurs de la ville, sur l'ancienne via Egnatia (route de Philippes). Un peu excentré.

▲ **Nefeli**, 50, Stavrou **A1** ☎ 0510.22.74.41, fax 0510.22.74.40. **Cat. C.** *95 ch.* avec balcon sans charme particulier mais confortables. Un grand hôtel. En bas, l'animation des cafés « branchés » peut durer fort tard…

▲ **Oceanis**, 32, Stavrou **A1** ☎ 0510.22.19.81, fax 0510.22.52.70. **Cat. B.** *170 ch.* Mêmes caractéristiques que le Nefeli. La piscine sur le toit explique la légère différence de prix.

Camping

Alexandros, plage de Néa Karváli ☎ 0510.31.63.55. Mieux que le camping Irini qui précède. C'est le plus agréable, mais il faut être motorisé *(à 10 km à l'E). Ouv. tte l'année.*

Restaurants

Ils se trouvent **place Karaoli Dimitriou B2**, près du port, au bas de la vieille ville, et dans **Poulidou**, la rue qui monte vers la maison de Mehmet Ali **B2**.

♦♦ **Panos Zafeira**, 2, Karaoli Dimitriou **B2** ☎ 0510.22.79.78. La meilleure taverne à poissons de la place est celle qui gruge le moins... Choix impressionnant, bon petit vin maison, terrasse agréable et accueil sympathique. *Ouv. t.l.j.*

Plage

Dans la baie de la petite station de **Néa Péramos** *(à env. 20 km au S).*

Adresses utiles

➤ **Excursions vers les îles.** Kavála est reliée plusieurs fois par jour à **Thássos**, île située juste en face *(ttes les heures en été; durée: 1 h 15).* Liaisons hebdomadaires vers **Samothrace** (Samothráki) et **Lemnos** (Límnos). **Rens. Nikos Miliadis**, 36, Karaoli Dimitriou **B2** ☎ 0510.22.61.47. **Police maritime** ☎ 0510.83.56.71.

➤ **Location de voitures. Hertz**, 1, Stavrou **A1** ☎ 0510.83.83.10.

Litochoron (Litóhoro)

Hôtels

▲ **Aphroditi**, pl. Kentriki ☎ 0352.081.415, fax 0352.083.646. **Cat. C.** *25 ch.* spartiates. Mais l'établissement est mignonnet et situé sur la place principale du bourg.

▲ **Mirto**, rue principale ☎ 0352.081.398, fax 0352.082.298. **Cat. D.** *31 ch.* plus agréables qu'à l'Aphroditi pour un prix sensiblement équivalent. Le meilleur rapport qualité/prix de la ville.

Ouranopolis (Ouranópoli)

Hôtels

▲▲▲ **Eagles Palace** ☎ 0377.031.047, fax 0377.031.383. **Cat. A.** *150 ch.* Hôtel luxueux isolé dans la nature, nombreux équipements (tennis, piscine, discothèque). Sports nautiques variés. Env. 5 km avant Ouranopolis.

▲▲ **Xenia** ☎ 0377.071.202, fax 0377.071.362. **Cat. B.** *20 ch.* Petit établissement avec bungalows, piscine, plage et jardin en balcon sur la mer. *Ouv. d'avr. à oct.*

Restaurants

Ils sont très nombreux. Ceux qui sont proches de l'embarcadère, près de la tour de guet du XIVe s., possèdent les terrasses les plus agréables.

Adresses utiles

➤ **Croisières au mont Áthos.** Rens. et horaires des départs affichés à l'embarcadère. Il est possible d'acheter son billet à l'avance (☎ 0377.071.149).

Excursions à cheval dans l'Olympe

En septembre est organisée une balade à cheval « historique » dans l'Olympe. Armé d'un javelot et d'un bouclier, on traverse le massif au départ d'**Aigáni** *(à 30 km au S de Litochoron)* pour terminer cette fantastique chevauchée à **Vergína**, trois jours plus tard. Un orchestre antique fête l'arrivée dans l'ancienne capitale de la Macédoine. En outre, l'exploit vaut l'insigne honneur d'avoir le front ceint d'une couronne d'olivier... *Rens. Théo Antikas, Litochoron ☎ 0352.084.112, fax 0352.084.111.* ❖

Fêtes dans la région de Serrès

De Kavála ou de Philippes, vous traverserez sur le chemin du retour vers Thessalonique la **région de Serrès**, dont les fêtes traditionnelles comptent parmi les plus originales du pays. Deux dates à retenir :

➤ **8 JANVIER**. C'est le **jour de la Femme** à **Monoklisiá** *(à 4 km à l'O de Serrès)*. Hommes et femmes inversent les rôles pendant une journée : Monsieur s'occupe des tâches ménagères pendant que Madame sirote un ouzo au *kafeneío* !

➤ **21-23 MAI**. **Fête des Anastenária** à **Haghia Eléni** *(à 15 km au S de Serrès)*. Des danseurs pieds nus sur des braises rendent grâce à Constantin, fondateur de Constantinople, et à sa mère, sainte Hélène. Ce périlleux exercice, survivance probable d'anciens rites dionysiaques, est également célébré à **Langádas** *(à 15 km au N-O de Thessalonique)*. ❖

➤ **LOCATION DE VOITURES.** **Avis**, rue principale ☎ 0377.071.483.

➤ **PILGRIM'S BUREAU (BUREAU DES PÈLERINS).** Près de la station-essence ☎ 0377.071.422.

Sithonía (presqu'île de)

Arrivée

➤ **EN CAR.** Un bus au départ de Thessalonique fait le tour de la presqu'île 3 ou 4 fois par jour. Il dessert les principales localités de la presqu'île.

Hôtels

Le tourisme est essentiellement sédentaire à **Sithonía** (locations à la semaine et centres de vacances). Les hôtels classiques sont peu nombreux et pratiquent des prix élevés. On trouve une ch. pour une nuit ou deux à **Sárti**, principale localité de la côte E, à **Toróni** *(à 26 km au S de Sárti)* et à **Néos Marmaras** *(côte O; à 29 km au N de Toróni)*.

Campings

Ils sont infiniment nombreux.

Areti, Néos Marmaras ☎ et fax 0375.071.573. La mer à proximité et tous les équipements possibles. *Ouv. de mi-mai à sept.*

Sárti Beach, Sárti ☎ 0375.094.250 ou 212, fax 0375.044.269. Une centaine d'emplacements à deux pas de la mer et de la plage. *Ouv. de juin à mi-sept.*

Restaurants

Les stations du littoral (Sárti, Toróni, Néos Marmaras, Porto Carrás, etc.) possèdent un grand nombre de restaurants, mais aucun ne se distingue vraiment. Au port de Néos Marmaras, on peut déjeuner en balcon sur la mer, dans des tavernes à poissons sans prétention.

Adresses utiles

➤ **LOCATION DE DEUX-ROUES.** Aucun problème pour faire une virée en deux-roues à Sithonía. Les loueurs pullulent à Sárti et à Néos Marmaras.

➤ **LOCATION DE VOITURES.** **Avis**, Néos Marmaras ☎ 0375.072.454. **Europcar**, Néos Marmaras ☎ 0375.072.166. **Hertz**, Porto Carrás ☎ 0375.071.381.

Thessalonique (Thessaloníki)

Plan p. 242.

ⓘ 8, Aristotélous **B2** ☎ 0310.27.18.88. ou 0310.26.31.12. Également à l'**aéroport** et à la **gare**. **Police touristique** ☎ 0310.55.48.71.

Arrivée

➤ **En avion**. Aéroport **Makedonía** à **Mikra** *(à 16 km au S)* **hors pl. par C3** ☎ 0310.98.51.77. Pour rejoindre Thessalonique, le plus rapide est le taxi. Un axe rapide rejoint le centre (Tsimiski **B2-C3**) en 20 mn. Le **bus 78** *(arrêt devant le hall des arrivées)* part toutes les 30 mn et traverse Thessalonique en empruntant Tsimiski **B2-C3**. Le trajet dure 30 mn. *Compagnies aériennes, p. 278.*

➤ **En bateau**. Thessalonique est reliée toute l'année avec les îles de **Lesbos** (Lésvos ; *via* Lemnos) et de **Chio** (Hios) ; en été, avec les **Sporades**, les îles du **Dodécanèse** et les **Cyclades**. *Compagnies maritimes, p. 278.*

➤ **En car**. Les points de départ et d'arrivée des autocars (liaisons avec Athènes, Ioannina, Kastoriá, Kavála et le mont Áthos) sont disséminés dans la ville *(rens. ℹ)*. La plupart s'arrêtent dans le quartier de la gare **A1**. *Voir aussi Bus, p. 278.*

➤ **En train**. **Gare ferroviaire**, rue Monastiriou **A1**, près du port ☎ 0310.51.75.17. Plusieurs bus (3, 1, 11, etc.) conduisent au centre. Rens. et tickets auprès de l'**OSE**, 18, Aristotélous **B2** ☎ 0310.59.81.26. Liaisons t.l.j. avec Athènes et Istanbul.

➤ **En voiture**. Venant de l'autoroute d'Athènes, on longe les entrepôts du port avant d'arriver dans le centre par Nikis **B2-3**. Attention, si on ne tourne pas à g. avant la Tour blanche **C3**, on est emporté loin par le flot des véhicules.

Circuler

La **ville basse** se visite à pied sans problème. Pour aller dans la **ville haute**, on peut prendre un taxi, mais l'ascension est loin d'être désagréable. L'utilisation d'une voiture personnelle est aventureuse : sens uniques, circulation intense, embouteillages fréquents font de Thessalonique un véritable **casse-tête** pour l'automobiliste non initié. Plus encore qu'Athènes, la capitale du Nord pose de sérieux problèmes de stationnement. Il vaut mieux se fier à sa bonne étoile. Pour favoriser le sort, il est préférable de se diriger vers le parc de la Tour blanche **C3**, près duquel on a des chances de trouver une place.

Hôtels

Les hôtels ne manquent pas *(rés. indispensable en sept. pendant la Foire internationale et en nov. pendant le Festival du cinéma)*, mais ils sont chers. Pour visiter la ville, l'idéal est de trouver une chambre dans le **centre**. Toutefois, les personnes au sommeil léger auront intérêt à s'éloigner vers la périphérie, à cause du bruit parfois tonitruant dans des ch. peu ou pas insonorisées, surtout dans les établissements modestes des environs de la place Dimokratias **A1**.

▲▲▲▲ **Macedonia Palace**, Mégalou Alexandrou **hors pl. par C3** ☎ 0310.89.71.97, fax 0310.89.72.10. À la sortie S de la ville. **Cat. L.** *265 ch.* agréables, claires, mais pas à la portée de toutes les bourses. « Le » palace de Thessalonique avec toit-jardin et superbe panorama sur la mer.

Fêtes en Chalcidique

➤ **Février**. À **Polygíros**, capitale de la Chalcidique, se tient un **carnaval** célèbre en Grèce qui donne l'occasion à la population de se déguiser et d'assister à des défilés fleuris.

➤ **Juillet**. Dans le courant du mois *(date variable ; rens. ℹ à Thessalonique ci-contre)*, on assiste aux **Sokratia d'Arnéa**, fêtes avec danses folkloriques, exposition d'artisanat et vente de produits locaux.

➤ **15 août**. La **Dormition de la Vierge**, l'Assomption des catholiques, est célébrée avec un certain faste à **Sárti**, petit village de la presqu'île de Sithonía. ❖

▲▲▲ **Capitol**, 8, Monastiriou **A1** ☎ 0310.51.62.21, fax 0310.51.74.53. **Cat. A.** *177 ch.* bien insonorisées. L'un des meilleurs hôtels de la ville, luxueux. Restaurant. Pas très loin de la gare, donc excentré.

▲▲▲ **Electra Palace** ♥, 9, pl. Aristotélous **B2** ☎ 0310.23.22.21, fax 0310.23.59.47. **Cat. A.** *138 ch.* belles donnant sur la mer. L'un des hôtels les plus chers de la ville ; il est à la fois très beau (un palais néobyzantin), sans reproche, parfaitement situé et calme. Idéal pour les flâneries nocturnes sur le front de mer animé. Petit déjeuner pantagruélique.

▲▲ **Aegeon**, 19, Egnatia **B1** ☎ 0310.52.29.21, fax 0310.52.29.22, www.aegeon.com. **Cat. B.** *50 ch.* petites, impeccables, avec air cond. Entièrement rénové. Même direction que l'Egnatia.

▲▲ **Amalia**, 33, Ermou **B2** ☎ 0310.26.83.21, fax 0310.23.33.56. **Cat. C.** *66 ch.* impersonnelles mais propres. Assez cher pour la catégorie et on est réveillé (tôt !) par l'agitation du quartier du Marché central.

▲▲ **Capsis**, 18, Monastiriou **A1** ☎ 0310.52.13.21, fax 0310.51.05.55. **Cat. A.** *428 ch.* Récent et immense, c'est une chance presque certaine de trouver en toute saison un point de chute. Nightbar.

▲▲ **City Hotel**, 11, Komninon **B2** ☎ 0310.26.94.21-9, fax 0310.27.43.58. *125 ch.* Très central, entièrement rénové, mais pratiquant des tarifs élevés. L'insonorisation et les chambres sont irréprochables. Bon accueil.

▲▲ **Egnatia**, 16, Andigonidon **B1** ☎ 0310.53.06.75, fax 0310.53.17.61, www.egnatia-hotel.gr. **Cat. B.** *49 ch.* tout confort à décoration moderne. Légèrement à l'écart de l'avenue, un hôtel entièrement rénové.

▲▲ **El Greco**, 23, Egnatia **B1** ☎ 0310.52.06.20, fax 0310.52.06.12. **Cat. B.** *90 ch.* confortables. Le moins rébarbatif de ce quartier très bruyant. Évitez les ch. donnant sur la via Egnatia où il est difficile de fermer l'œil.

▲▲ **Vergína**, 19, Monastiriou **A1** ☎ 0310.51.60.21, fax 0310.52.93.08. **Cat. C.** *133 ch.* malheureusement bruyantes. Récent, tarifs abordables.

▲ **Ilisia**, 24, Egnatia **B1** ☎ et fax 0310.52.84.92. *25 ch.* correctes. Excellent accueil. L'un des meilleurs choix pour les petits budgets.

Haghia Triáda

Cette station balnéaire animée est au S du golfe Thermaïque *(à env. 20 km ; sortir de Thessalonique par le S* **C3**, *prendre vers l'aéroport).*

▲▲ **Akti Iliou (Sun Beach) hors pl. par C3** ☎ 0392.051.221, fax 0392.051.245. *124 ch.* Hôtel agréable près de la mer et de la plage aménagée de l'ONHT. Idéal pour les amateurs de sports nautiques.

Auberge de jeunesse

GYHA, 44, Svolou **hors pl. par A1** ☎ 0310.22.59.46.

Campings

À env. 30 km au S de la baie, entre Haghia Triáda et la plage d'Epanomí **hors pl. par C3**.

Thermaikos Beach, plage d'Haghia Triáda ☎ 0392.051.360. Tout près de la plage, mais cher.

Epanomí, plage d'Epanomí ☎ 0392.041.378. Un peu plus abordable car éloigné du bord de mer. *Ouv. tte l'année.*

Restaurants

Thessalonique mérite sa réputation de haut lieu culinaire. La cuisine, souvent relevée, porte la marque de l'influence turque. On trouve surtout des snacks et des fast-foods dans le centre. La plupart des restaurants sont en bord de mer, dans le quartier de **Kalamariá hors pl. par CD3**. Plus proches du centre, les anciens entrepôts de marchands d'huile du quartier de **Ladadika**, derrière les douanes **AB2**, sont peu à peu transformés en restaurants chic. L'ensemble de ce quartier *(au S de Politekniou)* est devenu une sorte de « Pláka *bis* », toute proportion gardée bien sûr. À noter aussi les restaurants un peu touristiques du côté des **rem-**

Festivals et manifestations à Thessalonique

➤ **Septembre**. La **Foire internationale** qui témoigne du dynamisme économique de la ville.

➤ **Autour du 26 octobre**. Les **Dimitria**, manifestations artistiques données en l'honneur de saint Démètre, le patron de la ville, pendant lesquelles on peut assister à des concerts, des spectacles dansés, des pièces de théâtre ainsi qu'à un festival de la chanson grecque.

➤ **Novembre**. Le **Festival du cinéma**, né en 1960, ne cesse de gagner de l'importance. Il réunit les meilleurs réalisateurs hellènes et originaires des Balkans. www.filmfestival.gr. ❖

parts D1 et les tavernes populaires du **marché Modiano B2**, qui étendent leurs terrasses parmi les magasins d'épices, de chaussures et de meubles en bois.

♦♦ **Kioypia** ♥, 3-5, P. Porikorou **AB2** ☎ 0310.55.32.29. Un restaurant chic qui étend sa terrasse sur la place principale du quartier de Ladadika. Cuisine originale et excellents plats relevés.

♦♦ **Soutzoukakia**, 8, Vénizelou **B2** ☎ 0310.27.76.94. Une vieille institution pour déguster, au milieu des hommes d'affaires, les meilleures spécialités de la région. Belle carte de vins de Macédoine ou d'ailleurs. L'été, petite terrasse dans la ruelle. *F. le soir.*

♦♦ **To Smiti**, 35, Apostolou Pavlou **C2**. Restaurant établi dans une vieille maison traditionnelle de la ville haute, dans un quartier très agréable. Cuisine classique et sans histoire dans une salle décorée avec sobriété.

♦♦ **Tottis**, 3, pl. Aristotélous **B2** ☎ 0310.23.77.15. Un style bistrot un brin prétentieux, mais dieu que la terrasse est agréable ! Excellents desserts. *Ouv. t.l.j.*

♦ **Kreonidis-T'Arnanti**, 63, Acropoléos **D1** ☎ 0310.20.60.06. L'une des nombreuses tavernes proches des remparts. Pas cher et bon. *Ouv. t.l.j.*

♦ **Taberna Kamares** ♥, pl. de la Rotonde-Saint-Georges **C2** ☎ 0310. 21.96.86. Sur la dr. de l'édifice en venant d'Egnatia. Un restaurant très agréable avec terrasse au calme. Serveurs souriants et clientèle d'étudiants ou de professeurs.

♦ **Ta Koubarakia**, 140, Egnatia **C2**. Juste derrière la petite église de la Métamorphosis. Plus pour le cadre – en tête à tête avec une petite église byzantine et légèrement en retrait de l'agitation – que pour la cuisine, pas inoubliable. Bien pour déjeuner et pour une pause entre deux visites. *F. dim.*

♦ **Zythos**, 5, Katouni **B2** ☎ 0310. 54.02.84. Un restaurant très abordable du quartier de Ladadika où l'on déguste des spécialités locales dans une belle salle soutenue par d'impressionnants piliers métalliques. Le service est un peu expéditif, mais c'est parce que l'endroit est très couru. *Ouv. t.l.j.*

Glacier

Agapitos, à l'angle de Fanarioton et de Pavlou Mela **C3**. À deux pas de la Tour blanche, l'un des plus vieux glaciers de Thessalonique propose des douceurs toutes plus alléchantes les unes que les autres.

Shopping

Comme on s'en rend vite compte en déambulant dans les grandes artères luxueuses (Egnatia, Tsimiski, Mitropoléos), Thessalonique est une ville de shopping. La plupart des boutiques sont concentrées là, entre le port et le

Musée archéologique. Les magasins de vêtements dernier cri – d'où l'élégance des habitants – dominent à une écrasante majorité.

Plages

Elles sont situées au S de la ville, autour de la baie, mais il faut aller jusqu'à **Haghia Triáda hors pl. par C3** pour se baigner dans des eaux pas trop polluées. L'idéal est de pousser jusqu'à **Ormos** (plage d'Epanomí), sur le golfe thermaïque.

Spectacles

L'office du tourisme donne toutes les informations sur les spectacles du moment. Deux adresses : **Mylos**, 56, Georgiou Andréou **hors pl. par A1** ☎ 0310. 51.69.45 ; complexe branché installé dans un ancien moulin industriel ; concerts, expositions, cafés et boîte. **Théâtre de la Grèce du Nord**, pl. Lefkou Pyrgou **C3** ☎ 0310. 22.37.85 ; l'institution théâtrale de la ville.

Vie nocturne

Mieux qu'à Athènes, on goûte cette traditionnelle animation grecque, où la soirée consiste à aller d'un café à un autre pour voir si l'on n'y rencontre pas une connaissance ou en lier une nouvelle. Il faut faire de même, apprécier la douceur des nuits macédoniennes à l'une des terrasses élégantes de la **place Aristotélous B2**. Les amateurs de décibels – notamment de techno – suivront le front de mer jusqu'à la Tour blanche. Ceux qui ne raffolent pas des bandes de midinettes et de dragueurs aux cheveux dûment gélifiés, portable rivé à l'oreille, fréquenteront plutôt les cafés de la **place Navarinou C3**, où les étudiants au look moins caricatural se donnent rendez-vous. Enfin, le quartier de **Ladadika AB2** possède de nombreux bars, mais ils ne s'animent qu'à partir de minuit.

➤ **CAFÉS**. Thessalonique étonne par sa pléthore de cafés. Leurs terrasses se succèdent presque en continu dans les quartiers d'**Haghia Paraskeví**, d'**Haghia Sophia** ou de l'**arc de Galère C2**. Les bars dans le coup s'étendent le long de **Nikis**, de la **place Aristotélous B2** à la **Tour blanche C3**. Chers, décorés de manière ultra-sophistiquée, jouant souvent la carte du gigantisme, ils sont combles lors des soirées de jeunes au look recherché. **Café Olympion**, Aristotélous **B2** ; le café smart du mythique cinéma Olympion (1920), de style néobyzantin, qui accueille le Festival du cinéma. **Café Tottis**, 29, Nikis **BC3** ; immense, sur 2 étages. **Steven's**, 59, Nikis **BC3** ; toujours plein à craquer.

➤ **DISCOTHÈQUES**. En raison de son importante université, Thessalonique compte un grand nombre de boîtes pour danser sur toutes les musiques. Mais les modes vont vite. Pour éviter des impairs, le mieux est d'aller à la discothèque du **Mylos** *(voir Spectacles)*.

Adresses utiles

➤ **AÉROPORT**. *Voir Arrivée, p. 275.*

➤ **BANQUES**. Bureaux de change et distributeurs de billets le long de **Tsimiski B2**.

➤ **BUS**. Rens. **KTEL** ☎ 0310.92.44.44 ou 0310.51.61.04. Rens. ❶ également.

➤ **CONSULAT**. **France**, 8, King Makenzi **B2** ☎ 0310.24.40.30.

➤ **COMPAGNIES AÉRIENNES**. **Air France**, à l'aéroport ☎ 0310.23.97.42. **Olympic Airways**, 3, Koundouriotou **A2** ☎ 0310.36.86.66.

➤ **COMPAGNIES MARITIMES**. **Nomikos Lines**, 8, Koundouriotou **A2** ☎ 0310. 52.45.44. **Egnatias Tours**, 9, Koundouriotou **A2** ☎ 0310.22.38.11.

➤ **CYBERCAFÉS**. Sélection d'adresses communiquée par l'office du tourisme. **Cybernet**, 14, pl. Navarinou **C3** ☎ et fax 0310. 22.30.60. Déco glaciale et accueil à l'avenant, mais une pléthore d'ordinateurs. **Meganet**, 5, pl. Navarinou **C3** ☎ 0310.25.03.31, www.meganet.gr. Jeux en réseau, chat et consultation de courriels. Accueil sympa et grande salle à l'étage. *Ouv. 24 h/24.*

➤ **GARE FERROVIAIRE**. *Voir Arrivée, p. 275.*

➤ **HÔPITAL**. L'hôpital **Ipokratio** est à l'E de la ville, sur Konstantinoupoléos **hors pl. par D3** ☎ 0310.83.79.20.

➤ **Livres et journaux français. Librairie Molho**, 10-12, Tsimiski **B2**. Beau choix de livres d'art en français et en anglais. On achète facilement des journaux français dans les kiosques des rues **Tsimiski, Ermou** et **Nikis** (près de la Tour blanche).

➤ **Location de voitures**. Plusieurs agences se trouvent sur Angelaki **C3**. **Avis**, à l'aéroport ☎0310.47.38.58; **Budget**, 15, Angelaki **C3** ☎0310. 27.42.72; **Hertz**, 1, Venizelou **B2** ☎0310.22.49.06, à l'aéroport ☎0310. 47.39.52.

➤ **Pilgrim's Bureau (Bureau des pèlerins)**, 14, Karamanli **hors pl. par D3** ☎0310.86.16.11. Pour obtenir l'indispensable laissez-passer nécessaire si l'on veut pénétrer dans le mont Áthos *(voir p. 271)*.

➤ **Poste et téléphone. Poste centrale**, 26, Aristotélous **B2**. *Ouv. de 7 h 30 à 20 h, sam. de 7 h 30 à 14 h.* **OTE** (téléphone), Ermou **B2**. *Ouv. de 7 h à 20 h.*

➤ **Taxis. Omega** ☎0310.51.18.55.

➤ **Visites organisées**. En été, des circuits découvertes en autocar permettent de voir les sites de **Pella** et de **Vergína** en une demi-journée. En une journée, des excursions conduisent à **Philippes** et **Kavála**, le **mont Áthos** (avec croisière en bateau) et **Pella-Édessa-Véria**. *Rens.* ❶.

■ Véria

Arrivée

➤ **En car**. Plusieurs arrêts disséminés dans la ville, dont l'un **place Orologiou**, au centre de Véria ☎ 0331. 022.342. Liaisons fréquentes avec Thessalonique, Vergína et Édessa. Liaisons t.l.j. avec Athènes.

> ### Le carnaval de Náoussa
>
> Comme celui de Patras *(p. 205)*, le carnaval de Náoussa *(à 20 km au N-O de Véria)* s'étale sur **trois semaines en février**. Le dernier dimanche avant Carême, les chars fleuris défilent dans les rues pavoisées du grand centre textile. Bien sûr, les festivités se terminent tard dans la nuit et le généreux vin rouge de Náoussa coule à flot. ❖

➤ **En train. Gare ferroviaire** ☎0331. 024.444 *(à 3 km au N-E; rte de Thessalonique)*. Véria est située sur la ligne Thessalonique-Édessa-Flórina. *8 liaisons t.l.j. vers ces villes.*

Hôtels

▲▲ **Macedonia**, 50, Kontogeorgaki ☎ 0331.066.902, fax 0331.027.900. **Cat. B.** *39 ch.* spacieuses, confortables et agréablement décorées. Le meilleur de la ville, très central.

▲ **Villa Elia**, 10, Elias ☎0331.026.800, fax 0331.021.880. **Cat. C.** *35 ch.* bien tenues avec s.d.b. et balcon pour jouir de l'animation du centre-ville.

Restaurants

Le centre (rue Mitropoléos) propose de quoi se sustenter. Pour dîner dans un cadre rafraîchissant, suivre Mavromihali jusqu'à la place bordée d'agréables restaurants. ■

EN SAVOIR PLUS

L'icône, panneau de dévotion portatif généralement peint sur bois, est une création spécifique du monde orthodoxe. Sa contemplation sanctifie et purifie le fidèle.

Quelques mots de grec

La langue grecque dispose de groupes de voyelles qui se prononcent en une seule émission de voix :

AI αι..................AI ai (prononcer *è*)

EI ει ....EI ei (prononcer *i*)

OI οι..................OI oi (prononcer *i*)

OY ου................OU ou (prononcer *ou*)

Si l'une des voyelles comporte un tréma, chacune des deux est articulée : le groupe αϊ se prononce *aï*. De même si la première des deux voyelles est accentuée : τσαι = *tsa**ï*** (thé), alors que μαχαιρι = *mach**è**ri* (le couteau).

Les groupes ευ et αυ se prononcent *èf* et *af* devant une consonne sourde (αυτοκινητο =*afto**ki**nito*, voiture) ; *èv* et *av* devant une voyelle ou une consonne sonore (αυριο =***a**vrio*, demain).

L'accent marque la tonique. La syllabe accentuée est ici typographiée en gras. Le signe de ponctuation marquant l'interrogation est le point-virgule.

L'alphabet

Α α (**a**lfa)	A a
Β β (v**i**ta)	V v
Γ γ (g**a**ma)	G g (prononcer *gh* guttural devant les sons a, o et ou, et *y* devant les sons i et e)
Δ δ (d**e**lta)	D d (prononcer *dh* comme le *th* anglais doux de *feather*)
Ε ϵ (**e**psilon)	E e (prononcer *è*)
Ζ ζ (z**i**ta)	Z z
Η η (**i**ta)	I i
Θ θ (th**i**ta)	Th th (prononcer *th* comme le *th* anglais dur de *think*)
Ι ι (i**o**ta)	I i
Κ κ (k**a**pa)	K k
Λ λ (l**a**mbda)	L l
Μ μ (mi)	M m
Ν ν (ni)	N n
Ξ ξ (ksi)	X x (prononcer *ks*, et *gz* après n)
Ο ο (**o**micron)	O o
Π π (pi)	P p
Ρ ρ (ro)	R r (prononcer roulé)
Σ σ, ou ς à la fin d'un mot (s**i**gma)	S s (prononcer *s*, et *z* devant une consonne sonore)
Τ τ (taf)	T t
Υ υ (**i**psilon)	Y y (prononcer *i*)
Φ φ (fi)	F f
Χ χ (chi)	X x (prononcer comme le *ch* allemand dur devant les sons a, o et ou ; comme le *ch* allemand doux devant les sons i et e)
Ψ ψ (psi)	Ps ps (prononcer *ps*, et *bz* après n ou m)
Ω ω (om**e**ga)	O o (prononcer *o* ouvert)

Les groupes de consonnes doubles se prononcent comme des consonnes simples (λλ = ll = l), sauf dans quelques cas particuliers :

ΓΓ γγ	GG gg (à l'intérieur d'un mot, prononcer *ng*)
ΓΚ γκ	GK gk (prononcer *g* au début d'un mot, *ng* au milieu d'un mot)
ΓΞ γξ	GX gx (prononcer *x*)

ΜΠ μπ	MP mp (prononcer *b* au début d'un mot, *mb* au milieu d'un mot)
ΝΤ ντ	NT nt (prononcer *d* au début d'un mot, *nd* au milieu d'un mot)
ΤΣ τσ	TS ts (prononcer *ts*)
ΤΖ τζ	TZ tz (prononcer *dz*)

Les nombres

Français	**Grec**	**Phonétique**
1 (masc., fém., neutre)	ενας, μια, ενα	*ènas, mia, èna*
2	δυο	*dhio*
3 (masc. et fém., neutre)	τρεις, τρια	*tris, tria*
4 (masc. et fém., neutre)	τεσσερις,τεσσερα	*tèssèris, tèssèra*
5	πεντε	*pèndè*
6	εξι	*èxi*
7	εφτα	*èfta*
8	οχτω	*ochto*
9	εννια	*ènia*
10	δεκα	*dhèka*
20	εικοσι	*ikossi*
30	τριαντα	*trianda*
40	σαραντα	*saranda*
50	πενηντα	*pèninda*
60	εξηντα	*èxinda*
70	εβδομηντα	*(è)vdhominda*
80	ογδοντα	*oghdhonda*
90	ενενηντα	*ènèninda*
100	εκατο	*èkato*
1000 (masc., fém., neutre)	χιλιοι, χιλιες, χιλια	*chilii, chiliès, chilia*
1er (masc., fém., neutre)	πρωτος, πρωτη, πρωτο	*protos, proti, proto*
2e (masc., fém., neutre)	δευτερος, - ρη, -ρο	*dhèftèros, -ri, -ro*
3e (masc., fém., neutre)	τριτος, -τη, -το	*tritos, -ti, -to*
4e (masc., fém., neutre)	τεταρτος, -τη, -το	*tètartos, -ti, -to*

Expressions et mots courants

Bonjour	καλημερα	*kalimèra*
Salut (sing., pl.)	γεια σου, γεια σας	*yia sou, yia sas*
Au revoir (sing., pl.)	χαιρε, χαιρετε	*chèrè, chèrètè*
S'il vous plaît	παρακαλω	*parakalo*
Bonne nuit	καληνυχτα	*kalinichta*
Bonsoir	καλησπερα	*kalispèra*
Parlez-vous français ?	μιλατε γαλλικα ;	*milatè ghalika ?*
Parlez lentement	μιλησετε σιγα	*milisètè sigha*
Je ne comprends pas	δεν καταλαβαινω	*dhèn katalavèno*
Me comprenez-vous ?	με καταλαβαινετε ;	*mè katalavènètè ?*
Je suis français	ειμαι γαλλος	*imè ghalos*
Comment allez-vous ?	τι κανετε ;	*ti kanètè ?*
Et vous ?	κ' εσεις ;	*kèssis ?*

Bien/très bien	καλα, πολυ καλα	*kala, poli kala*
Oui	ναι	*nè*
Non	οχι	*ochi*
Merci	ευχαριστω	*èfcharisto*
Avec plaisir	ευχαριστως	*èfkharistos*
Pardon	συγγνωμη	*signomi*
Bon voyage	καλο ταξιδι	*kalo taxidhi*
Adieu	αντιο	*adio*
D'accord	ενταξει	*èndaxi*
Je vais bien	ειμαι καλα	*imè kala*
Je ne vais pas bien	δεν ειμαι καλα	*dhèn imè kala*
Madame (vocatif)	Κυρια	*Kiria*
Mademoiselle (vocatif)	Δεσποινις	*Dhèspinis*
Monsieur (vocatif)	Κυριε	*Kiriè*
Où ?	που ;	*pou ?*
Ici	εδω	*èdho*
Loin	μακρια	*makria*
Près	κοντα	*konda*
Plus	περισσοτερο	*pèrissotèro*
Assez	αρκετα	*arkèta*
Pourquoi ?	γιατι ;	*yiati ?*
Souvent	συχνα	*sichna*
Tout à fait	μαλιστα	*malista*
Un peu	λιγο	*ligho*

Le temps qui passe

Temps	χρονος	*chronos*
Année	χρονια	*chronia*
Mois	μηνας	*minas*
Semaine	(ε)βδομαδα	*(è)vdhomadha*
Jour	μερα	*mèra*
Heure	ωρα	*ora*
Matin	πρωι	*proï*
Midi	μεσημερι	*mèssimèri*
Après-midi	απογευμα	*apoyèvma*
Soir	βραδυ	*vradhi*
Nuit	νυχτα	*nichta*
Hier/avant-hier	χτες/προχτες	*chtès / prochtès*
Aujourd'hui	σημερα	*simèra*
Demain/après-demain	αυριο/ μεθαυριο	*avrio / mèthavrio*
Quelle heure est-il ?	τι ωρα ειναι ;	*ti ora inè ?*
Une heure	μια η ωρα	*mia i ora*
Une heure et demie	μια και μιση	*mia kè missi*
À deux heures	στις δυο η ωρα	*stis dhio i ora*
Lundi	δευτερα	*dhèftèra*
Mardi	τριτη	*triti*
Mercredi	τεταρτη	*tètarti*

Jeudi	πεμπτη	*pèmpti*
Vendredi	παρασκευη	*paraskèvi*
Samedi	σαββατο	*savato*
Dimanche	κυριακη	*kiriaki*
Janvier	ιανουαριος	*ianouarios*
Février	φεβρουαριος	*fèvrouarios*
Mars	μαρτιος	*martios*
Avril	απριλιος	*aprilios*
Mai	μαϊος	*maïos*
Juin	ιουνιος	*iounios*
Juillet	ιουλιος	*ioulios*
Août	αυγουστος	*avghoustos*
Septembre	σεπτεμβριος	*sèptèmvrios*
Octobre	οκτωβριος	*oktovrios*
Novembre	νοεμβριος	*noèmvrios*
Décembre	δεκεμβριος	*dhèkèmvrios*
Printemps	ανοιξη	*aniksi*
Été	καλοκαιρι	*kalokèri*
Automne	φθινοπωρο	*fthinoporo*
Hiver	χειμωνας	*chimonas*

Le temps qu'il fait

Beau temps	καλοκαιρια	*kalokèria*
Mauvais temps	κακοκαιρια	*kakokèria*
Chaud/chaleur	ζεστο/ ζεστη	*zèsto / zèsti*
Frais/froid	κρυο	*krio*
Pluie	βροχη	*vrochi*
Soleil	ηλιος	*ilios*
Vent	αερας	*aèras*

En ville

À droite	δεξια	*dhèxia*
À gauche	αριστερα	*aristèra*
Avenue	λεωφορος	*lèoforos*
La prochaine rue	η πρωτη οδος	*i proti odhos*
Place	πλατεια	*platia*
Route	δρομος	*dhromos*
Rue	οδος	*odhos*
Village	χωριο	*chorio*
Église	εκκλησια	*èklissia*
Gare	σταθμος	*stathmos*
Kiosque	περιπτερο	*pèriptèro*
Magasin	μαγαζι	*maghazi*
Maison	σπιτι	*spiti*
Monastère	μονη / μοναστιρι	*moni / monastiri*
Temple	ναος	*naos*
Musée	μουσειο	*moussio*

Office du tourisme	γραφειο τουρισμου	*ghrafio tourismou*
Police	αστυνομια	*astinomia*
Change	συναλλαγμα	*sinalaghma*
Argent	λεφτα / χρηματα	*lèfta / chrimata*
Bon marché	φτηνο	*ftino*
Cher	ακριβο	*akrivo*
Combien coûte…?	ποσο ειναι…;	*posso inè…*
	ποσο κανει…;	*posso kani…?*
Autobus	λεωφορειο	*lèoforio*
Bicyclette	ποδηλατο	*podhilato*
Poste	ταχυδρομειο	*tachidhromio*
Boîte aux lettres	γραμματοκιβωτιο	*ghramatokivotio*
Adresse	διευθυνση	*dhièfthinnsi*
Timbre	γραμματοσημο	*ghramatossimo*
Lettre	γραμμα	*ghrama*
Téléphone	τηλεφωνο	*tilèfono*

En voyage

Avion	αεροπλανο	*aèroplano*
Aéroport	αερολιμενας	*aèrolimènas*
Bateau	βαπορι	*vapori*
Plage	παραλια / πλαζ	*paralia / plaz*
Port	λιμανι	*limani*
Train	τραινο	*trèno*
Billet	εισιτηριο	*issitirio*
Aller simple	απλη μεταβαση	*apli mètavassi*
Aller-retour	επιστροφη	*èpistrofi*
Première, seconde classe	πρωτι, δευτερη θεση	*proti, dhèftèri thèsi*
Un billet pour…	ενα εισιτηριο για…	*èna issitirio yia…*
Arrêt	σταση	*stassi*
Carte d'identité	ταυτοτητα	*taftotita*
Passeport	διαβατηριο	*dhiavatirio*
Consigne	μπαγαζια	*baghazia*
Valise	βαλιτσα	*valitsa*
Montagne	βουνο	*vouno*
Camping	καμπινγκ	*kamping*

À l'hôtel

Hôtel	ξενοδοχειο	*xènodhochio*
Réservation	κρατηση	*kratissi*
Avez-vous une chambre ?	εχετε ενα δωματιο;	*èchètè èna dhomatio ?*
Une chambre à deux lits	ενα δωματιο με δυο κρεβατια ενα διπλο	*èna dhomatio mè dhio krèvatia èna dhiplo*
Une chambre à un lit	ενα δωματιο με ενα κρεβατι	*èna dhomatio mè èna krèvati*
Propre	καθαρος	*katharos*

Baignoire	μπανιο	*banio*
Douche	ντους	*dous*
Salle de bains particulière	ιδιαιτερο μπανιο	*idhièrero banio*
Petit déjeuner	πρωινο	*proïno*
Service compris	μαζι με το φιλοδωρημα	*mazi mè to philodhorima*

Au restaurant

Restaurant	εστιατοριο	*èstiatorio*
Taverne	ταβερνα	*tavèrna*
J'ai faim	πειναω	*pinao*
J'ai soif	διψαω	*dhipsao*
Déjeuner	προγευμα	*proyèvma*
Dîner	γευμα	*yèvma*
Garçon, la carte	γκαρσον, τον καταλογο	*garson, ton katalogho*
Menu	καταλογος	*kataloghos*
Donnez-moi l'addition	δωστε μου τον λογαριασμο	*dhostè mou ton logariasmo*
Toilettes	τουαλετες	*toilètès*
Bon	καλο	*kalo*
Mauvais	κακο	*kako*
Pain	ψωμι	*psomi*
Olives	ελιες	*èlyès*
Beurre	βουτυρο	*voutiro*
Huile	λαδι	*ladhi*
Vinaigre	ξιδι	*xidhi*
Sel	αλατι	*alati*
Poivre	πιπερι	*pipèri*
Sucre	ζαχαρη	*zachari*
Assiette	πιατο	*piato*
Couteau	μαχαιρι	*machèri*
Fourchette	πιρουνι	*pirouni*
Cuillère	κουταλι	*koutali*
Boisson	πιοτο	*pioto*
Bière	μπιρα	*bira*
Café	καφες	*kafès*
Eau fraîche/froide	φρεσκο / κρυο νερο	*frèsko / krio nèro*
Thé	τσαι	*tsaï*
Vin	κρασι	*krassi*
Vin blanc	ασπρο κρασι	*aspro krassi*
Vin résiné	ρετσινα	*rètsina*
Vin rouge	κοκκινο κρασι	*kokino krassi*
Hors-d'œuvre	μεζεδες	*mèzèdhès*
Œufs au plat	αβγα ματια	*avgha matia*
Légumes	χορτα, χορταρικα	*chorta, chortarika*
Pommes frites	πατατες	*patates*

Poisson	ψαρι	*psari*
Poulpe	χταποδι	*chtapodhi*
Calamars	καλαμαρακια	*kalamarakia*
Crevettes	γαριδες	*gharidhès*
Viande	κρεας	*krèas*
Boulettes de viande	κεφτεδες	*kèftèdhès*
Brochette de viande	σουβλακι	*souvlaki*
Côtelette	μπριζολα	*brizola*
Agneau	αρνακι	*arnaki*
Mouton	αρνι	*arni*
Poulet	κοτοπουλο	*kotopoulo*
Spécialités	ειδικοτητα	*idhikotita*
Courgettes farcies	κολοκυθακια γεμιστα	*kolokithakia yèmista*
Feuilles de vigne farcies	δολμαδες	*dholmadhès*
Salade	σαλατα	*salata*
Yaourt	γιαουρτι	*yiaourti*
Fromage	τυρι	*tiri*
Dessert	γλυκο	*ghliko*
Fruits	φρουτα	*frouta*
Gâteau d'amandes au miel	μπακλαβας	*baklavas*
Glace	παγοτο	*paghoto*

Santé

Aspirine	ασπιρινη	*aspirini*
Combien vous dois-je ?	τι σας οφειλο ;	*ti sas ofilo ?*
Hôpital	νοσοκομειο	*nosokomio*
J'ai mal à la tête	με ποναει το κεφαλι μου	*mè ponaï to kèfali mou*
J'ai mal au ventre	με ποναει η κοιλια	*mè ponaï i kilia*
J'ai très mal aux dents	με πονουν πολυ τα δοντια μου	*mè ponoun poli ta dhondia mou*
Je ne suis pas bien	δεν ειμαι καλα	*dhèn imè kala*
Médecin	γιατρος	*yatros*
Pharmacie	φαρμακειο	*farmakio*

Automobile

Automobile	αυτοκινητο	*aftokinito*
Essence	βενζινη	*vènzini*
Frein	φρενο	*frèno*
Garage	γκαραζ	*garaz*
Huile	λαδι	*ladhi*
Phare	φαναρι	*fanari*
Pièces de rechange	ανταλλακτικα	*andalaktika*
Roue arrière/avant	πισινη ροδα	*pissini/brostini rodha*
Stationnement (parking)	σταθμεθσις	*stathmèfsis* ■

Petit dictionnaire

Abaton: lieu sacré inaccessible.

Abside: extrémité d'une église située à l'arrière du chœur.

Absidiole: petite chapelle d'une abside.

Adyton: dans les temples, saint des saints réservé aux seuls prêtres.

Agora: place publique dans l'Antiquité.

Ambon: tribune à l'entrée du chœur utilisée pour les lectures liturgiques.

Ante: extrémité libre des murs d'une cella de temple ou de trésor.

Architrave: partie de l'entablement située au-dessus des chapiteaux des colonnes.

Archonte: magistrat exerçant les plus hautes fonctions publiques dans une cité grecque.

Arrhéphore: fillette athénienne de noble naissance. Elle participe à la confection du péplos sacré offert à Athéna pendant la fête des Panathénées.

Bouleutérion: salle où siège la boulè, ou sénat.

Catholicon: église principale d'un monastère ou d'un couvent.

Cella: salle centrale d'un temple et chambre de la divinité.

Chorège: mécène qui recrutait, équipait et faisait instruire les chœurs de théâtre.

Christ Pantocrator: Christ « tout-puissant », bénissant, représenté en buste à la coupole des églises.

Chryséléphantine: se dit d'une statue en or et en ivoire.

Chrysobulle: édit impérial.

Croix grecque: croix à quatre branches égales; dans une église à plan dit en croix grecque, le centre du sanctuaire est couvert d'une coupole.

Cyclades: groupe d'îles de la mer Égée (Santorin, Páros, Naxos, etc.).

Diaconicon: l'une des deux absidioles, côté sud, où sont conservés les vêtements et les objets liturgiques.

Dorique: ordre architectural apparu au VIIe s. av. J.-C.

Dromos: corridor d'un tombeau; avenue.

Entablement: partie d'un édifice située au-dessus des colonnes. Il comprend l'architrave, la frise et la corniche.

Exonarthex: vestibule extérieur d'une église grecque.

Frise: située au-dessus de l'architrave, elle prend l'aspect d'un bandeau sculpté continu dans l'ordre ionique.

Fronton: couronnement de façade triangulaire dans un temple.

Gynécée: appartement des femmes dans l'Antiquité.

Hérôon: sanctuaire funéraire d'un héros.

Iconostase: cloison séparant la nef d'une église de la partie réservée aux prêtres; l'iconostase est couverte d'icônes.

Ionique: ordre architectural apparu au VIIe s. av. J.-C.

Korê: statue archaïque de jeune fille.

Kouros: statue archaïque de jeune homme.

Larnax: coffret, urne funéraire.

Lécythe: vase funéraire.

Médersa: bâtiment annexe d'une mosquée où l'on enseigne le Coran.

Mégaron: salle principale d'un palais mycénien.

Métope: plaque en pierre souvent ornée de bas-reliefs; dans l'ordre dorique, elle alterne avec les triglyphes.

Métropole: cathédrale orthodoxe.

Narthex: vestibule précédant la nef d'une église.

Nome: division administrative de la Grèce moderne.

Pacha: gouverneur régional de l'Empire ottoman.

Palestre: édifice destiné aux exercices athlétiques.

Pentélique: marbre extrait du mont Pentélique.

Péplos: manteau féminin dans l'Antiquité.

Péristyle: colonnade autour d'une cour ou d'un édifice.

Propylée: entrée monumentale.

Prytanée: siège des prytanes (magistrats) et foyer de la cité.

Rebétika: musique populaire née au XIXe s., elle est l'équivalent grec du blues.

Stoa: portique, galerie.

Stratège: général d'armée athénien.

Tambour: assise en pierre cylindrique d'une colonne.

Tholos: bâtiment circulaire.

Trecento: nom donné au XIVe s. italien.

Trésor: édifice élevé par une cité dans un sanctuaire en témoignage de gratitude envers la divinité du lieu.

Triglyphe: ornement de la frise dorique, formé de trois cannelures ou glyphes.

Mythes et figures homériques

L'originalité des mythes grecs réside dans leur caractère fondamentalement anthropomorphe. En donnant une forme humaine aux aspects irrationnels de la nature, les Grecs tentent d'expliquer le monde qui les entoure. Les monstres sont rares et presque toujours associés au mal, ce qui constitue une originalité par rapport aux autres cultures méditerranéennes. Satyres, centaures et chimères peuvent être considérés comme des scories de croyances primitives, tandis que les luttes d'Héraclès ou de Thésée sont autant d'allégories du triomphe de la raison. Ces héros ou demi-dieux font partie intégrante du panthéon grec.

Figures mythologiques

Andromède : princesse d'Éthiopie, livrée à un serpent par Poséidon parce que sa mère s'était vantée d'être plus belle que les Néréides.

Ariane : fille de Minos. Elle aida Thésée à sortir du Labyrinthe. Ingrat, celui-ci l'abandonna dans l'île de Naxos, où elle fut enlevée par Dionysos.

Atrée : fils de Pélops, père d'Agamemnon et fondateur de la lignée des Atrides. Apprenant que sa femme l'avait trompé avec Thyeste, il égorgea les enfants de son frère et les lui donna à manger à son insu.

Bellérophon : fils de Glaucos, roi légendaire de Corinthe. Monté sur le cheval ailé Pégase, il tua Chimère.

Cécrops : roi mythique d'Athènes qu'il aurait fondée sous le nom de Cécropia.

Centaures : monstres malfaisants mi-hommes mi-chevaux qui habitaient le mont Pélion, en Thessalie.

Chimère : monstre fabuleux, à tête de chèvre, à corps de lion et à queue de serpent qui désolait la région de Lycie.

Chiron : centaure bienfaisant qui éduqua Asclépios et le jeune Achille.

Danaïdes : coupables d'avoir égorgé chacune leur mari, les cinquante filles de Danaos furent condamnées à remplir éternellement un tonneau sans fond. Une seule Danaïde, Hypermnestre, prise de pitié, refusa de tuer son époux.

Égée : roi d'Athènes et père de Thésée. Il se jeta du haut de l'Acropole en croyant son fils mort.

Érechthée : roi légendaire d'Athènes, père de Cécrops. Il est associé à Érechtonios, fondateur de la lignée de Thésée.

Ganymède : prince troyen enlevé par Zeus, transformé en aigle. Il devint l'échanson des dieux de l'Olympe.

Gorgones : ces trois créatures immortelles aux allures de dragon transformaient en pierre ceux qui les regardaient.

Héraclès : fils de Zeus et d'Alcmène assimilé à l'Hercule des Romains. Eurysthée lui imposa douze travaux.

Hippolyte : fils de Thésée. Accusé par sa belle-mère Phèdre de l'avoir séduite, il fut maudit par son père qui le fit tuer par Poséidon.

Médée : magicienne, fille du roi de Colchide. Elle s'enfuit avec Jason, le chef des Argonautes, qui emporta avec lui la Toison d'or.

Méduse : l'une des trois Gorgones, tuée par Persée.

Ménades : aussi appelées Bacchantes, ces nymphes ivres mettaient en pièces les animaux et dévoraient les humains.

Minos : roi légendaire de Crète, père de Phèdre. Il devint l'un des trois juges du tribunal des Enfers, avec Éaque et Rhadamanthe.

Néréides : divinités de la mer dont la beauté passait pour extraordinaire.

Œdipe : sur le chemin de Thèbes à Delphes, il tua son père qu'il ne connaissait pas. Pour avoir débarrassé la Béotie du sphinx, il reçut la main de Jocaste, et épousa ainsi sa mère à son insu. Apprenant la vérité, il se creva les yeux.

Orphée : fils d'Œagre et de la muse Calliope, il est l'un des rares hommes à être revenu des Enfers.

Pandore : la première femme, créée par Héphaïstos, ouvrit le vase dans lequel Zeus avait enfermé toutes les calamités du monde.

Pégase : cheval ailé, né du sang de Méduse.

Pélops : tué par son père mais ressuscité par les dieux, il est le fondateur légendaire des jeux d'Olympie.

Persée : le fils de Zeus et de Danaé, aidé par Athéna, tua Méduse et délivra Andromède de son rocher.

Satyres : mi-hommes, mi-chèvres, ils vivaient dans les lieux sauvages de la Terre.

Tantale : fils de Zeus. Il tua Pélops, son fils unique, le fit bouillir et le servit aux dieux. En châtiment, il fut condamné à rester éternellement au milieu d'un cours d'eau limpide sans pouvoir jamais se désaltérer.

Thésée : héros athénien et ami d'Héraclès. Vainqueur du Minotaure, des Centaures et des Amazones, il est le champion de la raison sur les forces irrationnelles.

Figures homériques

Achille : fils de Thétis et de Pélée, roi des Myrmidons (peuple de Thessalie). L'un des grands héros de *l'Iliade*, il tua Hector sous les murs de Troie avant d'être atteint par la flèche empoisonnée de Pâris.

Agamemnon : roi de Mycènes et chef des Grecs qui assiégèrent Troie. Après avoir sacrifié sa fille Iphigénie pour apaiser la colère d'Artémis, il fut assassiné par Égisthe lorsqu'il revint à Mycènes.

Ajax : guerrier grec qui défendit le corps d'Achille pendant la guerre de Troie. Pour prix de sa vaillance, il voulut recevoir les armes du héros mort, mais Ulysse lui fut préféré. Fou de rage, il se suicida.

Andromaque : épouse d'Hector. Après la prise de Troie, elle devint l'esclave et l'épouse de Néoptolème, fils d'Achille.

Clytemnestre : sœur du Dioscure Castor et épouse meurtrière d'Agamemnon.

Égisthe : amant de Clytemnestre et meurtrier d'Agamemnon, il fut tué par Oreste.

Électre : fille d'Agamemnon et de Clytemnestre. Avec son frère Oreste, elle vengea la mort de son père.

Énée : il conduisit les survivants de Troie dans le Latium. Considéré comme l'ancêtre des Romains.

Hector : fils de Priam et époux d'Andromaque, il fut tué par Achille.

Hélène : épouse de Ménélas. Son enlèvement par Pâris déclencha la guerre de Troie.

Iphigénie : fille d'Agamemnon et de Clytemnestre. Son père la sacrifia à Artémis pour permettre le départ de la flotte grecque retenue à Aulis par des vents contraires.

Ménélas : roi de Sparte, frère d'Agamemnon et époux d'Hélène.

Oreste : fils d'Agamemnon et de Clytemnestre, il tua sa mère pour venger la mort de son père.

Patrocle : ami d'Achille, il fut tué par Hector.

Priam : roi de Troie, père de Pâris et époux d'Hécube. ■

Des dieux à l'image des hommes

La vie des Grecs dans l'Antiquité était soumise à des puissances extérieures comme le vent, la mer, ou le cycle des saisons. Celles-ci s'incarnaient dans les théoï*, c'est-à-dire les dieux. Outre les douze dieux de l'Olympe, le panthéon grec comprenait des dieux mineurs qui peuplaient le royaume de Zeus ou la Terre.*

Les dieux de l'Olympe

- **Aphrodite (Vénus)**. La déesse de l'Amour, de la Fécondité et de la Beauté apparaît souvent accompagnée d'Éros ou d'une colombe.
- **Apollon**. Le dieu guérisseur est aussi le dieu de la Lumière ; il est né à Délos et s'est approprié l'oracle de Delphes *(p. 186)*.
- **Arès (Mars)**. Dieu de la Guerre, il est souvent figuré en tenue de combat.
- **Artémis (Diane)**. La sœur jumelle d'Apollon, déesse vierge, est surtout connue comme déesse de la Chasse.
- **Athéna (Minerve)**. Toujours vierge, protectrice de la Cité en général, elle est vénérée comme divinité de la Beauté, des Arts, mais aussi de la Prudence à la guerre, vertu que rappellent son armure et sa lance.
- **Hadès (Pluton)**. Dieu du Monde souterrain et souverain du royaume des morts, il a épousé Coré-Perséphone.
- **Héphaïstos (Vulcain)**. Le dieu du Feu et des Forges est maître des volcans.
- **Héra (Junon)**. Déesse du Mariage et protectrice des Foyers, l'épouse de Zeus s'ingénie à se venger des infidélités de son divin mari.
- **Hermès (Mercure)**. Reconnaissable à ses sandales ailées et à son caducée, le messager des Olympiens à la ruse proverbiale est le patron des voyageurs et le conducteur des âmes et des morts.
- **Hestia (Vesta)**. Gardienne du feu sacré, elle personnifie le foyer, dont elle est la déesse protectrice.
- **Poséidon (Neptune)**. Dieu de la Mer, il est représenté dans un char en or avec un trident à la main.
- **Zeus (Jupiter)**. Le maître des dieux de l'Olympe est souvent figuré tenant un sceptre d'une main et le foudre de l'autre.

Les dieux mineurs de l'Olympe

- **Éros (Amour)**. Fils d'Aphrodite, vénéré comme dieu de l'Amour, il est représenté comme un petit garçon ailé.
- **Grâces**. Les trois filles de Zeus et d'Eurynome incarnent la vie et les grâces du monde.

Les dieux de l'Olympe, une famille caractérielle dont le passe-temps préféré consiste à semer la zizanie chez les mortels…

➤ **Hébé**. Fille de Zeus et d'Héra, déesse de la Jeunesse, elle a épousé Héraclès.

➤ **Iris**. Déesse de l'Arc-en-ciel et messagère d'Héra.

➤ **Muses**. Les neuf filles de Zeus et de la Titanide Mnémosyne, nées d'une union longue de neuf mois, président aux arts.

Les dieux mineurs de la Terre

➤ **Asclépios (Esculape)**. Fils d'Apollon et de la princesse Coronis, le dieu guérisseur est par excellence un dieu humain.

➤ **Coré-Perséphone (Proserpine)**. La fille de Déméter a été enlevée par Hadès au royaume des ténèbres, où elle avait pris le nom de Proserpine. Sa réapparition au printemps symbolise le renouveau de la nature.

➤ **Déméter (Cérès)**. Sœur de Zeus, déesse de l'Agriculture.

➤ **Dionysos (Bacchus)**. Fils de Zeus et de la nymphe Sémélé, c'est le dieu du Vin et de l'Ivresse.

➤ **Dioscures (Castor et Pollux)**. Fils de Zeus et de Léda, femme du roi spartiate Tyndare, ce sont les dieux des Marins.

➤ **Pan**. Fils d'Hermès, mi-homme mi-animal (doté de cornes et de sabots), c'est le dieu des Bergers. ■

Des livres, des disques et des films

Bibliographie

Histoire et société

ALEXAKIS Vassilis, ***Les Grecs aujourd'hui***, Balland, 1979. Un portrait vivant par l'un des meilleurs romanciers de la jeune génération.

BRIANT Pierre, ***De la Grèce à l'Orient, Alexandre le Grand***, Gallimard, coll. « Découvertes », 1987. L'histoire du jeune héros grec, monarque oriental à la fabuleuse destinée.

BRÛLÉ Pierre, ***Périclès, l'apogée d'Athènes***, Gallimard, coll. « Découvertes », 1994. Athènes au faîte de sa splendeur.

COGNE Christian, ***Grèce***, Autrement, hors série n° 39, 1989. La Grèce vue par ses intellectuels.

CONTOGEORGIS Georges, ***Histoire de la Grèce***, Hatier, 1992. Une synthèse de l'histoire grecque qui s'intéresse aussi à l'époque contemporaine, chose rarissime.

ÉTIENNE Roland et Françoise, ***La Grèce antique, archéologie d'une découverte***, Gallimard, coll. « Découvertes », 1990. L'épopée de l'archéologie grecque.

FAKINOS Aris, ***Grèce***, Seuil, coll. « Planète », 1988. Un panorama complet et concis de la Grèce antique à la Grèce d'aujourd'hui.

HATZFELD Jean, ***Histoire de la Grèce ancienne***, Payot, 2002. Synthèse complète et vivante de l'histoire antique jusqu'à la conquête romaine.

LACARRIÈRE Jacques, ***L'Été grec***, Pocket, coll. « Pocket Terre humaine », 2002. La Grèce, ses peuples et ses dieux.

LÉVÊQUE Pierre, ***La Naissance de la Grèce***, Gallimard, coll. « Découvertes », 1998. Pour tout savoir sur l'art, la philosophie et les sciences des Anciens.

MANTRAN Robert, ***Histoire de l'Empire ottoman***, Fayard, 1989. De leur irrésistible ascension à leur décadence, le livre le plus complet sur les Ottomans.

OSTROGORSKY Georges, ***Histoire de l'État byzantin***, Payot, 1996. Pour tout connaître de Byzance, par le spécialiste en la matière.

SCHLIEMANN Heinrich, ***Une vie pour Troie***, Genève, éditions Slatkine, 1996. L'autobiographie palpitante du redécouvreur de Mycènes *(encadré p. 151)*.

Collectif dirigé par Gilles VEINSTEIN, ***Salonique, 1850-1918***, Autrement, série Mémoires n° 12, 1992. Thessalonique au cœur du tumulte des Balkans, face à un Empire ottoman à la dérive. Passionnant.

Art

Citons trois ouvrages parmi une bibliographie touffue.

GINOUVÈS René, ***L'Art grec***, PUF, coll. « Quadrige », 1994. Excellent condensé de l'art grec, vivant et passionné, écrit par un grand spécialiste.

GRABAR André, ***La Peinture byzantine***, Genève, Skira, 1979. Concis et superbement illustré, par « le » spécialiste de l'art byzantin.

STERN Henri, ***L'Art byzantin***, PUF, coll. « Quadrige », 1982. Les différentes facettes de l'art byzantin en un seul petit livre.

Mythologie

GRAVES Robert, ***Les Mythes grecs***, Hachette, coll. « Pluriel », 1999. Deux tomes. Une approche vivante, complète et sérieuse de la mythologie grecque.

GRIMAL Pierre, ***La Mythologie grecque***, PUF, coll. « Que Sais-je », 1999. Un classique.

Guides

Guide Bleu Grèce, Hachette, 2000.

Guide du Routard Grèce continentale, éd. annuelle.

LACARRIÈRE Jacques, ***Promenades dans la Grèce antique***, Hachette, 1991.

Littérature

LITTÉRATURE ANTIQUE

Homère, **Hérodote** et **Thucydide** sont disponibles chez Folio-Gallimard. Ce même éditeur et Garnier-Flammarion proposent également d'excellentes éditions complètes des tragédies d'**Eschyle**, de **Sophocle** et d'**Euripide**, ainsi que l'intégrale de l'œuvre d'**Aristophane**.

PLATON, ***La République***, Flammarion, 2002. L'un des dialogues les plus fameux du grand philosophe.

LITTÉRATURE CONTEMPORAINE

ALEXAKIS Vassilis, ***La Langue maternelle***, Fayard, 1995. Athènes et la Grèce redécouvertes par un Grec exilé à la recherche du sens de l'epsilon du temple de Delphes. Prix Médicis étranger 1995. ***Le Cœur de Marguerite***, Stock, 1999. Le dernier livre d'Alexakis. Drôle et tendre.

CAVAFY Constantin, ***Poèmes***, Gallimard, coll. « Du monde entier », 1999. Dans une traduction soignée et fidèle, le lyrisme somptueux de l'un des grands de la littérature grecque.

FAKINOS Aris, ***La Vie volée***, Fayard, 1995. La destruction des dossiers de la police secrète des colonels…

HAVIARAS Stratis, ***Quand l'arbre chante***, Stock, 1981. Écrit directement en anglais par l'un des grands romanciers contemporains.

KAZANTZAKIS Nikos, ***Alexis Zorba***, Pocket, 1988. Roman dont a été tiré le film *Zorba le Grec* (Mickaël Kakoyannis, 1964) et qui valut à son auteur une célébrité mondiale.

LACARRIÈRE Jacques, ***Dictionnaire amoureux de la Grèce***, Plon, 2001. Un fastueux mélange d'érudition et de souvenirs personnels par un grand amoureux de la Grèce.

PAPADIAMANTIS Alexandros, ***Les Petites Filles et la Mort***, Actes sud, coll. « Babel », 1995. Le monde humble, simple et humain du plus populaire des romanciers grecs.

SEFÉRIS Georges, ***Poèmes 1933-1955***, Poésie-Gallimard, 1989. En poche, un large choix de poésies du Prix Nobel 1963.

TSIRKAS Stratis, ***Cités à la dérive***, Points-Seuil, 1993. Un hymne à la liberté, entre Grèce, Égypte et Palestine, dans la tourmente de la Seconde Guerre mondiale.

VASSILIKOS Vassilis, ***Z***, Folio-Gallimard, 1972. Aussi incisif et prenant que le film.

Discographie

MUSIQUE BYZANTINE

Les moines du mont Áthos ont enfin dévoilé leurs trésors ! Le musicologue Christodoulos Halaris révèle 1 000 ans d'histoire d'une musique qui aura touché les domaines profane et sacré. En cours d'édition chez Or Ata Ltd. Quelques coffrets parus : ***Musique postbyzantine de l'aristocratie***, ***Odes hellènes***, ***Élégies*** et ***Chants nuptiaux***.

À écouter aussi les disques que Lycourgos Angelopoulos enregistre pour l'excellent label Opus 111. Déjà paru : ***La Divine Liturgie de saint Jean Chrysostome***.

Les amateurs trouveront de précieuses informations sur www.byzantine-music.com.

REBÉTIKA

Très belle anthologie chez EMI Fabelsound/Minos. La Fnac des Ternes, à Paris, dispose d'un beau stock de repiquages CD des meilleurs interprètes : Kaldaras, Kazantzidis, Dalaras, etc.

VOIX

Mélina Mercouri, Nana Mouskouri, Georges Moustaki et Angélique Ionatos sont des célébrités dans le monde entier. Actuellement, l'artiste en vogue s'appelle Eléfthéria Arvanitaki. Elle a réalisé un album très remarqué : ***Tragoudia Gia Tous Mina*** (Polydor).

On écoutera également la voix envoûtante d'Haris Alexiou dans ***Nefelis Street'88*** et son dernier album, ***Lumière étrange***, tous deux parus chez Philips.

Filmographie

1956 : ***Celui qui doit mourir***, Jules DASSIN. Le sacré et la Grèce éternelle dans un village occupé par les Turcs.

1962 : ***Électre***, Mickaël KAKOYANNIS. L'adaptation très réussie de la tragédie des Atrides, « portée » par l'actrice Irène Papas. Prix spécial au festival de Cannes 1962.

1964 : ***Zorba le Grec***, Mickaël KAKOYANNIS. Basil, écrivain anglais raté, rencontre Zorba le pur.

1969 : ***Z***, COSTA-GAVRAS. Un thriller politique dénonçant les méthodes de la junte militaire au pouvoir jusqu'en 1974.

1975 : ***Le Voyage des comédiens***, Théo ANGELOPOULOS. Les tribulations d'une troupe de comédiens en Grèce entre 1932 et le début des années 1950.

1980 : ***Alexandre le Grand***, Théo ANGELOPOULOS. Un conte où se côtoient un instituteur utopiste et un brigand au grand cœur. Lion d'or au festival de Venise en 1980.

1988 : ***Paysage dans le brouillard***, Théo ANGELOPOULOS. Deux enfants en route vers l'Allemagne rencontrent des comédiens ambulants. Lion d'argent à Venise en 1988.

1991 : ***Le Pas suspendu de la cigogne***, Théo ANGELOPOULOS. Dans une petite ville frontalière, une ancienne personnalité politique s'est retirée.

1995 : ***Le Regard d'Ulysse***, Théo ANGELOPOULOS. À travers les Balkans, un cinéaste exilé aux États-Unis cherche les bobines d'un film datant de l'aube du cinéma. Bien meilleur que *L'Éternité et un jour*, Palme d'or au festival de Cannes 1998.

1998 : ***Singapore Sling***, Nikos NIKOLAIDIS. Une parodie sadomasochiste de *Laura* d'Otto Preminger (1944) par l'un des cinéastes grecs les plus doués de la jeune génération.

Table des encadrés

Pratique

Quotidien

Histoire et société

Mythologie

Arts et architecture

Faune et flore

Loisirs

Fêtes

Index

Athènes: nom de lieu
Alexandre le Grand: nom de personnage
AGRICULTURE : mot clé
Les folios en **gras** renvoient aux rubriques les plus détaillées.
Les folios en bleu renvoient aux cartes et aux plans.
Les folios en rouge renvoient aux adresses pratiques, placées à la fin de chaque visite.

A

N

O

P

R

Les *GUIDES BLEUS ÉVASION* pour découvrir le monde...

Afrique du Sud et chutes Victoria
Amsterdam et la Hollande
Andalousie
Angleterre et Pays de Galles
Australie
Baléares
Bavière et Forêt-Noire
Berlin
Birmanie
Brésil
Bruges et le pays flamand
Budapest et la Hongrie
Californie
Canaries
Chypre
Corée du Sud
Crète et Rhodes
Cuba
Danemark
Écosse
Égypte
Florence et Sienne
Floride
Grèce continentale
Guadeloupe
Îles grecques
Irlande
Israël
Istanbul
Jersey-Guernesey
Kenya et Nord-Tanzanie
Liban
Londres
Louisiane
Madagascar
Malte
Maroc
Marrakech et le Sud marocain
Martinique
Moscou et Saint-Pétersbourg
Népal
New York
Nouvelle-Calédonie
Pékin et Shanghai
Pologne
Portugal
Prague et la Bohême
Québec
Réunion et île Maurice
Rome
Sahara
Sénégal
Sicile
Sri Lanka et Maldives
Suède
Syrie
Tahiti et la Polynésie
Thaïlande
Tokyo et Kyoto
Toscane
Tunisie
Turquie de l'Ouest et mer Noire
Venise
Vienne et l'Autriche
Vietnam

... et la France

Alpes du Nord
Bretagne Nord
Midi-Pyrénées Sud
Paris

Imprimé en France par I.M.E. 25110 Baume-les-Dames
Dépôt légal n° 25554-10/2002 — Collection n° 25 — édition n° 1
N° d'impression : 16128 — ISBN : 2-01-243491-6 — ISSN : 0762-2392
24/3491/8

Carnet de voyage

À nos Lecteurs...

Ces pages vous appartiennent. Notez-y vos remarques, vos impressions de voyage, vos découvertes personnelles, vos bonnes adresses. Et ne manquez pas de nous en informer à votre retour. Nous accordons la plus grande attention au courrier de nos lecteurs.

HACHETTE Tourisme
Guides Bleus [illegible] – Courrier des lecteurs
43, quai de Grenelle – 75905 PARIS Cedex 1[illegible]